PATEK PHILIPPE

目 次

編集部より

ÉDITO

「食」を通して豊かな時間を分かち合うために、
ここに『ゴ・エ・ミヨ 2022』をお届けします。
今年は、新たに九州・沖縄地方が加わり、東京・北海道・関東甲信越・北陸・東海・関西・中国・四国・九州・沖縄の、全 477 軒の店舗をご紹介します。

1972 年、フランス人のアンリ・ゴとクリスチャン・ミヨによって発刊されたこのガイドブックは、現在、世界 15 ヵ国で展開し、その国の食文化を掘り下げることで見える「今」を伝え、高い信頼と評価をいただいています。日本では、2017 年版の発刊以来、その土地ならではの食文化の中で、食材づくりに励む生産者、それを料理として表現するシェフ、レストランや料理店を支える人々など、食を取り巻く様々な分野に目を向け、顕彰してきました。その精神は、次のように集約されます。

まず、テロワールを大切にすること。特に、日本の多様な風土の中で生まれる食材、その調理法、酒やワインなど、これらに現代の感覚を反映しつつ、どのように食に生かしているかに注目します。
そして、新しい才能を見つけ出すこと。これは、ゴ・エ・ミヨの重要な役割の一つです。次のステージへと挑戦し、明日の料理界を担っていく、若い才能を応援します。

世界が落ち着かない状況は続いていますが、このガイドブックが、美味しさはもちろんのこと、未来へ目を向けるポジティブなエネルギーを「食」の中に見つけ、レストランや料理店ならではの空間と時間を共有する喜び、その場を作り出す「人」の温かさを感じていただけるきっかけとなるよう願っています。

ゴ・エ・ミヨ ジャポン

Gault&Millau

1960年代以降、ゴ・エ・ミヨは常にレストランやビストロ、その土地のワインや酒、様々なスタイルのホテルで出会う「特別な時間」を探し求めています。
ゴ・エ・ミヨは、調査員による客観的な評価によってレストランをセレクトしています。それは、以下により保証されています。

ゴ・エ・ミヨの倫理

1. 対象レストランに対して完全な独立性を保ちます
2. 厳正で、食を愛する食通の調査員を起用しています
3. 調査員により、匿名で評価をしています
4. 調査は特定の利害関係を排除しています
5. 一般のお客様と同様に、食事代を支払います
6. 年間を通じた調査により、定期的に情報を更新します
7. 読者から寄せられる情報を大切にします

ガイドの使い方

評価基準について

ゴ・エ・ミヨは「予約の電話から見送りまで」、
レストラン体験全体を評価対象とします。
レストランに何を求めるか、それは人により様々です。
しかし、行って良かったと思えるレストラン、
それは皿の上の印象だけではないはずです。
ゴ・エ・ミヨは､料理はもちろんのこと､料理に合った酒やワインの提案､
サービスとホスピタリティ、店の設えやカトラリー、器など、
食まわりのすべてをトータルに評価します。

トック

このガイドでは最高5つから1つまでのトック数でレストランを評価しています。さらに細かく 20 点満点の採点もおこなっています。これらはゴ・エ・ミヨ インターナショナルで定められた採点基準のもと、匿名調査員による精細な調査に基づくものです。時に厳しい指摘もありますが、基本は食べる喜びと感動を伝えること、レストランの未来に対する期待の表明でもあります。

5	全てに卓越したレストラン	19～20点
4	非常に素晴らしいレストラン	17～18.5点
3	素晴らしいレストラン	15～16.5点
2	料理人の個性を感じるレストラン	13～14.5点
1	良いレストラン	11～12.5点
トックなし	美味しいレストラン	10～10.5点

トックとは…フランス語で「帽子」。白く長いコック帽のことです。

レストラン

各都道府県で、西洋料理・中国料理・日本料理・その他の料理をジャンルごとに評価の高い店舗から掲載しています。♡マークは、カジュアルな設えでありながらも、料理の質が高く、試みに工夫が見られ、リーズナブルな値段でガストロノミーが楽しめる店舗を表しています。

POP(ポップ)

料理やスタイル、店の雰囲気など、特筆すべき美点のある店を紹介します。数品と1杯、という楽しみ方から、気の置けない仲間との食事まで、ガストロノミーをよりカジュアルに楽しむためのセレクションです。各店舗の紹介では、ランチ・ディナーのコースの有無も記載しています。

その他

店舗情報

本ガイドに掲載されている店舗の営業日、営業時間、料金、メニュー内容などは、2021年12月までに実施した調査に基づいています。また、季節限定の食材もあり、通年提供されていない場合もあります。最新の情報については、各店舗へお問い合わせください。

料金

記載している料金はコース料金の目安です。各店舗で提示している価格に基づいており、別途税金・サービス料がかかる場合があります。

ご注意

本ガイドに掲載されている情報は、予告なく変更されることがあります。変更に関して、ゴ・エ・ミヨは一切の責任を負いかねますので、予めご了承ください。

マークのご説明

クレジットカード…会計時にクレジットカードが使用できる店舗です。

個室あり…個室がある店舗です。個室利用には別途料金がかかる場合があります。

バリアフリー…車いすに座ったまま食事が可能、かつ多機能トイレを備えた店舗です。

※いずれも詳細につきましては各店舗へお問い合わせください。

『ゴ・エ・ミヨ 2022』出版によせて

ÉDITO OUVERTURE GUIDE JAPON

世界的なパンデミックから２年が過ぎようとしています。「食」を取り巻く環境は特に厳しいものがあり、関係される皆さまの忍耐とご努力にはただ敬服するばかりです。私たちは、また、このような状況にあるからこそ、人生の大きな喜びであり、味わうべきものである「食」に光を当て続けることが、とても価値のあることだと思います。

今回、この『ゴ・エ・ミヨ 2022』の掲載地域として、新たに九州・沖縄地方を迎えられたことは大変嬉しく、そしてゴ・エ・ミヨが選ぶ 477 軒のレストランをご紹介できますことを喜ばしく思います。

シェフ・料理人はテロワール（土地）からの産物を料理へと昇華することに情熱を注ぎ続けており、そしてその味わいやサステナビリティに向き合う姿勢で我々に驚きをもたらしてくれます。彼らは、全く新しい体験を、テーブルへと運んでくれるのです。

飲食業界が、さらに厳しい１年を過ごさざるを得なかった中、そこに関わる素晴らしい人々をこの本にまとめ上げ、彼らの功績を読者の皆さまにお届けできることは、日本チームの成果と言えるでしょう。

私たちはこれからの１年を、用心深く、しかし前向きに捉え、日本中の魅力あるレストラン・料理店を訪ね、成長が期待される新しい才能を発見し、ご紹介してまいります。

最後に、受賞された方々、おめでとうございます。この先、皆さまがどのような世界を私たちに見せてくださるのか、心から楽しみにしております。

ヴラジスラフ・スクヴォルツォフ

ゴ・エ・ミヨ フランス

歴代「今年のシェフ賞」受賞者

1985
ジョエル・ロブション
Joël Robuchon
ジャン・バルデ
Jean Bardet

1986
ミシェル・ブラス
Michel Bras
ピエール・ガニェール
Pierre Gagnaire
ベルナール・ロワゾー
Bernard Loiseau
ミッシェル&
　ジャン＝ミシェル・ロラン
Michel et
　Jean-Michel Lorain

1987
アラン・シャペル
Alain Chapel
ミシェル・トラマ
Michel Trama
ピエール&ミッシェル・
　トロワグロ
Pierre et Michel Troisgros

1988
ミシェル・ブラス
Michel Bras

1989
ジャック・シボワ
Jacques Chibois
マルク・ヴェイラ
Marc Veyrat

1990
ポール&
　マルク・エーベルラン
Paul et Marc Haeberlin
ベルナール・ロワゾー
Bernard Loiseau
マルク・ヴェイラ
Marc Veyrat

1991
ミシェル・トラマ
Michel Trama

1992
ジャン・バルデ
Jean Bardet
ジェラール・ボワイエ
Gérard Boyer

1993
ジャン＝ミシェル・ロラン
Jean-Michel Lorain
ピエール・ガニェール
Pierre Gagnaire

1994
オリビエ・ローランジェ
Olivier Roellinger

1995
ロジェ・スブレン
Roger Souvereyns

1996
パトリック・アンリルー
Patrick Henriroux

1997
ジャック・シボワ
Jacques Chibois

1998
ジャック&
　ローラン・プルセル
Jacques et Laurent Pourcel

1999
ギィ・マルタン
Guy Martin

2000
ブルーノ・オジェ
Bruno Oger

2001
レジス・マルコン
Régis Marcon

2002
ニコラ・ル・ベック
Nicolas Le Bec

2003
ミッシェル・トロワグロ
Michel Troisgros

2004
ジャン＝ポール・アバディ
Jean-Paul Abadie

2005
パスカル・バルボ
Pascal Barbot

2006
ティエリー・マルクス
Thierry Marx

2007
ジャン＝フランソワ・
　ピエージュ
Jean-François Piège

2008
ジャン＝リュック・ラバネル
Jean-Luc Rabanel

2009
マウロ・コラグレコ
Mauro Colagreco

2010
ウィリアム・ルドゥイユ
William Ledeuil

2011
エドゥアール・ルベ
Édouard Loubet

2012
ミシェル・ポルト
Michel Portos

2013
フィリップ・ラベ
Philippe Labbé

2014
アルノー・ラルマン
Arnaud Lallement

2015
ヤニック・アレノ
Yannick Alléno

2016
アレクサンドル・ゴティエ
Alexandre Gauthier

2017
アレクサンドル・クイヨン
Alexandre Couillon

2018
ジャン・シュルピス
Jean Sulpice

2019
アレクサンドル・マジア
Alexandre Mazzia

2020
アルノー・ドンケル
Arnaud Donckele

2021
クリストフ・エイ
Christophe Hay

2022
ユーゴ・ローランジェ
Hugo Roellinger

ゴ・エ・ミヨ ジャポン

歴代「今年のシェフ賞」受賞者

2017

オリヴィエ・シェニョン
(ロオジエ)
Olivier Chaignon

都志見セイジ
(ツシミ)
Seiji Tsushimi

谷口英司
(レヴォ)
Eiji Taniguchi

2018

リオネル・ベカ
(エスキス)
Lionel Beccat

小泉瑚佑慈
(虎白)
Koji Koizumi

川島 宙
(アコルドゥ)
Hiroshi Kawashima

2019

山本征治
(日本料理 龍吟)
Seiji Yamamoto

2020

岸田周三
(カンテサンス)
Shuzo Kishida

2021

米田 肇
(HAJIME)
Hajime Yoneda

Gault&Millau

ゴ・エ・ミヨ ジャポン

今年のシェフ賞

・谷口英司（レヴォ）

明日のグランシェフ賞

・田熊一衛（レクレルール）
・藤井寛徳（御料理ふじ居）
・前田 元（モトイ）

期待の若手シェフ賞

・井上稔浩（ペシコ）
・鈴木夏暉（レストラン ナズ）
・古屋聖良（クラージュ）

トランスミッション賞

・中道 博（モリエール）

ベストパティシエ賞

・加藤峰子（ファロ）

ベストソムリエ賞

・飛田泰秀（乃木坂 しん）

トラディション賞

・伊藤剛治（比良山荘）

イノベーション賞

・蒲地 勝（株式会社 カマチ陶舗）

テロワール賞

・北嶋靖憲（鎌倉 北じま）
・桑木野恵子
（里山十帖 ー早苗饗ー）
・豊島雅也（トヨシマ）

レヴォ

谷口英司　Eiji TANIGUCHI

富山市内から約1時間半、車一台がようやく通れるような峡谷の道を走り、利賀川にかかる橋を渡った先に新生「レヴォ」はある。料理人は何故、このような極限の地を目指すのか。

「水です。ブイヨン、ジュ、ソース、石灰岩を多く含んだ地質から湧き出る中硬水のミネラル豊富な水が、自然が、私の料理を変えました」

富山市郊外で「前衛的地方料理」を謳い、ローカルガストロノミーの先陣を切っていた谷口氏が、2020年12月、南砺市利賀村に拠点を移した。そこで得られたものは、料理のさらなる純化である。

1970年代から演劇の村として内外の注目を集める利賀村も高齢化が進み、人口減少が止まらない。そんな過疎の村に谷口氏を導いたのは、水や空気といった自然環境だけでなく、人との出会いや結びつきだ。それは「レヴォ」には欠かせない狩猟の名人・石田留蔵さんであり、当初はどんな料理人達なのかと警戒していたものの、今ではオーベルジュの貴重な戦力ともなっている村のおばあちゃん達である。

「肉を究めたいので、食肉加工の許可も取り、石田さんから獲物を仕留めたという連絡が入れば、すべて買い取るようにしています。それは猟師という仕事への敬意と、命を大切にいただきたいという思いからです。ジビエは古民家の蔵を改造した加工場で捌いて、レストラン棟に熟成庫も設けています。山野草は、私達も朝、それぞれ山に入り、昼に持ち帰って、さてどんな料理に使おうかと話し合います。ところが、村のおばあちゃん達は、厳しい冬に備えて、まず保存することを考えていました。代々受け継がれてきた旨みの出る調理法があるのです。その生活の知恵はオーベルジュの朝食に生かして、宿泊の皆様には村の伝承をレヴォ流に解釈したものとして好評をいただいています」

谷口氏は1976年大阪生まれ。今では地域の食の声価を高める立役者の一人として知られるが、最初は富山に来たくなかったと言う。

「私は『神戸北野ホテル』に15年間勤め、ベルナール・ロワゾー氏と提携するということで1年半、フランスで研修も受けさせていただきました。しかし、富山に新設するホテルレストランに行けと言われた時は、一旦、断りました。何も無い田舎だと思ったからです。こちらに来ても、2年ほどは都会のフランス料理を作り続け、全く地域に目を向けることはありませんでした。それが、ある時、畑にお邪魔して、驚きました。私は、野菜がどう生えているのかさえ知らない、食材をどんなところの、誰が作っているかも分からないまま料理していたのです。今は、富山を知れば知るほど、私の料理は美味しくなる、と思っています」

3年後、レストランが撤退するという時、既に地域との結びつきを深めていた谷口氏は、富山に残り、第一期「レヴォ」が誕生する。

オーベルジュはレストラン棟を中心に、宿泊コテージ3戸とサウナ棟を備えている。まず、驚くのが厨房の広さだ。木材を生かした高い天井がもたらす開放感は都会では得難いものだ。

「オープンキッチンに加えて、奥にも仕込み用の厨房があります。屋外にパン小屋も設けていますので毎回焼きたてを召し上がっていただけます。お客様には申し訳ないのですが、ここはシェフのためのラボみたいなものです」

以前のレストランを知る人は、サービススタッフの洗練度にも驚くことだろう。オーベルジュとしてホスピタリティを感じる接客とレストランでのスマートな動きは、ここが山深い里であることを忘れさせる。

利賀村に移った後も谷口氏の料理の基本は変わらないが、熊の内臓や、その日の朝獲れた鹿の心臓といった、まさに、ここにしかない味覚に出合える。

「自然とともに料理をしていると、自分自身が変わってきます。そんな料理人から5年後、10年後、どんな料理が生まれるか。『地に根差す』とは、そういうことだと思います」

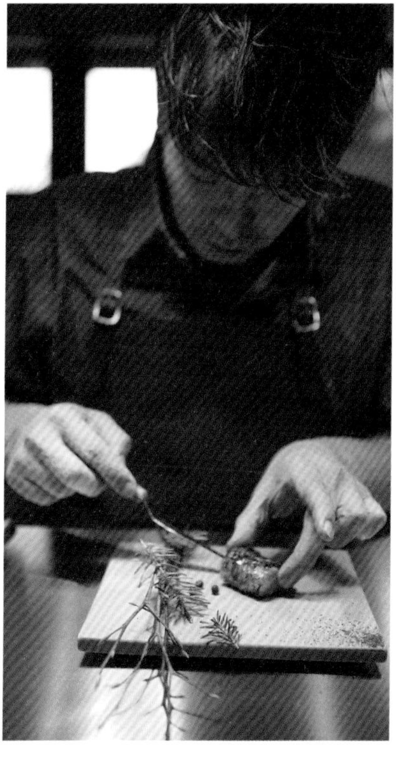

谷口氏はもちろんのこと、スタッフも大半が利賀村に家を借りて生活し、村の人口増加にも貢献。レヴォファームと名付けられた畑では土作りから始め、野菜やハーブを育てている。こうした施設は、すべて谷口氏を社長とする会社によって運営管理されている。多額の借入金というリスクを背負ってまで移転に踏み切った谷口氏には一つの夢がある。

「私は、この村にレストランを残したいのです。老舗の日本料理店は別ですが、日本ではシェフが辞めるとほとんどの場合、店もなくなります。フランスのように誰かが引き継ぎ、私が料理を作れなくなっても、『利賀村にはレヴォがある』、それが私の目標なのです」

地域の生活者であり、食材に近いところに身を置く谷口氏の生き方を見れば、それはもう「前衛的」ではなく、ごく自然な料理人の生き方に見えてくる。

(P150 掲載)

レクレルール
田熊一衛
Ichiei
TAGUMA

「『un goût』、一つの味ということを強調されました。オマール海老のサラダなら、オマールそのものをお客様に味わわせる、輪郭が曖昧になってはならない」

田熊氏がシェフを任されたベルナール・ロワゾーのパリ店では月に1回、マダムと本店シェフのパトリック・ベルトロン氏による厳しい試食会があった。そこで繰り返されたのが、この「un goût」という言葉である。

田熊氏は1981年福岡県生まれ。ヴィーガンの母親のもとで育ち、肉は野球の強豪校の寮生活で初めて口にしたという。東京の「クラブ・ニュクス」や「レザンファン ギャテ」で料理の基礎を固め、ドミニク・ブシェ氏を頼り、フランスに渡る。フランス料理協会会長のクラシックなビストロでシェフを務め、就労ビザも得た。

続く修業先は一転、最先端のシェフだ。「ダヴィッド・トゥタンシェフから店を開くので来ないかと誘われました。ジュレを纏ったビーツの透明なチップスなど、発想・技法とも斬新で、食材への手のかけ方も奇抜に見えながら本質をついた、物凄い数のレシピを彼は考えていました」

再びクラシックな店をベースに約1年、北欧各地のレストランも経験し、マダム・ロワゾーから8区にあったパリ支店の厨房を任される。

「60席、スタッフ20人という店に30代の日本人シェフですから抵抗もあったと思います。私は、いつも実力以上の役職を与えられるのです。マダムに感謝しながらの3年間でした」

修業の締めくくりにグランメゾンをと、クリスチャン・ル＝スケールシェフの「ル・サンク」に入る。

「いつでも帰国できるように研修生でいいと思っていたのですが、メニュー開発のスーシェフをやれと、1年間、毎日1品、試作の連続でした。料理写真はiPadに残していますので、食材や調理法、ソースをパズルのように組み合わせ、自分のアイデアを織り込めば幾つでも新しい料理が作れます。『ル・サンク』で、毎日、新しいメニューを1つ作るという習慣ができたことも大きいです」

日本に戻り、自ら興した会社で白金高輪と福岡に麺類やパンとスイーツの店を開き、経営の安定化を図り、2021年、待望の本格レストランを開く。

「食材が良いのは当たり前、この店では技術で勝負します」
クラシックから最先端まで、集積した技術で日本のフランス料理界に新風を吹き込む。

(P51 掲載)

御料理ふじ居

藤井寛徳

Hironori FUJII

北前船の寄港地として栄えた富山市東岩瀬地区。往時を偲ばせる町並みに、2019年、風格ある門構えに白地の暖簾が映える藤井氏の料亭が加わった。

「前の店との圧倒的な違いを、徹底的にやりたいと思いました。空間だけでなく、スタッフも正社員にして、グランメゾンの経験豊富なソムリエにコンサルタントをお願いし、サービスも最高レベルを目指しています」

技量に相応しい設え・サービスを備え、藤井氏の料亭は、一躍、全国の注目を集めることとなった。

藤井氏は1976年、富山市婦中町で生まれ、父親がサラリーマンから鮮魚商に転身するという家庭で育つ。高校を出ると、父親の背中を追うように食の世界へ進み、東京のエコール・キュリネール国立に。卒業後は、金沢の老舗料亭に住み込みで5年、その後、京都の「御料理 味舌（ました）」でも住み込みで6年、修業を積む。

「金沢では鍋洗いや掃除に明け暮れました。高校時代、野球部にいましたので上下関係に抵抗はなく、社会人になるための勉強だと思っていました。一転、京都では、ご主人がとにかくやってみろと、最初から包丁を握らせてくださいました。ここで料理全般と、『店の主人になるには何が必要か』ということを教えていただきました」

富山に戻り、「海老亭別館」で3年間、料理長を務め、2011年に独立。料理は評判を呼ぶが、店の作りは納得のいくものではなかった。

「ライブキッチンのような店で、フロアとトイレが近く、器も雑。アルバイトの学生がサービスを手伝ったりしていました。そこに、桝田酒造店の桝田隆一郎社長もいらっしゃっていて、東岩瀬の、この場所に店を作らないか、と勧められたのです」

「天然の生け簀」といわれる富山湾は食材の宝庫として知られるが、近年、富山の食が劇的に良くなったという声を聞く。

「それは料理人と漁業関係者の連携が進んで、漁師さんが血抜き・神経締めを普通にやるようになり、仲買の人たちの意識も変わってきたからです。野菜も同じで、食材周りの変化が富山の食を変えていると思います」

「私は料理を通して富山の良さを伝えたい。それは、『富山の優れた食材を京都で学んだ料理法で昇華するとこうなる』というものです。料理、サービスともに精度を上げて、派手さはないけれど静かな『熱意』みたいなものを表現したいと思います」

（P152掲載）

MOTOÏ
Restaurant
Motoï Maeda
前田 元《モトイ》
Motoi
MAEDA

「京都らしいフランス料理を作りたい。食材はもちろん、料理に京都特有の文化を絡めたいのです。派手過ぎない、大変な下準備をしていても、あえてアピールしない、そんな京都人の美学みたいなものを忍ばせて」

前田氏は、1976年、京都で古書店を営む家の三男として生まれる。周囲には、父親が買い付けに行くヨーロッパの空気が漂っていた。前田氏は幼少期から店にある料理本を絵本代わりに読み、将来は料理人になると決めていた。

高校卒業後、ホテルに就職。フランス料理を希望するが手薄な中国料理部門に配属され3年、さらに東京で7年研鑽を重ねる。

2006年に渡仏、ボーヌなど3ヵ所でフランスを肌で感じ、中国料理からの方向転換を図る。本格的な修業を望みビザの発給を待つが、叶わず、米田肇シェフ（現「HAJIME」）のもとへ。

「独立することを前提としていましたので、米田さんはすべてさらけ出してくださいました。シェフとしての姿勢、全部自分で決めるという店作り。米田さんがいらっしゃらなければ今の私はありません」

古い商家を見つけ大幅に改装し、2012年に開店、料理はクラシックをベースにしたモダンというものだった。

「料理の方向性を探っている時、『菊乃井』の村田吉弘さんが来られ、『あなたの履歴書、あなたらしさを、もっと出すといいい』とおっしゃってくださいました」

中国料理10年という「履歴」を強く出したフランス料理は一躍、注目を浴びることとなる。

コロナ禍の飲食業界で目を引いたのが、前田氏の取り組みだ。巣ごもり需要があるとみて、家で娘のために作っていた「パパ餃子」を市販すると大反響。餃子の店を出すまでになる。また、家族で囲む西洋の鍋料理としてブイヤベースセットを開発すると、月に数百万円を売り上げた。

「常に、マイナスをプラスに考えることにしています。自粛休業中も私たちは全員出勤して、レストランのエンジンを切りませんでした。ですから営業再開となっても、これまで通り、お客様をお迎えできたのです」

「私たちは『すき間世代』です。先輩たちの厳しい修業の理不尽さも、良さも知っています。美味しいブイヨンは8時間労働ではできません。前世代の良いところを残し、若い人の感覚も理解しながら伝統を守っていく、それが私たちの課題だと思っています」

（P203掲載）

Takahiro INOUE

ペシコ

井上稔浩

「『里浜ガストロノミー』です。この島原という土地や環境、風土に寄り添った食体験を愉しんでいただきたいのです」

長崎空港からは車で1時間半、交通も不便なこの地に井上氏の料理を求め、全国から食通が駆けつける。

席に着くと、ちょうど目線の高さに、有明海の風景を切り取ったような横長の窓がある。

「この店は、窓の位置が最初に決まりました。変化した記憶の中の景色は元に戻りませんが、レストランを通して、この土地の魅力を感じてほしいのです」

1986年、スーパーと鮮魚商を営む家に生まれた井上氏は、父親が目利きした魚を生かす料理人になりたいと、大阪・阿倍野の辻調理師専門学校へ進む。23歳の時、父親とともに居酒屋のような「お食事処いのうえ」を開店。島原に帰ってすぐに結婚、子供も生まれるが、店の利益はスーパーの赤字補填に回り、どん底を経験する。

そんな井上夫妻に意識変革をもたらしたのが、宮城県の「アルフィオーレ」目黒浩敬シェフとの出会いだ。

「妻とともにお邪魔した、その一度の食体験は、今でも忘れられません。料理はもちろんですが、漁港に出かけ、生産者を訪ねる、『美味しい』の前にある『本質的な部分』、土地・人・環境すべてを含めて『美味しいとは何か』ということに向き合う目黒シェフの姿勢に打たれました。それが私の転機になりました」

料理本を買い込み、店の合間に試作を繰り返す。2018年8月、現店舗に移るが、客が来ない日が何日も続いた。

「家族の支えや、農家さん漁師さん、仲間たちの応援がありました。『アルフィオーレ』のお客様は食べ歩きが好きな方々が多く、目黒シェフのご紹介で、次第に全国からのゲストが増えていきました」

2019年、若手シェフが競うRED U-35でGOLD EGGも受賞。イタリア語で「魚」を意味する「ペッシェ」と妻・景子さんの「子」を合体させた店名を頂く「ペシコ」は、次第に、「田舎でなければ食べられない料理」で、多くの支持を集めることとなる。

里浜に身を置く料理人としては、近年の自然環境の変化は気になるところだ。

「美味しいものを作ることはとても大切ですが、それ以上に、自分たちの行いに秩序と責任を持つことが大切です。何を選択するのか、『美味しい』の先を考えることが、これからはとても重要になると思います」

（P282掲載）

Natsuki SUZUKI

レストラン ナズ

鈴木夏暉

「テーマは発酵と熟成。その食材のポテンシャルをどこまで出し切るかです」

2020年9月、26歳の若さで、軽井沢に開店した鈴木氏の疾走が止まらない。

2022年の予約は、1組5名までの夜は年頭にすべて埋まり、昼の2組5名も受付を始めると数分で満席となる。

鈴木氏は1994年、長野県佐久市に生まれ、祖父が食堂を経営していたこともあり、将来は料理以外の道は考えられないと、16歳で地元のピッツェリアに入る。4年間修業し、ピザを究めにイタリアへ渡り、ナポリの有名店「ダル・プレジデンテ」で直談判し、入店を許される。1年後に帰国し、目黒でイタリア料理店を任され、目標は独自の料理を創り出すレストランと、修業のための資金集めを始める。朝はパンの店、夜はイタリア料理店と、寝る間も惜しんで働いた。

「海外の修業は、いかに短時間で最高の技術を身につけるか、じゃないですか。であれば、修業中の給料は要らないから入れてくれと、そのためにお金が必要だということです」

「想像できるものには魅力がない。スカンジナビア系の料理は日本人には分からない。肌で感じたいと、イタリア人の伝手でデンマークの『noma』に3ヵ月行きました。あそこは工場みたいに色々なパーツを組み合わせる。次に『Kadeau』で食事をしたら美味しかった。少し酔っていましたが、シェフを呼んで入れてくれと言ったら、魚のポジションを任せてくれた。そこにコロナです。『Kadeau』の料理はもう分かったので、帰国することにしました。異文化の料理は自分達と違うから面白い。その違いを日本人の味覚に合わせて改良すれば、全然違う料理になるのではないかと思いました」

鈴木氏の料理は、1つの食材の要素を細分化し、それぞれに必要な調理を施し、時間をかけ、再構築するというものだ。

「食材に必要な調理法を我々料理人がどこまで見ているか、私は最後の最後まで考え尽くしたいのです」

数人のスタッフを抱えるが、調理からワインペアリング、サービスまで鈴木氏が担う。

「自由に、というのが重要です。遊んで好きな時に作れば一番良い料理ができる。目標は、お客様を絶対に満足させること。感動させたい。説明が無ければ意味がないような料理ですから、脳まで届くように説明する。いつもすべて、お客様の満足は自分で取りにいくのです」

（P141 掲載）

Seira FURUYA

クラージュ

古屋聖良

「生産者の思いを自分の中で解釈して、季節感あふれる、旨みを生かした料理を提供する、特別なレストランにしたいです」

数少ない女性シェフの誕生は、就職活動の挫折から始まる。

東京・浅草生まれの古屋氏は大学で経済学を専攻し、銀行の入社試験を受けるが不合格。そこで、食べ歩きが好きだった自分を思い出し、調理の専門学校に入学、学士会館のレストランに就職する。

転機は 2016 年にやってきた。「サンペレグリノ ヤングシェフ」の日本代表としてミラノの世界大会に出場。メンターが「NARISAWA」の成澤由浩氏であった。

「成澤シェフからは、日本の四季を一皿に盛るのではなく、皿ごとに表現するようアドバイスをいただきました。特に鴨の火入れを徹底的に指導していただき、お陰様で今では鴨が得意料理の一つになっています。20 人くらいの若手シェフと競う中で、世界で料理をしたいという思いが湧いてきました」

2019 年に退職。オーストラリアに渡り、世界ランキングにも登場するメルボルンの「Brae」で修業する。

「ダン・ハンターシェフのもとでは調理法や食材の組み合わせも習いましたが、レストランの周りに菜園や養鶏場もあり、朝から、その日に使う野菜を収穫し、採卵をしていました。ここでは、地元の食材を使うことやサステナブルという意識を強く植えこまれたように思います」

2020 年 8 月、30 歳で、渡豪の前から声をかけられていた「クラージュ」のシェフに就任する。

古屋氏は「Brae」での経験を生かし、しばしば生産者のもとを訪ねている。

「牛肉は温室効果ガスの発生が少ない飼料で育てる福山市の『なかやま牧場』から。鴨は茨城・かすみがうら市『西崎ファーム』の放し飼いのもの。野菜は、つくば市にある障がい者就労支援事業所『ごきげんファーム』などの無農薬のものを、お訪ねした上で、取り寄せています。生産者の方との出会い、感じたことを料理に活かしていきたいのです」

厨房に立つのは、かつての職場の後輩と古屋氏の女性二人だ。

「何故、女性シェフが少ないのか、問題はどこにあるのか、相澤オーナーと話し合いながら働き方改革についても考えていきます。このレストランではお客様と直接お話ができます。美味しい、と言って帰っていかれる、それが何よりの喜びです」

（P60 掲載）

Hiroshi

モリエール NAKAMICHI

中道 博

「『フレンドリーで、品があり、凛としている』、それが私の目指すところです」

1951 年生まれ、70 歳を越えた今も北海道の食を牽引し続ける中道氏が初めてフランスに渡ったのは 23 歳の時。
「何を食べてもその『豊かさ』に感動しました。技術では、不安定な石炭ストーブで火入れすることを学びました。私のすべては、その 3 年間に詰まっていると言ってもいい、『恋心』みたいなものがあるのです」

40 年近く高評価を受け続けるレストランの秘密はどこにあるのか。
「私は『古いことは新しい』と考えています。皆さん、変化させる方向に行かれますが、当たり前のことを、深掘りしていくのはけっこう難しいことです。私どもを評価してくださる方があるとすれば、それは『もっともっとやりなさい、繰り返すことで、さらに美味しくなる』と言われているのだと思います」

中道氏は調理場の在り方に気を配る。
「厨房が元気でないと美味しいものは作れません。瑞々しいということ、初めて働いた時のドキドキ感、それを毎日、忘れずにいる。事前の仕事をやっては駄目です。調理をしてからお客様まで、食材だけでなく、料理の旬も短いのです。今、息子がデンマークの『noma』でお世話になっていますので、私も見学させていただきましたが、彼らは、何のために料理人として働いているのか、評価に追随するのではなく、腹の底から、自分の大切な人に食べさせたいという思いで作っている。息子にもそれを学んでほしいと思っています」

「モリエール」ではシェフも加わり全員で掃除をする。
「これは 39 年間ルーティンにしています。アラン・シャペルさんも厨房を覗いてびっくりしていました。掃除をして料理の技術が身につくわけではない。でも、胆力はつく。料理には胆力が必要で、ちょっとしたことが普通のムニエルを超えるのです」

「モリエール」は、最高レベルの料理を出しつつ、価格を抑えたメニューも用意する。
「私は、近所のおばあちゃんが、孫の入学祝いだからと、鮨屋さんに行くような気分でフランス料理を食べてもらいたい」
「美味しい」記憶が孫の心に刻まれ、歴史は繰り返される。

「今年のテーマは、『腹八分目、おかわりあり』。頑張り過ぎない料理作りです」
名シェフはいつも時代を見据えている。

(P108 掲載)

Mineko KATO

ファロ

加藤峰子

丸い盆に盛られた色鮮やかな花や香草。コースの最後を飾るデザート、「日本の里山花のタルト」だ。思わず声が漏れるほどの美しさだが、加藤氏の生き方を知る者には、大きな盆の端に盛られた可憐な草花が、今の日本の自然であり、「50 年後に何を残すか」という、環境への危機意識を表したものとも読み取れる。

加藤氏は外交官の家庭に育ち、東京からイギリス、イタリアと移り、大学卒業後「ヴォーグ イタリア」を経て、好きな菓子の世界に入った。

しかし、大量に菓子・ケーキを作る中で、人工的な美しさへの疑問も感じるようになる。

「食材がどこから、誰の愛情を受けて、私を経由し、誰に愛情をもって渡されるのか、そのプロセスが重要に思えてきました」

こうした目はやがてレストランパティシエに向けられる。

初めてのレストランはミラノの「ブルガリ・ホテルズ＆リゾーツ」。デザインウィークには数千人のバンケットもこなし、スキルを上げていく。華やかなホテルを数軒経て、イタリア料理界の巨匠、グアルティエーロ・マルケージ氏の店ではシェフ・パティシエを任される。

1 日に 18 時間も働くような日々の中で、加藤氏には、もう一人、気になる人物がいた。現代最高のシェフの一人といわれるマッシモ・ボットゥーラ氏だ。

「食やアートはそれに触れることによって、次の日、ちょっと違った自分になっているような、気づきを与えることができます。マッシモさんは、小さな気づきが自分の進化に繋がるということを、食を通して伝える力がある人だと思いました」

入店希望者が 2000 人ともいわれたマッシモ氏の店へ、加藤氏は、5 枚の透明、半透明の紙に好きなものや写真をコラージュして、すべて重ねると人物像が浮かび上がる「履歴書」を送り、シェフ・パティシエに採用される。

「マッシモさんからは、お皿にストーリー性を持たせること。『美味しい』の先に、人生を変えるほどの衝撃も込められるということを学びました」

今、加藤氏のもとには、環境や社会問題に強い関心を持つ若い人が多数応募してくる。

「次世代に何を残すか、守らなくてはならないものを皿の上に循環させていく。それを、この銀座で、『こっちにおいでよ』と旗を振る、それが私の役割だと思っています」

（P70 掲載）

Yasuhide
TOBITA

乃木坂 しん

飛田泰秀

「サービスには『おもてなし』と『お見立て』があります。その料理にどんなワインが合うのか、お客様に寄り添った『お見立て』ができるソムリエでありたいと思います」

パリ「OKUDA」でコンビを組んだ石田伸二料理長と「乃木坂 しん」の共同オーナーを務める飛田氏だが、ソムリエに至る道には幾つもの曲折があった。

東京や埼玉で育った飛田氏は高校卒業後、フリーターに。音楽好きが高じて憧れのイギリスに1年。帰国後、少し話せる英語を生かしウェイターの仕事を幾つか。スキーを楽しみたいと新潟・長野・福島で3シーズンを過ごす。東京に戻り、カフェの店長を任されるが3ヵ月で辞めてしまう。しかし、その店のマダムの一言が後々まで心に残ることになる。

「あなたは覚悟ができていなかったのね、と言われ愕然としました。店長になるための準備も覚悟もしていなかったのです」

28歳の時「オストラル」に入り、30歳でソムリエ資格を取得、一気にプロフェッショナルとして目覚め、2006年、青山「ランベリー」では店の立ち上げと支配人を任される。店が軌道に乗った頃、かつて過ごした海外に、今度は仕事で行きたいという思いが強くなる。

そんな中、出会ったのが「銀座 小十」の奥田透氏だ。

「西洋料理のサービスをしていましたが、日本人にとっては、真似にしかならない。最高のパフォーマンスができるのは、やはり和食ではないかと思いました」

2013年、「OKUDA」パリ店の立ち上げに至る。

帰国後、2016年に開業した「乃木坂 しん」では、石田料理長の繊細華麗な料理に合わせた飛田氏のワインペアリングが評判を呼ぶ。

「和食は足すのではなく、削り出す文化です。主になる食材の香り、旨みの余韻をつかまえ、酸味を意識しながらワインの酸を合わせていきます。しかし、着地点はあくまでお客様です」

若い頃、様々な苦汁をなめたという飛田氏には大きな夢がある。

「サービススタッフの社会的地位の向上です。賃金をもっと改善しなければなりませんし、終身雇用を実現し、独立を望む人には支援をする。その具体的なプロセスはチャート化して、従業員にも教えています」

日本料理とワインのマリアージュという、日本でしかできないスキルを磨きながら、経営者として業界をリードする、飛田氏にかかる期待は大きい。

（P91 掲載）

Takeji ITO

比良山荘

伊藤剛治

「私どもの『山の辺料理』はお客様に育てていただいたものです」

「比良山荘」は、三代目・剛治氏の祖父が比良山系に登る人のための山荘として昭和34年に開業。父親の代には、料理店として「鮎の比良山荘」とまで言われるようになった。

伊藤氏は高校卒業後、京都の調理師専門学校を出るが、父の急死後、店を守っていた母親の元には帰らず、「跡継ぎと決められた人生への反発か、重圧からか」研鑽の日々を送る。

24、5歳の頃、店に戻り、働き始めると大きな出会いが待っていた。

「『菊乃井』の村田吉弘さんが来られ、一品ごとにアドバイスをしてくださいました。毎年のようにフランスやイタリアの有名店にもお供しました。村田さんは、お前は『外弟子』だと言われます。こうした方々から諭されたのが、『都の匂いは必要だが、都の料理になってはいけない。あくまで地域の料理でなければならない』ということです」

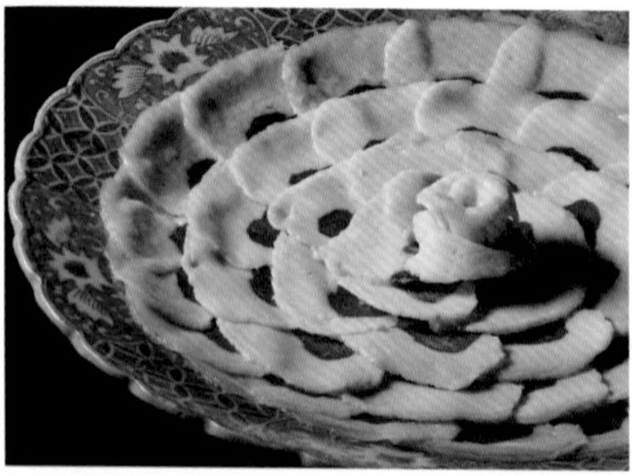

鮎と並び、熊を名物料理にしたのは剛治氏だ。

「小さい頃、熊肉をおばあちゃんがすき焼きにして食べさせてくれ、これがとても美味しかった。私が熊を出したいと言うと、祖父の代からお付き合いのある猟師さんが、孫の代になってやっと使ってくれるか、と喜んでくださいました」

「イノシシのぼたん鍋は、一般に味噌味で、またぎ料理のような野趣のあるものです。私は、熊鍋で洗練されたすき焼きとしゃぶしゃぶの中間あたりを狙いました。出汁は甘くしますが、砂糖・味醂ではなくハチミツを使うのでべとつかない。昼夜各5組様、予約は30分ずつずらして、出汁の濃さが一定になるよう、私が直接サービスして、背景をご説明しながら脂身が柔らかくなる最高のタイミングで召し上がっていただきます」

今では鮎と熊を年間のメインに据え、その周りに野菜、山菜、茸、魚などを季節の食材として配し、好評を博している。

「どこにもない『比良山荘の料理』というものができたと思いますが、店を継いだ時は、こんなに注目していただける時代が来るとは考えもしませんでした。京都の常連様で、厳しいけれど、とても店を愛してくださった方が、『おもてなしの心というのは、お客様のためなら何でもするということや』と言われました。私も、それが『料理屋の大切な覚悟』だと思っています」

（P230 掲載）

Masaru KAMACHI

株式会社 カマチ陶舗

蒲地 勝

「伝統とは革新の連続」とはいうが、その真意を理解し実践されることは稀だ。

「トロワグロ」「レストラン ケイ」「カンテサンス」…名だたるレストランのシェフが料理表現の場を蒲地氏の器に求める。

しかし、日本の伝統工芸・有田焼を西洋料理の世界に持ち込むまでに蒲地氏が流した汗と涙は計り知れない。

蒲地氏が父親の急死を受けて、和食器のオーダーメイドの会社を引き継いだのは31歳の時。

「バブル崩壊後で、有田焼同士のダンピング合戦になっていました。これでは先が無いと、他がやっていない洋食器に勝負の場を移しました。社員はついてきませんし、ホテルでは総料理長に笑われ、地元では有田焼の破壊者とまで言われました。ところが美術館で、一人、江戸や明治の先人の作品に向き合っていると、彼らは過去の伝承ではなく、その時代の最先端を追求している。有田の『伝統』とは最高峰を求め、常に『革新』を繰り返すことだと思いました」

浮上のきっかけは、フランス人シェフ、ドミニク・ブシェ氏だった。

「有田焼は天然原料ですので熱に弱い。ある時、縁がグニャッと垂れた器ができてしまいました。でも、面白いと思い、すぐパリに飛び、ドミニク氏に見せると気に入ってくださいました。改良点を指示され、そのままトンボ返りしました」

こうして、フランス料理に有田焼、という新時代が幕を開ける。

この頃、日本でもフランス料理の技法で日本素材を生かすシェフが現れ始めた。その代表格が「カンテサンス」の岸田周三氏だ。

「パリで修業した若手シェフとして岸田さんを紹介され、全体の8割くらいは私どもの器を使っていただいたと思います。素材をそのまま陶板の上に置いた一品など、話題になりました。シェフの皆様からは、どんな店構えで、何を、どう盛り付けるのかをお聞きして、試作を繰り返し、そのお店だけの器を作らせていただきます」

料理専門誌やブログ、レビューによって、料理とともに器も注目され、「カマチ陶舗」の名は瞬く間に広がっていく。

「器はあくまで黒子です。舞台を作り、主役であるシェフとその料理が引き立つように心がけます。ただ、シェフは器に料理を盛り付けますが、私は、その先の、食べ手の記憶に残るというところまで考えるようにしています」

イノベーターの挑戦は続く。

Yasunori KITAJIMA

鎌倉 北じま

北嶋靖憲

「その日の鎌倉の季節と日本の文化が表現できればと思います」

鎌倉駅から徒歩15分ほどの住宅街に2021年5月、彗星のごとく現れた気鋭の料理人の名は瞬く間に食通の間に広がった。

鎌倉生まれの北嶋氏は、料理上手な母親に育てられ、高校を出ると地元で料理の道に入る。本格的な修業先を探そうと手にしたのはなんと、京都のガイドブック。気になる店を食べ歩き、ある衝撃的な出合いをする。

「それが『高台寺和久傳』の花山椒鍋でした。こういう料理を作りたいと、その場で弟子入りをお願いしました」

以来16年、「野趣な料理でありながら洗練されている。洗練されているが野趣がある」「和久傳」の流儀を地道な修業によって身につける。

「女将さんの持っていらっしゃるセンスを、言葉は悪いですが、いかに盗むか、所作・言葉使い・設え・器、そのすべてを学ばせていただきました」

修業中に行き詰まりを感じた時、北嶋氏が始めた習慣がある。

「寝る前に、何か、料理長の塩のひと振りでも、お客様の言葉でも、その日学べたこと、成長できたことを振り返りました。そうすると一日一日が大切に思えるようになりました」

独立は、どのような契機に決断するのだろうか。

「実は4年ほど前、女将さんに申し出たのですが、『まだ早いよ』と言われました。その後、系列店『丹』の立ち上げと料理長を任されます。その打ち合わせで皆さんの話されることが、まったく理解できませんでした。店は料理だけではない、ということだったのです。独立の際には、『あなたは故郷の鎌倉でやりなさい』とアドバイスをいただきました。女将さんの中では、早くから私が鎌倉で料理をするというイメージができていたのだと思います」

鎌倉には新たな出会いが待っていた。

「『さかな人』の長谷川大樹さんです。相模湾の魚を神経締めして最高の状態に仕立ててくださいます。相模湾に、こんなにも豊富な魚種があるとは。すべて相模湾でいこうと決めました」

食材の現場を知れば料理も変わる。

「毎朝、長井漁港に行くのですが、漁師さんが『ひどい時化で死ぬかと思ったよ』と魚を揚げてくださると、それに報いなければと、料理に一層力が入ります」

魚介も野菜も、名店仕込みの技で鎌倉を表現する料理人が動き出した。

(P137掲載)

Keiko KUWAKINO

里山十帖 - 早苗饗 -

桑木野恵子

「『人が美しく、健康に、幸せであるにはどうすれば良いのか』ということが私の一貫したテーマです。その中で、今は、食やその土地の風土に強く惹かれています」

南魚沼の深い緑に抱かれた「里山十帖」。そのメインダイニングの料理長を務める桑木野氏だが、自身を「料理人」と呼ぶことには躊躇いもあるようだ。

桑木野氏は埼玉県の生まれ。大学は比較文化を専攻し、卒論は中国の薬草。身体について関心が強く、エステティックの会社に就職、4 年間、施術を担当する。次に、外からではなく、メディケーションや食など、内から健康を考えようとアーユルヴェーダを学びながらオーストラリア、インド、ドイツ、ネパールを 6、7 年かけて巡る。

帰国後、ヨガの指導やヴィーガンの店に携わる中で、2014 年、雑誌「自遊人」の料理人募集に応じ、新潟に来る。

「当初は旅をする感覚でした。1 つのところに留まることは苦手で、こうして 8 年も同じ場所にいることが不思議です。でも今は、新しいものを学んで広げていくことより、深く土地を掘り下げることに興味があります」

2018 年、桑木野氏は料理長に抜擢される。

「いきなりでしたので驚きました。休みの日に、気になる料理人の方を訪ね、勉強させていただきましたが、第一の師匠は、山のすべてを教えてくださった地元の山菜採り名人・村山達三さんです。『料理を作るのなら、それがどんな風に生えているか、新芽だけでなく夏や秋の成長も全部覚えておかなければならない』と。その言葉は、料理の面で衝撃を受けた『ヴィラ アイーダ』小林寛司シェフの、野菜を育てながらその一生を見る、という姿勢に共通していると思います」

「里山十帖」ではメニューに「料理十条」という指針が示されている。

「私が料理長になった時、書き記したもので、何よりも新潟の季節の移ろいを表現した料理を心がけています。ここには豪雪の長い冬があります。最初はなんと食材の乏しい土地なのだろうと思いましたが、その冬の為に、土地のおばあちゃん達は伝えられてきた保存の技術で豊かな食を生み出していました。長い冬が終わった後の春は、涙が出るほど美しいものです。そんな、時間が作り出す、この土地の味を表現できたらと思っています」

（P145 掲載）

Masaya
TOYOSHIMA

トヨシマ
豊島雅也

「富士山麓ガストロノミー、県境にとらわれない、日本一深い駿河湾と日本一高い富士山、その標高差の中にあるものを料理で表現できればと思います」

静岡県の柑橘農家に生まれ、赴任先の河口湖で退職し、ここに店を開いた豊島氏にとって富士山を中心にしたテロワールという発想は、ごく自然なものかもしれない。

豊島氏は、地元の専門学校を出てホテルのレストランに就職。
料理人として飛躍するきっかけは、転職した「星野リゾート」の「軽井沢ホテルブレストンコート ユカワタン」での浜田統之シェフとの出会いだ。
「浜田さんはぎりぎりまでお客様のことを考える料理人です。営業中でもゲストの反応を見て料理を変更する。朝6時に苺を摘みに行き、予約に合わせて鯉は1時間前に締めてタルタルにします。食材に対する考えがそれまでと180度変わりました」

2013年、浜田氏が第3位になった「ボキューズ・ドール国際料理コンクール」にも同行し、大きな刺激を受ける。

「フランスの料理に憧れていましたが、逆に日本人の技術の精巧さ、感性の素晴らしさにも気づかされました」

独立を決めていたが、「星のや」が河口湖に進出するにあたり、メニュー開発のシェフを任される。
「ここに来て感じたのは食材が豊富で、観光地、別荘地なのに食文化が発達していないということです。狩猟や茸採りの名人に出会い、教えを受けるうちに自分の店を開くならここだと決めました。レジス・マルコンシェフがいらっしゃった時、『日本人は何故、外から食材を持ってくるのだ。身の回りに、こんなに自然のものがあるのに』と言われ、思いを強くしました」

2017年、河口湖駅の近くに店を構えるが、町内の需要に応えるか、外からゲストを呼び込むか、中途半端なまま半年が過ぎ、貯金も減っていく。
「どうせ倒産するなら、完全予約制で1日1組にしよう。そう覚悟を決めたところ、ぽつぽつ東京からのお客様が増えてきました」

狩猟免許も取得、ジビエや山野草を活かした豊島氏の料理世界は広がりを見せる。
「子供たちに食べることは命をいただくということ、自然の循環というものを伝えたいと思います。水深2,500mから標高3,776mまでの料理を創り出せればいいですね」
自然の姿を皿の上に映す料理人が、また一人現れた。

(P138 掲載)

高評価レストラン

2022

LES GRANDES TOQUES DE L'ANNÉE 2022

18/20

東京都目黒区
ジョエル・ロブション
Joël Robuchon …P39

東京都新宿区
神楽坂 石かわ
Kagurazaka Ishikawa …P85

東京都新宿区
虎白
Kohaku …P86

東京都中央区
日本橋蛎殻町 すぎた
Nihonbashikakigaracho Sugita …P99

大阪府大阪市
ハジメ
HAJIME …P193

京都府京都市
菊乃井 本店
KIKUNOI Honten …P213

17.5/20

東京都港区
茶禅華
sazenka …P80

東京都品川区
まき村
Makimura …P86

東京都中央区
銀座 すきやばし次郎 本店
Ginza Sukiyabashi Jiro …P99

東京都中央区
青空
Harutaka …P100

富山県南砺市
レヴォ
L'évo …P150

京都府京都市
祇園 さゝ木
GION SASAKI …P213

京都府京都市
京都吉兆 嵐山本店
KYOTO KITCHO Arashiyama …P214

17/20

東京都台東区
レストラン ナベノ - イズム
restaurant Nabeno-Ism …P40

東京都中央区
レストラン ラフィナージュ
Restaurant L'affinage …P40

東京都港区
レストラン リューズ
Restaurant Ryuzu …P41

東京都千代田区
レ セゾン
Les Saisons …P41

東京都港区
レフェルヴェソンス
L'Effervescence …P42

東京都中央区
銀座 しのはら
Ginza Shinohara …P87

play-with
power
POWERED BY
msi
FRONTIER × MSI
COLLABORATION MODEL
オーダーメイドPCの最高峰へ。
FRONTIER
https://www.frontier-direct.jp
To the highest peak of made-to-order personal computers.

Gault&Millau

レストラン

東京都

エスキス
ESqUISSE

シェフ リオネル・ベカ

18.5/20

フランス料理

Tel: **03-5537-5580**

東京都中央区銀座5-4-6
ロイヤルクリスタル銀座
9F

定休日：なし

☼：12:00-13:00 (L.O.)
☾：18:00-20:30 (L.O.)

優れたレストランは常に変化し続けている。この店が銀座・並木通りに登場して早くもおよそ10年。ハード面はリニューアルにより白を基調としたインテリアからシックなパリのアパルトマンを意識した空間に。ソフト面ではエグゼクティブシェフであるリオネル氏と総支配人・若林英司氏のタッグに加え、2020年にユーゴ・ペレ＝ガリックス氏がシェフ・ド・キュイジーヌに就任し、「エスキス」の料理に大きな変化をもたらしている。リオネル氏は、料理にとどまらず写真にも溢れる才能を発揮し、日本各地を訪れて出合った食べ物や人々の営み、四季を映し出す豊かな自然風景を一皿のレシピとして素描する。そこに、フランスの名店で修業し、京都「菊乃井 本店」で日本料理も学んだユーゴ氏が加わり、時にはセザンヌの水彩画のように優しく、時にはマティスの油彩画のごとく力強いタッチで色彩豊かな料理に仕上げていく。世界の飲料に通暁する若林氏は、料理を読み解き、ワインや日本酒を合わせる。氏が提案するペアリングは香りや味わいを際立たせ、料理の輪郭を明確にするスポットライトのようなものだ。深いフェローシップで結ばれたリオネル氏、若林氏そしてユーゴ氏が鼎の脚となった「エスキス」は更なる高みを目指す。

☼：14,000円～22,000円　☾：26,000円～31,500円

カンテサンス
Quintessence

シェフ 岸田周三

18.5/20

フランス料理

Tel: **03-6277-0485**

東京都品川区北品川
6-7-29 ガーデンシティ
品川御殿山 1F

定休日：日曜中心に月6日、
年末年始、夏期休暇

☾：17:00-23:30
(L.O.20:30)

世界屈指の美食の都といわれる東京にあって、岸田氏率いる「カンテサンス」はオープンから15年を経て、なおトップを走り続けている。店のメニューは当初から一貫してカルト・ブランシュ（白紙のメニュー）。今では珍しくないスタイルだが、岸田氏が切り拓き、得られた名声があってこそ定着したと言っても過言ではない。全てが委ねられているからこそ、最高の食材で最高の料理をゲストに提供する責任が岸田氏の双肩にかかっている。全国から直送される最良の食材を使い、３つのプロセス（「素材の尊重」「火入れの追求」「味付けの配慮」）に沿って構成されるメニューは、スペシャリテの「山羊乳のババヴァロア」と「メレンゲのアイス」を含む13品だ。驚くべきことにゲストに出されたメニューは全て記録し、再訪時には同じ料理を出さず、なおかつスペシャリテの２品を除く11品が３ヵ月の内に漸次入れ替えられている。この日は、瑞々しいズッキーニに車海老の頭部をフリットしてミキュイの身を合わせた一皿が心に残った。続けることは創めることより遥かに難しいとは言うが、この困難極まりないルーティンの積み重ねこそ世界の食通を魅了し、このレストランが常にトップを走り続ける原動力なのだ。二度三度と訪れ、考え抜かれた四季折々のメニューを味わいたい。

☾：31,350円

ロオジエ

18.5/20

L'Osier

シェフ オリヴィエ・シェニョン

フランス料理

重いドアが開いたその先のピエール＝イヴ・ロション氏の手になる世界に冠絶する空間へ。中央を円形にくり抜かれた９ｍにもおよぶ吹き抜けは、比類なきダイナミックさと優雅さを併せ持つ待合を形作る。見下ろせば、品格あるサービススタッフが姿勢を正してダイニングを行き交う。1973 年、その扉を開けた伝統と格式ある厨房を守るのは、オリヴィエ・シェニョン氏だ。「タイユヴァン」でフランス料理の本質を学び、「ピエール・ガニェール」で革新的な表現力を習得した俊英が織り成すリュクスの体現は、シェフ・ソムリエの中本聡文氏、全日本最優秀ソムリエコンクール優勝の井黒卓氏らが厳選するワインとともに絢爛たるマリアージュを繰り広げる。キャビア・オシェトラとのコントラストが見事なカリフラワーの円やかなムースリーヌ、口に含むと大きく跳ね返るがごとき生命力を感じるオマール・ブルー、乳白色の断面がこの上なく優しい味わいのブルターニュの仔牛、リー・ド・ヴォー添え…。食材で模った紅葉を散らすなど、寸分の隙もないほど旬を表現したプレゼンテーションの皿が続き、煌めくシャリオのフリアンディーズで華燭に別れを告げる。テーブルアートの伝統を余すことなく伝える確固たる老舗が、世界を覆う苦難の時期を経ても健在であることが何より喜ばしい。

☼：11,000 円～ 25,000 円　☾：23,000 円～ 29,000 円

Tel: 0120-156-051 / 03-3571-6050

東京都中央区銀座7-5-5

定休日：日曜、月曜、祝日
不定休、夏季（8 月中旬）、年末年始

☼：11:30-15:00
(L.O.12:30)
☾：17:30-22:30
(L.O.19:00)

ジョエル・ロブション

18/20

Joël Robuchon

総料理長 関谷健一朗　シェフ 坂部政磯

フランス料理

亡き師の意思を継承し、常に最高であることが求められる館の「顔」が変わった。2021 年 11 月、ミカエル・ミカエリディス氏の後任に、日本人シェフである関谷氏が抜擢されたことには驚きの声も上がったが、「ラトリエ ドゥ ジョエル・ロブション」の傍ら、グループ店を監修する立場にあった関谷氏が総料理長に就任したことは、むしろ順当な人事といえよう。しかも、関谷氏はパリでロブション氏の門を叩き、26 歳の若さでスーシェフを任され、師と同じ国際料理賞コンクールで優勝した縁も重なる、直系の料理人であるのだから。賑わいの戻ったホールで席に着き、煌びやかな「キャビア・アンペリアル」を前にすると、改めてロブション氏が料理史に遺したものの大きさを思う。メインの一つ、ランド産の鳩は、関谷氏が、これを口にして門下に入ることを決めたという思い入れの強い一皿だ。100℃で蒸した胸肉とフォアグラをちりめんキャベツとベーコンで巻くバロティーヌ仕立てに、関谷氏は、温度調整の工夫を重ね、師のスペシャリテを自分のものとしている。ミカエル氏が開発したメニューも穏やかに流れのなかに取り込んでおり、急激な変化を避けようというシャトーの姿勢が窺える。このスムーズな総料理長の交代は、常連のゲストにも歓迎されることだろう。

☼：20,000 円～ 48,000 円　☾：25,000 円～ 48,000 円

Tel: 03-5424-1338 / 03-5424-1347

東京都目黒区三田1-13-1
恵比寿ガーデンプレイス内

定休日：不定休

☼：土・日・祝
11:30-15:00
(L.O.13:00)
☾：17:30-22:00
(L.O.20:00)

Tel: **03-5246-4056**

東京都台東区駒形
2-1-17

定休日：月曜、他不定休あり

☼：12:00-15:00
☾：18:00-22:00

レストラン ナベノ - イズム

17/20

restaurant Nabeno-Ism

シェフ 渡辺雄一郎

フランス料理

白い壁面にフランス国旗のエンブレムが輝きを放つ。渡辺氏が、多くの先達からフランス料理の奥義を学び、時代とグローバルを紡ぎ合わせ、浅草・駒形という地で船出して５年。ここで繰り広げられるのは、フランスを学び続けることをイズムの一つとし、そこに日本の感性を融合させた独自の世界観だ。料理は、「雷おこし」「最中」「蕎麦粉」など地元の繋がりを重視した食材に多様なエッセンスを加え、テーマカラーであるオレンジや黒の器に、日本美を意識した彩り良い盛付でサーブされる。１皿目から始まるエンターテインメントに、感嘆の声が飛び、笑顔が弾ける。２皿目、３皿目と進む度に、次はどのような手法で楽しませてくれるのかと期待感が増していく。魚や肉の品質も素晴らしく、その良さを際立たせつつ、独自の風味で個性を作っていく。真鯖のシャンパンビネガー締めは江戸前技法を用い、さらに江戸前がりのヴィネグレットなどで鯖本来の持つ旨さを何倍にも引き出す。オマール海老では、かつてエグゼクティブシェフを務めた「ジョエル・ロブション」に繋がるソースをまとわせ、幾重にも重なり合った風味が底知れないほどのコクの深さを生み出していた。「江戸」を引き立たせたグローバルフレンチともいうべき世界を見事に表現したレストランである。

☼：11,000 円　☾：22,000 円

Tel: **03-6274-6541**

東京都中央区銀座
5-9-16 GINZA-A5 2F

定休日：月曜、第３火曜

☼：12:00-15:30
(L.O.14:00)
☾：18:00-22:00
(L.O.20:00)

レストラン ラフィナージュ

17/20

Restaurant L'affinage

シェフ 髙良康之

フランス料理

フランス料理を継承し人材を育成していくことを目的に設立された「クラブ アトラス」。会長を務める髙良氏のレストランには、正に、日本のフレンチレストランは「こうあるべきだ」と感じさせるものがある。そのスタイルはフランス料理のクラシックな技法を軸とし、独自の工夫とエッセンスを加えた新鮮味のあるものだ。その神髄は、ソースの旨さもさることながら、食材の火入れにある。肉、魚はもちろん、野菜の火入れまで完璧に、その食材が一番美味しい状態に仕上げられている。これは厳しい修業時代に自らが掴みとり、身体に染み込んだセンスが成熟し、開花したものだろう。また、驚くのは、どの皿も食べ終わった瞬間に満足度が最高潮に達するよう緻密に計算されていることだ。例えば、鮑料理は擦る、みじんに切る、スライスするなど、形を変えて演出することで食感、輪郭をハッキリさせ、味が重なり合い、最後に心地好い充足感に包まれる。この店では、レストランはスタッフ全員でもてなすものという姿勢が徹底され、カウンターやテーブルの配置も客目線で考えられている。髙良氏自らサービスも担い、調理の合間に何度となくカウンター越しに、またテーブルに足を運び、ゲストに話しかけ、意見を交わす。ここは日本におけるキュイジーヌ・モデルヌの頂点の一角を占めるレストランである。

☼：8,800 円　☾：22,000 円

レストラン リューズ

17/20

Restaurant Ryuzu

シェフ 飯塚隆太

フランス料理

巨匠ジョエル・ロブション氏に認められ、「ラトリエ ドゥ ジョエル・ロブション」などのシェフを任された飯塚氏。2011年に開業した六本木のレストランは、フランス料理ファンなら誰もが知る高級店だが、シェフをはじめ、ソムリエ、サービスの全員が格式を保ちながらも気さくな対応を心得、実に居心地が良い。厳選された素材による多彩なメニュー、熟練の技から生み出されるソース、いずれも見事なフランス料理であるが、中でも日本の出汁や食材を巧みに用いた料理に注目したい。トマトと透明なジュレが涼しげな「毛蟹のエフィロッシェとトマトエスプーマ」は、フルーツトマトの甘さと毛蟹の旨みに鰹節と昆布で取った出汁のジュレの風味が絡む。「鮎のクルスティアン」は、塩焼きをアレンジしたスペシャリテ。鮎を3枚におろし、骨はパリパリに焼き、内臓を裏ごしして、こんがりと火が通った身とともに再構築し、元の形に戻す。緑胡椒風味のソース、胡瓜と生姜のコンディメントで、蓼酢を表現し、夏の和食の定番が、ダイナミックな盛付と繊細な味が凝縮されたフランス料理へと見事に変貌を遂げている。客との対話の中からさりげなく最適なワインを薦めるソムリエ、シェフの姿勢が表れる抑え目の価格。客目線を徹底した店は、根強いファンと、料理を楽しむ新たな世代で活気に満ちている。

☼：5,900円～　☾：14,000円～

Tel: 03-5770-4236

東京都港区六本木
4-2-35 アーバンスタイル
六本木 B1F

定休日：月曜、他不定休あり

☼：12:00-15:00
(L.O.13:00)
☾：18:00-23:00
(L.O.20:00)

レ セゾン

17/20

Les Saisons

シェフ ティエリー・ヴォワザン

フランス料理

世界のVIPへ向けた日本の迎賓館ともいうべき「帝国ホテル 東京」、「レ セゾン」はそのメインダイニングだ。本館ロビー大階段を上がり中2階へ、ヨーロッパの屋敷を思わせる重厚で落ち着いたインテリアと慇懃なスタッフに恭しく迎えられ席に着く。ここでのアペリティフはシャンパーニュがベストだろう。シェフであるヴォワザン氏が研鑽を積んだシャンパーニュ地方の名店「レ・クレイエール」同様にグラスでの選択肢が豊富だ。控えめながら自信溢れるソムリエは淀みなく的確に各々の銘柄を説明する。料理はアラカルトからも選択可能で、その日の気分やシーンに合った料理を自在に組み合わせ、選ぶ愉しみがある。スペシャリテ「黒トリュフのパイ包み焼き」は、シェフが16年間師事したジェラール・ボワイエ氏直伝の古典的フランス料理だが、メニューには仔羊やムール貝、トリュフなどとともに和牛や鱧、昆布といった日本ならではの食材が並ぶ。来日から16年、師匠に学んだ年月と同じ長さの時を日本で過ごし、その自然や四季、伝統文化を体感し、様々な食材に触れ、日本料理からも学んだヴォワザン氏。織りなす日仏のエッセンスが融合したフランス料理は、世界の賓客をもてなし、数々の外国文化を日本に紹介してきたこのホテルに相応しい重厚かつエレガントなものだ。

☼：8,500円～43,000円　☾：21,000円～43,000円

Tel: 03-3539-8087

東京都千代田区内幸町
1-1-1 帝国ホテル東京
本館中2F

定休日：月曜

☼：11:30-14:30
(L.O.13:30)
☾：17:30-22:00
(L.O.20:30)

レフェルヴェソンス

L'Effervescence

シェフ 生江史伸　ヘッドシェフ 広瀬隼人

17/20

フランス料理

Tel: **03-5766-9500**

東京都港区西麻布
2-26-4

定休日：日曜、月曜

☼：11:30-15:30
(L.O.13:00)
☾：17:30-22:30
(L.O.20:00)

2020年のリニューアルで設えられた薪窯がもたらすものだろうか、料理の進化が止まらない。京都・七谷鴨の胸肉は東京・檜原村のミズナラの薪で火入れされるが、木から放出される水分まで計算されており、驚くほどしっとりと柔らかく官能的な仕上がりになっている。さらに秋田のハタハタから作られる「しょっつる」を表面に施すことで、芳ばしい薫りを上品に漂わせ、それが赤ワインソースにとても合う。また、添えられたマコモダケのこんがりとした火入れは、日本の豊かなテロワールを感じさせてくれる。50種類にも及ぶ「アルチザン野菜」は、素材の味をダイレクトに届けるための努力が、見えないところでより丁寧に尽くされているように思え、スペシャリテの「蕪」に使われている油もこの上なくマッチしており、考え抜かれて現在のカタチになっていることを感じずにはいられない。落ち着いたトーンの内装と、BGMを排した空間は、視覚的には真っ白なクロスと皿の上の料理がよりフォーカスされ、聴覚的には洗練されたサービススタッフの移動音や僅かに聞こえるシルバー類の音も心地好く、あちこちのテーブルで料理の仕上げを行うライブ感と相まって、より上質な雰囲気を醸し出している。沸き立つ泡を意味する店名のように、進化する静かな躍動感を覚えるレストランだ。

☼：30,800円　☾：30,800円

エスト

est

シェフ ギヨーム・ブラカヴァル

16.5/20

フランス料理

Tel: **03-6810-0655**

東京都千代田区大手町
1-2-1 39F
フォーシーズンズホテル東京
大手町内

定休日：水曜

☼：12:00-15:00
(L.O.13:30
アラカルト 14:00)
☾：18:00-22:00
(L.O.20:30
アラカルト 21:00)

※営業時間は変更になる場合あり

高い天井と、モダンでラグジュアリーな内装や調度品。超高層ビルから見下ろす絶景ともいうべき東京の街並みも、ここでのご馳走のひとつだ。その華やかな空間にあって、ブラカヴァル氏の料理は、農園に直結しているような静かな雰囲気を湛えている。余計な手をかけず、多くの食材を盛り込まず、中心となる素材の良さを生かす。フランス生まれのブラカヴァル氏が、ここではほとんどの食材を日本国内から調達している。当然ながら、日本とフランスでは同じ食材でも特徴が異なる。それでもマニフェストとして、日本の自然、大地、食材へオマージュを捧げ、卓上に置かれたメニューの裏側には、北海道、北陸などの、全国に点在する食材の生産者を地図上に示している。「南瓜 クラッタ リコッタチーズ」は、大きく割った南瓜の中にリコッタチーズを詰め、上にクラッタと松の実をのせる。南瓜には、藁やハーブを詰めてローストして移した香りを忍ばせている。その効果は控えめで優しい。パンに添えるバターの代わりに大豆のフムスを用いるなど、将来的にバターや肉類の使用を減らしていきたいという思いも窺える。2020年9月の開業以来、「トロワグロ」の味を離れたブラカヴァル氏のフランス料理は、日本食材にフランスの洗練を加え、軽やかな変貌を遂げている。

☼：12,500円～20,000円　☾：25,000円～30,000円

エディション・コウジ シモムラ

16.5/20

Edition Koji Shimomura

シェフ 下村浩司

フランス料理

下村氏は、「ラ・コート・ドール」「トロワグロ」「ギィ・サヴォワ」など現代フランス料理界に幾筋もの航跡を残す店で研鑽を重ね、2007 年の独立以来、日本のトップシェフの一人として走り続けてきた。シンプルで静謐な雰囲気の店内はインテリアから自身のデザインによるカトラリーまで、下村氏の世界観で統一されている。振り返れば、下村氏は繊細で多彩な料理スタイルを築きつつ、タイとの交流から、そのニュアンスを取り込んだり、南米ペルーの食の魅力にいち早く注目するなど、世界の潮流への目配りも怠りなかった。海外渡航が難しい昨今は、足元を見直す好機ととらえ、高知・大分・沖縄など国内の産地やシェフとの取り組みに力を入れている。高知とのコラボレーションから生まれた鰹の炙りの一皿は、地方料理を華麗なフランス料理にトランスフォームした逸品といえよう。この日は、メインの「イベリコ豚ベジョータプルマのロースト」で「天使の羽」と呼ばれる柔らかな肉質とセップ茸の食感の対比を味わわせ、デザートでは、ピーカンナッツショコラやシナモンクッキーの優しい味わいの一方、シャインマスカットやニッパヤシの種の核をハーブのジュレでまとめ、軽やかに愉しませていた。地方創生と再生への取り組みは、地域に活力を、下村氏の料理には新たな彩りを添えている。

☼：9,000 円～ 20,000 円　☾：16,000 円～ 26,000 円

Tel: 03-5549-4562

東京都港区六本木3-1-1
六本木ティーキューブ 1F

定休日：不定休

☼：12:00-15:00
(L.O.13:00)
☾：18:00-22:30
(L.O.19:30)

ピエール・ガニェール

16.5/20

PIERRE GAGNAIRE

シェフ 赤坂洋介

フランス料理

フランス料理界隈では、コロナ禍により海外在住のトップが来日できないことの綻びが露呈しはじめている中、赤坂氏率いる日本の「ピエール・ガニェール」には、従前通りの世界が存在していた。そもそも、ガニェールの皿とは、作り手の日々の感動がそのまま料理で再現されているタイプのものである。「心の動きを、皿の上でフランス料理として表現せよ」という大命題があるため、現実の皿に顕現させるだけの技術と感性を持たない者は、触れることもできない領域なのだ。確かに、このような感性を表現できるほどの精妙な技術を持ち合わせてさえいれば、世の中がくしゃみをしようが、太陽が西から昇ろうが、テーブルの上では何も変わらないだろう。赤坂氏は師の教えの真髄であるこの部分を、多感な時代に丸呑みして消化できていたようである。10 年前、師が託した部分はそのままに、師と弟子の感性の二重奏が奏でられるようになっている。感性の世界が、揺らめく水面の光のように、皿の上からゲストの心を揺らすようになり、師の楽譜に、もう一つの音楽が重なり、新しい感性の世界の扉が開かれ始めていた。もし師弟関係に血があるならば、赤坂氏は間違いなく直系ということになるだろう。何より驚かされるのは、「厨房のピカソ」には、先見の明もあったということである。

☼：8,701 円～ 18,645 円　☾：27,346 円～ 37,290 円

Tel: 03-3505-9505

東京都港区赤坂1-12-33
ANAインターコンチネンタル
ホテル東京 36F

定休日：月曜、火曜・日曜ディナー（祝日については要問い合わせ）

☼：金・土・日・祝のみ
12:00-15:30
(L.O.13:00)
☾：18:00-22:30
(L.O.19:30)

※営業時間は変更になる場合あり

フロリレージュ
Florilège
シェフ 川手寛康

16.5/20
フランス料理

Tel: **03-6440-0878**
東京都渋谷区神宮前2-5-4
SEIZAN外苑 B1F

定休日：水曜、他不定休あり

☼：12:00-12:30
（最終入店）
☾：18:00-18:30
（最終入店）

※半個室あり

日本のみならず、世界の食通から注目を浴びるフレンチレストランだ。川手氏は国内の良質な食材を集め、卓越した調味感覚と組み合わせの妙によって、確かな美味を追求している。中でも米酢や味噌などの和のテイストを、フランス料理の技法によってフランス料理の枠内に着地させるセンスに、川手氏の懐の深さを実感する。料理は実に多彩で盛付の美しさも際立つ一方、必要以上に見た目に凝りすぎることもない潔さも見られる。初夏の前菜、シンプルにバターソテーされたウドは驚くほどフレッシュで瑞々しく、素材の味を存分に堪能できる逸品だ。経産牛を使った料理でサステナビリティにも配慮。現在ではガストロノミーの店でも見られるようになった経産牛を開店当初から積極的に活用し、その場のゲストとともに分かち合い、美味しく供することは、この上ない意義がある。単にメッセージを料理にのせるのではなく、そこに確かな美味しさが存在する。それゆえ多くのゲストが惹き込まれていくのだろう。コの字のカウンター内では多くの若いスタッフたちが一体となり、寡黙に丁寧に一皿一皿を仕上げていく、そのライブ感は圧巻だ。川手氏の「世界」を見据えた挑戦は続いている。

☼：7,500 円　☾：15,000 円

アサヒナ ガストロノーム
ASAHINA Gastronome
シェフ 朝比奈 悟

16/20
フランス料理

Tel: **03-5847-9600**
東京都中央区日本橋兜町
1-4 M-SQUARE Bldg 1F

定休日：火曜、水曜

☼：金・土・日・祝のみ
12:00-15:30
(L.O.13:00)
☾：18:00-23:30
(L.O.20:00)

レストランは、立地としては決して一般的とはいえない日本橋兜町、東京証券取引所の隣に、堂々たる構えを見せている。朝比奈氏は、ジョエル・ロブション氏に師事し、13 年に亘ってロブション・グループで研鑽を積み、料理長を歴任した後、2018 年 10 月に開店を果たした。伝統を承継しながら革新をもたらすという料理に対するモットーを日本橋の過去・未来に重ね、この地を望んだという。その経歴からも窺えるように、朝比奈氏の料理にはクラシックなスタイルの上に、様々な新しい要素が詰まっている。特にアートのようなプレゼンテーションの美しさには、息を呑むほどだ。キャビアをのせたラングスティーヌは、完熟トマトのムースとワカモレを挟んだラヴァッシュとともに供され、メキシコ料理のアクセントを感じさせながらも、基本はクラシックなフランス料理である。鱗揚げにした甘鯛と阿寒湖のエクルヴィスは、現代的な軽めのソース・ナンチュアのオレンジ色と野菜のタブレを詰めた花ズッキーニの緑色との対比が目にも鮮やかであった。プロのサービスも心地好い上に、300 を超えるワインの品揃えも素晴らしく、ソムリエによるワインペアリングもよく考えられている。金融街にマッチした現代的なグランメゾンである。

☼：13,200 円　☾：25,300 円

アピシウス
APICIUS
シェフ 岩元 学

16/20
フランス料理

有楽町駅近くにあるビルの一角、1983 年創業の名店の入り口はあくまでさりげなく、階段を下りた先にグランメゾンの華やかな空間が広がっているとは思えないほど密やかだ。ひとたび店に足を踏み入れると、ユトリロやシャガールの絵画に囲まれた重厚で非日常的な雰囲気に圧倒され、厳然たるドレスコードが存在する理由も理解出来るだろう。3 代目料理長である岩元氏は、名料理人と謳われた初代・高橋徳男氏のもとで研鑽を積み、2008 年にシェフに就任した。夏に訪問をした際には、アミューズのグルヌイユのフリットでフランスらしさを感じ、スペシャリテ「小笠原産母島の青海亀のコンソメスープ シェリー酒風味」のクリアな深い味わいからは、この店の伝統を承継していく厨房の気概が伝わってきた。メインの仔羊腿肉のロティは、豚バラ肉のコンフィ、ラタトゥイユと合わせ、クラシックな装いで丁寧な仕上がりを見せる。このレストランは、「ワールド・ベスト・ワインリスト・アワード」で表彰されたワインのラインアップと並んで、食後を締めくくるデザートの豪華さも魅力だ。ワゴンには季節のタルトやムース、アイスクリームやシャーベットも数種類ずつ用意され、テーブルからは歓声が上がり、至福の時間を過ごすことができる。まさに東京が誇るグランメゾンである。

☼：6,600 円～ 13,200 円　☾：22,000 円～ 38,500 円

Tel: **03-3214-1361**
東京都千代田区有楽町
1-9-4 蚕糸会館ビル B1F

定休日：日曜

☼：11:30-15:00
(L.O.14:00)
☾：17:30-23:00
(L.O.20:30)

アルシミスト
Alchimiste
シェフ 山本健一

16/20
フランス料理

白金のアットホームな店から 10 年分の経験と前世紀フランス製のドアを携えて移った先は、白金台の瀟洒な 2 階建て。僅か 1.5 ㎞の移動ではあるが、約 200 平米に個室やロビー、席数 34 を数える大規模店舗への転身だ。2 階のメインダイニングはオープンキッチンで、増員したスタッフを従える山本氏のダイナミックな調理風景が臨める。メニューには材料のみが記され、「掛け合わせ」を意味する「×」で繋がれている。茨城の小玉西瓜のガスパチョが引き立てる半生の車海老の甘さ、自家製キャビアの旨みを一層ふくらませるフロマージュ・ブランのソース、パースニップのピュレの土臭さが鳥取・伝助穴子の香ばしさを浮き上がらせる。フランス各地での修業で、素材を見極める目、味を際立たせる塩・調味料使いの手腕という基礎を積み、東京の移り気な客を相手にした 10 年を経て、シェフは遊び心やその場のインスピレーションのままに美味を生み出すという境地に達したようだ。ソムリエール兼マダムの接客も魅力の一つで、非日常の空間なれど気取りすぎず、ワイン選びを楽しみ、美味の魔法に酔いしれさせてくれる。錬金術師（アルシミスト）が行きついたのは、和製仏語のグランメゾンではなく、令和の東京に相応しいモダンなフレンチレストランの解なのだろう。

☼：12,000 円　☾：25,000 円

Tel: **03-5422-7358**
東京都港区白金台
5-17-10 1F・2F

定休日：水曜

☼：12:00-15:00
(L.O.13:00)
☾：18:00-23:00
(L.O.20:00)

Tel: **03-3211-5317**

東京都千代田区丸の内
1-1-1
パレスホテル東京 6F

定休日：月曜、火曜

☼：11:30-14:00 (L.O.)
☾：18:00-22:00
(L.O.20:30)

※営業内容変更の詳細については随時ウェブサイトで案内

エステール

ESTERRE

シェフ マルタン・ピタルク パロマー

16/20

フランス料理

歴史ある「パレスホテル東京」のフレンチファインダイニングにおいて、アラン・デュカス氏監修のもと、シェフの重責を担うマルタン・ピタルク パロマー氏。時勢に翻弄されながらも、日本に於けるフランス人シェフによるフランス料理の追求に余念がない。しかし、シェフ本人が言うように、素材の産地巡りや発見の旅に出ることが困難な状況が、日本の自然・風土・文化への理解に課題を残している。だが、そんな中でも非凡な才を見せるのが神奈川県産金目鯛の松笠焼きだ。さほど珍しい料理ではないが、そこに蜜柑とブラックカルダモンをあわせることにより、和の食材に洋のタッチを加えながら、フランス人ならではのフランス料理へと昇華させることに成功している。また、メインの一つである、仔鴨のローストは打って変わって古典への敬意を表す、ソースとの相性を愉しむ料理になっている。食の新しさだけでなく、こうした落ち着きを感じさせる部分も、ホテルダイニングとしてのフランス料理には必要な要素である。加えて、層の厚いサービス陣による、折り目正しく適切な距離感での接客が、このレストランに優れた総合力をもたらす大きな要因になっている。

☼：9,680 円～ 33,880 円　☾：20,570 円～ 33,880 円

Tel: **03-6447-7480**

東京都渋谷区広尾5-1-32
ST広尾 2F

定休日：日曜

☼：12:00-15:00
(最終入店 13:00)
☾：18:30-23:00
(最終入店 20:00)

オード

Ode

シェフ 生井祐介

16/20

フランス料理

異素材を組み合わせたコンセプチュアルなスペースはグレーの世界だ。まずは、液体窒素の白煙の中からオマール海老のビスクをカカオバターでコーティングしたオレンジの球体が座布団に鎮座して登場する。また、青魚のフィレを使った後に残るアラをミキサーにかけてメレンゲと合わせて焼いたシグネチャーは、この店を象徴する「グレー」の一皿。アオリイカと 85℃でコンフィした茄子、ズッキーニなど 8 種類の夏野菜に添えられるのは、クミンや唐辛子を利かせたエスニックなスープ・ド・ポワソン仕立ての愛知のアカシャエビ…。多種の食材がどんなにランダムに配置されていようとも、食べ進めるうちに味わいの輪郭が統一されていく。絵を描くのが好きだったという生井氏が、アートのように料理を表現できるスタイルを探った結果生まれたのが、「抒情詩」の意味を持つこの空間だ。軽井沢の「マサズ」時代、山や畑に食材を自ら採りに行く日々の中で素材へのアプローチの仕方が変わった。生井氏は、SDGs という概念が流布する前から野菜の皮や切れ端を使って調味料を作り、生命のすべてを余すことなく使いきることを実践している。生産者の想いを伝えていく生井氏の手から紡ぎ出される、時に茶目っ気のあるプレゼンテーション、洒脱な料理に、ゲストは魅了されずにはいられない。

☼：8,000 円　☾：16,000 円

オテル・ドゥ・ミクニ

16/20

HÔTEL DE MIKUNI

シェフ 三國清三

フランス料理

創業から35年を越える時を重ね、三國氏の館は陽光降り注ぐ中、重厚な佇まいを見せている。来客が扉に触れるまでもなく迎えるレセプショニスト、ホールにはさりげなくゲストの動向に目を配るサービススタッフ、厨房の前を通りかかれば挨拶を欠かさない料理人たち、この館が真のグランメゾンであることに、「人」の占める割合は大きい。日本のフランス料理界を牽引する三國氏は、今日も厨房に、全国の食材産地にと、精力的な活動を続けている。飽くなき好奇心の向かった先は、ショープレートの上に表現され、縁を一周ぐるりと取り囲むように、山の風景から海まで、家禽や野菜、魚介などが描かれている。また、日本全国の様々な地域・生産者の名前が記されたメニューを見れば、三國氏が料理を通じて「日本」そのものをゲストに届けたいと、心を砕いていることが分かるだろう。味覚においても、徳島産金時芋に高知の樹齢100年を超えるという「枯木柚子」を合わせるなど、食材の新しい出合いを演出しつつ、日本人の味覚に寄りそっている。お馴染みとなった三國氏のYouTube動画は、毎日更新され、その舞台裏では多くのスタッフが動いている。人々に長く愛され、日本のクラシックともいうべき館は、時代の先端を走るイノベーティブなレストランでもある。

☼：9,160円　☾：23,420円

Tel: **03-3351-3810**

東京都新宿区若葉1-18

定休日：月曜、日曜ディナー

☼：12:00-14:30 (L.O.)

☾：18:00-21:30 (L.O.)

オマージュ

16/20

HOMMAGE

シェフ 荒井 昇

フランス料理

「若者よ、故郷に帰れ」という「ラ・ピラミッド」フェルナン・ポワン氏の言葉に感銘を受け、荒井氏はフランスから帰国後、迷わず生まれ育った浅草に店を開いた。フランス料理への深い敬愛と最高の技術で創り出す荒井氏の料理は、美味しさはもちろんのこと、美しさ、デザイン力、色彩のセンスにおいて、ずば抜けている。「グリーンアスパラガス」は、目の覚めるような、鮮やかな緑色のアスパラガスのピュレのスープ。その中心には小さなセルクルで丸く抜いたチョウザメのリエット、底には茹でたアスパラガス、上にはオシェトラキャビアが飾ってある。瑞々しいアスパラガスの滋味が身体中に染み渡り、自家製スモークのチョウザメの旨みとプチプチ弾けるキャビアの取り合わせは、味のバランスもよく、実に美しい見事な一品である。浅草名物「雷おこし」は、金箔に覆われた小さなブランマンジェとなって登場。柔らかな塊をそのまま口に含むと、なるほど雷おこしの風味が溢れ、思わず笑みがこぼれる。着物姿で気さくにサービスするマダムの存在も、この店には欠かせない。荒井氏が目指した「肩肘張らずに愉しめる飛び切り美味しいフランス料理」は、20年の時を経て、「日本人であるノボル・アライならではのフランス料理」へと昇華し、故郷・浅草の地にしっかりと根を下ろしている。

☼：12,000円　☾：24,000円

Tel: **03-3874-1552**

東京都台東区浅草4-10-5

定休日：月曜、火曜

☼：11:30-15:00
(L.O.12:30)

☾：18:00-22:00
(L.O.19:30)

東京 北海道 茨城 栃木 群馬 埼玉 千葉 神奈川 山梨 長野 新潟 富山 石川 福井 静岡 愛知 岐阜 三重

Tel: **03-3274-2020**

東京都中央区京橋2-4-16
明治京橋ビル 1F

定休日：日曜

☼ : 11:30-13:30 (L.O.)
☾ : 18:00-20:00 (L.O.)

シェ・イノ

16/20

Chez Inno
シェフ 古賀純二

フランス料理

2021年11月6日、日本のフランス料理界は一人の偉大なリーダーを失った。この店の創業者・井上旭氏の逝去である。超古典・正統派・名店など、世間にこの店を表す言葉はいくらでもある。しかし、今日もドアの内側では、彼らはただひたすらに「我々は、シェ・イノである」ことを選択し続けている。誰にでもわかるフランス料理である。食とワインはセットで愛でる、この料理はこのソースと味わってほしいと、フランス料理とその周辺にある独特で難解な部分を、どのタイミングで・どう味わい・どう喜べば良いのかがわかるようにしてくれている。テーブルで繰り返し起きるアハ体験の連鎖により、ゲストは、この店を選んだ自分も皿も店も、丸ごと愛することができ、高い満足感と安心感を得ているようだ。豪奢でも居心地の良い店内で、古参ゲストは高級ワインのような役割を果たし、若いゲストは生花のような活気を与えている。滞在中に一度もかしこまる必要を感じさせないほど、厨房とフロアが確かに連携したサービスからは、自分たちの提供するものに自信満々なスタッフだけが醸し出す晴れやかさがあった。日本のフランス料理を支え続けるという、言葉ほどカンタンではないことを、たゆまぬ研鑽と情熱で店の文化となるほどに生成させたのは、お見事というしかないのである。

☼：6,600円～23,100円　☾：17,600円～23,100円

Tel: **03-6804-2006**

東京都渋谷区千駄ヶ谷
3-7-13
原宿東急アパートメント
B1F

定休日：日曜、
第1・3・5月曜

☾ : 18:00-20:00 (L.O.)

シンシア

16/20

Sincère
シェフ 石井真介

フランス料理

コロナ禍の中、医療従事者に弁当を届ける「Smile Food Project」の呼びかけや海の資源を守るサステナブル・シーフードをテーマにしたレストランのオープンなど、料理を通じて未来を切り開いていこうと活動を続ける石井氏。その原点は、「料理で人を喜ばせたい」、そんなシンプルな思いだ。ゲストに、毎日、どの生産者から届いた食材をどんな料理に仕立てて提供するか、語りかけるようにしたためたカードがテーブルに置かれている。最後に記された「お好きなものをお好きなだけどうぞ」は、この店の真心を伝えるフレーズだ。石井氏の物語の中に自由自在に組み込まれた素材とプレゼンテーションに心浮き立つ。高知・四万十のトマト「狼桃」がディスプレイされたテーブルにつくと、ガラスの器が運ばれてくる。それを上からかぶせ、食材をガラス越しに眺めながら赤座海老と組み合わせた「狼桃」を味わうという趣向。ビーツと馬肉のタルト、金柑とフォアグラのキャンディなど5種のアミューズは季節の彩りに富み、琵琶湖の鮎のフリットは、今にも泳ぎ出しそうに弾んでいる。6種類から選べるストウブご飯は、石井氏の並外れた想像力から生まれたスペシャリテ。広いオープンキッチンから繰り出される驚きを享受できる客席は、いつも幸せが満ち溢れている。

☾：16,698円

セザン

SÉZANNE

シェフ ダニエル カルバート

16/20 🍽🍽🍽

フランス料理

Tel: 03-5222-5810

東京都千代田区丸の内
1-11-1
パシフィックセンチュリー
プレイス丸の内7F

定休日：月曜、火曜

☼：12:00-14:00
(L.O.13:45)
☾：18:00-22:30
(L.O.21:00)

ついこの間までなら、美味で美麗なフランス料理でさえあれば、グルマンを黙らせることができた。しかし今後は、自由・平等・ボーダーレスであることが New Normal になるのかもしれない。この若き英国人シェフの皿からは、フランス料理を含む世界の料理への研究心と愛が勢いよく溢れ出していた。その料理には、よくある「ア・ラ・フランス」的な余計な飾りはなく、「私はこう思う」というような、古典を個人の理解の範疇で矮小化することもしていない。カルバート氏は、フランスを母国としない作り手が、フランス料理でゲストを笑顔にするためには、どうするべきかを考え抜いた者でなければたどり着かない「解」を手にしているようだ。つまりフランス人なら生来持っているニュアンスを冷徹に解析し、その正体を分かりやすく、丹念に解説しているのである。その正確さと緻密さのシンコペーションは、自分流の解釈を胸の引き出しに大切にしまっておきたいむきには、思わず泣き出したくなるものかもしれない。しかし、来日後に習得した和包丁の冴えある仕事ぶり、食後の消化まで配慮する自家製パンの追究を含め、食への多様性と情熱的な献身がダイレクトに伝わってくる皿は、当然ボーダーレスに広まっていくことだろう。

☼：15,180 円～　☾：34,155 円

ラトリエ ドゥ ジョエル・ロブション

L'ATELIER de Joël Robuchon

シェフ 志田竜児

16/20 🍽🍽🍽

フランス料理

Tel: 03-5772-7500

東京都港区六本木6-10-1
六本木ヒルズ ヒルサイド
2F

定休日：無休

☼：12:00-16:00
(最終入店 14:00)
☾：18:00-22:00
(最終入店 20:00)

関谷健一朗氏がグループ内のシャトーレストランへ転出したのに伴い、この店のオープンキッチンには志田竜児シェフが立っている。関谷氏は、2018 年、日本人として 34 年ぶりに〈ル・テタンジェ〉国際料理賞コンクールで優勝し、1970 年に受賞した師匠のロブション氏と同じプレートに名を刻むことになった。その逸品、「舌平目のターバン仕立て」は、スペシャリテとして、この店に残された。訪問時の主菜は「雛鳥にミックススパイス“デュカ”を纏わせて焼き上げ 茄子のキャビア仕立てと共に」という一皿。雛鳥のローストにのせたエジプトのミックススパイス・デュカのナッツや黒胡麻の食感、カレーのような風味が食欲を高めてくれる。デザートは「タヒチ産ヴァニラのたっぷり入ったクレームブリュレにフランボワーズのソルベをのせて」。「高品質のタヒチ産ヴァニラをたっぷり使わなければロブションのクレームブリュレは作れない」という亡き師の教えに従い、タヒチ産ヴァニラビーンズの高騰が続く間、しばらく提供を取りやめていたが、多くのファンの期待に応えるべく復活している。オリジナルの焼きたてパンやマグナムボトルで提供されるハウスシャンパーニュにもロブション氏の魂が宿る。ここは今も、料理界の巨星「ジョエル・ロブション氏へのオマージュ」が溢れる空間である。

☼：3,500 円～ 20,000 円　☾：5,300 円～ 20,000 円

ラルジャン

L'ARGENT

シェフ 加藤順一

16/20

フランス料理

Tel: **03-6280-6234**

東京都中央区銀座5-8-1
GINZA PLACE 7F

定休日：月曜

☼：11:30-15:00
(L.O.13:30)
☾：17:30-23:00
(L.O.20:30)

テラスバーに移り、銀座4丁目を俯瞰する都会の夜景を愛でていると、アフタヌーンティーのごとくキュートなミニャルディーズがいくつも運ばれてくる。菓子好きが高じて料理の道に進んだという加藤氏が、これでもかというほど情熱を込めた小さな世界に、シェフの矜持が感じられる。唯一無二のロケーションで、小澤一貴氏を中心とした「クローニー」の総合監修のもと、2020年12月に船出した加藤氏。「タテル ヨシノ」吉野建氏に技術と心構えを叩き込まれ、パリでは「アストランス」パスカル・バルボ氏の薫陶を受け、コペンハーゲンの「AOC」へ。食材をパウダーやオイル仕立てにし、予想を超えた味を創り出す技法やノルディックの発酵技術を学び、帰国後の「スブリム」でフランス料理に北欧のニュアンスを付与し注目を集めた。出身地の静岡県産マッシュルームを、生、加熱、発酵の3段階のアプローチで仕上げるスペシャリテはややマイルドになって新店にも登場する。構想・試作に5年をかけて完成したというフォアグラ料理は、実家の茶畑で摘まれた茶葉でコーティングし、甘みのあるシャンパンジュレと苦みの利いた新茶のソースで味わう出色の一品。独創的なスタイルを貫き、一意専心、革新的な料理を銀座から世界に向けて発信していく潔い決意が頼もしい。

☼：7,700円　☾：16,500円～19,800円

ル スプートニク

le sputnik

シェフ 髙橋雄二郎

16/20

フランス料理

Tel: **03-6434-7080**

東京都港区六本木7-9-9
リッモーネ六本木 1F

定休日：月曜

☼：12:00-15:30
(L.O.13:00)
☾：18:00-23:00
(L.O.20:00)

旧ソ連の世界初の無人人工衛星の名を冠するこのレストランでは、2015年の開業以来、さまざまな土地からやってきたスパイス、ハーブ、食材を織り交ぜ、ゲストを料理という創造的な旅の「同行者」としてきた。華やかさに惹かれて、フランス料理の道を目指したという髙橋氏は、どんな食材も魔法のように絢爛な一皿に仕立ててしまうファンタジスタだ。昨今の料理は第一印象の魅力が不可欠とされるが、一皿ごとの表情の連動でいかにコース全体の組み立てを伝えられるかも重要である。ここでは生きた薔薇の花弁であるかのような「薔薇 ビーツとフォアグラ」や、ジビエにパイナップルのジャム、根セロリのピューレなどを組み入れたアートのような「パテ・アンクルート」も、シグネチャーとしてなくてはならない存在だ。帆立貝とキャベツのミルフィーユ仕立て、茄子と万願寺とうがらしを生のヤリイカと合わせ、ハーブを散らしたサラダなど、髙橋氏は見せる演出において比類なき才能を示す。緻密に層をなす食感と味わいの変容も相まってゲストを想定外の世界に連れていってくれるのだ。来店履歴を確認し、同じ料理を繰り返さない管理の行き届いたサービスオペレーションでゲストファーストの姿勢も貫く。いつ訪れても辿るのは異なるルート。気づいた頃にはリピーターとして、終わることのない遍歴を続けている。

☼：7,150円　☾：16,500円

ル・マンジュ・トゥー

16/20 🍴🍴🍴

Le Mange-Tout

シェフ 谷 昇

フランス料理

ドアを開けると厨房から谷氏の笑顔と歓迎の言葉が返ってくる。69歳、巨匠と呼ばれてしかるべきキャリアと年齢だが、そこに見るのは、厨房にいることをこの上ない歓びとする、いつまでも若々しい料理人の姿だ。この人ほど一日中、料理のことを考え、行動しているシェフもそう多くないだろう。休日以外はレストラン３階の狭い部屋で寝起きし、常に料理の近くに身を置く。そんな谷氏の「豚すね肉とイベリコ豚」の一皿は、１週間塩漬けにし、３時間かけて骨を抜き、ローストしてフォンで炊き、フォアグラのコンフィとあわせるという手間と時間をかけたものだ。谷氏は料理をクラシック音楽の作曲家と現代の演奏者になぞらえる。演奏者（シェフ）は残された譜面（レシピ）からその音（味）を探り、今の感覚で表現する。音譜の一つ一つを読み解き、独自の解釈で再現する行為の創造性はきわめて高い。谷氏はイノベーティブな料理も北欧風も試してみたというが、それらは汲めども尽きぬフランス料理の厚みの前には、魅力に乏しいものでしかなかったのだろう。谷氏の料理は、真のクリエイティビティとは何か、ということを考えさせてくれる。久しぶりに訪ねると、マダムが「お帰りなさい」と迎えてくれるが、それは、美味を求めて彷徨い帰還した者へのねぎらいのようにも聞こえる。

☾：22,000円

Tel: 03-3268-5911

東京都新宿区納戸町22

定休日：日曜、第１・３月曜

☾：18:00-

レクレルール

16/20 🍴🍴🍴

L'éclaireur

シェフ 田熊一衛

フランス料理

田熊氏、待望の本格レストランは軽やかな新しさに満ちている。フランス料理界の「今」を代表する一人、ダヴィッド・トゥタン氏のもとで働き、「ベルナール・ロワゾー」パリ店でシェフを務め、名店「ル・サンク」ではメニュー開発のスーシェフに任じられた田熊氏。白金「リーブル」を経て、2021年９月、代官山のビルの一角に創り出された空間は、高い天井に流水をイメージした床、オープンキッチンには薪焼き炉が設えられている。アミューズの「巨峰のモザイク」、「フォアグラのムース トマトとハイビスカス」は鮮やかな赤と朱色。パティスリーもプロデュースする田熊氏の色使いは大胆で爽快だ。じゃがいもにコーヒーのムースを注ぎ、雲丹をのせた一品には黒ビールを合わせ、コーヒーの苦みとベストのマリアージュをみせる。続く、甲烏賊のピペラードには黒オリーブで塩味を、福岡産の湯葉を纏ったブーダン・ノワールにはフランボワーズの酸味と、皿ごとにエッジを利かせながら旨みは外さない。車海老、クエ、放牧豚に薪焼き炉を使うが、火入れは繊細、薪の香りづけも抑制的でフランス料理のエレガントさを保っている。時代の空気を吸ったプロフェッショナルが東京のレストランシーンに新風を巻き起こすかもしれない。

☼：8,250円　☾：16,500円

Tel: 03-6809-0711

東京都渋谷区代官山町
6-6
SPT代官山ビルディング
1F-B

定休日：日曜、月曜不定休（第２・４予定）

☼：12:00-15:00
(L.O.13:30)
☾：18:00-23:00
(L.O.20:00)

Tel: **03-5422-6606**

東京都港区白金3-14-10

定休日：木曜、
月１回不定期で水曜

☼：12:00-12:30 (L.O.)
☾：18:30-19:30 (L.O.)

レストラン ラ クレリエール

La Clairière

シェフ 柴田秀之

16/20

フランス料理

日本におけるフランス料理の正統派ともいうべき柴田氏は、河野透氏の「モナリザ」で修業後、ブルゴーニュやパリで研鑽、「モナリザ」に戻り、丸の内と恵比寿本店でシェフを務めた。「クレリエール」とは木々の間から差しこむ陽の光を意味し、その名の通り、緑の植栽と柔らかな陽の差す白を基調とした瀟洒な室内で織りなす料理世界をうららかに堪能できる。柴田氏はクラシックをベースに、様々な挑戦を繰り返し、その料理は稀に見る高い完成度を示している。アミューズのミニバーガーはこの店のアイコン。バーガーショップさながらの包み紙まで遊び心たっぷりだが、お味はブーダン・ノワールを挟んだ本格フランス料理。越冬じゃがいもを使った小さなパンケーキには、オーストラリア産の黒トリュフを厚切りにしてのせ、タヒチバニラとディルでアクセントを付けた、キスの出汁を生かしたソースを添えて供す。これまで体験したことのない味わいのハーモニーが口中に押し寄せる。「鳩とフォアグラのパイ包み サルミソース」は、伝統的な料理をどこまで美しく端的に調理できるのかという柴田氏の挑戦である。その飽くなき探究心は、どんなにゲストが完璧な一皿だと思おうとも、日々、進化させる。そんなシェフの挑戦と革新の料理に、ゲストは惹かれ続けていくのだろう。

☼：15,000 円～ 55,000 円　☾：26,000 円～ 55,000 円

Tel: **03-6441-2682**

東京都港区東麻布1-17-9
アネックス東麻布 2F

定休日:日曜、月曜、夏季・冬季休暇

☼：11:30-15:00
(L.O.12:30)
☾：18:00-22:00
(L.O.19:30)

レストラン ローブ

Restaurant L'aube

シェフ 今橋英明

16/20

フランス料理

食・ワイン・デセールが自然界のように調和した店である。季節、調理、料理の「今・この瞬間」を目の前でライブに感じられる劇場型の店内では、シェフたちの真剣勝負を眺めながら、あらゆる人生の喧騒から一瞬、ふわりと解き放たれる非日常を味わうことができる。鎌倉野菜の良さを熟知するシェフの一人である今橋氏が創り出す物語性のある皿に呼応し、深遠なるワイン知識の宝庫であり、常に情報更新を怠らないソムリエ・石田博氏がハーモナイズする。そしてパティシエ・平瀬祥子氏がラストを引き継いで、ゲストに幸せの記憶が刻印されるのだ。食材と料理人とが調和して生みだす美しく優しい空間は、ゲストの五感に染み込み、その後、喜びや幸せを語る時には必ず、繰り返し店の名を口にさせることになるだろう。店内に揃うメンバー・食・ワイン・デセールが一体となって紡ぎだすこの物語には、何度訪れても、一つとして同じものがない。まさに、現れては消える自然法則のままであるがゆえに「どこにもないフランス料理」と出合える場所なのである。

☼：6,600 円～ 14,300 円　☾：14,300 円

アマラントス

15.5/20

Αμάρανθος

シェフ 宮﨑慎太郎

フランス料理

ザ・リッツ・カールトン東京「アジュール フォーティーファイブ」でダイニングを彩る華麗な料理を展開していた宮﨑氏が、再び「街場」に帰ってきた。しかも、「オーグードゥジュール ヌーヴェルエール」時代からチームを組む宮島由香里氏をシェフ・ド・キュイジーヌに、ソムリエには鴨志田大史氏という、力量も気心も知れた仲間をそのままに。六本木通りから少し入ったビルの２階、マダムの弥生さんがエレガントにゲストを迎え、カウンター、あるいは個室に案内する。初めは、いささかカジュアルな設えと、ダブルシェフ、グランメゾンのサービス経験も積んだ布陣との対比に、戸惑うかもしれない。料理のほうは変わらず華やかだ。カマチ陶舗の器に、宮﨑氏の地元・千葉の富里「MERCATO ちば fattoria」の野菜などを盛り付けた一品は、シックな色合いの皿にカボチャのムースの鮮やかな黄色が映え、野菜の旨みが溢れ出るようだ。シェフが目の前で白甘鯛やランド産鴨の胸肉に火入れする様を眺めながら、カウンターから直に熱々のものをいただけば、美味しさもひとしおだ。焼きたてのシフォン・サレや両シェフ得意のデザート群まで、これほど間近で美味と上質なサービスに触れられるとは、何とも贅沢なレストランである。

☾：19,800 円

Tel: 03-5797-8585

東京都港区赤坂2-18-5
FUN ART AKASAKA
2F

定休日：日曜、月曜

☾：火 - 金 17:30-21:00
土 18:30-21:00

エラン

15.5/20

élan

シェフ 信太竜馬

フランス料理

高い天井、広々とした空間、眼前には東京のビル群。2020 年初頭に開業したこの店は、コロナ禍での困難にもかかわらず、同じフロアでスタイルの異なる３軒を運営することで乗り切ってきた。信太氏はフランス「トロワグロ」をはじめ「ロオジエ」「エスキス」などで腕を磨き、クラシックを意識しながら、仕上げはモダンで軽やかなスタイルを身につけている。外食を控えていたゲストに胃の負担が少ないものをと供するのは、味の詰まった野菜類。宮崎・梶並農園や能登・高農園など複数の農園の野菜を使用。それらを一つの皿に盛ることで、個性や思いを掛け合わせる。メインの蝦夷鹿は舞茸や牛蒡、菊芋などの土っぽい食材でまとめ、皿全体で蝦夷鹿の棲む森をイメージさせている。意図したところを食材と調理法で表現できる確かな技術力を感じさせる一皿だ。信太氏は料理を通じてフランスのエスプリを伝えることに情熱を注ぐ。メインの後には、コースの一品としてフロマージュを提供、また目の前で作られるカクテルも、食後の時間を楽しんでほしいという思いの表れだ。「人が２人集まると１＋１＝２ではなく３や４になるように、ソースも食材も合わせせることによって単純な足し算以上の力が出る」と考える信太氏。その信念と情熱が、「エラン」の料理を飛躍させてくれるだろう。

☾：17,600 円〜 24,200 円

Tel: 03-6803-8670

東京都渋谷区神宮前
5-10-1 GYRE 4F

定休日：日曜、月曜（月曜祝日の場合は、月曜、火曜）

☾：18:00-21:00 (L.O.)

銀座レカン
Ginza L'écrin
シェフ 栗田雄平

15.5/20
フランス料理

Tel: **03-3561-9706**
東京都中央区銀座4-5-5
ミキモトビル B1F

定休日：無休

☼：11:30-13:30 (L.O.)
☾：17:30-23:00
(L.O.21:00)
バー
17:30-23:00
(L.O.21:00)

大変にエレガント、かつあらゆるところにおもてなしの心が行き届いた、居心地の良い高級店である。洗練された空気なのに、終始、和やか。快活でありながら流麗なスタッフの働きぶりの良さ。非常に手間暇がかかっているが、そうは感じさせない軽さのある料理など、本来なら対極にあるはずのことが、ここでは、店とゲストにとって必要なポイントで融和し、そこで長い時間をかけて醸成されてきた「品格」というものになっているようだ。何ごとにも通じるのであろうが、本物は人をリラックスさせる。だから銀座の老舗で、超のつく高級店であっても、誰もが居心地が良いのである。連綿と続いてきた時間の中で、真心が通じれば、必ずゲストの再訪があることをよく理解しており、孫・ひ孫の代まで、ゲストをずっと喜ばせ、楽しませ続ける決意のようなものがある。「人生の一コマのお手伝いをしている」という自覚のあるサービスをしている名店は、銀座であっても滅多にはないだろう。単に老舗なだけではなく、歴史という形でも銀座に資産を持つ、今となっては稀有な店である。

☼：8,000 円～ 15,000 円　☾：18,000 円

コウタロウ ハセガワ ダウンタウン キュイジーヌ
KOTARO Hasegawa DOWNTOWN CUISINE
シェフ 長谷川幸太郎

15.5/20
フランス料理

Tel: **03-5826-8663**
東京都台東区台東4-2-11

定休日：日曜、祝日、
他不定休あり

☾：18:00-20:00 (L.O.)

「ボキューズ・ドール国際料理コンクール」に日本代表として2度にわたり参戦、丸ビル35階の「サンス・エ・サヴール」で料理長を務めた長谷川氏が、生まれ育った新御徒町に店を構えて3年ほど。レトロな商店街に白い壁と修業先の南仏モンペリエの海を思わせるブルーの扉は、今やこの町の新たな顔となり、地元に活力をもたらしている。高層ビルのグランメゾンから下町へという話題が注目されがちだが、国際舞台でも戦った長谷川氏の、この街ならではのレストラン作りへ向けた努力も忘れてはならない。まず、価格設定を「町内の人もちょっと頑張れば来られる」5,000円からとし、料理はフランス料理という枠にとらわれず、老若男女誰でも美味しいと感じられるものを有田焼のアンティークな器に盛る。一方、甘鯛の鱗焼きに牡蠣と春菊の春巻きの一皿では、「ボキューズ・ドール」でも高く評価されたヴァン・ジョーヌと柚子のソースを配し、食通を唸らせる。また、食のトレンドにも敏感で、フォアグラのポワレとコンフィは、北欧のオープンサンド、スモーブロー仕立てにして食べさせる。易しく見えて、実は深い料理の数々は、食体験の有無を超えて支持されることだろう。元料理人でもあるマダム・貴子さんの的確な料理説明とサービスもエスプリの効いたレストランを支えている。

☾：5,500 円～ 11,000 円

サンプリシテ

15.5/20

Simplicité

シェフ 相原 薫

フランス料理

熟成を生かしたフランス料理で定評のある相原氏は、年々、魚介への傾倒を強めているようだ。相模湾に面したレストランからキャリアをスタートした相原氏は、フランスでもブルターニュの海沿いにある「ル・タン・ド・ヴィーブル」などで修業、ジュネーヴの「ドメーヌ・ドゥ・シャトーヴュー」では、魚部門を担当するポワソニエに抜擢されたという魚介のスペシャリストだ。2017年に独立開業した店でも、熟成に不可欠な血抜きの技術が高い五島列島などから直送で魚を仕入れ、巧みな手法で旨みを引き出している。プロローグは、燻製にした蛸や熟成した鮪のハムなど魚のシャルキュトリー。手の込んだフィンガーフードが彩りよく並ぶ。蕎麦粉の生地に包まれるのは燻した鰹、添えられた黒いマドレーヌの正体はブラックオリーブだ。カウンターでシェフが開く「玉手箱」から燻製香の煙とともに現れるのは熟成させた鰯。また、低温調理し、しっかりエキスを湛えたメインの金華豚は、行者にんにくのソースとともに和の風合いも醸し出している。次々、繰り出される多彩な技は驚きの連続だ。日本人にとってソウルフードともいえる食材の魅力を再認識しながらフランス料理に昇華する、この個性は何物にも代えがたい。

☼：8,470円　☾：19,965円

Tel: 03-6759-1096

東京都渋谷区猿楽町3-9
アヴェニューサイド代官山
1-2F

定休日：月曜、第1火曜
(祝日の場合翌日休み)、
水曜ランチ

☼：12:00-15:30
(L.O.13:00)
☾：18:00-23:30
(L.O.20:30)

Takumi

15.5/20

Takumi

シェフ 大槻卓伺

フランス料理

丹念に描き込まれた静物画のような料理だ。大槻氏はコンセプトとして「組み合わせの妙を正確に理解し、楽しめるレストラン」を謳い、それを感じ取れるよう様々な演出を施している。例えば、テーブルには料理の説明書き、また料理が来る前には食材の一部をテーブルに置いて香りをかいでもらう。もともとはフランスでの修業時代に通った美術館で、絵に添えられたキャプションから料理でも同じことができないかと思いついたのだという。「フランス産鴨のロティ」は、ビュルゴー家のシャラン鴨に軽やかなマデラ酒のソース。肉とソースの甘さと酸味にチコリのグラタンを合わせる。ソースの量や食材の適切なバランスには、曖昧さを排し、正確さや端正さを重視する大槻氏の姿勢が示され、それはまた、料理から都会的なイメージや洗練性を感じさせることにも繋がっている。その志向がさらに効果的に表れるのがデザートだ。大槻氏が修業時代に初めて作ったオリジナル料理という「バラのブランマンジェ」は、香りを出すための試行錯誤を重ねた末に完成したもので、まるでバラの香りだけを抽出したかのようだ。すべては、大槻氏の手堅い技術力に支えられ、かつ明晰な構成力が、香り・色彩・味の華麗なトライアングルを生み出している。

☼：7,865円　☾：15,125円

Tel: 03-6804-6468

東京都港区西麻布
1-11-10 ビルマーサ 1F

定休日：日曜、月曜

☼：11:30-15:00
☾：18:30-23:30

ネモ
NéMo

シェフ 根本憲一

15.5/20

フランス料理

Tel: **03-5962-6085**

東京都港区南青山6-15-4
B1F

定休日：月曜（祝日の場合、翌火曜代休）

☼：12:00-13:00 (L.O.)
☾：18:00-20:00 (L.O.)

2021 年 6 月、根津美術館の程近くに情熱と才能に溢れる若手 3 人のレストラン「NéMo」が門出した。オーナーシェフの根本氏は、「Les créations de NARISAWA」成澤由浩氏のもとでキャリアをスタートし、フランスや日本の名店で経験を積み、独立前に在籍していた「カンテサンス」では岸田周三氏を支えた実力派だ。「魚が大好き」という根本氏の言葉通り、メニューには師匠と仰ぐ伊豆・下田の龍正丸をはじめ、信頼関係で結ばれた全国の漁師から届く魚介が並ぶ。岸田氏譲りの巧みで精緻な味付けと火入れは、魚介の持つ旨みや香りを引き出し、ソースとともに長い余韻をもたらす。コースの中盤では、フレンチレストランには不似合いとも思えるケバブが登場。特製の鉄板を使い、スーシェフの津野一平氏が 1 つずつ目の前で焼き上げ、手渡しする。昨今では珍しいこのサービスは、ゲストに食べるだけでなく、見ることで楽しんでもらいたいという、成澤氏から学んだ趣向である。さらに注目すべきは料理を引き立てるドレスのような器だ。「料理を盛り付けてみたい」と惚れ込んだ作家に特注した作品には、料理同様に根本氏の繊細な美意識がうかがえる。ソムリエの寺島唯斗氏が広い視野から選び抜いたワインや、ティーペアリングも秀逸な期待の新店だ。

☼：7,150 円　☾：16,500 円

ベージュ アラン・デュカス 東京
BEIGE ALAIN DUCASSE TOKYO

シェフ 小島 景

15.5/20

フランス料理

Tel: **03-5159-5500**

東京都中央区銀座3-5-3
シャネル銀座ビルディング
10F

定休日：月曜、火曜、夏季、年末年始

☼：11:30-16:00 (L.O.14:00)
☾：17:00-21:00 (L.O.20:00)

※車いすのまま食事が可能

相変わらず、ファッショナブルでゲストに多幸感を与えるレストランである。総料理長として腕を振るうシェフ・小島氏は、鎌倉の朝市に日参し、自宅で手を加えてから厨房へ出る一意専心な仕事ぶりを一切変えていない。食と食材、その生産者に最大限の敬意を払うという強い精神的な土台がなければ、とても真似することは出来ない誠意ある仕事ぶりからは、世界が飲み込まれた大波小波がさざ波に変わろうとも、シェフの心の内には影響を与えていないことが伝わってくる。トップスターシェフの来日がままならない状況が長く続いても、デュカス氏との一心同体ぶりもまた、従前のままであるようだ。一定の域を超えたアーティスト同士であれば、次元時空を超えて共に働くことは可能であることを、見事にみせつけてくれた。

☼：10,500 円～ 26,000 円　☾：16,000 円～ 26,000 円

ラチュレ

15.5/20

LATURE

シェフ 室田拓人

フランス料理

2016年の開業以来、ジビエに特化した料理から、日本の食材、特にサステナビリティに注力したフランス料理へ徐々に色合いを変え、心身ともに温まるレストランへと進化している。店名に込められた「自然の雫」という意図が浸透した料理で、命をいただくこと、食材を育てる生産者に感謝することを、食べ手が一口一口噛みしめることができる。春のコースでは、赤貝にセリやウドなど日本食材特有の風味を組み合わせ、マンゴービネガーで味の決め手を打つ。軽やかな余韻を残しつつ、ヒヨドリのビスクは血、内臓、骨まで一羽丸ごと使用した命の重みが凝縮された一品。トリュフの香りを纏わせ、鼻腔にインパクトを残したまま、次なる一品はこの時季に頭数を制限して漁が許されるウミガメを、春野菜と合わせて生のタルタルに。和と仏、軽と重、海と陸が交互に訪れる構成力で、「ラチュレ」の世界観に引き込まれていく。後半には、ジビエのパテ・アン・クルート、パイ包み、熟成させた京都・七谷鴨のローストと、古典的な技法を披露するスペシャリテでクライマックスを迎える。室田氏は、「レストラン タテル ヨシノ」「deco」などで腕を磨き、今では千葉の自社農園で有機農法の野菜を育てたり、子どもたちへの食育イベントや海の資源を守る活動も行ったりと、料理界での存在感は増すばかりだ。

☼：5,400円～7,600円　☾：12,000円～16,000円

Tel: 03-6450-5297

東京都渋谷区渋谷2-2-2
青山ルカビル B1F

定休日：日曜（月に1度日曜営業）

☼：11:30-15:30
(L.O.13:30)

☾：17:30-23:00
(L.O.20:00)

※半個室あり

ラペ

15.5/20

La Paix

シェフ 松本一平

フランス料理

江戸時代、食文化の中心地でもあった日本橋。今はビル街となった界隈の地下1階にこのレストランはある。限られたスペースの中でテーブルを効率的に配し、硝子で仕切られたダイニングからキッチンでテキパキと動くスタッフの作業を見ることができる。料理のコースは1つに絞り、テーマとなる食材を決め、各皿に組み込んでいる。メニューは季節ごとに更新され、スパイスやハーブを巧みに使い、新たな組み合わせにチャレンジしている。松本氏は近年、岩手や出身地・和歌山など、全国の産地に出向き、交流を深め、その果実や野菜をレストランのメニューに活かしている。この日のテーマは「苺」。「とちおとめのガスパチョ仕立て」には横に鰯という大胆な組み合わせ。浮かべたクルトンは、水分を吸わないよう下処理を施し、食感のアクセントにしている。ホワイトアスパラガスと帆立のグリルやメインの岩手・石黒農場のほろほろ鳥にも苺の甘みと酸味を取り込み、皿ごとに驚きと発見がある。デザートを思わせるキュートな盛付も魅力だ。松本氏は次世代に向け、レストランのスタイルや可能性を提案すべく、2021年6月、おでん割烹である実家の味にフランス料理のテイストを加えた店も開いた。日本橋から発せられる新しい食の動きに注目だ。

☼：6,600円　☾：14,300円

Tel: 03-6262-3959

東京都中央区日本橋室町
1-9-4 井上第3ビル B1F

定休日：木曜、他月2回不定休あり

☼：11:30-14:30
(L.O.12:30)

☾：18:00-22:00
(L.O.19:30)

Tel: **03-5772-6244**

東京都港区西麻布3-3-1

定休日：水曜、第２火曜

☼：11:30-14:30
(L.O.12:30)
☾：18:00-23:00
(L.O.20:00)

ル・ブルギニオン

LE BOURGUIGNON

シェフ 菊地美升

15.5/20

フランス料理

その皿ごとに完結する物語が盛り込まれる、それがアラカルトの醍醐味だ。１品ずつ注文できる料理が並ぶメニュー。その時の気分で一皿を選ぶ喜びは、菊地氏がフランス修業中に知ったレストラン文化の真髄であり、これまで、日々、多種多様な食材を仕入れ、メニューリストを充実させてきた理由である。現今のコロナ禍は、それを叶わなくしたが、おまかせコースのほか、ランチタイムには前菜などを選べるプリフィクススタイルを継続させ、ゲストにできるだけ多くの選択肢を提示している。フロマージュ・ド・テットをはじめとする本場でもなかなかお目にかかれないようなセレクションが、食通たちを魅了する。鮎のリゾットは、フランス人ゲストのリクエストで即興の一皿に仕立てたという逸話をもつ夏のシグネチャー料理。十六穀米の上に和歌山の鮎をのせ、肝のソースで爽やかな苦みを加える。豊富なレパートリーは、研究熱心な菊地氏ならではのものだ。毎年フランスの話題のレストランに研修に行き、彼らの料理と世界観を肌で感じ、自らをアップデートする熱意はよく知られているが、渡航が難しい現在は、国内で旬の料理人のキッチンに出向いて研鑽を重ねている。多くの優秀な弟子を輩出してきたトップシェフの料理への飽くなき探求は続く。

☼：5,280 円～ 8,800 円　☾：11,000 円

5	全てに卓越したレストラン	19 ～ 20 点
4	非常に素晴らしいレストラン	17 ～ 18.5 点
3	素晴らしいレストラン	15 ～ 16.5 点
2	料理人の個性を感じるレストラン	13 ～ 14.5 点
1	良いレストラン	11 ～ 12.5 点
トックなし	美味しいレストラン	10 ～ 10.5 点

クレジットカード

個室あり

バリアフリー

アビス

15/20

abysse

シェフ 目黒浩太郎

フランス料理

夢の中で迷い込んだ深海の岩陰や、ほの暗い森林地帯を思わせる、とても幻想的な場所である。コース全体はモダンでオーソドックスなフランス料理の技法を駆使したものだが、それらの全てが魚介で貫かれているところに、この店の醍醐味がある。レストランという存在そのものに対する目黒氏の並々ならぬ思い入れは、店の隅々まで届いており、来た者をシェフ独自の世界へと耽溺させているようだ。流行りのオープンスタイルのキッチンは、非現実的な代官山の深淵なる空間で、唯一、この体験が「リアル」なものであったことを、後になって思い出させるためには、とても重要な役割を果たしているのである。海面の泡のように次々と生まれてくるシェフのアイデアを形にするために、コース構成はたったの１ヵ月で変更されてしまう。そのため、いつ行っても新鮮な驚きをゲストに与え続け、再訪を誓わせているのだ。店内には若いカップル以外にも、30 代の男性ゲストが単独で来ている姿も目立っていた。場所柄も相まって、当節風のカッコ良い人たちが、自らが得た果実をひっそりと味わう場所にもなっているのかもしれない。

☼：13,200 円　☾：17,050 円

Tel: 03-6804-3846

東京都渋谷区恵比寿西
1-30-12 ebisuhills 1F

定休日：水曜

☼：土・日・祝のみ
12:00-13:00 (L.O.)
☾：18:00-20:30 (L.O.)

アルゴリズム

15/20

l'algorithme

シェフ 深谷博輝

フランス料理

10 の器から感じ取れるのは、一貫して四季の食材の「彩」の中にある豊かな食感と味蕾を刺激する味わいの深さだ。深谷氏の探究心、感受性、そして経験値が見事に一体となり、ゲストは様々な角度から料理の方程式の「解」を、想像力を働かせながら求めていく。塊のまま焼かれたフォアグラのポワレは外側はカリッと、中はとろりと完璧な火入れで仕上がっており、ガーリックを利かせた優しい甘みを感じるトマトソースと香り高い九条ねぎとの風味・舌触りも含め、えもいわれぬ美味しさに出合うこととなる。スペシャリテの「熟成 放血神経〆」は横須賀・長井港で水揚げされたウスバハギを７日間熟成したものを使用。高温でフリットされた白身は、マコモダケのシャキシャキ感、濃厚なポワローのクリームソースと肝を合わせ、より豊潤な味に変化する。それぞれの料理と響き合うワインペアリング、サービスにも磨きがかかり、レストランとしての進化も遂げている。「心の豊かさ」を求める人が増える昨今、「アルゴリズム」という場所は五感を満たし、心に潤いをもたらす時間をスタッフ全員で提供しようとしている。

☼：8,000 円　☾：14,500 円

Tel: 03-6277-2199

東京都港区白金6-5-3
さくら白金 102

定休日：日曜

☼：12:00-13:00 (L.O.)
☾：18:00-20:00 (L.O.)

クラージュ

Courage

シェフ 古屋聖良

15/20

フランス料理

Tel: 03-6809-5533

東京都港区麻布十番
2-7-14 azabu275 1F

定休日：日曜、祝日、
他不定休あり

☾：17:30-23:00
(L.O.21:00)

麻布十番の奥深くに佇む、まさに隠れ家のようなレストランだ。現代アートの壁画を目印に進むとオーナーの相澤ジーノ氏が迎えてくれる。ここまでは開店当時と変わらないが、2020年8月からは、オープンキッチンに女性の古屋シェフが立っている。オーストラリアの「Brae」で世界有数のレストランを体感し、帰国後、この店のシェフに就任して1年余り、数少ない女性料理人としての期待を背に、古屋シェフは東京のレストランシーンで着実にその存在感を増している。1番の変化は、味やソースの濃さにおいて、方向が明確になったことだろう。まずは、店名が刻印されたスペシャリテ「鴨と黒トリュフのサンド」。続いて、帆立に5種類の茸とマッシュルームソース、和歌山産の鮑の肝バターソースと進んでいくが、どれもソースが、主体となる食材をくっきり浮かび上がらせている。「Brae」では自家栽培の野菜を使い、食材の生産現場を大切にしていた経験を踏まえ、シェフとして各地を巡り、生産者との結びつきを深めてきたことも料理の進化に繋がっているのだろう。現地を訪ねたという「なかやま牧場」（福山市）の神石牛は低温から始め、終始、丁寧な火入れにより極上の赤身が生かされている。個性派オーナー・相澤氏は古屋シェフを前面に出し、一歩下がったサービスに徹している。

☾：11,000円〜16,500円

クラフタル

CRAFTALE

シェフ 大土橋真也

15/20

フランス料理

Tel: 03-6277-5813

東京都目黒区青葉台
1-16-11 2F

定休日：火曜、水曜

☼：11:30-15:00
(L.O.12:30)
☾：18:00-23:00
(L.O.20:00)

中目黒駅から徒歩5分程、目黒川沿いのビルの2階にあるスタイリッシュなレストランである。店名は、「CRAFT」（手技）と「TALE」（物語）を重ねた造語であり、生産者の愛情と情熱から物語を紡ぐというシェフの想いが込められている。大土橋氏は、東京の「ザ・ジョージアンクラブ」「ジョエル・ロブション」で研鑽を積んだ後に渡仏、パリのネオビストロなどを経て、2015年にこの店を開いた。5周年を機に改装された店内は、ミニマルな雰囲気の内装と色どり豊かな料理の対比が鮮やかで、特注の器に盛られた素材の組み合わせにも独特なものがある。訪問した日には、初夏の雰囲気を漂わせた鮎をはじめとする緑色の前菜に続いて、ビーツと馬肉などの赤色の前菜が供され、テーブルが華やいでいた。大土橋氏は、各地の生産者との出会いや繋がり、その「TALE」も大切にしており、この日は奄美大島のスジアラにパッションフルーツとビスクのソースを合わせ、「CRAFT」の冴えも垣間見えた。定評のあるデザートは、旬を迎えたアメリカンチェリーやチョコレートで構成。パンペアリングやアフタヌーンティーなど、店のスペシャリテを生かした試みもあり、シェフの自在な発想にはさらに磨きがかかっている。

☼：7,700円 ☾：11,000円〜22,000円

シック プテートル

15/20

CHIC peut-être

シェフ 村島輝樹

フランス料理

Tel: **03-5542-0884**

東京都中央区八丁堀
3-6-3

定休日：日曜、月曜

☼：金・土・祝のみ
12:00-14:30
(L.O.13:00)
☾：18:00-23:00
(L.O.21:00)

まるでパリの街角のような、路地裏にひっそりと明かりをともす小さなレストラン。ペンダントライトの優しい光の中、会話を邪魔しない心地好いサービスに身を委ねる大人時間の始まりだ。グランメゾンを経た村島氏の料理は１皿目から最高の素材で直球勝負。パテ・ド・カンパーニュは、伯耆鶏、北海道産リー・ド・ヴォー、豚挽き肉を使用し、間にフォアグラを挟んで焼き上げ、最低でも１週間熟成される。この日は８日目のもので、その熟成感とコクのある旨みがあとを引く。扱う食材は、銀座「エスキス」や「アジル」のシェフを務めている間に築いた市場や生産者との信頼関係に基づくもので、そこにベテランならではのセンスと計算され尽くした調味を加えゲストの心を掴む。ビネガーで炊いた牛蒡と歯ごたえを楽しむ生食用のエノキを、薄くスライスした和牛サーロインで包んだ一皿は、黒トリュフの香りのするソースで焼き上げ、山葵風味のオイルで作るビーツのピュレを控えめに添える。和牛の旨みと根菜の香り、食感も繊細な逸品だ。メインの天城黒豚（ロイヤルサファイア種）のローストも、芳醇な香りと脂の甘さがたまらない。オーナーソムリエ・星壽仁氏の多彩なペアリングも相まって、扉を開けた瞬間から充溢した美食時間が体験できるレストランである。

☼：7,900 円～　☾：10,000 円～ 18,000 円

ジョンティ・アッシュ

15/20

gentil H

シェフ 平野敬祐

フランス料理

Tel: **03-5447-8889**

東京都港区白金台5-18-17
ゴールドフォレストビル
2F

定休日：月曜・火曜を中心に月８回

☼：12:00-15:30
(L.O.13:00)
☾：18:00-23:00
(L.O.20:00)

一皿一皿見惚れる、崩すのがもったいないほど計算された平野氏の盛付は、他に類を見ない緻密さだ。もちろん、ただの美しいデコレーションではない。型にはめ、旨みを凝縮し、食材の持ち味をベストの状態に高めるための手法でもある。多種の素材が、提示される皿それぞれの料理に詰まっている、組み合わせの妙を超えた複雑なエレメント。それをいかにまとめるかの閃きは技術の裏付けがあればこそ。ひとたび口にすれば様々な素材の風味が溶け合い、層を成して、次々に新しい味わいに昇華される。たとえば、スペシャリテの「フォアグラのフォンダン」は、季節ごとに美しく着飾り、旬の味わいを表現する。ブラッドオレンジとカンパリのジュレでコーティングされ、金柑のコンポートにパン・デピスのクルスティアンが添えられると、柑橘のさまざまな爽やかさが連続して訪れ、最後にはパン・デピスのスパイスが鼻腔をくすぐる。平野氏はデザートまで一人で創り上げ、八朔のサラダ、フロマージュ・ブランのムースとスーズのシャンパーニュ割りのグラニテでは、蜂蜜が蜂の巣のような形状に仕立てられて、精巧なコースを締めくくる。料理により２種のワインが出されるダブルペアリングは、ソムリエ・柴田聡氏と自らもソムリエ資格を有する平野氏が最適なマリアージュを見せる。若きシェフの伸びしろを感じさせるレストランである。

☼：11,000 円　☾：16,500 円

ボニュ

Bon.nu

主宰 来栖けい

15/20

フランス料理

Tel: **03-6300-5423**

東京都渋谷区代々木
4-22-17 クイーンズ代々木
1F

定休日：不定休

☼：12:00-13:00
（最終入店）
☾：18:00-20:30
（最終入店）

※ランチは 6 名様以上の
場合のみ営業

塩と水で素材の味を 120% 引き出す。料理を論じていた来栖氏が、食の最終形を自ら表現すべく 2015 年に開いた店だ。都心から少し離れた閑静な住宅街、店内の美しい曲線を描くアイアンワークのシャンデリアや窓枠、木の温かみを生かしたインテリアに、知り合いの家に招かれたかのような安らぎを覚える。立地から内装、素材と調理、全てにおいて来栖氏のシンプル＋オリジナリティーというコンセプトが表れている。土釜で蒸し焼きにされた極太のホワイトアスパラガスは大地からの恵みが滋味深く染み出していて、口中にエキスと甘みがほとばしる。スペシャリテは、その時々により用意されるオマール海老や鮎などの素材と、塩、水だけを使い、5 分という短い調理時間に旨みを凝縮させた、その名も「抽出」というスープ。そして希少な純血種の牛の肉を 6 時間かけて焼くステーキ「ボニュ焼き」だ。さらに、食とワインは切っても切れない関係だが、来栖氏のコレクションは堪能する価値のあるものだ。最高の食材を最高の状態で。来栖氏は美味しさの本質とシンプルなオリジナリティーを大切に料理世界を築き上げてきた。素材の組み合わせの妙ではなく「素材との会話」に挑戦し、新しい食の境地にどのような進化を遂げてみせるのか、これからも目が離せない。

☼：33,000 円〜　☾：33,000 円〜

モナリザ 恵比寿店

Monna Lisa

シェフ 河野 透

15/20

フランス料理

Tel: **03-5458-1887**

東京都渋谷区恵比寿西
1-14-4 1F

定休日：無休

☼：11:30-15:30
（L.O.13:30）
☾：17:30-23:00
（L.O.21:00）

駅前飲食街の喧噪を横目に、ビル間を進むと店のシンボルアーチが見えてくる。フランスでジョエル・ロブション氏のもと、身震いするような緊張感の中で腕を磨いた河野氏が、帰国後、「タイユバン・ロブション」の初代日本人料理長を経て、自身の店を構えたのが 1997 年。四半世紀の間、どれだけの人が人生のアニバーサリーをこのレストランで迎えたのだろう。名シェフの味を親しみやすい形で提供したいとスタートした店は、ガストロノミーレストランとしての声価も高め、今の時代を担う多くのシェフを育んで現在に至る。何故、この店が長く愛され続けるのか、理由は明らかだ。最高レベルの修業を経たシェフの料理が手頃な価格でいただける。おまかせメニューの店が多い中、メインもデザートもチョイスが可能だ。安定したクラシカルなスタイルに、シェフの出身地・宮崎などから厳選する食材で料理そのものの鮮度を増している。スタッフの流動化が激しい時代だが、ここでは長く勤める顔なじみが、ゲストの望むところを知り尽くす。厨房もベテランが河野氏の味を継承している。至極当たり前のようで、今の時代には難しい、様々な条件をクリアしての 25 年間。還暦を過ぎても恵比寿に、丸ビルに、昼夜 2 つの厨房を駆け巡る、職人肌の料理人・河野氏の求心力がそこにある。

☼：5,500 円〜 11,000 円　☾：8,580 円〜 13,200 円

ユニ

15/20

unis

シェフ 薬師神 陸

フランス料理

新しい波を感じさせるレストランだ。薬師神氏は辻調理師専門学校を卒業後、そのまま母校に残り、5年間、後進の指導にあたった。2014年、須賀洋介氏の「SUGALABO」に立ち上げから携わりシェフも務め、2020年12月に独立、ハレの日のためのシェフズテーブルとして、この店を開いた。ホールは照明と音響効果、薬師神氏のナビゲートが織りなす異空間。料理は産地巡りで出会った生産者などから取り寄せた食材を、華やかな盛付と軽やかで旨みのある皿に仕上げている。「季節の根菜と香草のブーケ」は、文字通り、記念日を彩る食のブーケ。この日は野菜にフグの唐揚げを潜ませ、ライムの香る泡を纏わせていた。後半は「ティエリー・マルクス」などで腕を振るった江藤英樹氏が、季節の香りと色彩溢れるデザートの世界へ誘う。海外修業を経るシェフが多い中、敢えて国内に留まった薬師神氏には、フランスやイタリアから料理手法は学んでも、作るものは日本食材を活かした、独自の料理である、という確信があるようだ。併設された「Social Kitchen TORANOMON」には企業も協賛し、新商品の開発を行い、ミレニアル世代のシェフ達が、所属する店の垣根を越えて研鑽に訪れる。ここは、料理の付加価値、修業や働き方改革といった、上の世代が苦闘した課題に取り組む薬師神氏の「ラボ」でもある。

☼：28,000円　☾：28,000円

Tel: —

東京都港区虎ノ門1-23-3
虎ノ門ヒルズガーデンハウス
1F
Social Kitchen
TORANOMON内

定休日：日曜、月曜、
火曜

☼：土 12:00-
☾：水・木・金
17:00- /20:00-
土 18:00-

レストラン ラリューム

15/20

Restaurant L'allium

シェフ 進藤佳明

フランス料理

小さな花が集まり大きな球状を成すアリウム、花言葉は、幸福、繁栄だ。そんな花の名前を冠したレストランは、白金台のプラチナ通りから建物の脇に回り、緩やかな螺旋状の階段を下る。すると、目の前にフランス人デザイナー、フィリップ・スタルク氏が造形した異次元の食空間が広がる。フランス料理の老舗「OZAWA」から設えのすべてを託されたオーナーシェフの進藤氏は、六本木「ラトリエ ドゥ ジョエル・ロブション」でロブション氏の薫陶を受け、「ジョンティ・アッシュ」のシェフを経て2018年8月に独立した。進藤氏が由緒ある店舗に新たに加えたのが鉄板（プランシャ）だ。訪問時も、これを活用し、フランス産鴨のフォアグラのプランシャ焼きを金時草のソテーにのせ、和栗の渋皮煮とあわせた前菜を供していた。プランシャの本領はメインのシストロン産仔羊のローストで発揮される。仕上がりのしっとりとした食感こそ進藤氏が追い求めてきたものだろう。厳選された食材を用いたコース全体には、特に、進藤氏の香りに対する繊細な感覚を感じとることができる。現在コンビを組むソムリエの高橋良徳氏は「ラトリエ ドゥ ジョエル・ロブション」時代の同僚。ともに「モダン・グランメゾン」というコンセプトにマッチした寛ぎの時間を創り出している。

☼：5,000円～23,000円　☾：10,800円～23,000円

Tel: 03-6456-4378

東京都港区白金台
4-9-23 ツツイビル B1F

定休日：月曜中心に月8回

☼：12:00-14:30
☾：18:00-22:30

Tel: **03-6804-5444**

東京都港区西麻布1-4-9

定休日：日曜

☼：11:00-15:00
(L.O.13:00)
☾：17:00-24:00
(L.O.22:30)

※ 21:00 以降はアラカルト

フレンチモンスター

FRENCH MONSTAR

シェフ 小山健太郎

14.5/20

フランス料理

ゲストはもちろん、生産者や造り手がこの店の「スター」だ。リスペクトを込めて「mon star（私の星）」と名付けた。代表の錦織宏尚氏が徳島から、シェフの小山氏が熊本から、それぞれ所縁の野菜、海鮮、肉、ジビエまで独自のルートで入手する。その極上の食材を主人が客の前で料理する「ターブル・ドート」は、山小屋風のコージーで心和む佇まいの中、厨房すべてが見渡せるカウンター席をゲストが囲む。小山氏は、ブルゴーニュの「メゾンラムロワーズ」をはじめ、５年のフランス修業で学んだ今どき全うなソース使いで、複雑に重ねられた風味を優しくまとめ、「ひらまつ」のシェフソムリエ・総支配人だった錦織氏が徳島の希少な日本酒も交えつつボン・マリアージュを生み出す。シングルシード生産方式で育てられた、身入りがよく、濃厚な宍喰の牡蠣と徳島の海苔のフリットにはグレビッシュソース、車海老と帆立のキャベツ包みの下にはリゾットと上海蟹のビスクソース、徳島のすだち牛黒毛和牛のイチボには甚五右ヱ門芋が添えられたトリュフソース、コンテ入りラビオリは白トリュフが香るヴァン・ジョーヌソース。いずれも素材の輪郭を際立たせるソースに魅了される。長期間発酵させた締めの阿波番茶が優しく染みる、おもてなしの心溢れる安息の隠れ家である。

☼：**7,500 円〜 11,000 円**　☾：**13,000 円〜**

Tel: **03-6427-3580**

東京都渋谷区渋谷2-6-1
ウインド渋谷 1F

定休日：月曜（月曜祝日の場合営業、火曜代休）

☼：12:00-15:00
(L.O.13:30)
☾：18:00-22:00
(L.O.19:30)

モノリス

monoLith

シェフ 石井 剛

14.5/20

フランス料理

「一枚岩の石板」を表す屋号を掲げ、フランス料理の伝統をベースに突き進んでいくオーナーシェフの石井氏。フランスの名店「ジョルジュ・ブラン」などで修業、「モナリザ 丸の内店」のシェフを経て独立開業したのは 2010 年。2018 年秋には前店から受け継いだ厨房を中心に、より洗練された空間に改装。そして 2021 年夏、日仏の料理を融合させたカジュアル店をすぐ側にオープンするなど、その活動はとどまるところを知らない。月替わりの「ムニュ・モノリス」や、シェフが得意とするクラシックを中心としたスペシャリテを揃えたコースを用意。スクランブルエッグにカリカリのベーコンと蜂蜜とシェリービネガーの泡をあしらった定番の「モノリスエッグ」など目にも美しい演出を愉しめるものと、桜鱒のミキュイや仔羊のローストなどフランス料理の核ともいえる見事な火入れを味わうことのできるものなど、幅広いフランス料理を提供している。また自家製のブリオッシュやバゲットも、料理の合間にゆっくり味わいたい一品といえるほどクオリティの高いものだ。石井氏が夜遅くまで厨房に残り焼き上げたパテ・アン・クルートを求め、まるで友人宅を訪れるかのように自然と集まってくるコアなファンも少なくない。

☼：**5,500 円〜 16,500 円**　☾：**9,900 円〜 27,500 円**

レストラン ユニック

restaurant unique

シェフ 中井雅明

14.5/20

フランス料理

Tel: 03-6451-0570

東京都目黒区目黒3-12-3
松田ビル 1F

定休日：月曜

☾：18:00-24:00
(L.O.22:30)

日本人シェフがフランスで能力を認められることが難しかった時代、パリの高評価店で魚と肉の二つの部門シェフを任された実力派・中井氏のレストラン。熱がこもった皿の数々が手頃な価格でいただける。断り書きには、料理自体を味わってもらうため、テーブルクロスや花もなくカトラリーの交換は最小限に、繁忙時には水もワインも客自らが注ぐことになると記す。その実、ワンオペながらオーダー・調理・テーブルやワインサーブ、どれをとっても丁寧で、穏やかな人柄がそのまま表れている。料理はクラシックをベースに、日本人の嗜好を踏まえるが、あくまでフランスのテイストは外さない。そこに忍ばせた技は「通」を喜ばせるもので、じゃがいものニョッキには赤ワインソースも添え、白ワインが続きがちなコースの序盤に赤を挟む。手羽先にはブーダン・ノワールを詰めて揚げ、組み合わせの妙で味わわせ、生ハムのブイヨンで煮たマハタと蕪では火入れの確かさをみせる。ワインはジュラのシャルドネを合わせ、料理に新たな味わいと香りをもたらしている。スコットランドの野生の鳩にはサルミソースだが、ポートワインで旨みを加え、円みを出し、スパイシーなシノンのカベルネ・フランを持ってくる。食材・調理法・ワイン、全てを知悉したシェフにのみ可能な展開に、ひたすら唸るばかりだ。

☾：6,000 円～ 8,000 円

ロー

L'EAU

シェフ 清水崇充

14.5/20

フランス料理

Tel: 03-5843-0140

東京都港区南青山2-14-14
南青山KFKビル B1F

定休日：月曜

☼：12:00-15:00
(L.O.13:00)
☾：18:00-22:00
(L.O.20:00)

開業３年、変わらない料理の方向性は、このレストランに良い意味での安定感をもたらしている。清水氏は父親の経営する東京・東長崎の洋食店「レストラン セビアン」で長年シェフを務め、2018 年に「L'EAU」をオープンした。南青山のビルの地階、黒を基調とした空間で、清水氏は日本の変化に富んだ自然を料理に移し替えている。「水 葉 土 樹」という４種のアミューズは、山の構成要素を丸皿の緑の上に表現したものだ。最後の小菓子「苔 緑 茸」と合わせ、開業当初から変わらないプレゼンテーションは、「水」という意味の店名も含め、清水氏が手渡したいものは清らかな山の自然と、そこに触れたときに感じる香気ではないかと思わせる。その清々しさを演出するのに、清水氏が作り出す料理の質感はとても似つかわしい。この日のメインは北海道赤平市産のエルムピジョン。飼育されたクリアな味の鳩にはタイムとマリーゴールドを添える。ハーブの香りと酸味が、鳩の清浄なイメージを支えており、それを演出する食材選びが、清水氏の真骨頂である。料理の優しい雰囲気と、時折ハッとさせるエスプリがゲストを和ませ、心地好い刺激も与えてくれる。この世界観はここにしかない。

☼：4,500 円～ 12,000 円　☾：12,000 円

東京
北海道
茨城
栃木
群馬
埼玉
千葉
神奈川
山梨
長野
新潟
富山
石川
福井
静岡
愛知
岐阜
三重

3104

3104

シェフ 中村聡司

13.5/20

フランス料理

Tel: **03-5729-0888**

東京都目黒区自由が丘
1-3-2
ルーチェ自由が丘 1F

定休日：月曜、第1・3火曜

☼：土・日・祝のみ 12:00-14:00
☾：18:00-20:00 / 20:30-22:30

「パンは好きなだけです」その言葉以上のものが、この店にはある。昼間は「パントス」としてパンを販売し、夜には1組限定で、パンペアリングのコースを組み立てる。中村氏は、専門学校を卒業後すぐに渡仏、12年間、ブルゴーニュや南仏など各地の名店で研鑽を積み、パリではシェフも務め、帰国。2021年3月に自身の店を開いた。フランスでは、長期休暇中にブーランジェリーをはじめ、精肉店や鮮魚店でも研修を積んだという。その経験が、10種類近くに及ぶパンだけでなく、自家製の生ハム、ドリンクと、コースの隅々まで生きている。コースはまず、スペシャリテの一つでもあるブリオッシュを含め、数種類のパンを使ったアミューズから始まる。料理では、とうもろこしの冷製スープの底に、合わせ味噌とスコッチウイスキーのペーストを潜ませ、旨みと苦み、甘み、そしてパンに練り込んだ紅茶葉との香りのハーモニーを。また金目鯛のうろこ焼きには、じゃがいもクリームとあおさバターを包んだパンを合わせ、波状の海の香りを創り出す。食材の組み合わせにより、香りが奥深くで交差し、記憶や思い出を呼び起こすような感覚が実にフランス的だ。いつか故郷・福岡で地域に根差したレストランを開きたいという中村氏。パンにフォーカスした独自のスタイルは自由が丘の街で異彩を放っている。

☼：14,300円　☾：14,300円

ネキ

Neki

シェフ 西 恭平

13.5/20

フランス料理

Tel: **03-6231-1988**

東京都中央区日本橋兜町
8-1 1F

定休日：水曜

☼：11:30-14:30 (L.O.14:00)
☾：18:00-22:00 (L.O.21:00)

日本橋兜町、オフィスビル1階のモダンな店構え。店内にはレコードの音楽がかかり、カウンターの向こうには活気ある厨房が見渡せる。西氏の料理は独特だ。フランス料理に意図的に日本の食材や調理法を差し込んでくる。日本食材であることの安心感と、フランス料理としての驚きと。「シロイカ／酒粕カリフラワー／梨」は酢飯とともに供され、その様はまるで棒寿司だ。次の「スジアラと鶏出汁のスープ」は、日本料理のお椀になりそうなところを、ミルポワを使うことでフランス料理としての立ち位置を守っている。フランス料理と日本料理の間を行き来して、かつフランス料理という線は外さないこのバランス感覚は、西氏が新宿の「キュイジーヌ [s] ミッシェル・トロワグロ」で修業していた時代に培われたものだ。「トロワグロ」の料理は自由で、酒粕や豆乳など日本の食材を用いることも多かったという。西氏は、その自由さを今、自身の料理として展開し、「フランス料理と日本料理のギリギリのところを攻めています」と笑う。「Neki」は兜町の再開発に伴って開業した飲食店の一つ。店名は、西氏の故郷・関西で「近く」を意味する方言だ。地元に根付いていきたいという西氏の思いが伝わってくる。

☼：4,000円〜5,200円　☾：8,500円

ロク

roku

シェフ 笹川慎平

13.5/20

フランス料理

参宮橋駅を出てすぐ右手、スタイリッシュなグレーの壁に映える温かい木枠の扉が迎えてくれる。笹川氏は、広尾「マノワ」でシェフを務め、2020 年 10 月、パティシエールの妻・智香さんと「ロク」をオープンした。店内には、パティスリーの部分と、レストランのためのカウンター 6 席があり、その両方でゲストを受け入れる。笹川氏の料理の魅力は、フランス料理らしいクラシカルなソースと、香りを効果的に用いる現代的な軽さのバランスにある。千葉産天然真鯛のローストには、魚の出汁や白ワイン、クリームに日本酒を煮詰めたソースを合わせる。どこか甘さや香ばしさを感じさせるソースに黄柚子を散らし、フレッシュで立体的な香りを加えている。デザートも美しい。旬を迎えた山形県・平農園のシャインマスカットを使い、シャンパーニュムースに塩のアイスクリーム、レモンとミントのジュレを添え、さながらグラスに注がれたシャンパーニュを再構築したかのような一皿だ。智香さんのデザートには、アミューズからコース全体に亘るバランスのとれた旨みを引き継ぎ、まとめきるような強さがある。アラカルトもあり、自由に楽しんでほしいというシェフの心意気が嬉しい一軒だ。

☼：3,850 円～ 5,500 円　☾：5,500 円～ 8,800 円

Tel: **03-6276-8454**

東京都渋谷区代々木
4-1-6 1F

定休日：水曜、他不定休あり

☼：11:00-14:00
☾：18:00-22:00
(L.O.21:00)

※ディナーはアラカルトもあり

ゴ・エ・ミヨの歴史

50 年以上、優れた才能の持ち主を見出し続けているゴ・エ・ミヨ 1

アンリ・ゴとクリスチャン・ミヨによる「ゴ・エ・ミヨ」の冒険は、1960 年代、日刊『パリ・プレス』の編集部で始まりました。

アンリ・ゴは優れたリポーターとして才能を発揮しており、クリスチャン・ミヨは編集副部長で雑誌『magazines』の編集責任者を務めていました。1961 年、ゴは部長のピエール・シャルピから「週末と散歩」という週刊コラムを任されます。彼は、古い愛車に乗り、パリ近辺で行われる面白い催し物を取材したり、美味しいレストランの調査をしたりし始めました。この雑誌の責任者であったミヨは、後に「ゴ・エ・ミヨ」のパートナーとなる、ゴが書いた街歩き記事を読み返していました。

Tel: **03-6362-0555**

東京都中央区銀座2-7-12
ブルガリ銀座タワー 9F

定休日:1月 - 11月は日曜、月曜　12月は日曜のディナー

☼ : 12:00-13:30 (L.O.)
☾ : 17:30-19:30 (L.O.)

※状況により営業時間が予告なく変更になる場合あり

ブルガリ イル・リストランテ ルカ・ファンティン

16.5/20

BVLGARI IL RISTORANTE LUCA FANTIN

シェフ ルカ・ファンティン

イタリア料理

日本文化と日本食材への敬愛の念、食に対する真摯な姿勢がさらに研ぎ澄まされ、食べ手に、より多くの歓喜と満足を与えられる皿に進化しているようだ。従来通りの美味しさに加え、五感を超えた感性の部分が巧みに表現されるようになっている。運ばれてくるより前に美味しさが形となってテーブルに届くかのような濃厚なアロマ、サーブされた時には思わず二度見をしてしまうほどの鮮烈で光度の高い色香のある盛付など、本来ならば物質として皿の上にのらないはずのものまでがふんだんに詰め込まれている。通いなれたゲストには、世界でたった1枚のスペシャルなアートの完成が近いことを感じさせ、初めてこの店を訪れた人には、そのブランドの名にふさわしい絢爛たる美食体験をさせてくれる。常に「今」の時代を切り取り、それをイタリア料理で伝えようとするルカ氏の創意工夫がうかがわれる思慮深いメニュー構成からは、シェフの食への哲学がにじみ出ている。われわれ食べ手もうかうかしてはいられない。シェフと同等かそれ以上の食の教養を持たないと、皿の楽しみも半減してしまうかもしれないほど、ルカ氏は大きく進化しているようである。

☼ : 11,550円～　☾ : 20,350円～

Tel: **03-6455-3822**

東京都渋谷区恵比寿西
2-13-16 ラングス代官山
1F

定休日：日曜、第2・4土曜

☾ : 16:00-23:00
(L.O.20:00)

タクボ

16/20

TACUBO

シェフ 田窪大祐

イタリア料理

香ばしくカリッと焼かれた肉の表面はナイフをはね返すほど弾力がある。薪焼きは、炭火と違い、生木を使うことによって肉の表面を乾燥させず、薪から出る水分が肉を燻し風味よく仕上げてくれる。田窪氏は東京の食文化にイタリアの風を薪焼きで吹き込み、現在の名声を手中にした。イタリア料理はアンティパストやパスタ、米料理などのプリモ・ピアットに人気が集まり、メインの肉料理はインパクトに欠けることが多い。そんな中、この店のメイン料理に対する満足度は飛び抜けて高い。肉の旨い店というと肉をめがけて突き進むという印象だが、「タクボ」はアンティパストから全方位、死角がない。最初に供される「竹島さんのモッツァレラ」はこの店のシグネチャーで、トマトのジェルシートをまとったモッツァレラは敢えて冷やさず、ナスタチウムとともに一口でいただく。爽やかなトマトの酸味とモッツァレラの濃厚なクリーミーさが、とろけるハーモニーを口中で奏でる。これはカプレーゼの新たなる解釈だろう。メインを堪能した後の締めには、定番のボロネーゼが外せない。好みのグラム数で頼めるところも有難い。店内は光と影を効果的に操ったシックな色調で、落ち着いた空間を演出。料理から内装まで「自然」のコンセプトのもと、すべてに田窪イズムが宿っている。

☾ : 19,500円～

リストランテ ホンダ

16/20

Ristorante HONDA

シェフ 本多哲也

イタリア料理

フランスとイタリア各地で修業し、それぞれのテクニックや考え方を習得した本多氏。確かに、垣根を越えた、ジャンルにとらわれないニュアンスを感じるアンティパストやメイン料理の数々である。トリッパと豚足、骨髄のトマト煮込みのオーブン焼きや、仔羊のスパイス焼きは、花やハーブで着飾ったノーブルなルックスに、テクスチャーと味わいの微妙なグラデーションが洗練の極みだ。しかし、スパゲティ好きが高じてイタリアに渡ったというだけあって、本場で学んだ技術を存分に活かしたバリエーション豊かなパスタはまさに本多氏の真骨頂。パルミジャーノを利かせ、皮ごと食べられる無農薬レモンを使ったスパゲティ。ソースではなく、まるで雲丹そのものを纏ったような濃厚な雲丹のタリオリーニをはじめ、季節のパスタは、この店のシグネチャーとして多くのファンを魅了している。また、イタリア料理の主役ともなるトマトへの強い思いに本多氏のイタリア料理への敬意が表れており、「ファーストトマト」は生のまま、「桃太郎」はソースでいただく。季節や種類による水分や甘み、酸味の変化をつかみとり、料理や素材の種類により調理法を変える。ベジタリアン向けのコースや低糖質パスタなど健康に配慮したメニューの開発にも力を注ぎ、日本発イタリア料理の新たな可能性に挑戦し続けている。

☼：5,500 円〜 12,100 円　☾：12,100 円〜 16,500 円

Tel: **03-5414-3723**

東京都港区北青山
2-12-35 1F

定休日：月曜（月曜が祝日の場合、翌火曜休み）

☼：12:00-13:30 (L.O.)
☾：18:00-21:30 (L.O.)

オガサワラ レストラン

15/20

OGASAWARA RESTAURANT

シェフ 小笠原圭介

イタリア料理

個性溢れる飲食店がひしめく新宿区荒木町。その一角にあるイタリアンレストランに、特別な時間を過ごそうと食通たちが足を運ぶ。１日１組限定のゲストに真剣勝負で入魂の料理をふるまう小笠原氏。「アロマフレスカ」や「カンテサンス」でイタリア料理とフランス料理を修めているが、その最大の武器は群を抜く「味を描くセンス」だろう。どの皿も、素材そのものを味わってもらうため、シンプルなスタイルで調理し、適温で運ばれるが、最初は組み合わせやソースに潜んだスパイスの香りに驚き、暫くして、その全てが調和した美味しさの相乗効果に感動する。例えば、オーブンを使わず炭火で焼き上げたシャラン鴨は、芳ばしく火を入れ切っているのに、柔らかくしっとりしたレア感が残っている。まぶされた銀杏と茗荷が鴨肉の味を立体的にし、ソースの中に微かに香るメキシカンスパイスが上品に脳の中の記憶を刺激する。伊勢海老はパンプキンソースにヘーゼルナッツの薫りが何かを呼び起こし、その感動に一拍、時が止まる。飲み物のペアリングも素晴らしく、ワインにまつわる話題豊富なマダムの存在も大きい。ハイセンスなインテリアや微かに聞こえるジャズも心地好く、美味しさを共有できる人と特別な日を過ごしたくなる隠れ家的レストランだ。

☾：15,000 円〜

Tel: **03-3353-5035**

東京都新宿区荒木町6-39
GARDEN TREE B1F

定休日：不定休

☾：18:00-

Tel: **03-6264-6606**

東京都中央区銀座6-6-12
グッチ並木4F

定休日：不定休

☼：月 - 土 11:30-14:30
日 11:30-15:30
☾：月 - 土 18:00-23:00

※アペリティーヴォ
月 - 土 16:00-18:00
バー
月 - 土 18:00-23:00
（いずれも季節・天候によりクローズ）

グッチ オステリア ダ マッシモ ボットゥーラ トウキョウ

Gucci Osteria da Massimo Bottura Tokyo

シェフ アントニオ・イアコヴィエッロ

15/20 イタリア料理

古くて趣のある、しかし実にイタリアらしい場所が銀座に現れたものである。GUCCIが創設100年の威信をかけて生み出した、イタリアルネッサンスとGUCCIの美意識がふんだんに取り入れられた中世貴族の館で腕を振るうのは、アントニオ・イアコヴィエッロ氏。柔道有段者の大きな体躯から、エレガントかつ情熱のこもった、華麗なワザの効いた料理を次々と繰り出してくる。その数々の皿からは、「食と食材はその文化に深く関わりがある」というイタリア人らしい芯の通った考えとともに、日本の中に同じものを見て、感じていることが伝わってくる。イアコヴィエッロ氏は、日本在住の多くの著名外国人シェフと同様、日本食材を組み合わせたイタリア料理で、日本人の心を揺さぶることを目指す。シェフは世界で数々の気難しい芸術家シェフに師事してきた成果として、すでにチームで働くことの意味を十分に体得しており、それに呼応するメンバーたちも、この店が伝えたいことをシェフを通して学習していっているようだ。技術・センス・独創性・吸収力そして情熱という意味では、すでにシェフとして熟成・発酵の域に達しており、今後、どのような独自の世界を見せてくれるのか非常に楽しみである。

☼：10,000 円～　☾：15,000 円～

Tel: **03-3572-3911**

東京都中央区銀座8-8-3
東京銀座資生堂ビル 10F

定休日：日曜、月曜、夏季（8月中旬）、年末年始

☼：12:00-15:30
(L.O.13:30)
☾：18:00-23:00
(L.O.20:00)

ファロ

FARO

シェフ 能田耕太郎

15/20 イタリア料理

「faro（灯台）」から海を見下ろすイメージでまとめられた店内は落ち着いたブルーを基調とし、吊るされた和紙のオーナメントとあいまって波が押し寄せんばかりの迫力だ。資生堂の品格ある美を極める歴史を感じつつ席に着くと、器の産地や製作者の名前も記されたメニューを前に、堰を切ったかのように飛び出すコース解説。シェフの料理哲学、食材、調理方法、技術が述べられ、スタッフが一丸となって独創的な店作りを盛り立てようという気迫を感じる。シェフ・能田氏と加藤峰子シェフパティシエというイタリアでも実力を認められたコンビが放つコース料理は、軽妙洒脱だ。打ちたてタリアテッレにじっくりローストされた鰹のプッタネスカ、ピスタチオ、シェリービネガー、万願寺とうがらしを合わせた緑のマーブル模様のソースにマソイのソテー、56℃で2日間火入れした美笑牛ブリスケの煮込み、瀬戸内のレモンを数種に作り分けたデザートなど、特注デザインの器と相まって自由闊達な創造力に満ちている。注目のヴィーガンコースは、能田氏がローマ在住時、自身の店でゲストのリクエストに応えるうち、ヴィーガンに対する意識が高まり、食材の廃棄問題とも絡めてその可能性を追求するようになったという。食の未来を見据えた、示唆に富むレストランである。

☼：8,000 円～ 10,000 円　☾：15,000 円～ 20,000 円

ボッテガ

15/20

BOTTEGA

シェフ 笹川尚平

イタリア料理

広尾駅から程近いビルの地下にある、隠れ家的なイタリア料理店。笹川氏は富山県生まれで、イタリアへ渡り、ピエモンテ、カンパーニア、トスカーナ各地での修業を経て、麻布十番「カーザヴィニタリア」のシェフを務めた後、2017 年に独立開業した。華々しい経歴にもかかわらず、物腰の柔らかいシェフのメリハリのある料理が話題となり、開店早々から人気を博している。深夜まで営業しているため、夜遅くであれば予約無しでも訪問が可能であり、観劇後の利用や同業の溜まり場的な店にもなっている。初夏には、燻したメカジキのカルパッチョ仕立てを、ふんだんに使った香草とトマトのゼリーで軽やかに味わう。ピエモンテ地方の名物であるトリュフとフォンティーナチーズのタヤリンでは、小麦粉 2 種類と卵黄 30 個分を用いた自家製麺に、走りのオーストラリア産冬トリュフが贅沢にあしらわれ、バターソースとフォンティーナチーズの二つの味わいが楽しめる。金華豚のローストは、アンチョビとバター、レモンのコンフィで飽きさせない。全体としてイタリアの郷土料理をベースとしながらも、シェフのセンスが加味され、この店ならではの味わいがある。ソムリエが選ぶワインも希少な物まで目配りされており、東京が誇るべきイタリアンレストランの一つといえよう。

☾：15,000 円

Tel: 03-6450-3933

東京都渋谷区広尾5-17-8
アプリシエ広尾 B1F

定休日：日曜、他不定休あり

☾ : 17:00-24:00 (L.O.)

ミソラ

15/20

misola

シェフ 石濵一則

イタリア料理

ファッショナブルな表参道の街歩きを楽しんだあと、スタイリッシュに飲み、食事をしたいという大人に格好のレストランだ。サステナブルをコンセプトに、高い天井と空色のグラデーションが爽やかな壁面には、彫刻家・大森暁生氏の「カササギ」が羽を広げ、「み空」からテーブルで繰り広げられる彩り鮮やかな料理の数々を見守っているかのようだ。この店のシェフに、2021 年 4 月、八丁堀「ステッソ エ マガーリ シック」でイノベーティブでモダンな北イタリア料理を展開していた石濵氏が就任。ここでは先進性を重視しつつも、シンプルにイタリア料理の美味しさを追求している。「海苔 しらす」「馬肉 トリュフ」など、鮮度の良い食材を組み合わせたアミューズが次々と登場。1 階にはワインショップもあり、ソムリエが選ぶバラエティに富んだワインとともに愉しめる。「いけだ牛」のイチボには花山椒を散らし、新玉葱も季節を演出している。「赤ワイン 米」という一皿は、コシヒカリの古米をアマローネで炊いたリゾットで、日本の米ならではの繊細な旨みとアマローネの酸味が調和する。大通りから一歩路地に入った 3 階建ての趣きある木造家屋。アート感覚溢れる空間で、気鋭のシェフが創り出す美味の世界。価格もリーズナブルとくれば人気のほども知れよう。

☼：5,000 円～ 9,000 円　☾：9,000 円～ 12,000 円

Tel: 03-3479-3700

東京都港区南青山
3-10-38 2F

定休日：日曜、月曜、祝日

☼ : 12:00-14:30
(L.O.13:00)

☾ : 18:00-21:30
(L.O.19:30)

レストラン ラッセ

Restaurant L'ASSE

シェフ 渡邊理奈

15/20

イタリア料理

Tel: 03-6417-9250

東京都目黒区目黒1-4-15
ヴェローナ目黒 B1F

定休日：日曜、第１月曜

☼：12:00-14:00
(L.O.13:00)
☾：17:30-20:00
(L.O.18:30)

イタリア屈指の名店「ダル・ペスカトーレ」の厨房を、シェフが不在の時でも店を開けられるほど信頼され任されていた村山氏が帰国、開店したのが 2011 年。本場仕込みの料理が大きな話題となったものだが、あれから 10 年、今、再び村山氏の動きに注目が集まっている。「ラッセ」を経営しながらアルバイトとしてファミリーレストランで働き、オペレーションやビジネスモデルを学ぶという異色の体験が、2020 年、著書として刊行され、その存在が広く知られることとなったのだ。「ダル・ペスカトーレ」の、サンティーニ家の家族が営むレストランの温かさは、村山氏のどこか都会的で優しい料理にも受け継がれている。この日の魚料理はアンコウ。トマトとブロッコリーのアーリオ・オーリオは、淡白なアンコウの風味に寄り添ったものだ。仕立ては確かにイタリア風でも、淡い味わいを重ねると日本料理のような印象と親しみやすさが生まれてくる。コロナ禍で店舗の売り上げが伸びない時は、スペシャリテのチーズのラビオリを冷凍で通信販売し補完するなど、店全体で思い切った挑戦を続けた。村山氏を支える渡邊理奈シェフをはじめ、若いスタッフの頑張りが、11 年目のこの店に新たな１ページを加えようとしている。

☼：2,600 円～ 5,400 円　☾：7,700 円～ 10,800 円

アルテレーゴ

ALTER EGO

シェフ 平山秀仁

14.5/20

イタリア料理

Tel: 03-6380-9390

東京都千代田区神田神保町
2-2-32

定休日：日曜、第１月曜

☼：12:00-
☾：17:00-

※アラカルトのみ

先鋭的なイタリア料理で高評価を得たミラノの「Ristorante TOKUYOSHI」徳吉洋二氏が、満を持して神保町に「分身」を意味する店を開いたのが 2019 年。以来、２ヵ月に一度は帰国して厨房に立ち、この店を任せた平山秀仁氏とともに「エクイリブリオ（＝バランス）」をコンセプトに独創的な世界を創り出してきた。しかし、コロナ禍以降は出入国も困難となり、メニューを日本の食文化である "Bento" と、イタリアの酒の文化である "Enoteca" を融合した「Bentoteca（ベントウテカ）」と名付けたアラカルト仕様に変更、パンデミック時代を乗り切っていく決意をした。現在は、「日本のワインバーで、イタリア修業したシェフが作る料理」を目指し、ミラノの本店のマインドは受け継ぎつつ、食材に対して一家言あるシェフ選り抜きの日本素材を使ったメニューを揃えている。「サスエ前田魚店から届いた甘鯛のカルパッチョ」「福岡の赤牛のカツレツ」「２年間熟成したカラスミのパスタ」…。これらにぴったり合うワインを、10 種類以上用意されたボトルの中から選ぶ。ワイン愛溢れる説明に聞き入り、選択を迷っていると、試飲をどうぞ、とグラスをいくつか用意してくれる。会話も弾みながらのご機嫌イタリアン。以前のガストロノミックとはまた違った魅力で新しいゲストも惹きつけている。

イル プレージョ

il Pregio

シェフ 岩坪 滋

14.5/20

イタリア料理

日本の名店のみならず、イタリア各地を回り修業を重ねた岩坪氏。オープン当初から変わらず、代々木上原の地でオリジナリティー溢れる料理を発信し続けている。チロル、ピエモンテ、マルケ、パルマ、シチリア、北から南までイタリアの郷土料理を日本の食材で再現し、まるで料理を食べながらイタリア旅行をしているような気分になれる。有田焼の器に入った「ブロード・ディ・プロシュート」、パルマ産の生ハムの澄み切ったスープは、その優しい旨みで料理の前に身も心もリセットしてくれる。この日記憶に残ったのは「カネーデルリと鮑」。チロル地方の料理で、硬くなったパンに牛乳と卵を混ぜた団子のようなものだが、シェフはパンの白い部分とレンズ豆、春菊を牛乳で丸め、唐津産の白鮑を合わせていた。火入れにより豊かな香りを放つ鮑、カネーデルリのほのかな甘みと不思議な食感、鮑のソースが絡まる見事な一皿である。デザートはシチリアの「カッサティーナ」。セロリのジェラートとリコッタチーズ、松の実の相性もよく、爽やかな口当たりだ。ソムリエが勧めるイタリア各地のワインも料理の美味しさに花を添えている。柔らかな照明の下で、温かいサービスと魅力的な料理、この店が人気を維持し続けている理由がよくわかる。

☼：6,050 円～ 9,900 円　☾：12,100 円

Tel: 03-6407-1271

東京都渋谷区上原1-17-7
フレニティハウス 2F

定休日：水曜、第 1・3 木曜

☼：月・火・土・日・祝
12:00-13:00 (L.O.)
☾：18:00-20:00 (L.O.)

イル ラート

IL Lato

シェフ 古井繁規

14.5/20

イタリア料理

新宿三丁目の喧騒をすり抜けて雑居ビルの 4 階へ。木の扉を押し開けると、大きなオープンキッチンに面した、静かな美食空間が広がる。北イタリアでの修業後、新宿「オステリア・オリエーラ」や南青山「リストランテ ペガソ」を人気店に押し上げてきた古井氏が、2021 年 2 月、満を持して独立し、開店。それはそれは丁寧に仕上げられた魚介中心の 2 種のコースを供している。たとえば、カマスを軽く締めて香ばしく炙り、野菜でとった滋味あふれるクリアな出汁を張ったうえ、たっぷりのイクラをのせて塩味を補う。食用菊の花びらと菊の芽をあしらい、秋を演出しながら風味を添える。引きつつ足して、魚というデリケートな食材への愛を表現した、こんな一皿に仕上げるやり方があったかと唸るしかない。20 ～ 30 種類の野菜をそれぞれの持ち味を引き出しつつ一体化させたミネストローネ、肉と合わせて引けを取らない食感の手打ちパスタ・タヤリンなども見逃せない。北イタリア中心のワインを自在にペアリングしてもらいながら、魚介が豊かな国に生まれた幸せを感じたい。

☾：9,900 円～ 16,500 円

Tel: 03-6709-9987

東京都新宿区新宿3-6-2
栄ビル 4F

定休日：水曜

☾：18:00-23:00

Tel: **03-6434-7907**

東京都渋谷区千駄ヶ谷
3-17-12 カミムラビル 1F

定休日：日曜、第 2 月曜

☼：12:00-14:00
（L.O.12:30）
☾：18:00-22:00
（L.O.19:30）

コンヴィヴィオ

Convivio

シェフ 辻 大輔

14.5/20

イタリア料理

次から次へと運ばれる彩り豊かなフィンガーフード。枡に入ったさつまいもの最中、切り株に盛り付けられたライスコロッケやクロスティーニ、植木鉢に刺さったピクルスやリンゴ、スティックディフューザーに見立てたグリッシーニなど、カラフルな色とその盛付、味の繊細さに、まず心を掴まれる。チーズと胡椒からなるパスタ「カーチョ・エ・ペペ」には辻氏の思いが映されている。語学学校生として過ごしたシエナの街の旗に見立てた白と黒の器には、年輪を思わせるデザインが施され、シェフの半生そのものをこの一皿に表現しているようだ。この日は栃木県足利市の卵を練り込んだ黄色い手打ちのタリアテッレに羊のチーズと黒胡椒というシンプルな仕上げ。だからこそ技術と経験値の高さが伝わり、この味に魅せられて再訪するゲストが多いのだろう。また、炭火ローストされた佐賀牛のトモサンカクは赤身とサシのバランスが素晴らしく、とろける柔らかさとコクのある旨みが堪能できる。じゃがいもとトリュフのピュレ、トランペット茸のソテー、赤ワインソースのレイヤードも味覚をくすぐる。手間も時間も見せ方も、一切の妥協なしに、愚直なまでにゲストの満足を追求するレストラン。だからこそ、多くの笑顔が広がるのだろう。

☼：4,400 円～ 11,000 円　☾：11,000 円～ 16,500 円

Tel: —

東京都世田谷区玉川
3-13-7 柳小路南角 1F

定休日：不定休

☼：11:30-14:30
（最終入店 13:30）
☾：18:00-22:00
（最終入店 19:00）

リストランテ イ・ルンガ

Ristorante i-lunga

シェフ 堀江純一郎

14.5/20

イタリア料理

二子玉川駅から徒歩数分、飲食店が集まる街の一角にある木材を活かしたモダンなデザインのイタリアンレストラン。堀江氏は、イタリア・ピエモンテ州でシェフとして高評価を得て帰国、西麻布に店を構えるが、食材を求めて奈良へ移ったのち、2019 年、自らのベースである世田谷に戻り、この店を開いた。店名は、シェフの名前の頭文字である「J」のイタリア語読み「イルンゴ」と「長い」という意味を重ね、永続する店作りへの思いが込められているようだ。食材は多様な産地が目を引き、堀江氏が住む川崎市宮前区の先進的な農家の野菜で地産地消を踏まえつつ、国の内外に優れた素材を求め、味の追求に余念がない。前菜の春子のカルパッチョはトラウトキャビアなどと合わせることで新たな味わいを呼び起こしており、諫早で獲れたイノシシのラグーのタヤリンには、チリ産の上質なトリュフを配していた。パスタ料理では、牛・豚・ウサギの 3 種の肉類を用いたピエモンテ州の郷土料理・アニョロッティ・ダル・プリン（手で摘んだラビオリ）にシェフの本領を見ることができる。サービススタッフの心配りも細やかで、ワインの選択も的確である。都心から離れた近郊農家と接する地で、イタリアも日本の古都も知るシェフがどんな料理を生み出すのか興味は尽きない。

☼：3,800 円～ 5,200 円　☾：13,000 円～

スリオラ

ZURRIOLA

シェフ 本多誠一

16.5/20

スペイン料理

日本におけるモダンスパニッシュの代表的レストラン。ここで出会うのは、再訪することで「やはりこれだ！」とその価値を今一度確認することができる料理であり、シェフだ。炭と薪を同時に使いこなす火入れの名人・本多氏。葡萄の枝で作られた薪は、手で簡単に折れる繊細なもので、きめ細やかに火加減を調節できるため、それぞれの食材に適した完璧な火入れを可能にする。中でも軽く燻したキャビアのラビオリは、フレッシュなキャビアの食感はそのままに、器から立ち上る薫香が鼻腔から大脳を刺激し、2度も3度も愉悦に浸ることができる。ラビオリの中に閉じ込められた焦がした玉葱ソースの甘みとの相性も忘れ難い、この店のスペシャリテだ。また、野性的な香りと味わいを存分に愉しめる純血イベリコ・ベジョータのプルマは柔らかくてジューシーな赤身肉だが、本多氏の手が加わるとその味わい深さと風味は、さらに格別なものになる。目の前の厨房で、勢いのある本多氏のパフォーマンスによって仕上がる料理はどれも力強く、食の本能を間違いなく刺激する。自身の食体験をアップデートする時間になるよう、ここではカウンター席に陣取り、本多氏の繰り出す料理世界にひたすら身を任せたい。

☼：6,500円～8,800円　☾：18,800円～22,000円

Tel: 03-3289-5331

東京都中央区銀座6-8-7
交詢ビル 4F

定休日：月曜

☼：11:30-13:00 (L.O.)
☾：18:00-23:00
(L.O.20:00)

アカ

aca

シェフ 東 鉄雄

16/20

スペイン料理

地方ごとに風土に根づく伝統料理があり、奥深く広がりのあるスペイン料理を、四季のある日本の素材で自由に表現するモダンスパニッシュレストラン。2013年に京都・三条高倉で開店。2020年、東京・日本橋に更なる飛躍の場を求めて移転した。京都時代とはひと味違う木材や石材をふんだんに使った重厚感ある設えの中、まず日本でいうおじや、なみだ豆のカルドソでほっと和ませる。優しい仄かな甘みを残したのち、トマトを練りこんだパンの上にビネガーで締めたコハダをのせ、大葉を巻いていただくボカディージョは、爽やかな酸味の効いた何とも忘れがたい逸品だ。白いガスパチョといわれるアホ・ブランコを温めてかけるハーブのサラダ。続いて、雲丹とアスパラガスを酸味の効いたトマトのジュレでガスパチョ仕立てに。そして贅沢な力強い味わいの車海老とフカヒレのアヒージョの後は10時間ほど煮込んだという優しい生ハムのスープをいただく。緩急のある流れの良いコースは期待感を高めていく。スペイン料理の代表的メニュー、パエリアの主役は毛蟹。野菜のブイヨンの風味に重なり、山椒のアリオリソースと絡まった蟹の濃縮した旨みは圧巻だ。インパクトを残しながら繊細な和心を感じる独創性。東京に、なかなかいなかった料理の深淵を覗かせるシェフが現れた。

☼：27,500円～　☾：27,500円～

Tel: 03-6262-5090

東京都中央区日本橋室町
2-1-1 三井2号館 1F

定休日：日曜

☼：土 12:00-
☾：17:00- /20:30-
土 17:00-

東京
北海道
茨城
栃木
群馬
埼玉
千葉
神奈川
山梨
長野
新潟
富山
石川
福井
静岡
愛知
岐阜
三重

Tel: **03-3511-2881**

東京都千代田区平河町
2-16-15
ザ・キタノホテル東京 2F

定休日：不定休

☼：11:30-15:30
(L.O.13:30)
☾：18:00-23:30
(L.O.21:00)

レストラン サンパウ

RESTAURANT SANT PAU

シェフ 赤木 渉

15/20

スペイン料理

カルメ・ルスカイェーダシェフが率いたスペイン・カタルーニャの本店が2018年に閉店したため、2019年に平河町の「ザ・キタノホテル東京」に移転したこの店が、カルメ氏がプロデュースする食べるアートの世界に触れる数少ない場となった。ホールにはさりげなく魯山人の花瓶、店内にはメニューの表紙にも使われているスペインの有名画家が東京店のために描いた絵が飾られ、テーブルや椅子だけでなく、調度も含めてカルメ氏が追い求めるアートな空間が広がっている。厨房を任されているのは海外経験も豊富な赤木氏。カルメ氏から送られてくるコンセプトを料理に具現化し提供している。「カタルーニャへの旅の始まり」という前菜は、チョウザメとズッキーニの一皿。ズッキーニの花の中に宮崎産のチョウザメのタルタルが詰められ、右手には小さな炭のパンにチョウザメとじゃがいもを茹でたブランダーダ、その上に輪切りのズッキーニとエディブルフラワーが彩り良く敷かれている。国産キャビアが入ったサワークリームソースを仕上げにかけていただくと、キャビアソースの程良い塩加減とズッキーニの香りや食感が際立つ。独自の世界観がスタッフやソムリエによるサービスでより深まり、「旅の終わり」のデザートまで、カタルーニャの風を感じる料理の数々に魅了されるレストランだ。

☼：7,000円～32,000円　☾：15,000円～32,000円

ゴ・エ・ミヨの歴史

50年以上、優れた才能の持ち主を見出し続けているゴ・エ・ミヨ　2

毎週金曜日、2人はお気に入りの週末プランや訪れるべき場所（屋根の崩れた城、のどかな田舎など）を、街歩き記事として書いていきました。その中で、読者が一番興味を示したのが、良いレストランを発見、紹介するコラムでした。この企画は新しい価値観を持つ読者の要望に応えたのです。当時、フランス人は、自由な生き方について考え、週末の過ごし方を変え、レジャーを楽しみ始めていました。戦後の食糧難による飢えへの心配が無くなり、人々の味覚は洗練され、よりナチュラルで、より本物の味を求めていたのです。

NARISAWA

16/20

NARISAWA

シェフ **成澤由浩**

イノベーティブ

日本の風土、いのち、育まれた文化、そこに生きる人々、そのすべてに敬意を払い「イノベーティブ里山キュイジーヌ」という独創的なジャンルを切り拓いた成澤氏。ついメッセージ性やコンセプトに目が向きがちだが、その世界は決して一方的に想いを押し付けるものではない。もてなしにも最大限の心を配り、例えばゲストが食べた料理はすべて記録し、好みなども把握する徹底ぶりで、確固たる名声を得た現在でもゲスト本位の姿勢を崩さない。素材は全国の信頼する生産者と取引し、時に現地まで赴き、生産状況や労働環境にまで目配りする。スタッフとの何気ない会話を発端に、シェフの思いの丈がゲストの想像を遥かに超えた高みに達することもある。もちろん、料理である以上、あくまで美味しく美しくあることが大切だ。前菜で供されたのは、軽く蒸した甘鯛に、山ウドやこしあぶら、渡り蟹のリゾット仕立てを合わせたもの。それぞれの食感や香り、旨みが見事に調和し、ひたすらに美味しく、また、森・人・里・海、それぞれの営みを「NARISAWA」を介して垣間見ることができる。イノベーティブとは唯一無二の世界観を日々アップデートする、その過程である。料理界に刺激を与え続ける成澤氏の動向には常に世界の目が向けられている。

☼：24,200 円～36,300 円　☾：42,350 円

Tel: 03-5785-0799

東京都港区南青山
2-6-15

定休日：日曜、月曜

☼：12:00-12:30 (L.O.)
☾：17:30-20:00
(L.O.17:45)

クローニー

16/20

Crony

シェフ **春田理宏**

イノベーティブ

2021 年、東麻布に移転、ウェイティングスペースや個室を完備し、料理も品数を増やして、レストランはその環境に相応しい進化を見せている。全てが特等席と思わせるテーブルに向かうソムリエの小澤一貴氏は存在感を更に大きくし、春田氏も料理の意図がより明確になり、熱量を感じるものとなっている。生まれた自信は品格ある皿の上の構成に奥行きをもたらし、美味しさの余韻の長さが印象に残る。たたき風に藁で薫り付けをした初鰹は、その風味と素材の旨みがベストにマッチングしたまま続き、次の皿でもトリュフの薫りがじゃがいもの旨みとともに引き継がれるように、デザートまで余韻の感動が途切れないのだ。シェフの料理を熟知する小澤氏は、その魅力を翻訳し、ゲストにその日のストーリーを語り明かす。料理を素早くテーブルに運ぶスタッフの連携も見事であり、華やかでコージーな空間でプロの動きを感じながらいただくと、天井の高い窓から見える東京タワーが彼の国の塔を思い起こさせるかもしれない。このレストランでは、間伐材から作られるショープレートやビオトープ紙を使用したメニュー、フェアトレード食材の採用にフードロスの削減など、サステナブルな取り組みが随所に見られ、店名の意味する「永続的な茶飲み友達」には、生産者や素材を育む海や大地までもが含まれ、その営みが永続的に続くことを願うというメッセージも伝わってくる。

☾：19,800 円

Tel: 03-6712-5085

東京都港区東麻布
1-20-3

定休日：日曜、他不定休あり

☾：18:00-23:00
(L.O.20:00)

㹃

COH

シェフ 佐藤 慶

15.5/20

イノベーティブ

Tel: —

住所非公開

定休日：不定休

☾：18:00-

その店はシェフの生き方のようにドラマチックだ。愛媛から「一旗揚げたい」とまずは芦屋で開業、８席の店を予約で埋め、次の目的地は東京・銀座。オープンした「盡」は話題沸騰となるが、わずか１年半でクローズ。半年後、虎ノ門に蘇った店が「㹃」である。虎が咆哮する様を表したというその字は、柔らかく静かな物腰の中に信念を秘め、勇猛果敢な佐藤氏の姿そのもののようである。何物にもとらわれない独創的な料理にイノベーティブフュージョンという言葉を当てはめてみるが、佐藤氏の料理はそれでも収まりきらない、独自の世界観を示している。コースは、その日の最高の食材を研ぎ澄まされたシェフの感性で構成していく。小劇場のように厨房を取り囲む薄暗い照明のカウンター。１品目の、１日かけて炊いたコンソメスープを口にすると、柔らかく滋味深い旨みが、身体中を駆け巡る。北海道産の甘みたっぷりのとうもろこしが目の前で削ぎ落とされて供される一品は、とうもろこしの温かな粒とその下に隠された冷たいすり流しとの取り合わせに、口の中で意表を突かれる喜びが広がる。以前より見た目のシンプルさが際立ち、その分調理や味わいが一層研ぎ澄まされているようだ。あくなき探究心とその結実を堪能しようと、僅かな佐藤劇場のプラチナチケットを求め、人々は虎ノ門を目指す。

☾：30,000 円

セララバアド

Celaravird

シェフ 橋本宏一

15/20

イノベーティブ

Tel: 03-3465-8471

東京都渋谷区上原
2-8-11 TWIZA上原 1F

定休日：日曜、月曜

☼：土のみ 12:00-
☾：19:00-

伝説のレストラン「エル・ブジ」を修業の場に選び、同じスペインの名店「マルティン・ベラサテギ」で研鑽を積んだ橋本氏は、デンマークの「noma」の厨房も経験するなど、最先端の料理を肌で感じ取り、自身の料理世界を構築してきた。宮沢賢治の作品の登場人物から名をとったレストランは、五感を総動員して愉しむ物語の世界だ。ある夏の日に、素敵なものを探しに旅に出るセララバアド。物語が進むにつれ訪れる情景、朝露、雨、高原、渓流、海辺、夕暮れなどを、料理、音楽の力で、客に体感させていく。オリジナルのドリンクは色、香り、そして味でイメージを助ける。目に鮮やかな蓮の葉の上にコロンと雫が一粒。これはじゅん菜と梅昆布茶を固めたもので、旅人が喉を潤すように一息に飲み干す。続いて雨の匂いのする石を嗅ぎ、花の蜜を吸う。夏の渓流では、胡瓜、蓼、キウイ、そして鮎の魚醤のソースの上で、セモリナ粉をまぶして揚げた鮎が生き生きと泳ぐ。爽やかでコクのあるソースにより見事な鮎の料理となる。これに合わせるドリンクは、ホップとキウイをミキサーにかけ炭酸を注入したもので、鮎の苦みにとても合い料理を引き立てていた。2015 年の開店以来、橋本氏は豊かな想像力と創作力で、ゲストを次の旅に誘っている。

☼：9,500 円　☾：12,000 円

ア・ニュ Shohei Shimono

16/20

à nu Shohei Shimono

シェフ 下野昌平

フュージョン

カウンター席に着くと、その日のゲストのために用意された色とりどりの新鮮野菜や高級食材のディスプレイに目を奪われる。しばしば生産者のもとを訪れ、食材への思いが強い下野氏の手により、これらがどんな独創的な料理に変わっていくのか期待が高まる。フルオープンのキッチンは臨場感に溢れ、ゲストとシェフの距離も近い。下野氏の手捌きを眺めているうちに作り出される一皿一皿は、フランス料理の枠を超え、アジア・イタリア・日本を自在に飛び交い融合し、絶対的に美味しい珠玉の料理へと着地する。手でいただくラップサンドのような熊のクレープは、ローストと煮込んだ二種類の肉を同時に味わう。卵黄を使ったサバイヨンソースとの相性も素晴らしく、臭みがまるでない。低温でゆっくりと火入れされた北海道産仔牛肉は、モリーユ茸ソースのずっしりと濃厚な旨みと、多すぎるのではないかと思えるほど削りかけられたサマートリュフの上品な香りが愉悦に浸らせる。さらに、どこまでも贅沢な時間は続き、鍋のまま供される石垣牛のオムライスには、目の前でまたもや大量の黒いダイヤが。器に盛られた後にもスライスされた黒トリュフが緩やかに混ざりあっていく。下野氏の感性が自由に、ありのまま表現される料理にワクワクが止まらない。

☾：25,000 円

Tel: —

東京都渋谷区広尾5-19-4
SR広尾ビル 1F

定休日：不定休

☾：17:30-21:00 (L.O.)

アンディ

14/20

Ăn Đi

シェフ 内藤千博

モダンベトナミーズ

鮑とマスカット。ホワイトアスパラガスとシラス。アグー豚とゴーヤでゴーヤチャンプルーの再構築!? さて、何かというと、季節に合わせて移り変わる、この店ならではの生春巻きの具なのだ。薄い皮に透ける色合いに気分が上がる。2017 年７月の開店から４年、すっかり「東京のモダンエスニックの筆頭株」として定着した「Ăn Đi」。たとえばコースなら、まずはバインミーやティーリーフサラダ、そして前述の生春巻きなどベトナム料理の定番を、その時季ならではの野菜やハーブで彩り豊かにアレンジしたヘルシーな数品。次に汁気をたっぷり残す火加減で仕上げられた鴨や羊などフレンチ趣向のメイン。最後はしっかり出汁をとったフォーで仕上げ、というスタイル。まだ 30 代の内藤氏は、「サイタブリア」や「レフェルヴェソンス」といった美味の極北をいくレストランで修業してきただけあって、意外性のある組み合わせ、発酵食材や流行りのスパイスの取り入れ方が小気味良い。次はどんな食で驚かせてくれるのか、季節ごとに訪れるのが楽しみだ。オーナーソムリエにして日本初のワインテイスター・大越基裕氏が手がける希少なワインや日本酒とのペアリング、桃子夫人のセンスを感じさせるプレゼンテーションも魅力である。

☼：7,800 円　☾：8,800 円

Tel: **03-6447-5447**

東京都渋谷区神宮前
3-42-12 1F

定休日：月曜、他不定休あり

☼：土・日
12:00-13:30 (L.O.)
☾：17:30-21:00 (L.O.)

茶禅華

sazenka

シェフ 川田智也

17.5/20

中国料理

Tel: **03-6874-0970**

東京都港区南麻布4-7-5

定休日：日曜・月曜を中心に不定休

☾：16:00-19:30 (L.O.)

川田氏の目指す「和魂漢才」を舌で感じ、美しく奏でられるプレゼンテーションに新鮮なときめきをおぼえるコースメニュー。中国料理と日本料理、それぞれの色が混ざり中間色になるのではなく２色が独立しながらひとつの円を描く。秘められたエネルギーで心が満たされる料理だ。メニューは全て４文字の漢字のみで記されているが、中国から伝来し日本文化へ昇華されたものは文字のみならず数知れない。日本と中国の深い繋がりと、日本人の精神性を見事に皿の上に表現する比類なき料理人が川田氏だ。スペシャリテの鳩はまさに「和魂」を感じる一品。一晩風干しし、油を通した後に藁の香りを付けて炭で炙られた肉の風味は奥深く秀麗だ。雉のスープも和心を感じる澄んだ味わい。一方、「四川鶏翅」は大きな皿に炒めた唐辛子が山のように盛られ、埋もれた手羽先を取り出していただくのだが、辛さが染み込んだ複雑な香気と旨みはここでしか味わえない。温度帯を変えた中国茶、台湾茶、日本茶の料理を引き立てるティーペアリングもこの店の象徴的存在だ。茶そのものの透明感のある高貴な深みは、優しく料理と絡まり一体化していく。味わう人の感動に心を配り、常に自身と向き合う。まさに一流の「茶禅一味」の精神を感じるひと時を過ごした。

☾：28,000 円～ 60,000 円

赤坂 桃の木

Akasaka Momo no ki

シェフ 小林武志

16.5/20

中国料理

Tel: **050-3155-1309**

東京都千代田区紀尾井町1-3 紀尾井テラス 3F

定休日：水曜、他臨時休業あり

☼：11:30-14:00
☾：17:30-22:00
(L.O.21:00)

基本に忠実に、奇をてらわず、センス溢れる中国料理を生み出し続ける小林シェフ。スペシャリテの中でも「ヨシキリザメのフカヒレの煮込み」は、フカヒレを手間を惜しまず丁寧にほぐし、不純物を全てとり除く。それを鶏の足を長時間煮込んだ白湯スープとともに煮て、最後に葱油を合わせ乳化させる。混じり気のない澄んだ美味しさのスープが、サラサラと口中でほどけるフカヒレと絡み、日本屈指のフカヒレ煮込みとなる。「干し貝柱のチャーハン」は、丁寧な下ごしらえと名人級の包丁使い、完璧な火加減のもとに生まれている。細くほぐした貝柱、水分を飛ばしたタイ米、葱は肉眼で見づらいほど細かいみじん切りにする。卵の香りを大切に、短時間でさっと火を入れた炒飯は、口の中で葱がいい塩梅に存在感を示し、他ではお目にかかれない逸品となる。デザートも杏の種を砕いて作る「杏仁豆腐」、亀の腹甲をすりつぶした漢方薬膳「亀ゼリー」など、これらを楽しみにしている客も多い。「黒酢の酢豚」や「よだれ鶏」といった馴染みのものから、フカヒレ、鮑、上海蟹など高級食材を使った料理、そして佛跳牆という最高級乾物スープまで、客の用途に合わせて自在にメニューを組める貴重な店。赤坂という華やかな地への移転で、さらなる飛躍へのお膳立ては整った。

☼：15,000 円～ 100,000 円　☾：15,000 円～ 100,000 円

シノワ

ShinoiS

シェフ 篠原裕幸

16/20

中国料理

注目の料理人、篠原氏は、「赤坂璃宮」譚彦彬氏のもとで修業後、香港・上海など海外でも挑戦を続け、数々の名店で腕をふるってきた。2019年、満を持して白金台に開店。広東のみならず中国の地方料理にも精通する篠原氏は、クラシックを独自の解釈と自由な発想でオリジナリティー溢れる料理に昇華させている。前菜の「芝士春巻」は、白湯でじっくり煮込んだ、旨みたっぷりの2種のフカヒレを包み込み、燻製キャビアとコンテチーズをのせるという豪華さだが、個性の強い食材を見事に調和させている。「創始真味干鮑」は、岩手県吉浜産の干し鮑を、数週間かけて水で戻し、じっくりと煮込む。程よい硬さの鮑を噛み締めると、口の中に甘みと旨みが静かに染みわたる。鮑本来の透明感溢れる味わいを堪能するとともに、鮑を水だけで調理するという発想に感服する。また、広東伝統の魚のしゃぶしゃぶ鍋をもとにした「廣東粥浸魚」は、お粥を、ピータン、干貝柱とともに7時間煮込み、マナガツオと併せていただく。旨みが凝縮したお粥とマナガツオがよく合い、自家製の醬がアクセントとなる深みのある一皿となっている。篠原氏は名店でデザートの修業も積んでおり、「生月餅」はさすがの軽やかさだ。素材の組み合わせの妙、その魅力に「もう一度訪ねてみたい」と、心奪われる店である。

☾：33,000円～

Tel: 03-6277-0583

東京都港区白金台
4-2-7 bld桜なみき 2F

定休日：不定休

☾：17:00-20:30
（最終入店）

わさ

WASA

シェフ 山下昌孝

16/20

中国料理

山下氏は仕事に貪欲で純粋な、真の職人ともいえる料理人だ。「福臨門酒家」で6年、「Epicer」で3年、うま味調味料を使わない中国料理を求め、修業が許されるまで5年間、毎月深夜バスで訪れたという岐阜「開化亭」で2年半。2009年に目黒・八雲で「わさ」を開業し、驚きのコストパフォーマンスで話題を呼ぶ。六本木けやき坂を経て、2020年からは恵比寿に腰を据え、腕を振るっている。これぞ「わさ」の味、という「餃子」は完成度を高め、奥深さを増した。丹波篠山の熟成「高坂鶏」、熊本・坂本牧場と茨城・塚原牧場の2種類の「梅山豚」。素材へのリスペクト、費やされる時間や手間が窺える小ぶりな3つの焼餃子は山下氏の代表作だ。肉の旨みが凝縮され、透明感のある脂の余韻は忘れがたい。「葱炒飯」は、パラパラとしているのにふんわり。4時間おきに4度もペーパーを変え、余分な臭みや水分を取った葱が至極の表情を創り出す。白神山地の水とRO水を合わせ、出汁を取り、麺を茹でているという「担々麺」。香り高い炒り胡麻の甘い風味と、鶏胸肉と昆布で取った出汁が何ともまろやかだ。幾重にも重なる細やかな仕事の成せる味わいが人々を魅了する。持てる技術に相応しい場所を得た山下氏の旨みたっぷり、一味違う中国料理を楽しみたい。

☾：27,500円

Tel: —

東京都渋谷区東3-16-1
ベルザ恵比寿 1F

定休日：日曜、月曜、
他不定休あり

☾：17:30-

※季節により価格の変動あり

慈華

itsuka

シェフ 田村亮介

15.5/20

中国料理

Tel: **03-3796-7835**

東京都港区南青山
2-14-15 五十嵐ビル 2F

定休日：月曜、他不定休あり

☼：11:30-15:00
（最終入店 13:30）
☾：18:00-23:00
（最終入店 21:00）

「麻布長江 香福筵」時代からのファンに今なお支持されている、ふわっとした春巻、上品な辛さの四川麻婆豆腐。日本人には馴染みの料理だが、これほど完成度の高いものは他に類を見ない。2019年に移転オープンした「慈華」では、コース料理のみで勝負するが、その中にこれらの人気メニューがしばしば登場するのは嬉しい限りだ。まずは有田焼の大きな皿に盛られた「運気の上がる前菜盛り合わせ」。色鮮やかな10種類ほどの前菜を、昇り竜のごとく下から上に向かって食べ進める。「干豆腐と紅芯大根の葱油和え」「締め鯖 青豆板醤のせ」「よだれ鶏の麻辣ソースがけ」など、独自に開発した身体に優しい調味料を駆使し、合間にピリッと四川の香りを忍ばせた手の込んだ料理は、どれも美味しく見事としか言いようがない。フカヒレの姿煮にも定評があり、白湯で煮込んだあっさりとしたフカヒレは、旨みに溢れ、すっとほどける。そのスープは滋味深く、最後は安楽窯の土鍋で炊き上げたコシヒカリを入れ、最後の一滴まで絡め取る。フカヒレの品質の良さに加え、下ごしらえと煮込みの技術の確かさが生み出した、贅沢な一品である。日本でしか味わえない自身の中国料理を追求する田村氏。その料理の美しさと美味しさに圧倒されながらも、どこかほっとする優しさを感じるのは、その人柄のせいだろうか。

☼：11,000円～33,000円　☾：16,500円～33,000円

龍圓

Ryuen

シェフ 栖原一之

14.5/20

中国料理

Tel: **090-8720-2581**

東京都台東区西浅草3-1-9

定休日：月曜（祝日の場合、翌火曜）、第1火曜

☼：12:00-13:30
（最終入店）
☾：18:00-20:30
（最終入店）

※クレジットカードはVisa・Masterのみ利用可

中国料理界の鬼才と呼ばれて久しい栖原氏は、豆乳をエスプーマでムース状にしたピータン豆腐や白烏賊にモッツァレラチーズを組み合わせたり、洋の要素を遊び心いっぱいに取り入れ、上海料理の基礎の上に独自の世界を築いてきた。しかし、栖原氏が最も関心を寄せるのは、そうしたスタイル・調理法の目新しさではなく食材そのものの可能性である。ここしばらくは、マッシュルームをどう中国料理に生かすかに取り組んでいたが、今はどうやらスッポンに御執心のようだ。食材を究めるにはまず産地と生産者。栖原氏は浜名湖を訪ね、有機飼料で肥育する「服部中村養鼈場」のスッポンに目をつけた。その春巻きが絶品だ。スッポンを水と上湯で煮込み、エンペラを取り、肉にも火を通して骨抜きにし、甲羅や骨は鍋に戻して出汁に。そこにエンペラ、レバー、肉、全てを入れてマッシュルームや長葱とともに煮込む。これを皮に包んでカラッと揚げれば極上スッポン春巻きの出来上がりだ。「春巻きは揚げ物ではなく蒸し物」という確信のもと、舌がやけどするほど熱々の皮に抱かれたスッポンの各部位は溶けあい、旨みが口中でとろける。栖原氏はコアなファンをもっと驚かせたいと、一人には広すぎる厨房で今日もスッポンと向き合っている。

☼：6,000円～12,000円　☾：7,000円～30,000円

南方中華料理 南三

14/20

minami

シェフ 水岡孝和

中国料理

個性的な店が軒を連ねる新宿・荒木町にある中国料理店。といっても、北京でも広東でもない、日本人にはあまり馴染みのない雲南・湖南・台南の、三つの「南」の地方料理をベースとした、創作中国料理である。そのキーワードは、発酵・スパイス・ハーブ・燻製。この４つが、それぞれ旬の食材と組み合わされ、どの料理も印象深い一品となっている。そこには店主・水岡氏自らの台湾滞在や、中国各地を回った経験が生かされているのだろう。最初の前菜盛り合わせから独創的だ。６～７種の前菜からは「蒸し鮑蟹味噌トマト醤」、また珍味盛りには「鴨舌スモーク」、春巻きには「発酵茶葉」、バナナリーフ包みには「ハーブ」と、しっかりと４つのキーワードがコース料理全体にちりばめられ、それぞれ素材を引き立てている。そしてメインには「ニラミントソース」。たっぷりかけられた燻製鳩と台湾緑竹との調和は忘れられない味の記憶となる。食材ごとに４つのキーワードが、水岡氏の思いのままに駆使されているとなれば、せめて、季節ごとに訪れたい。そんな「病みつき」になる中国料理店だ。

☾：8,000 円

Tel: 03-5361-8363

東京都新宿区荒木町
10-14 伍番館ビル 2F B

定休日：日曜、祝日、
他月２日ほど不定休あり

☾：18:00-21:00
（最終入店）

※予約は WEB 予約のみ

蓮香

14/20

Renshan

シェフ 小山内耕也

中国料理

小山内氏が生み出す中国料理は、おそらく誰もが初体験の味ではないだろうか。老舗中国料理店で伝統料理の基礎を身につけ、中国本土の厨房も経験、何度も地方都市に出向き、そこで見た郷土料理や家庭料理にインスパイアされ、ひと味違った自身の料理にアレンジしていった。個性的な料理で一躍有名になった麻布十番「ナポレオンフィッシュ」の料理長を経て、2015 年に独立。自らの店では、伝統的に発酵食を作る少数民族が多い雲南省や貴州省で出合った料理をベースにしている。自家製の調味料やハーブをふんだんに用い、シンプルな素材でありながら、味にふくよかさが出たり、複雑味が加わったり、奥深さも感じたりと、心地好い衝撃を受ける。自家製の発酵唐辛子を使った「ロメインレタスの強火炒め」は芳醇な香りを感じ、定番のバナナリーフに盛られた「発芽大豆 ささげ漬物 挽肉炒め」は、もはや見た目からは想像出来ないほど五感をくすぐられる逸品料理で、一度食べると忘れられない。6,500 円のおまかせコースのみだが、12 皿もあり、驚きのコストパフォーマンスだ。料理と相性の良い紹興酒を嗜みながらここでしか味わえない妙味を存分に楽しみたい。

☾：6,500 円

Tel: 03-5422-7373

東京都港区白金4-1-7

定休日：不定休

☾：平日 18:00-22:00
(L.O.21:00)
土・日 17:30-21:30
(L.O.20:30)

赤坂 松川

Matsukawa

シェフ 松川忠由

19/20

日本料理

Tel: **03-6277-7371**

東京都港区赤坂1-11-6
赤坂テラスハウス 1F

定休日：不定休

☼：木・土のみ
12:00-15:00
(L.O.13:00)
☾：18:00-22:00
(L.O.20:00)

アメリカ大使館の裏手、つい通り過ぎてしまいそうな小路にひっそりと店を構えたのは 2011 年のこと。人づてに評判は広がり、今や最高峰の日本料理店の一つといわれる。それを可能にしたのは、店主・松川氏の繊細な味覚と卓越した技術、そして透徹した侘び寂びの美意識だろう。茶室を思わせる簡素ながら上質な設えは、しばし俗世から離れ、食を愉しむに相応しい。全国各地から集められる極上の食材は既成概念を打ち壊すほど優れたものばかりだ。松川氏は、それら選りすぐりの食材から徹底して余分を除き、品格ある料理へと昇華させる。その最たるものが椀刺である。椀刺は日本料理の華といわれるように、その店の精髄が詰め込まれている。包丁が冴えわたるカレイの刺身は、ついさきほど獲れたばかりかと錯覚するほど角が立ち、むっちりと弾力がありながらもねっとりとした食感で、噛むほどに甘みと香りが滲み出す。鰻と冬瓜のお椀は蓋を取ると馥郁とした香りが湯気とともに立ち上り、口に含むと、これほど清澄かつ奥行きのある吸地があるのかと驚嘆させられる。この椀刺を味わえば、ここが日本最高峰の割烹料理店と呼ばれる所以が容易に理解できることだろう。「百考は一行に如かず」、一度は訪れるべき名店である。

☼：45,000 円　☾：45,000 円

日本料理 龍吟

Nihonryori Ryugin

シェフ 山本征治

19/20

日本料理

Tel: **03-6630-0007**

東京都千代田区有楽町
1-1-2
東京ミッドタウン日比谷
7F

定休日：不定休

☾：18:00-23:00
(最終入店 20:00)

日本人として本物を表現する道は日本料理しかない、と日本の「味」を超えて「魂」をも追求し続けてきた山本氏。和食の伝統的な技をベースに液体窒素スプレーを野鴨の下処理に使うなどテクノロジーを駆使した最先端の技術の探究にも余念がない。料理を通じて「日本の豊かさ」を伝えることを信条に向かうのは、細部まで自身のディレクションで構築した厨房。神聖なるその場所に並べられる食材は、封筒に収められた日本地図の上に記され、ゲストは各地から集められた自然のエネルギーを吸収することになる。まずは、凝縮された大蛤のエキスの潮の香気から五感を研ぎ澄ます準備に入る。黒い無花果の中に隠れているのは、鶏出汁などを加えた特製胡麻だれで和えた濃厚な鴨の白肝。山本氏がデザインした輪島塗のハロウィン椀には、骨切りではない独自の技術で目覚めさせた滑らかな鱧。長崎の迷い鰹は薫り高く、炭火焼きの金目鯛は香ばしく、巨大鮑、さえずり、大つぶ貝と、続々繰り出される豪快な海の幸を心ゆくまで堪能したあと、オレンジ色と化した迫力満点の雲丹ご飯で締める。精神を満たすことが日本料理の役割だと語る山本氏渾身の力を注いだ饗宴は、エネルギッシュで熱い一皿一皿に攻めこまれながらも、心地好く至福へと至るのである。

☾：40,000 円～

日本料理かんだ

18.5/20

Nihonryouri Kanda

シェフ 神田裕行

日本料理

幾度思い返しても、料理と味が高揚感とともに脳裏に蘇る。和食の名店は数あれど、このような鮮烈な印象を残す店にはなかなか出合えない。店内に足を踏み入れると静謐な空気と設えに心地好い緊張感を覚える。心のこもった迎えを受け席に着き、神田氏が選び抜いた革カバーのリストに目を通す。料理とマリアージュするワインや日本酒がカテゴリー別に並んでおり、通ならずとも圧倒されるラインアップだ。神田氏が織りなす料理は、一品一品が丁寧に仕上げられた味の芸術とも言うべきものだ。新鮮な旬の食材を、常人では思いつかない組み合わせと調理法で幸福な驚きへと誘う。高級食材を使うことは、その味わいだけに頼り過ぎ、諸刃の剣ともなりかねないが、神田氏は悠々とその上を行く。キャビアの下に敷き詰められた浅葱には、フグの白子とフグ刺しが忍ばせてある。想像し得なかった味覚と食感の交響曲にしばし陶酔する。素材の味を生かし、決して華美になり過ぎず、抑揚の効いた構成は、流石の一言に尽きる。この店の魅力は何より神田氏の統率力にある。その並外れた料理の才能と味覚のセンスは周囲を感嘆させ、弟子たちをも魅了する。きびきびとした若手の動きに、神田氏と店に対する揺るぎない信頼感が表れている。全ての料理に期待を超える味覚の喜びを感じ、満足させてくれる名店である。

☾：35,000 円～

Tel: 03-5786-0150

東京都港区愛宕1-1-1
虎ノ門ヒルズ
レジデンシャルタワー 1F

定休日：日曜、祝日

☾：17:00-21:00 (L.O.)

神楽坂 石かわ

18/20

Kagurazaka Ishikawa

シェフ 石川秀樹

日本料理

神楽坂を中心に上質で粋な７店舗を展開する「石かわ」グループの本拠。総帥・石川氏は、日本を代表する店主となった今も、たゆまず味の探究を続け、客人を楽しませることに徹している。ここでは人を心地好くさせる話し方、間合いを、若い衆まで全員が自然体で会得しており、気がつくとこちらも笑顔になり、会食の場が弾んでいる。季節の花を一輪さりげなく飾り、流水音も密やかな澄み切った空間で、素朴でありながら洒落た料理を味わう。最初の一皿、「萩の鮑と肝粥」は、鮑の香り、歯ごたえも申し分なく、肝はそのままでも、粥と絡めても良い。さりげなく添えられた海苔が、アクセントを与え、美しく、料理としての完成度も高い。続いて、料理長の江藤透留氏が緑鮮やかな春の山菜の詰まった木箱を手に登場し、一つ一つ披露する。その山菜を総動員して仕上げられた「春の野菜の煮浸し」では、かぶら、空豆、山ウド、蕗、こごみ、タラの芽の歯ごたえ、苦み、香りが春の息吹を存分に味わわせてくれる。素材を吟味し尽くし、調理法を究め、その結果として素材以上の美味しさに行き着いた一見素朴な料理。新しきを取り入れ、客を飽きさせず、季節を楽しめる逸品の数々。それを味わうために、そして何より「この人に会いたくて客は店に通うのだろう」と、石川氏の笑顔に見送られながら思う。

☾：45,000 円～ 55,000 円

Tel: 03-5225-0173

東京都新宿区神楽坂5-37
高村ビル 1F

定休日：日曜、月曜、祝日

☾：17:00-22:30
(L.O.20:30)

虎白

Kohaku

シェフ 小泉瑚佑慈

18/20

日本料理

Tel: **03-5225-0807**

東京都新宿区神楽坂3-4

定休日：日曜、月曜、祝日
(8月下旬・年末年始休みあり)

☼：土のみ 12:00-
☾：17:00-24:00

「出汁をベースに牛乳を少しだけ、バターを入れて葛でとろみを」、こんな説明が飛び交う日本料理店。常に工夫を凝らし、前年と同じものは出さない独創的な小泉氏の世界だ。キャビアやトリュフ、フォアグラを使っても「異端」と呼ばれることがないのは、その基本に出汁があり、理に適った方法で、「伝統とは連続する革新の結果」であることを自ら証明してみせるからだろう。今季の新味は「香茸のお出汁」。３週間ほど天日に干して香りと旨みを凝縮させ、鰹と昆布の出汁で煮出し、味付けは塩のみ。飲み進めると底に潜ませた柚子と香茸の香りが共鳴し、微かな酸味が次の皿への橋渡しとなる。フランス料理の極上コンソメの如くシンプルなものに宿る本質的な旨みが身体に染みる。長い休業中に開発したという「虎白麺」は小麦粉に葛粉を混ぜ、品の良い弾力を持たせている。裏漉しした白子やトリュフソースをかけていただく新食感の麺は、水面に降り注ぎ消えゆく淡雪のような白子のあとに、しなやかな存在感を示す。カウンターには若手を立たせ、客の反応を直に受けとめさせる。補足の説明も明快で、調理場から持ち込まれる出汁の味見には、弟子の気分が上がる声掛けをする。先進性のみならず、小泉氏の目配り、気配りがこの店を特別な存在にしている。

☼：38,000 円　☾：38,000 円

まき村

Makimura

シェフ 牧村彰夫

17.5/20

日本料理

Tel: **03-3768-6388**

東京都品川区南大井
3-11-5
MAKIMURA BLD 1F

定休日：日曜、祝日の月曜

☾：18:00-22:00 (L.O.)

日本を代表する和食店と賞賛されても、牧村氏にも女将にも驕りのかけらも感じられない。そこにあるのは、料理で人を喜ばせることを天職として全うしようとする、静かな覚悟である。訪れた誰もが魅了される「まき村」の料理は、お椀、お造り、ご飯の三本柱が常に秀逸で揺らぐことがない。この日のお椀は、「蛤の潮汁」。鮮やかに香る吸い口の木の芽、噛みしめるごとに旨みが広がる蛤、白濁した蛤のエキスが濃厚な汁。春を代表する見事なお椀である。そして、青森のヒラメ、閖上の赤貝、舞鶴のケンサキイカ、鰹のお造り。牧村氏自ら豊洲へと出向き仕入れる極上の食材。それらをさらに最高の状態で供しようと吟味された薬味や醤油。ちり酢、丹波黒大豆の醤油、山葵、生姜、海苔、すべて最良のものを揃え、客を喜ばせる。締めのご飯は、京都・山城の筍をふんだんに使った筍ご飯を、桜の開花時期をなぞるように南から北へと旬を移すサクラマスとともにいただく。春の食材を頬張り、その美味しさに笑顔の輪が広がっていく。松茸などの特別な時期を除き、明朗な会計も、牧村氏の心意気と姿勢をよく表している。箸の進み具合に合わせて料理が出てくるのも嬉しい限り。サービスも素晴らしく、心から寛げる名店である。

☾：20,000 円～ 25,000 円

銀座 しのはら

17/20

Ginza Shinohara

シェフ 篠原武将

日本料理

卓越した料理が昇華され、芸術となる。篠原氏は、「熊魚菴たん熊北店」や「招福楼」、「山玄茶」でその腕を着実に磨き、27歳の若さで自身の店を滋賀県湖南市に開く。2016年、その篠原氏がまるで天命を受けたかのごとく、銀座に進出、破竹の勢いは今も止まらない。磨き抜かれた確かな技が繰り広げる料理は、日本の季節を見事に表現しており、その一皿一皿は目を見張る美しさだ。端午の節句には竹の節の器に菖蒲の葉と蓬を正面に刺し、まるで兜のような設え。その器には歯ごたえが小気味良い鮑、平貝、ミル貝、ウドに合わせ酢のジュレが掛かり、ひとたび口にするとあたかもその場に爽やかな薫風が吹き抜けるようだ。圧巻は中盤に供される名物とも言える八寸。二人連れならば両人分が大皿に、それぞれ十品ほど、目にも美しく楽しい品々が箱庭のように盛り付けられている。流れるような篠原氏の料理の数々は、たとえていうならば一巻の絵巻物。それは決して華美に走らず、日本の原風景のような自然を豊かに表現したものだ。そんな細やかな感覚と心遣いを持つ傍ら、溌溂とした声で料理を紹介し、客人を篠原氏の世界にどんどん引き込んでいく。至福の味覚とともに、日本の文化や季節感を改めて呼び覚まし、愛でる喜びを堪能しに、いざ「しのはら」へ。

☾：33,000円～

Tel: **03-6263-0345**

東京都中央区銀座2-8-17
ハビウル銀座2 B1F

定休日：日曜

☾：17:00-23:00

くろぎ

17/20

Kurogi

シェフ 黒木 純

日本料理

2017年に現在の芝大門に移転以降、店主・黒木氏は多方面に精力的に展開し、料理人としての存在感を増している。一流の食材が揃う首都ならではの東京割烹「くろぎ」は、その日の市場で一番という素材を揃え、黒木氏の情熱が伝わるもてなしに引き込まれる来訪者が後を絶たない。例えば、純米大吟醸酒の原材料は米、米麹、水のみ。酒米は雑味をなくすため丸い玉のようになるまで削られ、米や水そのものの味と杜氏の技術力で日本酒の出来栄えが決まる。黒木氏の料理に、それと同様の輪郭を感じたこの日であった。鮪や松茸といった一級品の素材を愉しませる料理は勿論だが、定番の胡麻豆腐の焦げ目が効いた風味や、旨みがたっぷり含まれた舞茸の煮浸しの美味しさ、どこか素朴さを残し、かつ洗練され、精妙さを感じる仕上がりの料理に心を捉えられる。満月が浮かぶ空気の澄んだ秋の日を見るような、八寸の籠盛りの一品一品も素材に向かい合う慈しみに満ちた温かさがある。これまでの華があり賑やかな「動」の魅力の印象に加えて、「静」がしっかりと表情を見せ、引き合っている。精進が織り込まれているといえる締めのご飯。旬の栗をほころばせ、上品な香りが余韻となる一粒一粒。深みのある「淡い味」、黒木氏の追求する気韻を感じる「日本の味」は、私たちの心を豊かにしてくれる。

☼：55,000円～　☾：55,000円～

Tel: **03-6452-9039**

東京都港区芝公園1-7-10

定休日：日曜

☼：12:00-14:30
☾：17:00-23:30

新ばし 星野

Shinbashi Hoshino

シェフ 星野芳明

17/20

日本料理

Tel: **03-6450-1818**

東京都港区新橋5-31-3

定休日：日曜、祝日、他不定休あり

☾：18:00-/20:30-

高級店でありながらさりげない佇まい、気取らない接客は、仕事帰りにふらりと寄り、季節の美味しいものを食べて英気を養う、そんな風に訪れたいものだ。星野氏の料理の基軸になっているのは、「普通のものがとびきり美味しい」、「京味」の料理。だが、星野氏は、常に「どうやったら美味しくなるか」を考え、日々進化し続けている。誰もが知る「京味」名物の「芋茎（冬は芽芋）の吉野煮」。この定番さえも、芋の部分をほんの少し加え、食感に幅をもたせる工夫をする。その結果、どこで食べるよりも、瑞々しく美味しい。「海老芋の唐揚げ」は、八方だしに追いがつおをし、甘く炊いた芋の中心の美味しい部分を６角形にくり抜き、葛粉をつけて揚げていただく。「芋のシャトーブリアン」との異名を持つ贅沢な一品は、上品な味わいに誰もが虜になるだろう。「蟹の酢の物」は、温めて出すことで風味を柔らかくし、「鱈の白子焼き」は、塩を最小限にしてふっくらと焼き上げる。塩、温度を加減しながら極めの味に持っていくセンスは見事としか言いようがない。星野氏は、12年間の「京味」での修業という揺るぎない経歴に加え、師匠から受け継ぎ残すべきもの、進化させていくものの塩梅を本能で分かっている、そして、そのための努力を惜しまない稀有な料理人である。願わくは、季節ごとに訪れたい。

☾：40,000円〜

日本料理 晴山

Nihonryouri Seizan

シェフ 山本晴彦

17/20

日本料理

Tel: **03-3451-8320**

東京都港区三田2-17-29
グランデ三田 B1F

定休日：日曜、月曜

☼：木・金・土のみ
12:00-14:00
☾：17:30-23:00
(L.O.21:30)

三田の桜田通りから脇道に入った一角、看板の灯りに導かれて地下への階段を下りると、ライトに照らされた和空間が目に入る。小庭が見える明るいＬ字カウンターは閉塞感を感じさせない上質な空間だ。山本氏の手に成る日本料理の世界は広い。岐阜「たか田 八祥」での修業で体得した高い技術力をベースとし、伝統的でありつつも独自の感性で枠にはまらない日本料理を作り上げる。手間暇かけて素材の味を生かす工夫された料理は、どれも絶品だ。たとえば、スペシャリテの鮑と雲丹の稲庭うどんは、鮑の柔らかな食感と優しい甘み、肝ソースの凝縮した旨みが見事に調和し、出来ることなら何回でも食べたくなる極上の一品である。食材への思いも並々ならないものがある。郡上八幡の吉田川の天然鮎は氷を用いて仮死状態で運んでくるなど、確かな目利きで全国から選び抜いた旬の素材を使い四季を表現する。「晴山」では出汁を堪能することも忘れてはならない。毛蟹と枝豆の真丈のお椀では、身の詰まった毛蟹が食感を残しながらも口内でふわりと綺麗にほどける。丁寧に作られた出汁は滋味深く、口に含むと美味しさが身体に染み渡る。カウンター越しには飾らない人柄の山本氏。繊細な季節を表現した味を愉しみに、定期的に訪れたくなる名店である。

☼：18,000円〜　☾：30,000円〜

麻布 かどわき

16.5/20

Azabu Kadowaki

シェフ 門脇俊哉

日本料理

この店の代名詞ともいうべき「トリュフご飯」。バター、ごま油、醤油などの配分を究め、トリュフの華やかな風味と食感を生かしながらも、どこか懐かしささえ感じる味は、誰にも真似のできないものだ。高価な食材をどこよりも美味しく、喜んで食べてもらいたいという門脇氏は、オリジナリティー溢れる料理を今も生み続けている。例えば、「雲丹、キャビア、トリュフの素麺」は、キャビアの塩分と食感、雲丹のねっとり感をそうめんが受け止め、するすると何杯でもいただける。「美味しい！」と誰もが笑顔になる痛快な料理である。修業時代に培った揺るぎない技術と経験、豪華な食材を惜しげもなく使う度胸、そして類いまれなるセンスの良さがあってこそ生まれた料理の数々。客はその美味に圧倒され、魅了される。フグ料理にも定評があり、唐揚げは、品質の良さ、火の通りも完璧で、なるほど納得の出来映えである。フグ刺しは、厚めに切ることで歯ごたえと香りを楽しみ、肝ポン酢と塩ポン酢、数種類の薬味で存分に味わう。「ホタルイカとうすい豆の飯蒸し」や「白身魚と山菜のしゃぶしゃぶ」のような、季節感溢れる正統派料理の素晴らしさも際立っている。門脇氏の、ここでしか食べられない、群を抜く料理の数々は、日本料理の世界に「かどわき」という一つのジャンルを確立したかのようである。

☾：21,000 円～ 80,000 円

Tel: 03-5772-2553

東京都港区麻布十番2-7-2
ローズハウス麻布十番 1F

定休日：日曜、祝日

☾：17:30-23:00
(L.O.22:00)

※全室禁煙

麻布 幸村

16.5/20

Azabu Yukimura

シェフ 幸村 純

日本料理

「室町和久傳」で料理長を務めた幸村氏が、麻布に店を構えて 20 年以上になるが、京都時代からの贔屓筋が今なお通いつめる。それは、京料理に大胆な食材を組み合わせ構成された名物料理がいただけることに加え、変わらぬスタイルで緩急のある料理を提供し続けていることで、その年の食材の出来具合を語りながら産地に思いを馳せたり、年を経た自身の味覚の変遷をも知ることができるからではなかろうか。例えば、山菜を昆布出汁で茹で、蛤の冷たいジュレをかけた定番料理は、山と海の苦みが次々にやってきては調和する。ジュレは山菜の温かさで徐々に溶けていくのだが、その過程で存在感を示す蕗の薹のガクを炙ったものは、その苦みと甘みが、春の土の薫りを上品に運んでいる。このような複雑な味わいの調和に、喜びとともに、自身の味覚の変化を感じることもできるのだ。名物「黒毛和牛の花山椒しゃぶしゃぶ」は主人が京都時代に考案した料理で、脂が美しく入った山形牛を、少し甘みのある出汁と鍋にふんだんに入れた花山椒とともにいただく。そのしゃぶしゃぶは幸村氏の箸で鍋にくぐらせることで初めて、唯一無二の味わいに仕上がる。料理に神経を集中させながら、カウンター越しの会話で和ませてくれる幸村氏の姿にも京都らしさを感じ、お腹も心も満たされ、帰路につくのである。

☾：40,000 円～

Tel: 03-5772-1610

東京都港区麻布十番1-5-5
湯建麻布十番ビル 3F

定休日：不定休

☾：18:00-19:00 (L.O.)

Tel: **03-5543-0335**

東京都中央区新富2-5-5
新富MSビル 1F

定休日：日曜、祝日

☾：18:00-22:00
（最終入店）

久丹

Kutan

シェフ 中島功太郎

16/20

日本料理

新富町は、裏銀座とも呼ばれ、大通りから少し入ると、昭和の残り香が漂う。鶴のモチーフが添えられた控え目な看板とモダンな石壁は、扉の向こうの非日常を予感させている。店名は末が長いことを表す「久」、「丹」はまごころ。「丹」には朱色の意味もあり、客人の膝にのるナプキンの赤が、白を基調とした店内を彩る。中島氏は国内外の名店で技術を磨き、その経験と正統派の日本料理が融合した技が光る。昆布は使わず少量の酒だけで6時間蒸したという京都・舞鶴の黒鮑は外連味のない、正にその一品。噛むたびごとに五感が活気づけられるようだ。数時間前に神経締めにして鮮度が保たれ、甘さと歯ごたえが良い真鯛のお造りも然り。海苔の風味と香りが際立つ箸休めの大間の鮪の突先の手巻きや、口直しのたっぷりと出汁の染み込んだ茄子の煮浸しも小気味が良く、また素直に胃に落ちていく。50分かけて焼き上げられた福岡の海鰻はしっとりと柔らかくも引き締まった身、カリッと仕上がった皮のバランスと、品の良い脂の具合を引き出す火入れ加減に、中島氏の流石の腕をみる。素材や料理を深く理解するスタッフが酒の提供をしているのも魅力だ。中島氏の美意識が伝わる料理と空間。多くの人がこの店で永く、大切な時を刻むことだろう。

☾：28,000円～

Tel: **03-6455-5433**

東京都渋谷区神宮前
2-3-18 建築家会館 JIA館

定休日：日曜

☾：18:00-19:30
（最終入店）

傳

Den

シェフ 長谷川在佑

16/20

日本料理

外苑西通りに面した明るい店舗でまず目に入るのは、長いカウンター奥のオープンキッチンだ。若きスタッフたちがにこやかにきびきびと働く。彼らを率いる店主・長谷川氏は神楽坂「うを徳」で修業した後、29歳で独立。季節の果実などとフォアグラを包んだ最中、詰め物入りのチキンが“それ”風の箱に入った「傳タッキー」、多種多様な野菜サラダ「畑の様子」など、「傳」といえばアレと思い浮かぶスペシャリテを考案し、話題をさらってきた。一方、シャレのきいたこれらレギュラーの合間に供される和食の定番も、長谷川氏の目利きと創意の賜物だ。刺身一つとっても、ある日は脂ののった鰤一種にしぼり、漬けにして、たっぷりのおろしをのせたうえに、橙色も鮮やかな自家製柚子胡椒でピリッと締めるという、複合的な味わいの一皿にしてみせる。もてなしを大切に考える長谷川氏の、「今日はこれで笑顔になってほしい！」という心が伝わってくる。豊富な日本酒はもちろん、イタリアやカリフォルニアに目配りしたワインの品ぞろえも興味深い。ぶれない和食の技術、高いエンターテインメント性、心地好い“チーム傳”のサービス。どこまで進化していくのか、四季折々に確かめたい一店だ。

☾：17,000円～

乃木坂 しん

Nogizaka Shin

シェフ 石田伸二

16/20

日本料理

会席料理とワインの組み合わせを、正しく安心して楽しめる、世界的に見ても稀有な店である。主人の石田氏は、名だたる料理人を輩出した料亭からスタートを切り、師匠に手塩にかけて育てられた料理人である。地元である徳島の食材をふんだんに使った「わかりやすいうまさ」を伝えることに日々、精進をしているのだろう。料理がゲストの口に入る瞬間までを、自分の仕事と捉える矜持のようなものが、この料理人を支え続けている。また、食と食材に対して素直に取り組む姿勢は、自然な形でサステナブルでエシカルなコースの流れとなって表現されている。共に店を運営する、日本の優れたソムリエの一人である飛田泰秀氏のペアリングとは非常に相性が良いようだ。飛田氏の深遠なるワインの知識と哲学から生まれる、和食との絶妙な調和は、熱狂的なワインファンのお墨付きでもある。ナチュラルでありながらクラシック、古典的なのにモダンな、才ある２人のシンクロ率の高さは、そのまま料理とグラスの融合として、食の冒険を楽しむゲストに至福の時間を与えているのである。

☼：10,000 円～ 30,000 円　☾：18,000 円～ 30,000 円

Tel: 03-6721-0086

東京都港区赤坂8-11-19
エクレール乃木坂 1F

定休日：日曜

☼：水 - 土
12:00-15:00
(L.O.13:30)
☾：17:30-23:00
(L.O.21:30)

蓮 三四七

Ren Mishina

シェフ 三科 純

16/20

日本料理

年季の入ったビルの地下に忽然と現れる端正な空間は、まさしく、地下茎から水面に顔を出し、華やかに咲く「蓮」の花を想起させる。店主の三科氏は、「神楽坂 石かわ」を経て、「虎白」の立ち上げに参加、2009 年には神楽坂に「蓮」をオープンし、2018 年６月に現在地への移転を果たした「石かわ」グループの中核を担う一人である。休みの日にも自宅で台所に立つのが好きだという生粋の料理人である三科氏は、若いスタッフを率い、銀座においても勢いのある空間を作り上げている。初夏の献立では、丁寧に数日間かけてスッポンから出汁を取り、しっとりとした冬瓜を合わせたお椀が滋味あふれる美味しさであった。また、千葉県産の上質な太刀魚と万願寺とうがらしの焼き物には、昆布を用いたみぞれ酢を添え、爽やかに仕上げている。締めの土鍋ご飯が炊き上がると、カラスミとシラス、鱧カツ、そして野菜やリンゴ・バナナを使いながらもスパイシーなカレーと、三通りの食べ方を楽しませ、最後のお茶に至るまで、ここが銀座であることを忘れるほど寛いだ時間を過ごすことができる。30 代の若さで食の中心地・銀座で店を任された三科氏は、コロナ禍においても、店主としてカレーの通販を企画したり、職人としては料理の色合いを改めて探究し、日本料理界に大輪の花を咲かせようとしている。

☾：24,000 円

Tel: 03-6265-0177

東京都中央区銀座7-3-13
ニューギンザビル 1F・B1F

定休日：日曜、祝日

☾：17:30-24:00

赤坂 おぎ乃

Akasaka Ogino

シェフ 荻野聡士

15.5/20

日本料理

Tel: 03-6277-8274

東京都港区赤坂6-3-13
1F

定休日：日曜、他不定休あり

☾：17:30-/20:30-

※9月・10月は
28,000円〜

日本料理界の期待の星が赤坂に店を構えて1年。「京都吉兆 嵐山本店」「銀座 小十」という西と東の名店で腕を磨いた荻野氏の店は、日本の歳時を落とし込んだ、華やかかつ厳かな料理で客の心を掴んでいる。重陽の節句には菊酒、ひな祭りには白酒を荻野氏自ら振る舞い、料理が始まる。花見の時季の八寸は、桜を愛でながら、金箔を施した光琳笹の上に料理を盛り付ける豪勢なもの。筍の木の芽和え、ホタルイカ、金時草、粟麸の照り焼き、ホワイトアスパラガス、と色鮮やかな春のご馳走に舌鼓を打ちながら、尾形光琳が一見質素な握り飯を包んだ竹の皮に金銀の蒔絵を施して花見の朋輩を感嘆させたという光琳笹の逸話を聞けば、一層興趣も増すことだろう。備長炭で焼き上げる鰻の美味しさも格別で、1年を通し形を変えて登場する。この日は、締めのご飯「新玉ねぎと大葉のご飯」のシャキシャキとした爽やかさに、完璧な火入れの旨み溢れる鰻が加わり、その圧倒的な美味しさに魅了された。「お客様にお腹いっぱいになってもらいたい」と語る荻野氏。その言葉通り、選び抜いた素材を駆使した10品ほどの料理と土鍋で炊いたご飯、そしてたっぷりのおかわりを用意し、柔らかな物腰で日々客をもてなす。肩肘張らずにとびきり美味しい日本料理が味わえる「おぎ乃」は、いつも笑い声に満ちている。

☾：24,000円〜

山﨑

Yamazaki

シェフ 山﨑志朗

15.5/20

日本料理

Tel: 03-6812-9848

東京都港区西麻布1-15-3
西麻布UOUビル 1F

定休日：日曜、月曜

☾：17:30-23:00

※価格は仕入れにより変動あり

名店「もりかわ」で研鑽を積んだ店主が2018年に開店した和食店。開店後まもなく人気に火がつき、今や全国の食通が集うまでになっている。暖簾をくぐると明るい店内にL字のカウンター。柔和な店主をはじめ、スタッフの小気味良い対応に緊張もほぐれ、厨房からは今にも美味しいものが出てきそうな期待に駆られる。全国から選りすぐった素材の存在感はもとより、店主の感性によってひと手間加えられた味わいが面白く、魅力的だ。中には大胆な仕上げも見られるが、決して的を外すことなく「美味しい」に着地させるセンスは店主の真骨頂。味噌漬けや昆布締めなどの基本的な工程の中にも味や香りのバランスを欠くことなく、極めて繊細な塩味の調整も群を抜く安定感がある。マナガツオを味噌漬けにした上で唐揚げにするという大胆かつシンプルな料理は、香りと美味しさがいつまでも口内に残り、その余韻がたまらない。日本酒の他、ワインのセレクトも多彩で、ソムリエ資格を持つ店主に相談しマリアージュを楽しむのも良いだろう。目の前で次々と繰り出される料理を、ゆっくりと盃やグラスを傾けながら眺めるのはまさに至福の時。一度この感覚を味わってしまうと、「山﨑」の料理が忘れられなくなりそうだ。

御成門はる

Onarimon Haru

シェフ 小川晴行

15/20

日本料理

四季折々の質の高い旬の素材を、最良の状態にある産地から選んで調理する。そんな妥協を許さない店主・小川氏は、「京味」「くろぎ」の系譜を辿り、2019年に独立、自身の店を開いた。小川氏が何より大切にするのは、食材を調理して提供するタイミングだ。ひとときしかない、食材が美味しくなる瞬間を見据え、最高の状態で調理する料理に、誰しも虜になる。高級食材に頼らず、その時に一番美味しいものであれば、あえて日常の野菜を使うこともある。先付の後、カウンターにはすり鉢から何とも香ばしい胡麻の香りが漂い、目の前で擦られた炒りたての胡麻で蓮根やオクラなどその日の野菜が胡麻和えにして供される。鮎と賀茂茄子の椀は、鮎の魚醤を用いて香り高く旨みが引き出されている。椀種の、葛粉でさっと揚げた鮎をカリッと食み、弾力あるとろりとした賀茂茄子を口に納めると、その旨さに唸ってしまう。締めの土鍋で炊いたご飯は、炊き立てを一膳いただき、バターととうもろこしの炊き込みご飯、鱧しゃぶの汁で炊いたおじやなど、3、4種を食事の終盤までじっくりと堪能する。独創性豊かであくなき探究心を持つ小川氏は、「京味」の伝統を継承しつつ、完成度を着実に上げている。「御成門はる」は、開業3年目を迎え、ますます目が離せない存在となった。

☼：20,000円　☾：20,000円

Tel: **03-6809-2502**

東京都港区芝大門1-2-2
中川ビル 1F

定休日：不定休

☼：12:00-
☾：18:00-23:00

カビ

Kabi

シェフ 安田翔平

15/20

日本料理

デンマーク「Kadeau」でシェフを務めた安田氏と、メルボルンのレストランのシェフソムリエ・江本賢太郎氏との出会いから「Kabi」が生まれて4年余り。日本家屋をリノベーションした厨房では今日も若いスタッフがきびきびと料理をし、自らゲストに届けている。1皿目は「トマトとアサリ」。プチトマトとアサリにもみの木の新芽のピクルスが添えられ、一番出汁とアサリのジュレでいただく。一番出汁は本枯節でとったもので、コクがあり、飲み干さずにはいられない美味しさだ。この日のメインは「梅山豚バラと緑豆」。茸のペーストの上に枝豆とそら豆、そして、豚肉を柔らかくなるまで炊き、最後にソテーしたものとピーマン、その上に干し椎茸を発酵させて作った出汁と麹のオイルをかける。小さな白い人参の花と自家製の七味を散らして、見た目にも美しい一皿に仕上げている。ペアリングのドリンクにも自然発酵で作られた日本酒やワイン、ビールなど、ここならではのスタイルがある。シンプルな見た目だが驚くほど深い味わいの一品や、知っているはずの素材であるのに、見た目では味が想像できない新しい料理が次々に出され、発酵させた素材が表に裏に、豊かな味わいを支えている。日本の食の魅力に引き込まれ、何度も訪れたくなるような、驚きのある店である。

☼：7,000円　☾：13,000円

Tel: **03-6451-2413**

東京都目黒区目黒4-10-8

定休日：不定休

☼：土のみ12:00-
一斉スタート
☾：19:00- 一斉スタート

※季節により価格の変動あり

川田
Kawada

シェフ 川田治司

15/20

日本料理

Tel: **03-6667-0329**

東京都中央区日本橋
人形町1-5-5 B1F

定休日：日曜、祝日

☾：18:00-19:00
（最終入店）

※価格の変動あり
※予約は WEB 予約のみ

13 年務め上げた「井雪」、ひいては「京味」の流れをくむ「川田」。カウンター８席のこぢんまりとした店だが、何気ないおばんざいが、とびきり美味しい。その代表格が「京味」の名物料理の一つであった「芋茎の吉野煮」だ。里芋の茎を煮込み、吉野葛でとろみをつけたものだが、生姜を少し利かせ、まろやかな出汁を絡めながらシャキシャキといただく。この一品が「川田」でも愉しめるのはありがたい。この日の揚げ物は、鮎、とうもろこし、そして銀杏。カラッと揚がった鮎、甘さが際立つとうもろこし、もっちりとした銀杏、川田氏の揚げの技術は見事である。料理に添えられた蓼の葉をかじると、野性の苦みに美味しさの深みが増す。最後は、すでに名物となっている締めのご飯。旬の食材を楽しむ「筍ご飯」や「松茸ご飯」に加え、「生海苔の佃煮」「卵黄の醤油漬け」「ちりめん山椒」、そして「牛肉の時雨煮」など 4、5 品の中から好きなものを好きなだけいただける。デザートは、「わらび餅」。目の前で作る様子が見られ、出来たてを味わう。川田氏の柔らかな笑顔、そして家族総出でサービスを盛り上げる様子は、まるで友人宅での楽しい会食のようだ。すでに完成度の高い料理の数々だが、この先、川田氏ならではというものをどう作り上げていくのか、楽しみでならない。

☾：30,000 円

日本料理 炎水
Nihonryouri Ensui

シェフ 伊藤龍亮

15/20

日本料理

Tel: **03-5860-7530**

東京都目黒区中目黒
1-5-12 ATRIO 1F

定休日：月曜、他不定休あり

☾：18:00-22:30 (L.O.)

※季節により価格の変動あり

店名の「炎」とは炭火、「水」とは出汁の象徴、そう語る店主・伊藤氏は、2010 年から「日本料理 龍吟」山本征治氏に師事、副料理長を務めた後、2020 年 12 月に独立し、料理の基本ともいえる炭火と出汁の二本柱を立て、原点に立ち返る。ゲストの目の前で本枯節を削り、昆布は福井の奥井海生堂の蔵囲い３年物。供された一番出汁は、クリアで上品、深みのある旨みが混然となり、この上なく透き通った味わいに仕上がっている。出汁以外の料理も抜かりなく、例えばアオリイカのお造りに合わせる岐阜産のキャビアは、塩味を抑えた風味豊かなもの。シンプルな味わいの中にも、確かに存在する旨みが奥行きのある調和をもたらしている。「龍吟」という大きすぎる看板を背負い、敬意を払いながらも、料理は単なる踏襲に終わらず、むしろ逆を行く。盛付はシンプルで質実剛健、しみじみ味わい深く、本質的な料理に取り組む姿勢が爽快だ。それに呼応するかのように設えもそぎ落とされた空間に仕上がっており、真に日本料理に向き合える。女将とともに飾らないキャラクターで、ゲストに寄り添ったもてなしも気持ち良い。一歩一歩着実に歩み始めた店主の真剣な眼差しを見守りたい。

☾：27,500 円

伯雲

15/20

Hakuun

シェフ 坂本慎吾

日本料理

2021年1月、南青山に誕生した期待の日本料理店。店主の坂本氏は、「日本料理 龍吟」で長年研鑽を積み、33歳から料理長という重責を担ってきた。その包丁の冴えは見事なもので、名残の鱧と松茸のお椀では、白くふわふわと開いた鱧の身は見た目通りの柔らかさで、出汁と松茸の香りを湛えている。鰹の塩たたきでは、バリッと音がしそうなほどの皮目と、ほど良く脂の乗った身とのコントラストも美しく、見た瞬間、食感の素晴らしさが想像できるほどだ。坂本氏は「素材が一番、料理人がその前に出ることはない」と考えるが、それも素材の持ち味を最大限に引き出す技術あってのことだろう。設えはゆったりとし、小ぶりながらしっかり身体を預けられる椅子、天井に目を向ければ風雅な網代天井が目に入る。この贅沢な造りに、目の前で出汁を引く坂本氏の姿も映える。店名は、師である山本征治氏の「龍吟」と同じく禅語に由来し、日本料理を不動の山に喩え、自在に行きかう雲のように柔軟な心で向き合いたいという思いが込められている。前職時代から互いをよく知るソムリエ・亀澤広義氏という心強い仲間に恵まれ、どのような「雲」となり日本料理界を彩るか、楽しみな一軒である。

☾：27,500円

Tel: **03-6812-9613**

東京都港区南青山4-11-2
MAIYAビル 1F

定休日：日曜、祝日

☾：17:30-23:30

キキ ハラジュク

14/20

kiki harajuku

シェフ 野田雄紀

日本料理

フランス修業で身につけた基盤に創作的な要素を盛り込む野田氏が今、取り組んでいるのが日本古来の発酵だ。ここ数年、和食への傾倒を強め、日本料理店「重よし」の佐藤憲三氏からその技術と哲学を学んでいたが、そこで得た経験を生かし、自身がやるべきこととして目をつけたのが発酵というわけだ。好評を得ているフルーツに加え、発酵の技術を取り入れた皿の上には、野田氏の直感から生まれる食材の自由な取り合わせと、奇想天外なアイデアが溢れている。例えば「新じゃがとグリュイエール・サヴォワの塩麹クレープ」は乳酸発酵させた米麹の泡とともに。ほんのりと桜色した「初鰹の桜天ぷら」は、苺のソースとドライ苺でいただく。自らの足で見つけた天然の山菜や季節の野菜・果物をはじめ、全ての食材の可能性を追求した結果生まれる組み合わせの妙は、此処でしか味わえないものかもしれない。また、ノンアルコールのペアリングでも、自家製の発酵ジュース、苺とフルーツトマトの出汁ウォーター、米麹ウォータースパークリングなどユニークなラインアップが光る。想像をはるかに超えた味わいを一度体験すると、さらなる歓びと驚きと刺激を求め、定期的にこの店を訪れるゲストが多くなるのも納得だ。

☼：12,000円　☾：15,000円

Tel: **070-3882-3150**

東京都渋谷区神宮前
6-9-9 アヴニール表参道
1F

定休日：不定休

☼：平日 12:00-15:30
土・日・祝
11:15-/13:45-
☾：18:00-22:30

サーモン アンド トラウト

Salmon and Trout

シェフ 中村拓登

13.5/20

日本料理

Tel: **080-4816-1831**

東京都世田谷区代沢
4-42-7-101

定休日：火曜、水曜

☼：土・日 12:00-15:00
(L.O.14:00)
☾：18:00-24:00
(L.O.20:30)

※ランチは前日までに要予約（ディナーと同じコース）

※コースはペアリング込み

カリリと揚げた天然ドジョウにゴーヤと胡瓜はもちろん合うが、ハト麦も添えて歯ごたえに変化をもたらし、コーヒー風味の粉末糠を振るなんて誰が考えつくだろう。しかも合わせるのは、1992年のヴィンテージラムときた。鼻の奥が、異なる諧調の苦みを含んだ香りで満たされる。喜界島の在来柑橘・シークーと出合えば「面白いから」と塩レモンや柚子胡椒がわりに駆使するし、鴨の内臓は「処理する助手がいないから」まとめて塩漬けにし、レアの鹿肉を"醤"のように和えたりしてしまう。添えられるのは国内外の少量生産の酒か、製法や香りの異なる茶。客の驚く顔を楽しんでいるのだ、この二人…。イタリアでワイン醸造を学んだカヴィスト兼オーナーの柿崎至恩氏と、辻調グループのフランス校を経て「コム・ダビチュード」などに勤めたシェフの中村氏。三軒茶屋と下北沢をつなぐ茶沢通りのちょうど中間くらいに面した、白壁ビストロ風のこの店は、実は"和食"を標榜しているのだが、決まりごとなどどこ吹く風。二人の創意と茶目っけにあふれた、自由で即興的な8品の月替わりコース＆ペアリングを提供している。ちなみに店名には俗語で「痛風」の意味がある。ここにも諧謔の隠し味がしのばされているのだ。

☼：13,200円　☾：13,200円

5	全てに卓越したレストラン	19～20点	クレジットカード
4	非常に素晴らしいレストラン	17～18.5点	個室あり
3	素晴らしいレストラン	15～16.5点	バリアフリー
2	料理人の個性を感じるレストラン	13～14.5点	
1	良いレストラン	11～12.5点	
トックなし	美味しいレストラン	10～10.5点	

天てんぷら うち津

Tempura Uchitsu

シェフ 内津貴久

16.5/20

天ぷら

Tel: **03-6408-9591**

東京都渋谷区広尾5-25-4
宝ビル 1F

定休日：不定休

☾：18:00-23:00

店内に入るとまず目に入ってくるのはガラス越しの風景だ。紅葉の木が枝葉を広げ、間に生け込まれた紅色の枝も鮮やかに映え、四季を切り取ったような眺めに心安らぐ。あまりの美しさに撮影の許可を願うと、内津氏は「私がでっかいから被ってすみません」と、朗らかに応じてくれた。旬の食材を追究する姿勢は会話から汲み取ることができ、目の前に運ばれる料理それ自体が尊く、命をいただく感謝の念が湧いてくる。ほうれん草はあえて根付きのものを仕入れ、根の部分だけを天ぷらにする。土っぽい香りが口に広がると、どこか懐かしさを覚える。子供の頃食べさせてもらった野菜本来の味、記憶に残っているのはこの土っぽさなんだと内津氏の素材への想いが自身の記憶とリンクする。今では貴重な魚になったハゼを揚げる際には、当たり前に獲れていたものが手に入らなくなり、これからは使う料理人の方が変えていかないといけない、と説明しながらゲストに理解を求め、だから今、これなんだ！と熱く語る。素材の持つ滋味を求め、テンポよく運ばれてくる天ぷらはどれも小さな驚きとストーリーを宿し、他では味わえない「うち津」オリジナルになる。細部まで心配りを感じる温かいもてなしに、帰る頃には胃も心も満たされるに違いない。

☾：28,500 円

てんぷら近藤

Tempura Kondou

シェフ 近藤文夫

16/20

天ぷら

Tel: **03-5568-0923**

東京都中央区銀座
5-5-13
坂口ビル 9F

定休日：日曜、月曜が
祝日の場合休み

☼：12:00-/13:30-
☾：17:00-/18:00-
19:00-/20:00-

近藤氏の著書の冒頭にあった座右の銘が記憶に残る。自身の造語で「夢心」、「ゆめごころ」「むしん」とも読む。19 歳で料理の道に入り、23 歳で「てんぷらと和食 山の上」の料理長に抜擢され、20 年以上腕を振るい、43 歳で「てんぷら近藤」を開店。50 年余り、職人として、早朝の仕入れ、仕込み、昼夜とも欠かさず自ら天ぷらを揚げ、まさに「現代の名工」である。食事は人の生きる力であり、希望。料理人として半端な仕事は出来ないと、世界に認められる天ぷら、人の心を震わせる天ぷらを「夢心」に追求する近藤氏が世に与えた影響は計り知れない。世界に通用する料理の一つにしたいと、魚介が中心であった江戸前天ぷらの概念を変えるべく、野菜をコースに取り入れた。ホクホクと甘みが凝縮された 10㎝以上の切り株状のさつまいもや、軽めの衣の香ばしい風味と、素材の瑞々しさが溢れるアスパラガスも、「天ぷらは蒸し物だ」という氏が創り出した名作だ。食材は必ず生産地に足を運んで納得したものを使う。爽やかな香りと旨みをギュッと閉じ込める、種まで丸ごと揚げてあるピーマンの天ぷらは、名匠によるこの料理法でしか成し得ない味わいの頂点。進化と革新で伝統を守り、そして創り出す精神は、天ぷらという枠を超え、時代の変化の中でも真価を見せ続けている。

☼：8,000 円〜 11,000 円　☾：13,000 円〜 21,000 円

天ぷら 元吉

Tempura Motoyoshi

シェフ 元吉和仁

16/20

天ぷら

Tel: **03-3401-0722**

東京都港区南青山3-2-4
セントラル青山 NO6-BA

定休日：日曜、月曜が
祝日の場合休み

☾：18:00-/21:00-
(L.O.23:00)

※ 2022 年 3 月中旬に
下記へ移転予定

東京都渋谷区恵比寿西
2-8-11
グランベル恵比寿IV 3F
Tel: 03-6455-0200

一流の料理人と凡庸な料理人の差異は、自分の料理を言葉で説明出来るか否かにあるのではないか、そんなことを思い起こさせてくれる店である。初めて訪問する人は、天ぷら粉に液体窒素を用いたり、天ぷらを風力で冷やす機械に目を奪われることだろう。元吉氏は、天ぷら店を開業する前に日本料理を学び、31 歳で独立、その後の 15 年間も試行錯誤を続け、芋の天ぷらのレシピで、取得が極めて難しい製法特許まで取り、代官山にいも天ぷら専門店も開くという異色の職人である。そして、技術だけでなく、食材の声に耳を傾けるという謙虚な姿勢を貫き、営業終了後は従業員とともに天ぷらの製法についてさらなる研究を続けている。また、一番弟子には毎週土曜日の昼や火曜日の夜も任せて、独立に向けた支援を惜しまない。こんな理と人情の店主が創り出す天ぷらが美味しくない訳はない。夜遅くに食べても重くなく、野菜のジューシーさを表現し、熟成させた魚介類の深い風味を感じる一品一品は、一度は味わってみたいものだ。訪問時は、あえて厚めに切ったアオリイカをほくほくとした食感で仕上げ、花山椒と醤油で食べさせていたが、天つゆと比べ豊潤な春の味わいが感じられ、言葉を失うほど美味であった。

☾：19,000 円〜

てんぷら 深町

Tempura Fukamachi

シェフ 深町正男

15.5/20

天ぷら

Tel: **03-5250-8777**

東京都中央区京橋
2-5-2 A・M京橋ビル 1F

定休日：月曜、第 1・3
日曜

☼：火 - 金
11:30-13:15 (L.O.)
土・日・祝
12:00-/13:45-
☾：17:00-/19:30-

※ランチは売り切れ次第
終了

※車いすのまま食事が可能

東海道沿いの職人の町として賑わった京橋。ビジネス街にちらほらと江戸の面影を残したこの町で、伝統の味を守る職人が揚げる江戸前天ぷらが味わえる。店主の深町氏は、「山の上ホテル」出身。27 歳の若さで和食部門の料理長に抜擢され、52 歳まで勤め上げた。「山の上」の技と伝統を継承し、2002 年に「てんぷら 深町」を開店。コースはまず生湯葉の餡かけに山葵を添えて、さっぱりと胃を整える。上品な衣はふかふかで柔らかく、サクッとした歯ざわりを与えるギリギリの薄さだ。定番の海老や帆立は、レア感を残した見事な火入れで、まさに眼福、目から既に美味しさを感じる。キスや穴子は一切の雑味もない。そして何と言っても、旨みと水分が最高に引き出され、最適な食感が保たれた状態で提供される大ぶりで新鮮な野菜の数々からは、一つ一つの素材と向き合う深町氏の心構えが伝わってくる。椎茸やアスパラガスはこの上なくジューシーに、蓮根は上質なシャキシャキ感、さつまいもはねっとり甘く。最高の食材を最高の状態でという「山の上ホテル」の理念はそのままに、洗練を加えた熟練の技の数々。澄んだ油の爆ぜる音を聞きながら、決して驕ることのない情味のあるもてなしに身を委ね、最上の天ぷらを愛でる時間を愉しみたい。

☼：10,000 円　☾：20,000 円

日本橋蛎殻町 すぎた

18/20

Nihonbashikakigaracho Sugita

シェフ 杉田孝明

寿司

「『すぎた』に行った」と言うと、皆が羨望のまなざしで見る。有名だからとか、予約が取りにくいからとかではない、一目置かれる品格のある店だからである。常に柔らかな雰囲気を纏い、目を閉じてゆっくり踊るように鮨を握る杉田氏。一転、ここぞという時の凛々しい姿も魅力的だ。独自の試行を重ね、たどり着いた誰も真似のできない酢締め、昆布締め、漬けの技術。「春子の昆布締め」を口にすると、わずかに弾力を増した春子をうっすらと昆布の香りが覆い、酢飯と交わりはらりと口中でほどけていく。春子を食べるのにこれ以上の調理法はないであろうと思わせる美味しさである。旨みが乗る頃合いを見極める目も流石だ。5日間寝かせたという千葉・勝浦の「中トロの握り」の完璧な熟成具合、その素晴らしさに舌を巻く。立ち姿美しく、味わい深くキリッとした鮨。まさに杉田氏そのものである。つまみもどれも素晴らしく、日本酒とよく合う。「酒呑みセット」と称し、新政酒造の貴醸酒「陽乃鳥」とともに供される、「鮟肝」「雲丹の佃煮」「ホタルイカの味噌漬け」の3皿。鮟肝のねっとりとした優しい甘さ、生とは違った雲丹の旨み、そしてホタルイカを噛みしめながら春の到来を感じ、美酒に酔う。ほろ酔い気分で誰もが帰りたくないと思い、次の来訪を夢見て重い腰を上げる、誠に素敵な店である。

☼：30,000円～　☾：30,000円～

Tel: 03-3669-3855

東京都中央区日本橋
蛎殻町1-33-6
ビューハイツ日本橋 B1F

定休日：月曜、火曜不定休

☼：土・日のみ
12:00-14:30
☾：17:00-19:45/
20:00-22:45

※営業時間は変更の可能性あり

銀座 すきやばし次郎 本店

17.5/20

Ginza Sukiyabashi Jiro

シェフ 小野禎一

寿司

席に着き、おしぼりで手を拭く仕草で客の利き腕を見分け、取りやすい角度に握りを置く。豊洲で最高の鮨種を仕入れ、日々地道に妥協のない手当てを施す。強めに米酢を利かせた酢飯を鮨種の上に置き、手返しをしない独特の握り方でフワリと空気を含ませて握る。江戸前の真骨頂、「すきやばし次郎」の鮨は握った瞬間がベスト、客側も約30分間集中し、握り手と呼吸を合わせ夢中でいただく。長年、流れに変化はなかったが、今回は「赤身、中トロ、大トロ」の鮪3連続をやめ、赤身を中盤にもってきた。「赤身にもっと注目してもらうために、中トロ大トロから離した」と語る小野二郎氏。しっとりと肌理細かく、鉄分の香りと上品な旨みが溶け合う赤身。漬けに適した柵がある時には、客の来店時間から逆算し醤油に漬ける。一度は食べたい「次郎の漬け」だ。車海老はみそをより深く味わってもらうために、握る直前に茹で、温度を上げて甘みと香りを最大限に引き出す。今では多くの職人がやっている手法も、発祥はこの店である。冷たくすることで旨みが冴え渡る鯵、藁の香り具合が見事な鰹、酢できっちり締めた小肌、握る寸前に再度火を入れて香りを立たせる鮑。酢飯が全ての鮨種を包み込み、口の中で同時に消えていく。長きにわたり鮨職人さえも憧憬の念を抱き続ける店は、今なお、高みを目指し歩み続けている。

☼：50,000円～　☾：50,000円～

Tel: 03-3535-3600

東京都中央区銀座4-2-15
塚本総業ビル B1F

定休日：日曜、祝日、土曜ディナー、ゴールデンウィーク、8月中旬、年末年始

☼：12:00-14:00
☾：17:30-20:30

Tel: **03-3573-1144**

東京都中央区銀座8-3-1
銀座時傳ビル 6F

定休日：日曜、祝日

☾：17:00-24:00 (L.O.)

※仕入れにより価格の変動あり

青空

Harutaka

シェフ 高橋青空

17.5/20

寿司

「すきやばし次郎」で師の仕事ぶりを 12 年間見続け、残すべきは残し、進化させるべきは進化させ、「青空」流の鮨が完成した。銀座という土地柄、酒を愉しむ客に合わせ、米酢と塩を強めに利かせた硬めの鮨飯、これが実に旨い。酢の塩梅がよく、鮨の余韻は残るが、味は後を引かない。美味しさを極限まで追求したつまみも握りも、高橋氏の技術の高さが窺える。1 時間ひたすら揉み、弾力と旨みが増したつまみの「蛸の塩ゆで」。塩加減もほどよく、蛸の甘さが引き立っている。シンプルだが、ほっとする一品である。「小肌の握り」の素晴らしさは、これをいただくためにこの店を訪れる価値がある。雑味、生臭さが完璧に抜け、仄かに酢の香り漂うまろやかな仕上がりに、唸ってしまう。これ以上ないというほどの締め具合、寝かせ具合なのだ。「車海老の握り」は、人肌ぐらいの温度で、みその甘みを堪能する。弟子を指導しながら、ほぼ一人でカウンター、個室の鮨を握る高橋氏。瞬時に客の好み、お腹の空き具合を把握し、酢飯の大きさや料理の量を変える。豪華食材の多用や余計な細工をしない潔い江戸前鮨、世代を超えて後世に繋いで欲しい味である。開店から閉店まで客が途絶えないカウンターの中、肩の力の抜けた店主は、今日も静かな笑みを浮かべ、黙々と仕事に勤しんでいる。

☾：30,000 円～ 45,000 円

Tel: —

東京都港区東麻布1-7-9

定休日：日曜

☾：17:00-20:00/
20:30-23:30

東麻布 天本

Higashiazabu Amamoto

シェフ 天本正通

16.5/20

寿司

技と人柄。これが「天本」が「天本」たる所以だ。東京タワーを仰ぎ見る東麻布の地に洗練された設えの黒塀、店内に踏み入ると、粋な網代天井、そして珍しく厨房にはおくどさんといわれる竈を配している。2016 年、彗星の如くこの地に現れ、美食家たちの話題を一斉にさらった天本氏は、福岡・中洲の人気屋台を営む父親の影響を受け、食の道に進んだ。長年、青山「海味」で二番手を務め、滋賀「しのはら」、京都「祇園 さゝ木」と名だたる店で腕と感性に磨きをかけた。食材は豊洲や自身のアイデンティティである福岡からその日のスペシャルなものを仕入れる。その食の玉手箱から創り出される、つまみの域を超えた逸品が、まずは客の舌を喜ばせる。希少な鰯鯨の尾の身は、にんにく醤油を絡め、ほとばしる旨みと甘みが口の中でさっと蕩ける。珠玉の鮨種を駆使して握られる鮨は、8 日間熟成させた 100kg 超えの大間の鮪の赤身やじゃばらの大トロなど、圧巻だ。鮨飯は赤酢と米酢を用いて締め、やや温かめで、噛みしめるとふわりとほどける。終盤のお楽しみは、皿の縁からはみ出して尾を垂れるギリギリのバランスの車海老だ。秘蔵の食材を操り、縦横無尽に繰り広げられる技と快活で真摯な人柄で東京の鮨業界を疾走する天本氏は、今をときめく鮨職人だ。

☾：38,000 円～

鮨 あらい

16/20

Sushi Arai

シェフ 新井祐一

寿司

銀座8丁目のビル2階と地下1階の2つのスペースで営業を行い、日々、成長を重ねている鮨店である。店主の新井氏は、「久兵衛」「すし匠」という名だたる店で14年間の修業を重ね、2015年10月、33歳で独立を果たし、今では多くの弟子を抱える。新井氏は、「色々なことに挑戦したい」という旺盛なチャレンジ精神を持ち、修業先とも異なる自身の鮨に向きあい、精進を重ねており、訪問する度に進化を感じることができる。つまみ料理の定番である蛸も、桜煮ではなく、鰹出汁であわせ、鮑も肝と共に醤油で炊くことで、深い味わいを引き出している。江戸前鮨の花形、鮪も厳選を重ね、その時季の最良と考えられるものを数種類ずつ提供し、赤酢の鮨飯との相性も見事である。鯖や小肌といった青魚でも、優しい締め具合で酢飯との一体感を強調し、イクラは、その場で出汁に漬け込み、軽やかに。弟子を抱えながら、自身の進む方向を模索する一方で、付け台を2種類の手拭いで頻繁に拭きあげるなど、今の時代に求められる鮨店の姿を体現している。早晩、斯界をリードする存在になるであろう鮨店である。

☼：22,000円〜　☾：38,500円〜

Tel: 03-6264-5855

東京都中央区銀座
8-10-2
ルアンビル B1F・2F

定休日：不定休

☼：12:00-14:00
☾：18:00-23:00

鮨 なんば

16/20

Sushi Namba

シェフ 難波英史

寿司

1974年生まれの難波氏は、同年代に綺羅星のような名店の大将が並び立つ黄金世代の一人である。荻窪で開業し、阿佐ヶ谷へ、そして2018年3月、東京ミッドタウン日比谷へ移ったが、その発展を支えたのは、難波氏の絶え間ない創意工夫である。夏の終わりは、出汁に漬けられたイクラから始まり、柔らかく、すっきりとした食感の佐島の煮蛸、丸々と、みそと殻のソースを纏ったボタン海老、そして、芯の部分だけを贅沢に使った鮟肝、竹岡産の江戸前の太刀魚の塩焼きなど、最高の素材に手間をかけたつまみが供された。握りに入っても、その姿勢は一貫しており、細かく包丁を入れられた17℃の白烏賊は、36℃の酢飯との対比も鮮やかであり、舞鶴産の鰺や難波氏が惚れ込んだ三重県答志島の鰆、そして、戸井産の鮪など、自信を持って仕入れた魚にひと仕事を加える。難波氏は鮨種と酢飯の温度について探究を重ねており、以前のような献立表への温度の記載はやめているものの、温度管理には細心の注意が払われている。酢飯は、米酢だけとし、鮨種に合わせて、酢飯の量や握り方を変える。特に、トロの間で「トロの脂を切るイメージ」という強めに締めた小肌は、しっかりと固く握られており、感動的な仕上がりだ。難波氏のやむことのない進化を見届けたい。

☼：35,000円〜　☾：35,000円〜

Tel: 03-6273-3334

東京都千代田区有楽町
1-1-2
東京ミッドタウン日比谷
3F

定休日：月曜、他不定休あり

☼：12:00- 一斉スタート
☾：18:00- 一斉スタート

Tel: **03-3230-0326**

東京都千代田区一番町
3-8 大宮ビル 1F

定休日：水曜、ゴールデンウィーク、お盆、年末年始等の市場が連休となる時

☼：12:00-14:00
☾：18:00-21:00

鮨 みずかみ

SUSHI MIZUKAMI

シェフ 水上行宣

16/20

寿司

半蔵門駅から徒歩数分、駐日英国大使館の裏通りにある江戸前の正統を受け継ぐ鮨店である。水上氏は「すきやばし次郎」での16年間の修業を含む二十数年の研鑽を経て、2018年に独立を果たした。江戸前の仕事を踏襲した端正な鮨を握る一方で、鮪に塩をしてペーパーで丁寧に水分を抜いた鮪の生ハムなど、美味しいものの探究に余念がない。とはいえ、つまみの割合が増える傾向にある現今、あくまで握りが主役という修業先の伝統はしっかり守っている。しかも、赤酢がもてはやされるなか、酢飯は米酢のみ、少し酸味を強く感じさせ、温度は低め、大きめの握りである。初夏に訪ねると、旨みが増したマコガレイやスズキという白身でスタートし、鮪や酢が効いた小肌、北寄貝やトリ貝を経て、煮蛤や程良い温度で香りが立ったシャコ、ふっくらと仕上げられた穴子に至るまで、小気味良いテンポで供された。最後の巻物も、鮪系、甘み系、さっぱり系が準備され、仕事が施されたおぼろ巻き、熱海の3年物の「七尾たくあん」を用いた秀逸なたくあん巻きと、旨いもの揃いである。二番手や女将が醸し出す雰囲気も心地好く、粋なだけでなく、優しい人柄の水上氏が握る鮨を口にすると、明日への活力が湧いてくるようだ。

☼：16,500円～　☾：22,000円～

Tel: —

東京都港区南麻布
2-10-13 OJハウス 101

定休日：水曜

☼：日のみ 12:00-
☾：18:00-

いちかわ

ICHIKAWA

シェフ 市川克海

15.5/20

寿司

白金高輪駅から徒歩5分ほどのマンション1階、そこには看板も店名もなく、佇まいのひそやかさは店主そのもののようでもある。市川氏は京都の料亭「菊乃井」で7年間日本料理を修業、江戸前鮨の「あら輝」荒木水都弘氏のもとで4年間働き、上野毛の店を引き継ぐかたちで独立。その本領を発揮するに相応しい舞台を求め、2017年に現在地へ移った。初秋に訪れると、最適な状態に寝かされたマコガレイ、舞鶴産の旨みがある鰹、少しだけ炙ったシマアジを刺身に、その後、走りの長野県産松茸と鱧で夏と秋の季節の移ろいを感じさせ、握りへ移るという流れであった。赤酢の酢飯を用いて鮪が多く盛り込まれるスタイルは師匠譲りのもの。極上の鮪の仕入れは市川氏の技術への信頼の証だろう。細かく包丁を入れた鯵や強めに締めながら旨みを感じさせる小肌など、施される仕事は実に丁寧だ。終盤には、天草産の赤雲丹をふんだんに用いた巻物や新物のイクラの小丼が供され、イクラの底に2枚敷かれた焼き海苔の香りの良さが記憶に残る。広々としたカウンターの中で寡黙に鮨に打ち込む市川氏の姿は、江戸前の第一人者へと登り続ける鮨職人の一挙一動に見えてくる。

☼：30,000円　☾：30,000円

くろ﨑

15.5/20

Kurosaki

シェフ 黒﨑一希

寿司

2015年2月、渋谷の宮益坂上に独立開業した黒﨑氏は、魚の目利きや仕入れルート、調味技術や独自性など、自身の経験値と見識を磨きあげ、訪れるたび、新たな驚きと喜びが得られる鮨店へと進化させている。穏やかでキレのある品の良さを身にまとい、美しい所作で鮨を握る黒﨑氏のおまかせコースを堪能できるのは、9席のカウンター。黒﨑氏の選ぶ日本酒やシャンパーニュが軽快にすすむラインアップで、一品料理ならマナガツオの自家製西京味噌漬けや、ボタン海老の茶碗蒸しなど、奥行きのある旨みがたたみかけてくる。鮪の仕入れは業界トップの「やま幸」より。部位によって産地も漁獲方法も異なるものを選び抜き、北海道噴火湾の定置網と沖縄県の延縄など、時季によって使い分ける。切りつけの的確さ、握りの美しさ、酢飯と鮨種のバランスの巧みさが相まって、握りの精度の高さには目を見張るものがある。締めの玉子焼きには黒糖焼酎や長芋を使用するなど、甘みと風味の良さが余韻の長さを生んでいる。2022年2月には南青山に移転し、現店舗は二番手が後を継ぐという。黒﨑氏はいま飛ぶ鳥を落とす勢いで急成長している鮨職人の一人だ。

☾：38,500円

Tel: 03-6455-4596

東京都港区南青山
4-16-15
FPG links
MINAMIAOYAMA B2F

定休日：日曜

☾：17:30-/20:30-

鮨 すが弥

15.5/20

Sushi Sugaya

シェフ 菅谷崇之

寿司

東麻布の通り沿いに突如姿を現わす端正な佇まいの玄関、そこが非日常的な隠れ家への入口である。主人の菅谷氏は、「鮨あらい」や「すし匠」系列をはじめ、多くの店舗で修業を重ね、師匠とは異なる自身の鮨を求め、2018年12月に独立開店した。ベースになる酢飯は、赤酢と米酢のブレンドで、菅谷氏の好みである塩味が効いたもの。構成は握りを中心とし、つまみが少なめではあるものの、甘みのある濃厚な味わいの鮟肝など、酒が進む塩梅である。また、握りの前に供される小丼も、季節によって、鰻、鰤、カワハギ、フグの白子と変化し、四季の恵みが享受できる。鮨に入ると、丁寧に切りつけた鮨種を菅谷氏が軽やかな所作で握っていく。なかでも魅力なのが、4種類の鮪である。腹側の中トロ、背側の中トロ、大トロ、赤身という異なる部位を握り、赤身の漬けには、小さく切った海苔を挟むことで香りを立たせるなど、菅谷氏の創意工夫も見られる。この店の名物にもなっているトロタク巻きにも、中トロなどが豪勢に盛り込まれ、口の中に広がる鮪の旨みは、まさに圧巻だ。サービスも、客の動きをよく見て居心地好く、店主の気配りも濃やかだ。次代を担う鮨店として菅谷氏への期待は高まるばかりだ。

☾：45,000円～

Tel: 03-6230-9545

東京都港区東麻布1-29-15
東麻布296ビル 1F

定休日：水曜

☾：月・火・金・土
18:00-20:15/
20:45-23:00
木 19:00-21:30
日・祝
16:00-18:15/
18:45-21:00
全て一斉スタート

※仕入れにより価格の変動あり

東京 北海道 茨城 栃木 群馬 埼玉 千葉 神奈川 山梨 長野 新潟 富山 石川 福井 静岡 愛知 岐阜 三重

鮨 たかはし
Sushi Takahashi
シェフ 高橋 潤

15.5/20

寿司

Tel: **03-3561-6503**
東京都中央区銀座1-14-14
吉電ビル 1F

定休日：水曜

☾：17:00-/19:30-

2014年に開店、当時27歳の若さであった大将も8年目を迎える。勢いのある若手が続々独立する昨今、高橋氏はその先駆けともいえる存在だ。様々な鮨店がしのぎを削る銀座の地で、高橋氏はひたむきに自身のスタイルを追求する。「旨い」のは当たり前、客人に寄り添った心配りが味を高め、「いい店」として信頼を重ねているのだろう。「つまみ」の美味しさと供される「間」も、高橋氏の魅力の一つだ。ほぐした身とみそを詰めなおした毛蟹や煮蛸の旨さと香りを、銘酒が引き立て、口の中がまろやかな状態で握りが始まる。鰹に叩いたトロを忍ばせた握りや、カワハギの肝とあさつきの握りは、鮨飯の酸味が一貫を昇華する明確な役割を果たす。惜しまぬ手間と研究の賜物であろう、脂と甘みにピタリと効く、個性を放つ鮨飯だ。数日かけて麦焼酎で塩抜きされた滑らかなカラスミと、鮟肝と奈良漬けのペーストの余白のない濃厚な旨みのあと、中トロ、大トロと密度のある脂の旨みを重ねて味わわせる。風味豊かな、まあるいズワイ蟹のクリームコロッケを「肴」として挟む遊び心も高橋氏ならでは。そして、細やかな包丁仕事を随所に見る、酢飯を包むようなふくふくした美しいフォルムが「たかはし」の鮨。江戸前の矜持を貫く心意気は穏やかな笑顔に隠れているようだ。

☾：25,000円〜

鮨 あお
Sushi Ao
シェフ 岡﨑 亮

15/20

寿司

Tel: **03-6450-5235**
東京都港区北青山
3-10-13
FPG links
OMOTESANDO B棟 2F

定休日：日曜、月曜

☼：水・金・土のみ
12:30-
☾：火・木・金
17:00-/20:00-
水・土 19:00-

※プライベートカウンターの営業時間はホームページを参照

「小野二郎氏の愛弟子」岡﨑氏が、北青山に開店して1年が過ぎた。厳しい状況下においてもさすがに「すきやばし次郎」の看板は大きく、岡﨑氏の存在が鮨好きの間に知られるようになるまで、そう長い時間は必要なかった。もちろんそれは師匠譲りの確たる技があってのことではある。柔らかめに炊き、強めの酢を利かせた鮨飯は米本来の甘みを引き出している。人肌程の温かさで、大きめの酢飯で供される握りの一つ一つは、鮨種の輪郭を明瞭にする。キラキラと輝く艶にまず魅了され、手を伸ばさずにしばらく眺めていたいくらいだ。言葉少なく、無駄のない所作から生まれる握りは、その人柄が見事に表現されており、しっかりと締められた小肌、口の中でほどけていく大トロ、滑らかな舌触りの鰯、丁寧な仕事を施した蛤、滋味豊かな穴子、どれをとっても静かに目を閉じ、その美しさと旨さを今一度心で追いながら、ゆっくりと愉しみたくなる。鮨と向き合う時間が、これほどまでに幸福感を与えてくれるとは…。好みを伝えると準備されるワインや日本酒も、唸ってしまうほど美酒ぞろいだ。トレンドを発信する街・北青山の地に相応しい洗練された店で、新しい時代を創り上げていくであろう鮨職人は今日も一心に鮨を握る。

☼：27,000円〜　☾：33,000円〜

エンメ

pop

EMMÉ

シェフ 延命寺美也

ワインバー

昼はアシェットデセール、夜はワインと食事の店。レストラン「ラチュレ」でキレのあるデザートが注目された延命寺美也氏が、2019年に独立、ソムリエである夫・信一氏とともに昼夜でそれぞれの得意分野を生かしている。「和梨のガトー」では薄くスライスした梨をフロマージュ・ブランと幾重にも重ね、華やかに。「黒イチジクのローストとムース」は、熱々の無花果で温度差のある甘みを愉しませる。そして、フランス料理のトゥルトとタルト・タタンを合わせた「トゥルト・タタン」。パイの中にリンゴとフォアグラのポワレを包み込み、焼き上げ、ソノマのピノ・ノワールとのマリアージュで魅了する。色彩と香り豊かなスイーツをシャンパーニュやワインとともに味わう時間は何とも贅沢だ。

☾ コース ○

Tel: 03-6452-6167

東京都渋谷区渋谷
2-3-19 ローゼ青山1

定休日：火曜（祝日の場合は前後に振替）

☼：12:00-16:00
(L.O.15:30)
☾：17:00-26:00
(フード L.O.23:30/
ドリンク L.O.25:00)

ノウ

pop

nou

シェフ 宮地大介

創作料理

無機質なプレハブ風の２階のドアの先には、ドライフラワーのアレンジや、カウンターに並ぶカトラリー、壁に設えられた食器棚に至るまで、外観からは想像できないお洒落な空間が広がっている。メニューにはジャンルレスな料理が並び、そのディテールが魅力だ。名物の水餃子は、蛤、鶏などを合わせた白湯に、林SPF豚を主にした餃子を浮かべ、マー油と三つ葉がアクセントになっている。野菜は店主とシェフである板垣・宮地両氏の出身地、千葉の有機栽培のものをメインに、鹿肉の煮込みには切り分けるナイフの音も軽快な自家製パン、チェイサーには季節の果物やレモングラスの根を入れたハーブティー…と、食の基である「農」を大切に、脳と胃袋に心地好い刺激を与えてくれる店だ。

☾ コース ○

Tel: 03-6303-0034

東京都目黒区東山1-9-11
2F

定休日：不定休

☾：18:00-23:00

乃木坂 結 yui

pop

Nogizaka Yui

シェフ 増山 剛

中国料理

国立新美術館の裏手、住宅街を少し入ったところに2021年２月にオープンした中国料理店。「赤坂四川飯店」や「はしづめ」で腕を振るった増山氏の優しく、軽やかな料理と、「ひらまつ」グループなどでの経験を持つマダムのはきはきとした明るいサービスが魅力だ。自家製の調味料や、発酵を用いた滋味深くもインパクトのある味付けに加え、西東京で露地栽培を手掛ける「やすだ農園」のくっきりとした味わいの野菜が皿を彩る。発酵唐辛子を使った「湖南炒飯」は、はふはふと食べたい締めの一品だ。コースでも楽しむことができ、ドリンクも紹興酒やフランスをメインとしたワインなど、幅広く料理に合わせられるのも嬉しい。丹念に選ばれた器や内装にも注目したい、心華やぐ一軒だ。

☼ コース ○　☾ コース ○

Tel: 03-4362-8100

東京都港区南青山
1-23-12
m&one 南青山villa 1F

定休日：火曜、他不定休あり

☼：11:30-15:00
(L.O.13:30)
☾：18:00-23:00
(L.O.21:30)

Tel: **03-6412-8223**

東京都目黒区鷹番3-7-13

定休日：不定休

☾：17:00-24:00

ビストロ 11

pop

bistro 11

シェフ 松浦真吾

フランス料理

まるでヨーロッパの番地表示を思わせる、ドアの上にあるちょっと長さの違う「11」という数字。シェフ夫妻を表すという数字のエピソードが微笑ましい。松浦氏は、長野の「オーベルジュ・エスポワール」や都内のビストロを経て、2020年11月にこの店をオープンした。自然派のワインを中心に据え、ワインに合わせた料理が並ぶ。生牡蠣にはコリアンダーシード、仔牛のタルタルにはケッパーや、牛蒡、ホースラディッシュのソースでアクセントをつけ、ソースや香りのパーツ、そして柔らかな土の印象をもつ器も相まって、大地や自然という言葉が頭に浮かぶ。3種類の自家製パンも、思わずワインが進んでしまう美味しさで、一度訪れると、またこの路地裏の「11」を目指すこと、間違いなしだ。

ゴ・エ・ミヨの歴史

ゴ・エ・ミヨの気概と独立性 1

その頃、一流の料理というものは戦前から変わらないまま、マンネリに陥っていました。『ミシュランガイド』も、19世紀から受け継がれてきたフランス伝統の「時代遅れ」の地方料理の擁護者で、大量に盛った皿に重くてカロリーの高いソースと、豪華でブルジョワ的なレストランを評価する傾向にありました。フランス料理が体現するイメージに合わせ、少し「ありふれた」評価になっていたのです。いつも同じレストランが紹介され、一流のシェフや店が神聖であるかのように崇められていた時、ゴは、それを「最悪」と遠慮なく貶し、ウルシュルおばさんのビストロのラグーを「美味しい」と評価しました。

Gault&Millau

RESTAURANTS

レストラン

北海道

HOKKAIDO

Tel: **011-206-1789**

北海道札幌市中央区
南3条西3-3
G-DINING 1F

定休日：日曜、他不定休あり

☼：土・祝のみ
12:00-13:00 (L.O.)
☾：17:30-19:30 (L.O.)

アキ ナガオ

16/20

aki nagao

シェフ 長尾彰浩

フランス料理

北海道の地で「aki nagao」のフランス料理を作る。オープン以来 11 年、長尾氏が続けてきた道産食材を生かした料理の追求は、2020 年、自社農園「アキコロファーム」を立ち上げ、自ら野菜栽培に乗り出すところまで行き着いた。畑では、グループ店のスタッフも野菜の手入れや収穫に携わり、野菜作りの基本や食材のパフォーマンスについて学び、食べ頃を見極める能力の向上に繋げている。また、美深町で養殖されるチョウザメを買い取り、キャビア作りにも挑戦。自家製にすることでキャビアを安価で入手し、塩味を抑えることで、他の食材との組み合わせや調味のバランスも自在にコントロールできるようになった。厚岸産牡蠣「カキえもん」に自家製キャビアを合わせ、ココナッツのソースに青紫蘇オイルをあしらった一皿は、それぞれの味わいを繊細に積み上げた、この店ならではの逸品だろう。フランス各地での修業や国内での研鑽によって得られたフランス料理の技法を駆使し、生まれる一皿一皿は、食材の合わせ方、スパイスやソース、自然派ワインとの組み合わせにより千変万化し、そこで得られるものは、訪れる度に新作小説を読むような喜びにも似ている。日々、北の大地との結びつきを深める長尾氏の、その先を見続けたいレストランだ。

☼：22,000 円　☾：22,000 円

Tel: **011-631-3155**

北海道札幌市中央区
宮ヶ丘2-1-1
ラファイエット宮ヶ丘 1F

定休日：水曜、他不定休あり

☼：11:30-14:00 (L.O.)
☾：17:30-20:00 (L.O.)

モリエール

16/20

Molière

オーナーシェフ 中道 博　シェフ 今 智行

フランス料理

コロナ禍は、北海道を代表するレストランとしての、この店の真価を改めて知らしめた。近年、多くの店が価格を上げ、２名からの受け入れにするなど門戸を狭くし、またターゲットもインバウンドや北海道外の客へとシフトしていく中で、地元を大切にするという中道氏の考えは揺るぎない。価格を抑えたリーズナブルなコース料理は、子供の頃、ここでフランス料理と出合った人が壮年期を過ごし、やがて仕事をリタイアしても通える店でありたいという心ばえの表れである。料理はスペシャリテと旬の定番が中心となっているが、常に進化している。例えば、烏賊墨を練り込んだパン粉で鮑を包んだ一皿は、従来は烏賊墨ソースのみであったが、そこに鮑の肝を酒粕で溶いたソースを合わせ、最後まで飽きさせないものになっている。旬ごとに食材が変わるフリットを直接手で食べさせたり、クロッシュを取った皿には副菜の野菜を置き、あとからメインの食材を盛り、更には極上のリゾットや定番のポテトグラタンが添えられるなど、グランメゾンならではの演出もある。その間のスタッフとのやり取りは気持ちを和ませ、それぞれの皿をより一層美味しく感じさせる。北海道の食材で五感に訴える料理と居心地の良いサービス、ここにレストランの一つの理想像を見る。

☼：5,200 円～ 13,800 円　☾：15,000 円～ 18,000 円

ル・ミュゼ イデア

16/20

Le Musée IDEA

シェフ 石井 誠

フランス料理

自然豊かな宮の森にあるレストランは、「Le Musée」という店名の通り、現代アートの美術館を彷彿とさせる。2020年の大改装を経て、昼は1階で「CONCEPT-C（コンセプト・セー）」を掲げ、夜は「IDEA（イデア）」というテーマで2階フロアを使い、1日3組だけを受け入れる。リニューアル後の石井氏は、ますます北海道の大地への傾倒を強め、とりわけアイヌ文化と先住民族の食や自然観に対する畏敬の念を深めているようだ。スタートは、「森」と題し、シェフ自身が山菜や茸採取の際に感じ取った山の息吹を伝える、枝の香りを移した水から。「繋がり 森から海へ」という一皿では、羅臼の真だち（真鱈の白子）を森のエッセンスと融合させる。また、石井氏自身が作陶した端正な器に、仙鳳趾牡蠣と羅臼のイクラ、牡蠣のエッセンス入りのミルクソースを配した一皿は「直感」と題され、食材を前に、アーティスト・料理人としての石井氏に降り注ぐインスピレーションをそのまま色彩・造形・味で表現した渾身の作だ。創り出される料理、空間、石井氏のパフォーマンス、すべてを鑑賞する、どこにもない「ミュゼ」が、北海道の大きな自然を背景に動き出している。

☼：22,000円　☾：22,000円

Tel: **011-640-6955**

北海道札幌市中央区
宮の森1条14-3-20

定休日：第1・2日曜、
第3・4月曜

☼：12:00-14:00
一斉スタート

☾：18:00-21:00
一斉スタート

タテオカ タケシ

15.5/20

TATEOKA TAKESHI

シェフ 館岡武士

フランス料理

札幌市中心部、ビル1階の小さなドアを開けると、札幌軟石と木が織りなす壁面のデザイン性に目を奪われる。モダンとナチュラルが入り混じり、シックさと温もりが交差融合するインテリアだ。テーブルの上にも札幌軟石で特注したショープレートがセットされ、饗宴の前からオーナーシェフである館岡氏の豊かな感性に触れることとなる。ロアンヌ「メゾン・トロワグロ」で魚部門シェフの経験も持つ館岡氏のメニューは、アミューズからプチフールまでフランス料理をベースに、素材の合わせ技で旨みの相乗効果を高め、香り、食感、ソースの風味の意外性を表現した「タテオカ タケシ流」のコース展開だ。口の中で広がる香り一つとっても、岩海苔・梅・パンデピス・藁焼きと、実に多様性に富み、エスニック風味や酒粕を用いた、世界観が何倍にも広がるような工夫が施されたソースは、口の中で複雑な賑やかさを感じさせ、実に楽しく美味しい。コースの途中で供されたツブ貝と岩海苔、道産小麦の「フユエゾ」を使ったパスタも、フランス料理としての意外性とジャポネスクな風味、そしてイタリア料理が融合した忘れ難い一品だ。また、器の余白を生かした盛付も美しく、料理の魅力をさらに引き立てている。館岡氏がこれからどのような独創の道を進んでいくのか、目が離せないレストランである。

☾：9,000円〜23,000円

Tel: **050-3177-2700**

北海道札幌市中央区
南3条西2
KT3条ビル1F

定休日：月曜（祝日の場合は営業、翌火曜以降に休みを振替）

☾：18:00-22:00（L.O.）

Tel: **0138-76-9653**

北海道函館市元町17-17

定休日：水曜

☼：12:00-13:30 (L.O.)
☾：18:00-19:30 (L.O.)

メゾン フジヤ ハコダテ

maison FUJIYA Hakodate

シェフ 藤谷圭介

15.5/20

フランス料理

札幌「オプトゥニール K」で多くの支持を集めていた藤谷氏が道南に戻り、郷土の豊かさを皿に表現したいと開店して約１年、二十間坂の頂点に建つ純白の邸宅は、今や函館の新名所といわれるほど異彩を放っている。白を基調とした空間には、ゲストの笑顔と会話によって色彩が生まれ、溢れるように上質の幸せな時間が流れている。コース構成は、シェフの得意とする驚きある素材を合わせたソースを中心に、選び抜いた道南の食材がプラスされ、「フジヤワールド」は、さらに広がりを見せている。料理は、イカ墨にガラムマサラ、昆布とイクラにナイアガラワインソースと、気持ちも高ぶるもの。この日、記憶に残った一品は「マダチ 厚沢部舞茸」だ。マダチ（真鱈の白子）に柚子胡椒風味のマデラソースをメインとし、舞茸とトリュフの香るカプチーノが添えられ、塩加減も好ましく、火入れの良さ、香りの融合、ソースの奥深さに旨みが重なり合い、ムニエルにしたクリーミーな白子が口の中で溶けていった。ため息が漏れるほどの美味しさが広がり、香り・食感・五味のバランスがひとつも崩れていないことに感動する。これは、まさに藤谷氏の技とセンスの融合がもたらしたもので、この味を追い求め、各地からゲストが駆けつけるのだろう。遠くても訪れたい、道南を代表する一軒である。

☼：**6,050 円〜**　☾：**14,520 円〜 21,780 円**

Tel: **011-676-8445**

北海道札幌市西区小別沢177

定休日：不定休

☼：12:10-15:00 (L.O.13:00)
☾：17:40-21:30 (L.O.19:30)

アグリスケープ

AGRISCAPE

シェフ 吉田夏織

15/20

フランス料理

生産から調理までのプロセスを通じて見えてくる、食の本質と納得のいく一皿を求め、2019 年に循環式農園レストランとしてオープン。札幌市郊外の山深い森の中に農地や鶏舎、豚舎が立ち並び、その奥に、このシンプルでモダンなレストランがある。アペリティフで喉を潤していると、東京の「イル・ギオットーネ」や札幌の「ル・ミュゼ」で修業した吉田シェフが、食材で埋め尽くされたプレートを手に登場する。採れ始めたばかりの果実、多種多様な野菜、150 日以上育てあげた黒鶏「プレノワール」、切り株に植え付け、菌から育てた、たもぎ茸など、全てが自然の強いパワーを発しているようだ。それを素材まるごと表現した料理は、ダイナミックでありながら、自ら育てたことによる愛情溢れる優しさを秘めている。山菜のムース、行者にんにくの泡のソース、鶏を余すところなく調理した炭火焼きなど、大地の恵みを受けた食材で構成されたコースは、この店そのものを表現しており、それは揺るぎなく未来へ続いていくものであろう。「まだまだ、食材作りは学びの毎日です」というシェフ。確かに、農業や畜産も、それを生かす道筋も試行錯誤が見え隠れするが、その時ごとに変化していく調理や技は、ゲストを飽きさせない進化系レストランであることの証左でもある。

☼：**4,400 円〜 19,800 円**　☾：**13,200 円〜 19,800 円**

フェネトレ

14.5/20

Fenêtre

シェフ 松村聡彦

フランス料理

北海道東部、中標津市街から少し離れた林の中にある、２階建てのシンプルな一軒家レストランだ。同じ中標津町内から移転して２年目、新しいダイニングの大きく取られた窓に、目の前にあるクヌギ林が迫る。木の質感を生かした、グレー主体の無彩色の内装の天井からは枯れ葉のようなオブジェがいくつも下がり、ダイニングそのものがまるで冷涼な北海道の季節を切り取ってきたようだ。その中で松村氏が展開するのは、北海道産の野菜や茸を主体とした、素材の風味と色を生かした料理。最初のピュアホワイトのブランマンジェ、また、北見のサンマルツァーノをトマトソースにした道産小麦のそうめんに、野菜の甘さや味の濃さをそのまま卓上にのせているような印象を受ける。それは、素朴な盛付もさることながら、食材の旬を尊重する松村氏の姿勢が直に伝わってくるからだろう。料理から感じられるある種の静謐さも、中標津という土地の空気感とともに心に残る。北海道産を中心にしたワインのラインアップも魅力だ。店名「フェネトレ」は、フランス語で「窓」。窓は外界と内部とをつなぎ、季節の移ろいを教えてくれる。シェフとマダム、二人が感じる北海道の自然を映した皿の数々は、ゲストの記憶に長く刻まれることだろう。

☾：10,000 円

Tel: 0153-72-3775

北海道標津郡中標津町
緑町南1-2-29

定休日：日曜、他不定休あり

☾：17:30-19:00 (L.O.)

※クレジットカードは Visa・Master・Amex のみ利用可

リアン

14.5/20

lien

シェフ 木下雄介

フランス料理

市の中心部から少し離れた緑豊かな円山エリア、小さいながらもモダンなファサードがゲストを迎え入れる。木下氏は 2012 年の開店以来、マダムと２人、背のびすることなく北海道の食材を中心に緩やかな味わいのコース料理を提供し続けている。小樽市のホテルで料理の道に入った木下氏は、東京のレストラン、観光地のホテルなどで研鑽を積み、その間、様々なコンクールにも積極的に挑戦してきた。料理はジビエも得意とするが、訪れた夏の初めは、海の幸が豊富な北海道を意識したメニューであった。ヒラメのムニエルに蟹のリゾットを添え、甘海老のソースを合わせたり、雲丹や穴子、シマアジなど、その日手に入る魚介類を贅沢に配し、肉料理以外のメインに魚料理が２品組み込まれているところからも、北海道の醍醐味を味わって欲しいという氏の思いが伝わってくる。そのどれもが優しくストレートな調理で、スパイスなどで少し遊び心を出すのも良いのではないかとも思うが、それでは多くの人から支持される今の路線から外れてしまうのだろう。まっすぐで、安心して愉しめる料理が「リアン」なのである。このレストランは、ゲストを受け入れる間口が広く、気軽に、そして何度も足を向けたくなるアットホーム感が心地好い。

☼：3,500 円～ 14,000 円　☾：9,500 円～ 14,000 円

Tel: 011-641-4870

北海道札幌市中央区
大通西20-3-10
MOR20 1F

定休日：火曜、水曜ランチ、他月１回不定休あり

☼：12:00-13:00 (L.O.)
☾：18:00-19:00 (L.O.)

マリヨンヌ
Marions Nous
シェフ 小久保康生

13.5/20
フランス料理

Tel: **0155-29-2838**

北海道帯広市西１条
南10-2-1
マスヤビル 1F

定休日：火曜

☾：18:00-24:00

JR 帯広駅から徒歩圏内にある屋台村「北の屋台」で人気を博し、そこからほど近い市街地の一角に移って１年半ほど。店はカウンター越しに小久保氏の調理の様子が見える開放的な造りで、面積は４倍になり席数は増えたが、変わらず席は埋まっている。メニューの中で最も目を引くのが、滋賀「サカエヤ」新保吉伸氏が手当てした北海道の牛肉だ。新保氏は実際に店を訪れ、小久保氏の料理を味わい、意見を交わした上で、ベストの状態で調理できる肉を送っているという。また、果物や野菜のソースで味わう松川ガレイのマリネや、広尾産のイクラと雲丹のリゾットなど、北海道食材の豊かさが実感できる料理がいっぱいだ。新たに加わった９種類の小さなアミューズは、テイクアウト商品などを作る際に仕入れた食材が余らないようにと考えたもので、どれも小さくてもメリハリのある味だ。「生産者が生産者を紹介してくれて繋がっていったことで、結果的に十勝の食材を多く使うことになった」と言う小久保氏は、手元のメニューの表裏にその生産者と野菜の名前をびっしり書き込んでいる。マスクケースの内側にもQR コードがあり、店が作成した動画に飛んで産地の情報を得ることができる。小久保氏と生産者との結びつきの強さや敬意が、こんなところからも読み取れる。

☾：5,000 円～ 10,000 円

ル・ゴロワ フラノ
Le Gaulois Furano
シェフ 大塚健一

15/20
北海道欧風料理

Tel: **0167-22-1123**

北海道富良野市中御料
新富良野プリンスホテル
敷地内

定休日：月曜、火曜（季節により定休日に営業あり、その場合は振替休）

☼：12:00-15:00
(L.O.13:30)
☾：17:30-21:30
(L.O.19:30)

東京・表参道「ル ゴロワ」の大塚シェフ夫妻が、食材は穫れた場所で食べるのが一番美味しいという信念から、脚本家・倉本聰氏の「創」という思想に基づく店作りに共鳴して北海道に移住、2018 年以来、新富良野プリンスホテル敷地内のレストランで腕をふるっている。その言葉通り、地元の農家との交流を通して、新鮮で優れた食材を仕入れて調理し、富良野の地ならではの味を生み出している。定番「ル・ゴロワサラダ」は鮮度の良い野菜の旨みが大地の恵みを感じさせる。パスタなどには白糠町産のイタリアンチーズがふんだんにあしらわれ、熾火による肉料理はジューシーかつ、まわりは香ばしくカリッとした仕上がりとなり、満足度の高いものだ。もう一つの看板メニュー「グレープフルーツのプリン」も健在だが、「ブランマンジェ 苺のスープ仕立て」もアーモンドの香ばしさ、ミルクの旨みに、苺の酸味と甘みが渾然一体となり忘れがたい。店内のテーブル席から見る景色も素晴らしく、特に陽が沈むにつれ空がピンクに染まる頃は、まさに絶景である。北海道の自然そのものをいただくような得難いレストランだ。

☼：3,270 円～ 5,300 円　☾：8,300 円～ 15,500 円

タカオ

TAKAO

シェフ 高尾僚将

16/20

イタリア料理

Tel: **011-618-2217**

北海道札幌市中央区
南 3 条西23-2-10
Condo Maruyama
KIRARI 1F

定休日：日曜

☾：18:00-23:00

円山公園駅から住宅街へ７～８分、マンションの１階だが店内は森にある別荘地のレストランのような佇まいだ。ここでは店のコンセプトである「道産子ガストロノミー」の概念に基づき、アイヌ文化の先人の知恵を現代の料理人である高尾氏が解釈し表現した無二の料理が提供されている。その多くは森の雄大さと自然のありがたみを感じさせるものである。スペシャリテの一つ「森のエキス」は、１人分に 30 個以上のマッシュルームを用い、塩を揉み込み、抽出されるエキスと、白樺の樹液とエゾヤマツツジのエキスを蒸留させた水で作られる。スープは香りよく、旨みが口一杯に豊かに広がっていく。アカエゾマツオイルで風味をつけた帆立と大統領椎茸の濃厚さも加わり、秀逸なスープとなっている。また、アイヌ文化の継承でもあるトゥレプ（オオウバユリ）の根茎から取るデンプンと行者にんにくオイルを練り込んだ自家製のパスタは、ワタリガニをまるごとすり潰した濃いソースに負けない旨みがあり、相性が良く堪らなく美味しい。季節によってはシェフ自らが採取してくる山菜類が料理に取り入れられることも魅力である。デザートタイムになると照明が少し落とされ、満たされた胃袋の余韻にまったりとした気分で最後まで過ごすことができる。こんな行き届いた配慮もこの店の魅力の一つであろう。

☾：19,800 円

リストランテ カノフィーロ

RISTORANTE CANOFILO

シェフ 小川智司

15.5/20

イタリア料理

Tel: **011-242-0808**

北海道札幌市中央区
南 2 条西1
アスカビル 2F

定休日：不定休

☼：11:30-13:30 (L.O.)
☾：18:00-20:30 (L.O.)

2022 年に 20 周年を迎えるこの店は、高級感のある設えの中、コントラストのはっきりした美味しい料理がリーズナブルな価格でいただけると、長く札幌市民に愛され続けている。小川氏はオープンの 2002 年から厨房に入り、翌年、シェフに就任した。この日の前菜は「だだちゃ豆と水ダコ、セミドライトマト」で、濃厚なセミドライトマトが強いアクセントとなり、料理全体を引き締めるように仕上げ、濃淡をはっきりと浮かび上がらせている。「八列いなきびとパルミジャーノチーズリゾット」も優しい味付けのリゾットにして、北海道伝統野菜である「八列とうきび」の甘みと食感を際立たせていた。この日のメインは、平取町で生産される「びらとり和牛」。この店はＡ５等級の肉の中でも特に選ばれたものを仕入れており、一口いただくだけで、その肉質の肌理の細かさ、柔らかさ、美味しさに思わず笑みがこぼれてしまう。最後に紹介される自家製生チョコレートは 17 種類もの味のレパートリーがあり、その日に揃うフレーバーから好みのものが選べる。パティシエの学校にも通ったことのあるシェフならではの味わいは、これを愉しみに通いたくなるほどだ。サービス陣の応対も心地好く、この店はレストランに求められるあらゆる要素を備えている。

☼：1,800 円～ 7,000 円　☾：6,500 円～ 12,000 円

Tel: **011-838-8498**

北海道札幌市手稲区
稲穂1条4-8-10

定休日：不定休

☼：12:00- 一斉スタート
☾：18:00- 一斉スタート

パルコ フィエラ

PARCO FIERA

シェフ 中條大輔

15/20

イタリア料理

JR 稲穂駅前、店の看板は小さく一見レストランとは思えないが、中はシンプルな内装ながら心地好い空間が広がっている。カウンター席はまるで自宅のキッチンにいるようで、シェフが目の前で調理する姿を眺められる。中條氏は北イタリアのピエモンテ州などで修業、2018 年に開業した。コース料理の前半に出される前菜などは、後半の自家製ハム・サラミ・ソーセージ類を愉しむためのものといっても良い。もちろんいずれも、どれだけ手を掛けているのか、驚くほど完成度の高い料理ばかりで、「鮎のラビオリ」は、鮎と気づかないほど川魚臭さがなく、ラビオリが浮かぶスープは乳酸発酵させた椎茸、自家製の鮎魚醤、真鯛を 70℃の低温調理で 13 時間かけて抽出した奥深い味わいだ。これらを、シェフが客の問いかけに応じながら説明するのだが、それも楽しい時間であり、ご馳走である。そして登場する自家製ハム・サラミ・ソーセージは、あまりの美味しさと、噛みしめた時、口中に広がる旨みに言葉を失う。ボローニャ地方のソーセージであるモルタデッラは、まず切り立てを味わわせた後、少し温めたものを出し、脂の溶けたところの旨みの違いを愉しませる。シェフにメイン料理と言わしめることに納得だ。まさに今、行くべきレストランであり、通い続けたい店である。

☼：**13,200 円**　☾：**13,200 円**

Tel: **0166-92-2210**

北海道上川郡美瑛町
美沢共生

定休日：木曜、他不定休あり

☼：11:30-14:30
（最終入店 13:00）
☾：18:00-22:00
（最終入店 19:00）

※クレジットカードは
10,000 円以上から利用可

バローレ

Valore

シェフ 才田 誠

14.5/20

イタリア料理

まず特筆すべきは、美瑛らしい立地と瀟洒な建物の佇まいだ。観光客でにぎわう美瑛の丘をくだり十勝岳の方角へ延びる一本道を走ると、２階建ての一軒家が見えてくる。未舗装の道路に沿う落葉松林に囲まれた白い建物。表情ある質感の白い漆喰壁に古材と石のタイルをあしらった、歳月を重ねたオステリアのような内装。そこに細い金属で吊るされたモダンなライト。窓の外に見える趣向を凝らして植えられた草花もまた、ゲストの期待感を高めてくれる。才田氏は 2007 年に、この店をオープン。以来 14 年、美瑛の多種多様な野菜をふんだんに使った色鮮やかな世界は、「才田料理」としてすっかり定着している。旬の野菜を用いたスープに始まり、函館の魚介類、野菜、メイン料理と、基本的なラインをほとんど変えず、その時期ごとの食材を用いている。ドルチェも旬の果物から創り出され、いつ訪れても美瑛の季節感と才田氏の世界観を皿の上から感じることができるだろう。残念ながら、この素敵な料理や内装の撮影は特別な場面の思い出のため以外は許されていない。窓からの光をまとった、可憐さをたたえた料理。これを写真に収めたいという思いをぐっと我慢して記憶の中だけにとどめておくのもまた、「バローレ」の楽しみ方なのかもしれない。

☼：**3,200 円～ 7,500 円**　☾：**9,000 円～ 14,000 円**

霜止出苗

15.5/20

Shimoyamitenaeizuru

シェフ 五十嵐 光

フュージョン

食の舞台は畳敷きに掘り炬燵のカウンター。五十嵐氏はその理念を全てに徹底し、ワインセラーは壁一面の箪笥の内に、食器は道内の作家に特注。食材、調度品、ワイン…可能な限り、作り手の顔が見えるものを採り入れている。料理は、修業先からしてフランス料理だろう、スタイルはイノベーティブなものかもしれない、などと既成のジャンルをイメージして店を訪れると、見事に裏切られる。締めの蕎麦や玉子焼きを終え、振り返ると、日本料理を食べに来たのではないかと錯覚するほどだ。しかし、確かに江戸前鮨から影響を受けたと推察できるディテールが随所に垣間見えはするが、そこにはフランス料理の技法が融合し、かつての「五十嵐」から飛翔した新たな世界が生まれている。花ズッキーニは、花の部分に帆立貝柱の練り物を包むことが多いが、ここでは雲丹ご飯と北海しま海老を詰めるなど、まさに洋の料理に和の視点が融け込んだものである。食材のほとんどを北海道に求め、山菜などはシェフ自ら山に入り採取するなど、北海道を丸ごと感じられる。霜が降りなくなり、青々とした苗が成長する季節を迎えるように、2019 年、再スタートを切った五十嵐氏。ここでは既成概念を捨て、ひたすら北海道の自然の恵みを享受したい。

☼ : 30,000 円　☾ : 30,000 円

Tel: 090-9434-1700

北海道札幌市中央区
南 9 条西4-5-12
カモカモビル 1F

定休日 : 不定休

☼ : 14:00-
☾ : 18:00-

ベイジャフロール

15/20

beija Flor

シェフ 佐藤幸大

フュージョン

一見バーのような趣だが、料理に焦点が当たるようスポットライトに照らし出されたカウンター、そこに席数わずか４という贅沢な空間だ。料理に使う調味料は基本的に自家製で、食材の旨みをどう生かすか突き詰めていく。佐藤氏はまさに料理の職人だ。例えば、フランスで口にしたフォアグラが日本で食べるとどうしてもその時の味に敵わないことに疑問を抱き、フォアグラという素材を究めていった。その結果辿り着いたのが、スペシャリテ「フォアグラ コーヒー 治療」だ。日本への輸送中にフォアグラの水分が抜けることに気付き、アルカリ性であるコーヒーに漬け込むことで「治療」を施し、酸化を中和し鮮度を蘇らせることで、しっとりとした料理に仕上げる。キャラメリゼしたナッツやカカオニブ、ベリーとビーツの赤いパウダーなどが掛けられ、室温で時間とともに脂が溶ける経過をゆっくり愉しむ料理だ。もう一つのスペシャリテ「鰊」は、脂の乗った鰊を梅紫蘇のジュレ、大葉と新生姜とともにミルフィーユ状に層を重ね、両端を生ハムで挟み込む。指示通り右端から食べ進めると、やがて山葵オイルが塗られている部分にあたり、味の変化で最後まで飽きさせない。ここは、食材の探究にかけるシェフの料理世界を堪能しに通いつめたいと思わせる、今、最も刺激的なレストランである。

☾ : 15,000 円

Tel: 080-9618-5766

北海道札幌市中央区
南2条西7-6-2
日宝南2条ビル 2F

定休日 : 不定休

☾ : 17:30- /20:30-

Tel: **011-688-8024**

北海道札幌市中央区
大通西17-2-8
グラシアス大通 1F

定休日：水曜、第３火曜

☾：18:00- 一斉スタート

壽山

Suyama

シェフ 高橋秀人

16/20

日本料理

地下鉄東西線・西18丁目駅から徒歩数分の路地を入ったところに「壽山」はある。店内は数寄屋造りの清々とした空間で、京の町家を思わせる廊下を通されカウンター席につく。個室もあるが、やはり店主・高橋氏が目の前で調理する姿と包丁さばきが見られるこの席を選びたい。高橋氏一人の調理だが、下準備から周到に段取りが組まれており、その粋な所作を見ていると、決して待たされている感じはしない。東京と京都で８年ほど修業したという味付けは関西風で、丁寧な作りの日本料理だ。食べ始めは味が薄く思えるが、次第にそれが上品な程良いものであることが分かる。炭火を使った焼き物はふっくら、しっとりジューシーな仕上がりだ。食材は全国から仕入れているが、北海道の産物に京野菜を組み合わせるところに本領がある。まったく臭みのない猪肉と筍の炊き合わせは、優しい出汁に包まれ、それを花山椒がまとめ上げている。ひと組ごとに直火の釜で炊かれる季節の炊き込みご飯、この日は桜鱒と万願寺とうがらしで、ふっくらとした炊き上がりが美味であった。水菓子、和菓子の後には、高橋氏が点てる抹茶が供され、食後の余韻に浸る。女将の行き届いた対応も心地好い、正統派の日本料理店だ。

☾：22,000 円

Tel: **011-213-8518**

北海道札幌市中央区
南１条西22-2-15
シーズンビル B1F

定休日：月曜

☼：12:00-15:00
(L.O.13:30)
☾：18:00-22:30
(L.O.20:30)

日本料理 潤花

Nihonryouri RUKA

シェフ 中田 潤

16/20

日本料理

食の調和を見事なまでに表現し、和食の文化的要素に、この時代ならではのクリエイティビティとオリジナリティーを加えた料理の数々は、いつ訪れても美しい。高級店ひしめく円山地区に店を構え、食への意識が高い顧客を多く持つ店主・中田氏は大阪の堺が故郷である。出汁の文化が強い地で育った背景からか、多様で繊細な美味しさを引き出すセンスは群を抜き、気候や個体によって微妙に変化する食材の風味を見逃さず、旨みや塩味を巧みにまとわせていく。「胡麻豆腐の出汁ジュレ寄せ」の舌触りと濃淡におけるアンバランスの中にあるバランスの融合、「キンキのすまし椀」での蓋を開いた時の香りのなびき方、清らかな、濁りのない汁、柔らかな種の仕上げは、札幌でも屈指の腕前だ。さらに中田氏は、客人を楽しませるホスピタリティも忘れない。店としての立ち位置を心得、入り込み過ぎず、引き過ぎず、その加減が何ともいえない居心地の良さを生んでいる。それは、独立する前、定山渓「ぬくもりの宿 ふる川」の料理長時代に身につけた、もてなしの心なのだろう。料理もサービスも真・行・草を巧みに使いこなし、感動という価値を生み出す。いつも変わらず、丁寧に客人を待つ店が円山にある。

☼：5,000 円～ 7,500 円　☾：7,500 円～ 20,000 円

温味

Nukumi

シェフ 山本真樹

16/20

日本料理

Tel: **011-520-6858**

北海道札幌市中央区
南10条西6-3-2

定休日：月曜、第４日曜

☾：18:00-21:00
（最終入店）

地下鉄南北線・中島公園駅から地上に出て６分ほど住宅地の方に向かうと鉄筋コンクリート造りのモダンな店が見えてくる。店内は１階に個室を有し、２階には半個室のテーブル席とカウンター席。一面のガラス窓からは中島公園の木々が目に入る、開放感のある空間だ。山本氏は札幌で料理の道に入り、大阪「かが万」で修業を重ね、在香港日本国総領事館公邸料理人やザ・ウィンザーホテル洞爺「杜氏賛歌」の料理長を務めた後、2006年に店を開いた。料理は濡れ箸やお椀の蓋にあしらわれた露など、茶懐石の伝統に則り、「かが万」の繊細で彩り豊かなスタイルを受け継ぎつつ、山本氏ならではのセンスが加えられたものだ。椀ものや炊き合わせに使われる出汁は澄んで優しく、出汁の旨さで食べさせるのではなく、鱧や丸茄子などの主役が引き立つよう、バランスを極めている。また、北海道産を中心に据えるが、旬の優れた食材を豊洲をはじめ全国から仕入れており、とにかく美味しいものを食べてもらいたいという山本氏の思いが伝わってくる。札幌において、これぞ日本料理というものがいただける店であり、ここを中心に北海道の料理談義をしたくなるような、そんな店である。

☾：10,000円～

花小路さわ田

Hanakoji Sawada

シェフ 加後朋也

16/20

日本料理

Tel: **011-562-0088**

北海道札幌市中央区
南７条西4
プラザ７・４浅井ビル3F

定休日：日曜、祝日

☾：17:30-22:00
（最終入店19:30）

地下鉄すすきの駅から徒歩５分、すすきの花小路の雑居ビルを３階に上がったところに店はある。かつては「割烹さわ田」として札幌政財界の重鎮達が通い、その信頼を集めていた澤田啓子氏（現さっぽろ名妓連相談役）が20年間続けた高級料亭だ。店は2009年に閉じ、暖簾は料理長であった加後氏に受け継がれた。その料理は一見どこか懐かしい、家庭で寛ぐような温かみのある日本料理だが、実際は丁寧な仕事がほどこされた、まさにプロの技の神髄ともいうべきものだ。「小芋 車海老 空豆の揚げ物」をとってみても、車海老と空豆は塩加減が素晴らしいし、小芋は煮付けて味を十分に含ませたものに粉を付けて揚げてあるので、そのまま口に頬張ると思わず笑顔になる美味しさである。「雲丹茄子」は雲丹と茄子の間に白味噌を挟むことにより、一体感のある完成度の高い料理となっている。「冬瓜と鮑の椀」では、冬瓜に葛粉を纏わせ一旦揚げたものを使うことで、出汁にもコクを与え、鮑の旨みに負けない華のある椀に仕上げている。締めの黒松内産の蕎麦で打った十割蕎麦は、口当たりも喉越しも良く、これだけでも通いたくなるほどだ。高級料亭の流れを汲んだ仲居の対応も一流であり、料理の中に優しい心遣いを感じる名店である。

☾：10,000円～25,000円

料理屋 素

Ryouriya So

シェフ 姉崎貴史

16/20

日本料理

Tel: **011-621-6222**

北海道札幌市中央区
北1条西28-2-18

定休日：不定休

☾：予約に応じて

看板は控え目でさりげなく、店名の「素」の由来が垣間見える。民家を改装した店舗は、玄関を開け、階段を上ると２階が客室、昼夜各２組だけの完全予約制の隠れ家的料理店だ。店は札幌とニセコにあり、ニセコは基本的に冬季のみ、予約を受けて営業される。札幌店の室内は人数に合わせてテーブル席とカウンター席の２つのタイプが用意されており、カウンター席は姉崎氏が目の前で調理し、配膳時に食材や調理方法の説明を受けながら食事を楽しめる。料理は北海道産を中心に、山菜や市場に並ばない淡水魚トンギョなど珍しい食材も登場する。調味料を限界まで削ることで、素材が持つ本来の風味を際立たせており、素朴だが一皿一皿食べ進めるうちに、忘れていた味覚を呼び起こしてくれる。珍味八寸は実に面白く、呑兵衛には堪えられない品々。野ゼリのシジミ出汁煮、白魚干しとあずき菜、シャコ醤油漬け干物、赤しま海老のピリ辛真子和え、ヤツメウナギの刺身、コノコとバチコ、ヤナギダコの卵の醤油漬け、と日本酒が進む。そんなむきには９種類の日本酒が少量ずつ愉しめる日本酒ペアリングがお勧めだ。京都の会席料理とはひと味違う、蝦夷会席を味わえる店である。

☾：22,000 円～

味道広路

Ajidokoro

シェフ 酒井弘志

15.5/20

日本料理

Tel: **0123-73-6677**

北海道夕張郡栗山町
字湯地40-35

定休日：火曜、第２水曜

☼：12:00-14:30
（最終入店 13:00）
☾：17:30-21:00
（最終入店 19:00）

札幌市内から車で１時間ほどの夕張郡栗山町、国道から一本入った道沿いの林を背にした一軒家。訪問時、まだ雪の残る店の敷地には玄関まで雪囲いが作られ、待合の囲炉裏には炭の火が起こされて仄かに暖かい。素朴さと親しみやすさを感じさせる店構えの印象は、料理の佇まいとも共通してはいるが、酒井氏の料理は圧倒的な技術力に支えられた洗練を湛えたものだ。酒井氏は滋賀県東近江の名店「招福楼」で腕を磨き、東京店の料理長を務めたのち、地元・北海道栗山に戻ってこの店を開いた。食材はほとんどが栗山から半径数 km 以内でとれたものを使う。たとえばキタアカリ、蕪、アスパラガス、アブラボウズ…麹のような旨みで和えた桜鱒、牛蒡の甘みが感じられる淡い味の煮物。椀物から甘味まで派手な食材はない。それなのに目の前の椀には滋味が満ち、一種の崇高さすら感じられる。酒井氏は懐石料理の手法をもって、その日入ったものを臨機応変に、食材のポテンシャルを引き出し、誰にも作れない世界へいざなってくれる。毎日がその日、その時だけの料理。地元の食材を愛し、ゲストを気遣う酒井氏の精神が料理から見えるようだ。

☼：4,000 円～ 12,000 円　☾：6,000 円～ 12,000 円

御料理 ふじ田

15.5/20

Oryouri Fujita

シェフ 藤田哲聖

日本料理

Tel: 011-215-0318

北海道札幌市中央区
南 6 条西21-4-6

定休日：不定休

☾ : 18:00-

地下鉄東西線西 18 丁目駅から 15 分程の住宅街、39 歳の気鋭の料理人が腕を振るっている。噴火湾産活穴子の刺身は、数時間前に捌かれたものだが、時折身が動くほど新鮮で、皮目に隠し包丁を入れたかと思えば、火のついた備長炭の上に、一瞬、直に置いて、香ばしさを加えるというパフォーマンスも見せてくれる。しかし、仕込みが趣味だという藤田氏の真骨頂は、そうした見せ方ではなく、日本料理の太い柱を守りながらひと工夫を加え、想像を超える味覚を与えてくれるところにある。例えば、八寸で供される「マナガツオの茄子はさみ焼き」は、茄子に挟んで焼くことでマナガツオが硬くなることを防ぎ、茄子の甘みと風味も加わる。長崎産鮪の中トロの上には卵の黄身の醤油漬けが配されるが、一緒に口にするとそれぞれの旨みが融合し、新鮮な驚きがある。デザートは、洋のアングレーズソースを掛けたフルーツの自家製コンポートや作りたての自家製葛きりなどで、最後まで満足度は高い。日本料理という枠にとらわれ、味が容易に想像できてしまう店も散見されるなか、新しい味を追求する藤田氏には、自由な発想で、しかし本流から外れることなく走り続けて欲しい、それを見届けるために足を運び続けたいと思わせる店である。

☾ : 14,300 円～

はなれ 味重

15.5/20

Hanare Ajishige

シェフ 松原滋美

日本料理

Tel: 011-261-6999

北海道札幌市中央区
南 3 条西3-3
G DINING 1F

定休日：日曜
（連休は応相談）

☾ : 18:00-23:00

すすきの交差点に程近いビルに入ると、京都の小料理屋を彷彿とさせる店構えが見える。そこが「味重」の 2 号店として 2008 年に誕生した「はなれ」である。カウンターのある店内には、生け花や俳画を配し、静かに水が流れる音のなか、三浦安紀子料理長が柔らかな笑顔で出迎えてくれる。上質な出汁の旨みが日本料理の基本だということを改めて感じさせる料理の数々は、伝統的な調理法にとらわれず、食材を更に美味しく食べさせようという工夫が施されている。特に日本料理の華といわれる椀には、この店の本質がよく表われている。訪れた日の椀は、白ずいき、ズワイ蟹、松茸と秋を彩る食材に、芥子の実をつけて揚げた里芋で香ばしさを加え、仄かに感じる山葵と柚子の風味が高い満足感を与えてくれた。スペシャリテといえるであろう定番の「鮎の一夜干し」は、鮎を背開きにしたもので、何故か手でちぎって食べると美味しさが増し、口から旨みが溢れ出そうになる。またこれをいただきに、この店を訪れたいと思わせる一品だ。主人の松原氏や三浦料理長との会話も楽しく、侘び・寂びを感じさせる設えでありながら、どこかアットホームな雰囲気で過ごせるのもこの店の魅力だろう。

☾ : 8,000 円～ 15,000 円

Tel: **011-200-1144**

北海道札幌市中央区
南２条西5-31-4
スカレッタビル 2F

定休日：水曜、祝日、
他不定休あり

☾：18:00-/20:30-

鮨 一幸

Sushi Ikko

シェフ 工藤順也

17/20

寿司

工藤氏の口元には、いつもたおやかな笑みがうっすら浮かんでいる。それは客を優しく見守っているようでもあり、鮨への愛情がにじみ出ているようでもある。少しの緊張と大きな期待を抱えながら暖簾をくぐり、カウンターに腰掛けると、いつもの鯛の刺身から口福な時間が始まる。北海道の昆布を食べて育った「鮑の壺蒸し」、気が遠くなるような手間をかけて作られる「雲丹と和えた子持ちのヤリイカ」、高い温度で脂と酢飯が融合し、脳に直接美味のシグナルを送り込む「ノドグロ丼」と、果てしない研究によって生みだされた作品たちが次々と供される。鮨種に合わせて、酢飯の温度まで緻密に管理され、目の前に出される握りはさながら宝石のように輝く。中でもサヨリは、とりわけ儚く、そして美しく佇む。歯を入れると控えめに押し返してくるサクサクとした食感も愉しく、その品の良い旨みの余韻がビジュアルと相まって長く残る。合わせる日本酒も、ソムリエールによって器、温度まで一品、一貫に合うように計算し尽くされており、ここでは、ただただ工藤氏が刻むリズムに身を委ねていれば良い。完成度は年々研ぎ澄まされていく一方で、どこか柔和な印象も増していく。この二律背反こそ「鮨 一幸」の魅力であり、魔力なのかもしれない。

☾：25,000 円

Tel: **011-613-2221**

北海道札幌市中央区
南１条西24-1-30
円山OCT BLD. 1F

定休日：水曜、他不定休
あり

☾：17:00-23:00
(17:00-/19:30-)

すし 宮川

Sushi Miyakawa

シェフ 宮川政明

17/20

寿司

引き戸を開けると空気は一変し、非日常の静寂な世界へ導かれる。８席ほどの店内に白木のカウンターが映え、その存在感は大人時間の始まりを告げているようだ。「それでは」と、有名鮨店などで経験を積んだ宮川氏の柔らかな口上と共に最初のつまみが並べられていく。暑い時季に供されたのは、夏野菜をトマトのジュレで寄せた一皿。その涼しげな姿と味わいにスーッと身体と心が和んでいく。つまみは６品ほど続くが、醤油に漬けた後、藁で炙った鰹のタタキは、漬けの度合いや炙りの香り、巧みな旨みの引き出し方に、思わず歓喜の声を上げそうになる。素材に対する五味のかけ引き、嗅覚や視覚で着飾らせていく技に宮川氏の個性が光る。鮨飯は、季節や鮨種の状態により２種の赤酢を合わせ、目の前に置かれた握りは、ふわっと膨れ、ゆっくりと沈む。それはまるで命を吹き込まれた生き物のようだ。酢飯を包み込んだ種は、美しい曲線を描き、照明に照らし出されて舞台に立つ演者のごとくキラリと輝く。口の中で酢飯は優しくほどけ、種と絡み合い、柵漬けの鮪は舌が当たる部分で味が七変化する。職人の気質、技、プライド、ホスピタリティが渾然と一つの握りになり、言葉ではもはや表現しきれない美味がここにある。

☾：22,000 円

鮨処 有馬

Sushidokoro Arima

シェフ 有馬正隆

16/20

寿司

札幌・狸小路の中心部からすぐのビルを４階に上がると、目の前に暖簾が現れる。小綺麗な明るい雰囲気は清楚で、有名店にありがちな緊張感とは無縁だ。おまかせコースのみの一斉スタート。終始穏やかな雰囲気の中で、店主・有馬氏は問いかけには丁寧に答えるものの、必要以上の会話は控え、料理に集中している。地元の食材を生かしたいと、基本的にすべて北海道産で、入手できる旬の最高のものを提供している。どの食材もその食感と旨みを引き出す工夫が施されており、例えば、つまみの蛸をとっても、刺身と番茶で炊いたものが合わせて出され、その煮蛸も吸盤と身の部分を分けて盛り、一皿で三つの食感と味わいを愉しむことができる。つまみも、定番のものにひと工夫された新しい美味しさが加わるのだ。雲丹と芽ねぎを白身魚の刺身で包む一品も出汁と仄かな酢を合わせたジュレを添え、小さな丸にくり抜いた胡瓜を加えることで、食感も良く見映えがする。有馬氏は握る姿も気持ちよく、細かな仕事を施し、鮨種の旨みを引き出して膨らませている。手巻きにされた毛蟹は、イバラ蟹の内子の塩辛が仕込まれ、心に残るものとなった。多彩な北海道の食材を満喫でき、来て良かった、また訪れたいと思わせる鮨店だ。

☾：16,500 円

Tel: 011-215-0998

北海道札幌市中央区
南３条西4
南3西4ビル 4F

定休日：日曜、祝日

☾：18:00-/20:30-

鮨菜 和喜智

Sushisai Wakichi

シェフ 田村光明

15.5/20

寿司

清雅な店構えだ。ゆらりと灯が揺れる小さな行灯、間口の狭い格子戸、それら全てが風情を醸し出し、足を踏み入れる前から期待度が高まる。店主が一人で賄い、夜は二部制、おまかせコースのみで、一斉にスタートすると、リズミカルに佳肴が供されていく。が、時にインターバルを設け、包丁捌きや焼きの香りなど、視覚や嗅覚に訴えかけ、刺激してくる。客にとっては、こういう時間がたまらなく良い。７品ほどのつまみは、優しい味だ。特に「白子のすり流し」は昆布出汁と豆乳を白子と合わせ、身体の中にまとわりつくような錯覚を覚える。最後にブラックペッパーが添えられるが、それは優し過ぎることへの大人の抵抗といったところだろうか。これがまた舌の愉悦を増してくれるのだ。鮨飯は赤酢を使い、京都の円熟したまろみのある赤酢の持ち味を生かし、塩のみを合わせている。粒の一つ一つが立った米にしっかりと入り込み、鮨種を主役に持ち上げ馴染んでいるのがわかる。漬けてから軽く炙ったキンキとの相性も良い。東京の「寿司久」などで江戸前を習得し、20 年ほど前、地元に戻り独立した田村氏。時代の流れを見極め、独自に変化させながら炙り・漬けなど江戸前の技法をけん引。客もそこに価値を見出し、今や札幌・円山を代表する一軒となっている。

☼：28,750 円　☾：28,750 円

Tel: 011-640-3768

北海道札幌市中央区
南２条西25-1-22

定休日：月曜、月１回
不定休あり

☼：日のみ 12:00-
☾：18:00-/20:30-

姫沙羅

Himeshara

シェフ 田中 彰

15.5/20

寿司

Tel: **011-520-5656**

北海道札幌市中央区
南８条西20-1-2

定休日：水曜

☾：17:00-19:00
/19:30-21:30

まず目に入るのは暖簾に書かれた「魚＋米＋旨」という文字。これで“すし”と読ませる。つまり魚と米が口の中で渾然一体となって生まれる旨みがあってこその“すし”だという店主・田中氏の心意気だ。おまかせは、お通しの後、手巻きから始まり、しばらく握りが続き、ようやく、十数種類の小鉢に盛られたつまみとなる。甘酢生姜は用意しているが普段は出されない。酒のつまみになってしまうという理由からだ。あくまで鮨、という店主の所作は稀にみる美しさである。酢飯を片手でまとめると鮨種と合わせ掴むように一握り、あとは手の中で転がすように。その鮨は優しさに溢れている。高級店にありがちな、緊張を強いる張り詰めた空気はこの店にはない。店主は常連、初めての客、分け隔てなく声をかけ、終始和やかな雰囲気で過ごさせる。小鉢に盛られたつまみは見栄えも圧巻だが、一つ一つが旨く、酒が進む。この店のスペシャリテはボタン海老の握り。海老みそを美味しく食べてもらいたいという気持ちから辿り着いた握りの形は、意匠登録もしている。最高級の鮨種を扱ってはいるが、それに頼ることなく、いかに旨い鮨を作り上げるか、そうした店主の意志が心地好い。締めに出される干瓢や田麩など、仕込みに手を掛けた太巻きを土産に持ち帰るのも、また粋というものだろう。

☾：25,410円

伊勢鮨

Isezushi

シェフ 小伊勢貴洋

15/20

寿司

Tel: **0134-23-1425**

北海道小樽市稲穂
3-15-3

定休日：水曜、第１火曜

☼：11:30-14:30 (L.O.)
☾：17:00-21:00 (L.O.)
日・祝
17:00-19:30 (L.O.)

小樽駅の改札を出て、左手に三角市場を見ながら５分くらい歩いたところ、軒先の杉玉がこの店の目印だ。今回は小樽の鮨と料理を堪能できる事前予約の「鮨割烹コース」を選んでみた。この店は時折遭遇する店主とスタッフの間のピリピリ感も無く、皆が大将である小伊勢氏の技と人柄へ厚い信頼を寄せていることがよく分かる。軽快な会話が和やかな雰囲気を生み出し、小伊勢氏からは、客の美味しいという言葉に喜びを感じる職人ぶりがにじみ出ている。料理は常に進化しており、「鮟肝と奈良漬け」の一皿では、乾燥無花果を合わせたり、別の日にはこれに生姜を加えるなど、さらに工夫を重ねていた。握りでも、シャコはオスと卵を持つメスの２匹をのせて、一貫で二度の美味しさを堪能させたり、雲丹は地元のバフンウニとムラサキウニの食べ比べができるようにするなど、客目線に立った献立となっている。ほとんどの握りにひと捻りがあり、松川ガレイの昆布締めには山葵と柚子胡椒が仕込まれていたり、生鰊は薄くスライスして、３枚重ねたものを握って食感を愉しませたりする。女将が唎酒師の資格を持ち、店主と阿吽の呼吸で酒を薦めている。会計も懐に優しく、人気のほどが窺える。

☼：7,150円～13,200円　☾：7,150円～13,200円

鮨しののめ

15/20

Sushi Shinonome

シェフ 中原 渡

寿司

札幌市の円山公園周辺は閑静な住宅地であるとともに、食の世界では鮨の激戦区でもある。この地のビル２階に 2016 年開業した中原氏は異色の経歴の持ち主だ。札幌で放送技術の専門学校を卒業、爆破シーンなど特殊撮影の現場で働いた後、住宅情報誌の制作に携わり、将来のためには手に職をと調理師学校に通い、東京・恵比寿の「鮨早川」などで修業、店の立ち上げも経験し、北海道に帰ってきた。鮨飯は実家がある東川町のゆめぴりかを主体に、ななつぼしをブレンドしたもの、これに飯尾醸造の赤酢と米酢を混ぜた鮨酢を用いる。初夏には、しっとりとした松川ガレイ、スッキリとしたツブ貝と夏野菜の二杯酢和えで北海道の夏を感じさせ、握りに入ると、礼文島の肉厚の鰊を骨切りにして、北海道の海の恵みを口中に溢れさせる。脂が乗った時鮭（ときしらず）にはエシャロットの微塵切りでアクセントをつけ、修業時代の賄いをヒントにしたという鮪の漬けの卵かけご飯も、渾然一体となった味わいが癖になる美味しさである。北海道を中心とした旬の魚に、創意工夫とひと手間を加えた酒肴・鮨を堪能しても、価格はリーズナブル。この店のために札幌を訪れたくなるような、期待の鮨店だ。

☾：13,200 円～

Tel: **011-215-4144**

北海道札幌市中央区
南1条西22-2-15
シーズンビル 2F

定休日：木曜

☾ : 17:00-22:00
(最終入店 20:00)

鮨ノ蔵

15/20

Sushinokura

シェフ 井川 大

寿司

札幌・狸小路のビル地下１階、先客が通路で店を探している。よく見ると壁にへこみがあり、そこが、この隠れ家鮨店への入り口だ。カウンター６席に、店主一人のみ。至ってつっけんどんで、飲み物の注文を聞き、料理と握りの種を告げる以外は口を開かない。つまり、それだけ料理を作り、鮨を握ることに集中しているのだ。つまみから握りの流れが一段落するとようやく話しかけてきた。語り始めると、むしろ饒舌でさえある。「寝かせたヤリイカ」は、ただ盛り付けられているだけでなく、上と下で同じヤリイカでも切り方を変え、食感の違いを出す。山わさびをたっぷり振りかけ、葱と生姜が添えられ、さらに爽やかな味わいを感じさせるため茗荷を忍ばせている。すべてのつまみに趣向が凝らされ思わず唸ってしまう。「数の子クリームチーズ」はずっとこれで酒を飲んでいたい気分にさせる一品だ。冬にいただける鱈の白子はプリッとして温かく、旨みの濃い昆布出汁に合わされている。毎年これを食べたくて通う客もいるという。握りも熟成された種を中心に、北海道ならではの旬を堪能できる。二部制で、料理が一斉に提供されるので時間が限られるが、こうした最上のつまみでゆっくり酒を酌み交わしながら、店主の食談義に耳を傾けたいものだ。

☾：12,000 円～

Tel: **080-3296-0202**

北海道札幌市中央区
南２条西4 乙井ビル B1F

定休日：日曜

☾ : 18:00-21:00 (L.O.)

Tel: **011-271-9614**

北海道札幌市中央区
南3条西6-10-4 2F

定休日：月曜、他月１回
不定休あり

☼：土・日 12:00-15:00
(L.O.14:00)

☾：18:00-23:00
(L.O.22:00)

フンギ堂

pop

Fungi do

シェフ 田畑 肇

イタリア料理

札幌で「きのこ料理」といえば真っ先にこの店の名前があがる。2005 年に「ツバキホール」を開店した田畑氏は、友人に連れられて山に入ったのがきっかけで、きのこに夢中になり、店でも提供するようになった。2018 年の移転の際、店名も「フンギ堂」に改める。フンギとはイタリア語できのこの複数形。店主が自ら採取した、きのこ愛に溢れたその料理はまさに旨さの塊である。「道産ポルチーニのタヤリン」は、シンプルな味付けでポルチーニの香りが口一杯に広がるようだ。詰め物パスタ「牛スジと色々なきのこを詰めたアニョロッティ・デル・プリン」は、噛むと生地の中からきのこと牛スジの旨みが溢れ、手が止まらなくなる。旬の時季には必ず訪れたい店だ。

☾ コース ○

ゴ・エ・ミヨの歴史

ゴ・エ・ミヨの気概と独立性 2

伝統的なフランス料理は、このようにして金曜日のコラムによって一刀両断にされたのです。権威あるものに批判の目を向け、公表する彼らの気概と評価の独立性は多くの読者に支持され、金曜日のコラムは成功を収めました。ゴが新しいレストランを紹介すると、その店は翌日には予約で満席になったほどです。『パリ・プレス』は追い風に乗り、ゴはその後、毎日１ページの記事を執筆する傍ら、週末にはパリに特化したコラムも書くようになります。

レストラン

Tel: **0295-53-0330**

茨城県常陸大宮市下村田150-1

定休日：月曜、火曜

☼：12:00-
☾：18:00-

※ランチは土・日・祝日限定、予約のみ

雪村庵

Sesson an

シェフ 藤 良樹

15/20 フランス料理

茨城ガストロノミーをバスク料理で深化させる注目のレストランだ。常陸大宮市の田園地帯に大きな門構え、池には鯉が泳ぐ日本庭園を眺めながら、地元産のキャビアにシャンパーニュで喉を潤す。純白のクロスに置かれたメニューには「茨城を旅のように」と記され、全12皿16品の料理は多彩な茨城食材をバスクを中心にスペイン風味で表現したものだ。藤氏はフランス料理を修め、スペイン料理に惹かれながらフランス・バスク・茨城の融合を目指していたが、2019年から2020年にかけて店を閉め、スペイン・サンセバスチャンで料理修業。そこで身につけた料理のエッセンスと、郷土を愛し、誇りとするバスクの精神を再オープンに生かした。帰国後は「茨城を掘り下げた1年」と語るように藤氏は県内を回り、生産者との交流を深めている。濃厚なトマトスープ「サルモレホ」は結城産のトマトに白バイ貝、それをカンタブリア産のアンチョビでスペイン風に。バスクで有名な「涙のグリーンピース」ならぬ茨城産のスナップエンドウとボタン海老には、鮟鱇の出汁をソースのように注ぐ。マダムの由香さんのサービスも心地好く、フランスはベースに置き、「バスク×茨城」に舵を切った藤夫妻のレストランは、「わざわざ」でも訪ねてみたいデスティネーションとなっている。

☼：10,000円～20,000円　☾：10,000円～20,000円

Tel: **029-226-8502**

茨城県水戸市白梅1-5-4

定休日：月曜中心に月6日

☼：12:00-13:00
（最終入店）
☾：18:00-20:30
（最終入店）

※完全予約制

レストラン オオツ

Restaurant Ohtsu

シェフ 大津高志

15/20 フランス料理

モノトーンの壁にシルバーのオブジェ、真っ白なクロスの掛かるテーブルはゆったりとした間隔で配され、快適な空間が豊かな食の時間を約束しているかのようだ。この「過ぎない」「抑えた」品の良さは、料理・サービスにも一貫して感じられるものだ。現在73歳の大津氏は、好きが高じて35歳の時、サラリーマンから料理の道に転じ、独自に研鑽を積んできた。クラシックからモダン、イノベーティブ、ローカルガストロノミーと、時代の流れを東京とも地方とも等間隔という得難い位置取りの中で見つめ、取捨選択し、自己のものとしてきたのだろう。クラシックを押さえた上でのモダンという基本に変わりはないが、今はローカルの食材調達に力を注いでいるようだ。栗のスープは茨城町の「飯沼栗」、精妙で可憐な小花を散らした伊勢海老は大洗漁港から、メインには常陸牛と、地元産を使う一方で、魚介は富山や京丹後、リゾットの米は大粒の岐阜産「龍の瞳」、蓮根は加賀と、名だたる産地・生産者のものを取り寄せている。それは厨房に入って7年になる子息・高彬氏やマダムの恵美子さんと食べ歩き、シェフや生産者と繋がった成果であり、大津氏の尽きない好奇心の表われでもある。若いサービス陣の活力も生かした、さりげない上質が、高感度のゲストに長く支持され続ける秘訣だろう。

☼：13,000円～　☾：13,000円～

京遊膳 花みやこ

15.5/20

Hanamiyako

シェフ 西野正巳

日本料理

Tel: **029-276-7703**

茨城県ひたちなか市
笹野町3-14-26

定休日：月曜、火曜

☼：11:30-14:30
(L.O.12:00)
☾：18:00-22:00
(L.O.19:00)

色鮮やかで彩り豊か、公家の有職料理で知られる「西陣魚新」で修業し、東京は柳橋・花柳界の料亭で腕をふるった西野氏ならではの料理だが、細部を見ると、「いばらき食のアンバサダー」として産地を巡り歩く料理人という別の顔も見えてくる。「大洗の黒鮑と海老芋」は茨城の海の幸と京都の野菜を一皿に。京都にも食のルーツを持つ西野氏が目指す方向の一つだ。「スッポンの吸い物」は、奥井海生堂の昆布に本枯節、スッポンの出汁と生姜汁を少々。吸い地は濃いが、すうっと身体に染み入る西野氏の得意料理である。献立が進むにつれて目を引くのが、県内生産者の農畜産物だ。西野氏が部位ごとに長時間かけて火入れしたかすみがうら市「西崎ファーム」の放し飼い鴨は、自作のフォアグラ入りチーズやXO醤でいただく。無農薬栽培の「柴田農園」、西野氏の依頼で京野菜の栽培に取り組む「樫村ふぁーむ」、チーズは「新利根チーズ工房」、米は「栗原農園」と、有力な生産者の産物が西野氏のもとに集まっている。京の香りと茨城を結びつけ、華やかに仕上げる技は深い知識と技術があってこそ。28年前の開店時には料亭の図面を引き、2021年、還暦でソムリエ資格も取得した京都出身の女将・正子さんのもてなしも相まって、今や茨城の食の中核を担う一軒となっている。

☼：15,000円〜　☾：23,000円〜

オトワレストラン

16.5/20

Otowa restaurant

シェフ 音羽 元・音羽 創

フランス料理

Tel: **028-651-0108**

栃木県宇都宮市西原町
3554-7

定休日：月曜、火曜不定休

☼：金・土・日のみ
11:30-15:00
(L.O.13:00)
☾：17:30-22:00
(L.O.19:30)

日本を代表するフランス料理人の一人、音羽和紀氏が創業し、現在は長男・元氏が料理長、次男・創氏もマネージャーを務めながら厨房にも立っている。そのファミリーの強固な絆と40年という時間が、「オトワレストラン」をはじめとして県内に数店舗、従業員50名のグループを作り上げている。これはファミリーであるということだけではなく、互いの信頼と敬意、ミッションの深い共有なくしては成し得ないことだ。その絆から生まれた約10品のコースは、クラシックな料理を「いま」に合わせる元氏の「モダン」を感じさせるものである。前菜は、オマールと花ズッキーニ。フリットした花ズッキーニに詰められた海老とオマールの香りが響き合う。最後にかけられたデュカのクミンやコリアンダーシードの香りも相まって、ほんのり東南アジア・タイをイメージさせる仕上がりだ。どの料理にも、音羽家の技術力と思いが詰まっている。また、美しい鮑のパイ包みはアラン・シャペル風の仕上げであることに気づく。日本人として初めてアラン・シャペル氏の門下となった和紀氏は、そこで食文化と伝統を未来へ繋ぐことを学び、その思いを伝えるために尽力している。地域に根差した食文化の実現に向け、出来ることを少しでも実行していくこと、元氏と創氏もその目標を着実に受け継ぎ、前に進んでいる。

☼：6,000円〜15,000円　☾：10,000円〜15,000円

Tel: **0287-74-3300**

栃木県那須郡那須町
高久乙道上2294-3

定休日：水曜、他不定休あり

☼：12:00-13:00 (L.O.)
☾：18:00-20:00 (L.O.)

※予約制

レストラン μ

15/20

Restaurant μ

シェフ 千葉拓海

フランス料理

栃木で長く名門リゾートとして親しまれてきた「二期倶楽部」。その創業者により2020年に開業した坂茂氏デザインのヴィラが建ち並ぶ宿泊施設「アートビオトープ」内のレストラン。開業当初の統括シェフであった本岡将氏から、千葉氏が名実ともにシェフのバトンを受け継ぎ2年目がスタートした。20代の若い調理チームを、ベテランの安定したサービス陣が支える。開業から季節も一巡して、シェフは県内に点在する野菜や茸類などの良質な生産者との関係を構築、少しずつ栃木ならではの食材が揃うようになったという。この日の出色は「山女魚」。体長50cmほどの山女魚を薄くおろし、梨やウドとあわせる。ブイヨンと塩を利かせた魚卵をソース代わりにするアイデアからは、口の中ではじける食感の楽しさと、繊細な味付けが印象に残る。この場所でレストランをやっていくために何が必要か、千葉氏の自問は続く。栃木のテロワールを打ち出すことと瀟洒な宿泊施設のイメージ、その両方が求められる「レストランμ」には、二つの条件を「今、ここでしか」食べられない料理という発想の源として、逆に生かしていくことが求められているのだろう。

☼：7,700円　☾：15,400円

Tel: **0284-42-3558**

栃木県足利市有楽町
834-27

定休日：月曜、他不定休あり

☼：日のみ 12:00-15:00
☾：17:30-22:00
（最終入店 20:30）

※完全予約制

天婦羅 まつむら

16/20

Tempura Matsumura

シェフ 松村文寛

天ぷら

北千住から特急電車で1時間余り、足利市は街の中心に日本最古の学校といわれる足利学校や国宝の本堂を擁する鑁阿寺などがあり、歴史と文化の薫る街だ。「天婦羅 まつむら」は足利学校から徒歩15分ほどの住宅地にある。店主・松村氏のポリシーは、揚げることで旨くなるものを揚げること。衣をつければ大抵の食材は天ぷらになるが、それでは意味がない。天ぷらにすることで香りが立ち、味や食感が際立つ食材だけを揚げる、ということだ。食材ごとに異なる火の入り方を熟知し、余熱による火入れを計算して揚げられた天ぷらは、食材自体が持つ水分で見事に蒸しあがり、その持ち味を衣の中に余さず閉じ込めている。過不足ない衣だけを纏わせ、独自に調合した油で揚げられた天ぷらは、敷き紙に滲みがほとんどできないほど油切れが良い。だからこそ、品数が多いコースメニューでも最後までしっかりと味わうことができるのだ。栃木の地酒を中心に、天種に合わせて供される日本酒が味わいに花を添える。盃一杯から注文できるというのも嬉しい。朝、都心を発ち、昼間は足利の街で歴史と文化に触れ、夜は栃木の酒と天ぷらに舌鼓を打つ、なんと贅沢な大人の遠足ではないか！

☼：15,000円～25,000円　☾：15,000円～25,000円

白井屋ザ・レストラン

SHIROIYA the RESTAURANT

シェフ 片山ひろ

14.5/20

イノベーティブ

約300年の歴史を持ちながら廃業に追い込まれた旅館が2020年12月、アートとテロワールを活かした食を核に、ホテルとして見事な再生を果たした。料理の監修は東京・青山「フロリレージュ」の川手寛康氏。厨房は群馬出身の片山氏が担う。片山氏は帝国ホテルで修業後地元に帰り、自ら店を持つが、このプロジェクトを推進する財団から誘われ、開店まで2年余り、「フロリレージュ」をはじめ国内外で経験を積んだ。春のメニューは蕗の薹の香り溢れるコンソメから始まり、「上州地鶏」、群馬のニジマス「ギンヒカリ」、「赤城牛」など、この地ならではの食材が並ぶ。このホテルのコンセプトは「記憶」を現代に置き換え、新たな価値を付与することにある。アートでは、廃業した旅館の配管が、世界的アーティスト、レアンドロ・エルリッヒ氏により、光を放つオブジェとして蘇っている。食では片山氏が「SUITON」という一皿で、スナップエンドウを練り込んだすいとん生地にそら豆、いんげん豆を添え、梅干しバターソース、こんにゃくなどをあしらい、この地の粉もの文化をフランス料理に置き換えている。ソムリエの児島由光氏も群馬出身で、地元の植物や果実を活かしたノンアルコールドリンクを考案し、料理に香りと彩りを添える。「上州キュイジーヌ」の発信基地として注目のレストランだ。

☼：7,000円～　☾：13,500円～

Tel: **027-231-4618**

群馬県前橋市本町2-2-15
白井屋ホテル内

定休日：無休

☼：土・日・祝のみ
12:00-14:30
(最終入店 13:30)
☾：17:30-22:00
(最終入店 20:30)

ファン・ダルクオーレ

FAN×DALCUORE

シェフ 星野弘明・鈴木伸朋

15.5/20

フュージョン

中国料理とイタリア料理の融合、コラボイベントでしかありえないような新しい味がここに生まれた。星野氏は、高崎市とスペイン・バルセロナで「チャイニーズ・ファン」など数店を展開。鈴木氏はイタリアの名店やワイナリーのレストランで腕をふるい、「ダル クオーレ」を開店しながらも病いのため店を閉めざるを得なかった。この2人が、鈴木氏の回復を機に手を組み、2021年2月、両店の名前を合わせ、本来の意味のフュージョン（融合・統合）レストランを開いた。その相性の良さは最初の一皿で明らかだ。キャビアを頂いたカッペリーニは、見た目は鈴木氏のイタリア料理だが、ソースに上湯を使い、下仁田葱を使った葱油で乳化させて和えた星野氏の中国料理風だ。バルサミコとモッツァレラのソースによるカプレーゼも、丸のままのトマトを切ると、中から紹興酒とジンジャーでマリネしたトマトが現れる。上海蟹も2人の手にかかれば上湯風味のグラタン仕立てとなる。中国とイタリアが皿ごとに主従入れ替わり、競い合うことなく、融け合っている。バルセロナと日本を行き来するなかで、中国料理だけでは表現できないものを求め始めていた星野氏と鈴木氏の出会い。腕っこきの料理人が得意技を駆使し、次々、得も言われぬ旨みを生み出す、何とも魅力ある店が登場したものだ。

☾：11,000円～30,000円

Tel: **027-328-1212**

群馬県高崎市竜見町10-8

定休日：不定休

☾：18:00-

レストラン カム

Restaurant KAM

シェフ 本岡 将

15/20

フランス料理

Tel: **080-4623-0829**

埼玉県川口市戸塚3-1-13

定休日：月曜、火曜

☼：12:00-15:00
☾：18:00-22:00

荒川を渡れば東京という好立地にあり、都市と田園が適度に混在する川口市。2021 年４月、東川口駅から徒歩圏内に静岡・富士宮の「レストラン ビオス」で腕をふるった本岡氏が自らの店を開いた。サービスを担うパートナーは東京・調布の「Maruta」でソムリエを務めていた田代圭佑氏。レストラン名は幼馴染みでもある２人の名前 Keisuke と Masashi がその由来だ。広い庭を有する日本家屋を改装した店は、畳にアンティークの絨毯とテーブルセットという大正浪漫を思わせる和洋折衷のインテリア。カトラリーも特注のアンティーク調で統一されている。門をくぐると２人が出迎え、玄関で靴を脱ぐ。気分はさながら彼らの家に招かれたようだ。庭を眺めると自家菜園の緑が目に染みる。「採れたての野菜は味の濃さが違う」という本岡氏。畑と一体になった「レストラン ビオス」の体験から自らの店にも菜園を設け、野菜 13 種類、ハーブに至っては 30 種類を栽培し、料理やドリンクの大半を賄っている。５種類のトマトとハーブを使った一皿は、このレストランでなければ味わえないものだ。「遠くの名産よりも、近くの採れたて」とはいうが、本物の美味しさは、手塩にかけ収穫したばかりの食材と、作り手の顔が見える料理にあるのではないか。ここは、そんな問いを世に投げかけるレストランだ。

☼：**11,000 円**　☾：**11,000 円**

クチーナ サルヴェ

cucina salve

シェフ 坪内 浩

13.5/20

イタリア料理

Tel: **0494-22-6227**

埼玉県秩父市番場町
17-14

定休日：水曜、木曜

☼：土・日・祝のみ
11:00-14:00
(L.O.13:30)
☾：17:00-22:00
(L.O.21:00)

街から出る産業副産物を飼料に変え、出来た野菜を街に返す循環型社会の実現を目指す坪内氏。「師匠は？」と問えば、通常はシェフの名前が出てきそうなものだが、坪内氏は有機農法の先駆者・金子美登氏を挙げる。2004 年、添加物による重度のアレルギー症状が再発したのを機に自らの食を見直し、金子氏に師事。通いつめて有機の野菜作りから種採りまで習得した。経営していた 70 席のレストランを４卓に縮小し、郷土・秩父がダイレクトに伝わる店に転換、1.3ha の畑では約 150 種類の野菜を栽培する。坪内氏はランチ営業のある土日祝日を除くと、昼間はもっぱら畑の人。テーブルにはその成果が並ぶ。野生酵母で乳酸発酵させたイタリアキャベツのザワークラウトのしっかりした食感、採れたてのダビデの星（オクラ）、シャドークイーン、パプリカ、ぷりぷりの茗荷も滋養の豊富さを物語っている。手打ちパスタも農林 61 号（小麦）で自家製粉し、「ちちぶ地鶏」は自らブランド化し「プラチナ卵」を採る。料理はほぼ独学で、自家農園と、価値を共有する友人から寄せられる食材の生きの良さを前面に出している。30 代は野菜作りに夢中だったという坪内氏、40 代は料理の腕を上げたいと明るく話す。レトロな商店街の古民家をリノベーションしたレストランが秩父の食を全国にアピールしている。

☼：**1,980 円～ 2,750 円**　☾：**6,600 円～ 11,000 円**

ソラティオ

13.5/20

SOLATIO

シェフ 渡邊晃久

イタリア料理

大宮駅から氷川神社二の鳥居へと向かう道の途中、オリーブなどの植栽が、この店の目印だ。落ち着いた茶の色調で統一された店内は、センス良く配置された観葉植物が、開口部から見える緑と重なる。渡邊氏は、秩父麦酒醸造所など、県内の生産者の元に足を運び、地産品への理解を深める一方、全国から取り寄せる旬の食材を織り込んでコースを構成する。この日のスタートは、茨城の鰹のカルパッチョ。鰹の赤に細く切ったビーツ、そのパウダーと、赤色を重ね、上にナスタチウムやマリーゴールドの花を添えて、目にも鮮やかな一皿に仕上げていた。中にはフィンガーライムも忍ばせ、色だけでなく食感にも変化を持たせている。パスタは、九条ねぎを使ったボロネーゼで、肉の旨みと九条ねぎの香りを弾力ある食感の麺に絡ませる。締め括りは、メープルのパンナコッタに、栗のパウダー。ペーストにした栗を凍らせてパウダー状にしており、ふんわりとした見た目とは異なり、口の中でパンナコッタの質感に合わせてねっとりと変化するのが面白い。ワインはイタリアをメインに、ノンアルコールは自家製のものまで揃え、「SOLATIO」（日の当たる場所）という店名の通り、居心地も良い。季節ごと、渡邊氏が組み合わせる味を愉しみに訪れたい一軒だ。

☼：3,080円～4,950円　☾：8,030円

Tel: **050-3628-2500**

埼玉県さいたま市大宮区
高鼻町1-112 1F

定休日：月曜

☼：12:00-14:30
(L.O.13:00)
☾：18:00-22:00
(L.O.19:30)

ヴェッキオ コンヴェンティーノ

♥ 13/20

Vecchio Conventino

シェフ 清水大雅

イタリア料理

せんげん台駅から徒歩10分、住宅街のなかに潜むように小さなレストランがある。フィレンツェとナポリで修業した清水氏が経営権を引き継ぎ、千葉「ウシマル」のソムリエとしてキレの良いサービスを見せていた河野知基氏とコンビを組んで2021年に再スタートしたイタリア料理店だ。食材はイタリアや国内各地から取り寄せるほか、自家菜園の新鮮な野菜と関東にフォーカスした素材によりコースを構成している。この日のメインは埼玉県東松山市「国分牧場」の牛の三角バラ肉で、通常は焼肉に使われる部位をすっきりした脂の旨みを生かしてソテーし、イタリア風味に仕上げていた。ワインは自然派を中心にイタリアや日本の小さなワイナリーのものなど通好みのセレクション。ティープランナーとして日本茶の会社も経営する河野氏が提案する、ガスを注入した茶は、スパークリングワインやビールに代わる食前の飲料として興味深い。茶の専門家らしいティーペアリングも好評だ。ランチはパスタとメインのコースで4,000円台、ディナーでも6,000円台と値段はカジュアルだが、シェフ・ソムリエ両氏のポテンシャルは高い。東京と地方の狭間にあって見過ごされがちな関東圏で、地元の食材に目を向けた若い才能に期待が集まる。

☼：2,420円～4,840円　☾：6,600円

Tel: **048-973-7620**

埼玉県越谷市袋山878-1
山崎店舗住宅

定休日：火曜

☼：11:30-14:30
(L.O.12:00)
☾：18:00-22:00

レストラン ソルト

RESTAURANT SALT

シェフ 井上 憲

14.5/20

イノベーティブ

Tel: **048-829-7205**

埼玉県さいたま市浦和区
高砂4-4-19
TAC 高砂 1F

定休日：日曜

☼：11:30-14:30
（L.O.13:00）
☾：18:00-22:00
（L.O.20:00）

グレーを基調とするスタイリッシュなトーンの店内には、センスの良い音楽が流れている。この店は、レコードコレクターから一転、料理の世界に入り、「たいめいけん」「レ・クレアシヨン・ド・ナリサワ」という道を辿ったシェフ・井上氏の今までを、料理を通して旅するようなコース仕立てになっている。スタートは、小さな円盤の上にレコード針の先端のダイヤモンドを落とす、ダイヤ形のアミューズから。最初の修業先「たいめいけん」は、川島町・矢部養鶏場の卵「トップラン」と上尾のフルーツトマト、「ジュ・ド・ボライユ」のオムライス風の前菜で表現される。井上氏が入店した当時はフランス料理だったが、今の形へとどんどんクリエーションが変わっていった成澤由浩氏の元での経験は、魚や肉への火入れといったフランス料理の基礎や、スペシャリテの深谷ねぎに鴨油を染み込ませて炭火焼きにしたイノベーティブな様相の皿となって現れる。そしてコース全体に貫かれるのは、シェフの出身地・埼玉の食材だ。海のない県だけに、魚介類は難しいが、幸手の鴨や日高の栗、さいたまヨーロッパ野菜研究会から岩槻のインカのめざめなど、埼玉の誇る食材が料理として磨き上げられ、ちりばめられた井上氏のストーリーと共にいただけば、ストンと腑に落ちる。何とも洒落た仕掛けのレストランだ。

☼：6,000 円　☾：13,000 円～ 18,000 円

ウシマル

Ushimaru

シェフ 打矢 健

15.5/20

イタリア料理

Tel: **0479-86-1222**

千葉県山武市松尾町木刀
1307-2

定休日：水曜、木曜、
第 2 火曜

☼：11:30-
☾：平日 18:30-
土・日・祝 18:00-

南房総の食材を、イタリア料理をベースにした独自のスタイルで美食に変える稀有なレストランだ。まず九十九里産の岩牡蠣を地粉のパイ生地で包み揚げた一品は、熱々の衣から零れ落ちそうな岩牡蠣の香味に圧倒される。一転、ひんやり、飯岡港からの神経締めした石鯛のカルパッチョ。新鮮な山わさびを利かせ、コリコリとした歯ごたえは、港に近いこの地ならではのもの。都内のイタリア料理店で研鑽を積んだ打矢氏は、近くの山野や浜からの素材をそのまま生かしつつ、千葉産の大粒落花生「おおまさり」に熟成させた栗の実をほぐし、栗のソースにオリーブオイルを垂らした一皿では、イタリア料理の定式を超えたイノベーティブな側面も見せる。九十九里の天然鰻は香茸の香りと味を染み込ませた新米のリゾットにのせ、「地粉のパスタ」は木製カップにスッポンや岩牡蠣の滋養たっぷりなスープパスタとして食べさせる。柔らかな発想から生まれる料理の数々にわくわくし、オーナー・鈴木治人氏が繰り出すイタリア・ギリシャ・日本のワインに地元・木戸泉酒造のシェリー樽で熟成させた純米酒など、軽やかなマリアージュを愉しむ。太平洋に臨み、広大な自然とともにある南房総にポツンと１軒、この地の美食はお任せとばかり「ウシマル」が待ち構えている。

☼：12,800 円　☾：12,800 円

プレゼンテ スギ

PRESENTE Sugi

シェフ 杉岡憲敏

15.5/20

イノベーティブ

人々は何故、地方の小都市にあるこのレストランに引き寄せられるのだろう。千葉の食材を活かした「千産千消」を提唱する、この店の魅力は杉岡氏の「身の回りに向ける、優しい視線」にある。その目はまず家族に注がれ、地域に向かう。一人の厨房で圧巻の25品。「定点」と題するアミューズは、飴でコーティングされたトマトを海岸の石や森の小枝とともに盛り付ける。ここには家族で過ごした夏の思い出が込められている。赤のグラデーションで表現した「GV鰹」は、ガストロバックを使った鰹の旨みにフランボワーズの酸を、ビーツにはワインビネガーでキリッとした酸を忍ばせた目にも鮮やかな一皿だ。１日の食材だけでもジャンボタニシ、利根川のモクズガニ、スッポン、川ウナギ、近くの山で採取したナラタケ、ヤマドリタケ、自家菜園のエディブルフラワーや親しい農家が畑の一部を割いて栽培してくれた野菜など、数えきれないほど多岐にわたる。杉岡氏は、小学生の頃、都内から引っ越し、自然が残る佐倉の山野を駆け巡ったという。その時の発見と喜びをシェフとなった今、ふたたび感じているのではないか。どこにでもありそうな「身の回り」の動植物を、精緻な味付けでどこにもない料理に仕上げていく。そのさりげない実力には驚くばかりだ。

☼：8,800円～14,300円　☾：14,300円

Tel: 043-371-1069

千葉県佐倉市白銀
2-3-6 1F

定休日：月曜、火曜

☼：11:30-14:30
一斉スタート
☾：18:00-22:00
一斉スタート

※ランチは平日8,800円、土・日・祝日14,300円

ペルテ .

pop

Perte. unicasede

シェフ 鈴川充高

イタリア料理

「日本一のマルゲリータ」を謳い、稲毛の住宅街に2019年４月、オープン。昼は薪窯によるピッツァを中心に、夜は南イタリアの家庭料理も交えて提供する。2018年のナポリピッツァ職人世界選手権日本大会で優勝した鈴川氏のマルゲリータは、驚くほど生地が滑らかで冷えてもその柔らかさが変わらない。ナポリの「ダガエターノ」などで修業した鈴川氏は、繊細な日本人の味覚に合うピッツァの研究に没頭。フランスでパンの修業も積み、その技術を生かし、比類ないほどもっちりした生地を生み出した。ソムリエ資格を持つマダム・ゆかりさんが選ぶ自然派を中心としたワインは、千葉の野菜を織り込んだコース料理にもぴったりだ。東京駅から電車で40分、都心からでも出かける価値のある一軒だ。

Tel: 043-386-3702

千葉県千葉市稲毛区
小仲台2-12-15

定休日：月曜、第２・４火曜

☼：11:30-13:30 (L.O.)
☾：18:00-22:00
(L.O.20:30)

レストラン タカシ タンノ パー 長谷 紫〜ゆかり〜

Restaurant Takashi Tanno par Hase Yukari

シェフ 丹野貴士

15/20

フランス料理

Tel: **0467-67-9313**

神奈川県鎌倉市長谷
2-11-44

定休日：水曜

☼：12:00-13:00
（最終入店）
☾：18:00-19:30
（最終入店）

※クレジットカードはVisa・Masterのみ利用可

築100年を超す商家がモダンなフレンチレストランとして蘇った。オーナーは鎌倉の「レストラン ミッシェル ナカジマ」中嶋秀之シェフ。この店を任されたのが33歳の丹野シェフだ。丹野氏は「ラ・ロシェル南青山」石井義昭氏からフランス料理の基礎を学び、パリの「レストラン・ケイ」や銀座「エスキス」で開業間もない時期のクリエイティブな現場を体験し、外苑前「アビス」を経て「レフェルヴェソンス」で4年半、料理作りに励んできた。多彩な味・香りを盛り込む丹野氏の料理をエグゼクティブ・ソムリエとして支えるのは、数々のコンクール受賞歴を持つベテランの山本諭氏。「Infusion〜感情・考え〜」という野菜サラダは、地元や千葉の浅野悦男氏など著名な農家の野菜を燻製パプリカ・ビーツ・人参・ヨーグルト・牛蒡という5種類のソースで味わわせる。スペシャリテ「ビーツ」は、ビーツを無菌状態の赤土の中で2時間ローストし、冷めたところを剥いてカカオ風味のパイ生地で包み焼きにする。ほっくり仕上がったビーツの鮮やかな赤紫色は、屋号の「紫」とも重なる。歴史ある空間でグランメゾンのようなサービス、日本人が作るフランス料理の最良のものを受け継ぐ料理。今後丹野氏が自身の体験を鎌倉の食と文化にどう重ね合わせ、どんな物語を創り上げるか、愉しみなレストランの登場だ。

☼：7,200円〜14,500円　☾：14,500円〜19,800円

メシモ

MECIMO

シェフ 葛窪拓真

14.5/20

フランス料理

Tel: **0465-20-3744**

神奈川県小田原市栄町
2-5-22

定休日：月曜、他不定休あり

☼：11:30-12:30 (L.O.)
☾：18:00-19:00 (L.O.)

「HAJIME」の料理人と「NARISAWA」のソムリエという魅力あるコンビがタッグを組んで3年。生産者や地域との繋がりを強め、食の発信地としての存在感を増している。シンプルでモダンな店内、テーブルに置かれた小さな紙片には、トマト、とうもろこし、稚鮎、メジマグロ、鯖…、いずれも小田原や近隣から仕入れた食材が記されている。ともに神奈川県生まれのソムリエ・山本良憲氏とシェフの葛窪氏は店を開くなら素材により近い場所でと、この地を選び、開業後も空いた時間は漁港や農家、日本酒の蔵めぐりに費やしている。メジマグロに鯖と野菜サラダをトマトベースのソースでいただく一皿など、野菜の鮮度と鯖の食感、旨みは都心では味わえないものだ。湘南地鶏の柔らかな火入れは葛窪氏のパリや「HAJIME」での修業の確かさを物語っている。味の輪郭がはっきりした各皿に、フランス・ローヌのワイナリーで栽培・醸造に携わり、併設のレストランでサービス経験もある山本氏が地ビールや日本酒、フランスの自然派ワインでマリアージュを試みる。スタッフとともにゲストの笑顔を引き出す山本氏のサービスは店全体に活力を生み出し、丁寧に見送りをする姿にも、この地域を深掘りする方向性の正しさへの確信が見て取れる。

☼：3,500円〜7,000円　☾：10,000円

イザ

IZA

シェフ 芝先康一

14.5/20

イタリア料理

七里ヶ浜「リストランテ シーヴァ」の実力派シェフ・芝先氏が、新天地として選んだのは鎌倉駅のほど近く。ここに長年温めてきた構想、「鮨屋のように少量ずつテンポ良く料理を出す店」を実現させた。ベリーウッドの一枚板のカウンターの向こうで、オリジナリティー溢れる料理を15品ほど、その調理姿は楽しげで、ソムリエ、サービスも生き生きとしている。秋の森をイメージし、溢れんばかりの木の実とともに現れたのは、スプーンにのった「一口うな重」。香ばしくソテーした鰻を、ドライ無花果、ピスタチオ、チョコレート、ポルト酒で作ったゼリー、らっきょうと一緒に口に入れ、15回ほど噛む。うな重の後味と香りに驚くとともに、客を楽しませようとするシェフの遊び心に場の空気も和む。鮑のソテーは、火入れが素晴らしく、香り、歯ごたえも申し分ない。そこに、芝先氏はラズベリービネガーで和えたサラダ春菊とトレヴィスのサラダ、フルーツトマトなど、厳選した鎌倉野菜を添える。濃厚な肝のソースと茄子のペーストが絡み合い、瑞々しいサラダが風味と温度に変化を与え、鮑の美味しさに華を添える見事な料理である。食後に、シェフ自ら丁寧に説明しながらコーヒーを淹れてくれるのも嬉しい。2021年4月にオープンした店は、持ち前のセンスと確かな腕で、すでに客の心を掴んでいる。

☾：16,500円

Tel: 0467-81-3791

神奈川県鎌倉市御成町
11-13 2F

定休日：日曜、第3月曜

☾：18:00-21:00
（最終入店）

リストランテ イルノード

RISTORANTE IL NODO

シェフ 松井昭憲

14.5/20

イタリア料理

鎌倉・小町通りを折れてしばらく歩くと、森の中の隠れ家のような洒落た建物が現れる。地元の食材をこよなく愛し、素材に向き合う松井氏のレストランだ。ワインはイタリアを中心に国産も。また、「八木下農園からの絞りたてレモンソーダ」などノンアルコール飲料も幅広く取り揃えている。松井氏は、メインの食材だけでなく脇役にも光を当てる。様々な調理法に加え、酸味、苦み、青っぽさを駆使したソースや独自の調味料を使い、料理を仕上げていく。「天城の川 成長」と名付けられた一品は、天城の12ヵ月のアマゴ、3年のアマゴ、それぞれの特徴を生かして2品作る。12ヵ月のアマゴは、内臓と脂身をペーストに、骨はせんべいにして再構築し春巻きに。柔らかな身、かすかな苦み、そこにベルガモットのソースで和えた胡瓜とピーマンの爽やかさが加わり、脂分と酸味のバランスが見事である。3年のアマゴは、マリネしてほんのり火を入れ、傍らには熱を加え、旨み溢れる夏葱と茸のピクルスも添える。味のアクセントは自家製マヨネーズで、自然の甘みを湛えたアマゴの成熟した味に加え、野菜や茸の美味しさが格別である。一人黙々と料理12皿、デザート2皿を作る全力投球の松井氏。その笑顔と料理の魅力に引き寄せられリピートする客が後を絶たない。

☼：6,600円 ☾：12,100円

Tel: 0467-38-8296

神奈川県鎌倉市小町
2-6-12
くすの木443 2F-3号

定休日：月曜、火曜

☼：12:00- 一斉スタート
☾：18:00- 一斉スタート

※要予約

季音
KINON

シェフ 村野敏和

15/20

薪火料理

Tel: **0467-39-5091**

神奈川県鎌倉市御成町
13-22

定休日：日曜、第 2・4
月曜

☼：木 - 土 12:00-14:30
(L.O.13:00)

☾：18:00-21:00
(L.O.19:30)

※４名以上で貸切対応も
可能

壁一面に積まれた薪が、オブジェのように道行く人の目を引く。L 字カウンターの向こうには、煉瓦造りの大きな薪焼きの炉。その左奥では薪が赤々と燃え、中央には熾火を置き、うちわで扇ぎ火加減を調節しながら食材に火を入れていく。右側には、輻射熱を利用する食材が所狭しと並んでいる。数々の名店で腕を磨き、サンフランシスコ「Saison」で薪火料理を学び、鎌倉の恵まれた食材の調理法に薪火を選んだ村野氏。素材に柔らかく火が入り、しっとりと焼きあがる薪の熾火、その熾火の上に食材から出た水分が落ち、再び食材を燻し、を繰り返し程良く燻されていく。この調理法を生かした「戻り鰹のスモーク」は、まさに香り、火入れが見事な一品だ。スペシャリテである「ウニトースト」は、弱火で香ばしく焼き上げたトーストに、仄かな甘みと焦がしバターのソースがたっぷりと染み込み、雲丹の優しい甘みとの相乗効果で完成度の高い料理に仕上がっている。最後に出された「3 時間薪の煙で燻したプルーン」の、ここでしか味わえないしみじみとした美味しさも、記憶に残る。素材に適した火入れを熟知し、薪火を自由自在に操る村野氏。海と山、自然に恵まれた鎌倉で地元の美味しい食材を薪火で焼いていただく、そんな贅沢な時間が待っている。

☼：5,000 円～ 8,000 円　☾：9,000 円～ 17,600 円

イチリン ハナレ
Ichirin Hanare

シェフ 齋藤宏文

15.5/20

中国料理

Tel: **0467-84-7530**

神奈川県鎌倉市扇ガ谷
2-17-6

定休日：不定休

☼：11:30-15:00
(L.O.12:30)

☾：17:30-22:00
(L.O.20:00)

※土・日・祝日のランチメニューはディナーメニューと同じ

「外は暑かったと思いますので」。最初に供されたのは赤い液体の入った小さなグラス。中身はきりっと冷やした西瓜の果汁に、海水と同じ塩分のゆるいジュレと、凍って半分融けた小さな西瓜の果肉。鎌倉駅から徒歩 15 分、店に到着したときにはすでに全身から汗が吹き出ていた身には、干天の慈雨ともいうべき甘さと清涼感だ。料理もサービスも、「今、この場で」ゲストが望むものは何なのかを徹頭徹尾考えた跡が見える。名物「よだれ鶏」のタレは、その残りでそのまま餃子を、さらに山椒を練り込んだ汁なし麺をいただく。このタレをつけて食べたいという思いをそのままコースに入れてしまったアイデアの見事さ。また、フカヒレに直火で焦げ目をつけ、醤油の焦げた香りをのせるという仕立てのインパクト。「赤坂四川飯店」を経て「東京チャイニーズ 一凛」や「TexturA」を軌道に乗せた齋藤氏の成功の秘訣は、料理もサービスもゲストの思いに寄せる、という視点が徹底されていたからだろう。店は鎌倉駅の喧騒を離れた坂の上にある古民家を改装、緑深い庭と小さな茶室を備えた趣深い造りだ。サービス陣にも、ゲストのためにという意識が行き渡り、その心遣いが人気店を支えている。

☼：6,000 円～ 10,000 円　☾：10,000 円～ 20,000 円

鎌倉 北じま

15/20 🍴🍴🍴

Kamakura Kitajima

シェフ 北嶋靖憲

日本料理

北嶋氏は、16 年に及ぶ京都「和久傳」各店での修業と料理長を務めた経験を携え、故郷の鎌倉に 2021 年5月、自らの店を構えた。鎌倉駅から 15 分ほど歩いた緑あふれる山の麓、住宅街の一隅にこの店はある。北嶋氏の、客を喜ばせようとするアイデア満載の料理はどれも美味しく、心が和む。笹の葉を翼のように広げて登場した先付は、秋の到来を思わせる初雁と称する「がんもどきの飯蒸し」。「雁もどき」の言葉遊びも楽しく、仄かに胡麻の香りのする飯蒸しと香ばしいがんもどきでまずは一息。神経締めの達人「さかな人」長谷川大樹氏から買い付ける魚も格別だ。見事な鎌倉彫の火鉢の登場で客が沸き、その上で、串に刺したカジキの火入れをしていく「白カジキの炙り」。ピスタチオ、カシューナッツ、ヘーゼルナッツのソースをアクセントに、カジキの旨み、甘みが味わえる一品である。この日の締めは、「鯖の棒寿司」「太刀魚のカツ丼」「鯨ラーメン」「スッポンの茸粥」「鯖の燻製 冷やし茶漬け」の5品。この中から好きなものを、量も随意に頼めるのが嬉しい。生産者、器作家など、食にまつわる全ての人たちを紡ぎ、その思いを料理を通して表現していきたいと、爽やかな笑顔で語る北嶋氏。確かな腕を武器に、客と談笑しながら楽しそうに料理を作る。古都鎌倉に、訪れるべき日本料理店が誕生した。

☼：22,000 円　☾：22,000 円

Tel: 0467-73-7320

神奈川県鎌倉市大町
4-3-18

定休日：不定休

☼：土のみ 12:00-
☾：18:00-

※ランチは土曜 12:00-
4名以上で貸切の場合のみ

(クレジットカード)

🍴🍴🍴🍴🍴	**5**	全てに卓越したレストラン	19 ～ 20 点
🍴🍴🍴🍴	**4**	非常に素晴らしいレストラン	17 ～ 18.5 点
🍴🍴🍴	**3**	素晴らしいレストラン	15 ～ 16.5 点
🍴🍴	**2**	料理人の個性を感じるレストラン	13 ～ 14.5 点
🍴	**1**	良いレストラン	11 ～ 12.5 点
トックなし		美味しいレストラン	10 ～ 10.5 点

クレジットカード

個室あり

バリアフリー

トヨシマ

TOYOSHIMA

シェフ 豊島雅也

15.5/20

フランス料理

Tel: **0555-75-0850**

山梨県南都留郡
富士河口湖町船津
3681-2

定休日：日曜、月曜（1月－2月は猟期のため不定休）

☼：11:30-12:30 (L.O.)
☾：18:00-22:00
(L.O.20:00)

※前日までの完全予約制
※ 20,000円のコースは1週間前までに要予約

「うちのジビエはクリアで癖がないのが自慢です」と胸を張るシェフは、自ら猟をし、畑を耕し、山菜を採りに山に入り、養蜂もする。豊島氏は「星のや富士」のシェフとしてこの地に赴任、生産者を訪ねる中で出合った鹿肉の美味しさに感動し、猟師の親方について山に入るようになったという。ジビエだけでなく様々な食材に深く関わり、地域に魅了され、富士山が間近に見えるこの地に店を構えた。アミューズは日本酒の升に米を敷き詰めて皿にし、その上に自家製カラスミと米と竹炭の煎餅を盛り付けた一皿。猟師が山に入る際、日本酒で清める猟の作法を表現している。海のものは、出身地である静岡県の食材も取り入れることで富士山麓全体を一つの地域としてとらえ、コースに仕立てる。メインは熊と猪と鹿のパイ包み。シェフの言葉通り、どれもクリアな旨みが詰まったジビエのパイ包みに、香り豊かな舞茸と赤ワインのソース、春菊のソースとグリルした筍が添えられる。デザートにはカヌレ、チョコレートのテリーヌと共に、自ら採蜜した一匙のはちみつ。「この一匙は蜂一匹が作り出す一生分のはちみつです」という説明を聞き、自然の命を美味しくいただいた感謝の気持ちで食事を終える。開店4年、「やっとやりたいことができ始めた」という豊島氏による「富士山麓の美食学」のこれからが楽しみだ。

☼：4,000円～　☾：10,000円～

キュイエット

La Cueillette

シェフ 山田真治

14/20

フランス料理

Tel: **0551-23-1650**

山梨県韮崎市穂坂町
三ツ沢1129

定休日：火曜（祝日の場合は営業、翌日休業）、年末年始、他不定休あり

☼：11:30-13:30 (L.O.)
☾：18:00-20:00 (L.O.)

※要予約

JR韮崎駅から車で10分ほど、穂坂町は日照時間の長さと水はけの良さから葡萄の名産地として知られる。山梨県出身の山田氏は都内のフランス料理店を経て渡仏。パリとシャンパーニュで研鑽を積み、故郷とシャンパーニュの景色を重ねながら、レストランを開くなら山梨の豊かな自然の中で、と長い年月をかけ辿り着いたのがこの地だ。葡萄畑の中に「果物の収穫」を意味する一軒家のレストランを開いて18年。畑越しに富士山を望むことができる最高の環境の中でいただくフランス料理に、県外からも多くのゲストが訪れている。料理はどれも丁寧に作り上げられたことが分かるものばかりだ。地元産の豚を使ったローストポークにはマデラ酒とシャンピニオンのソースに大きな天然のアワビタケのフリットが添えられ、その温度からメインの素材以外もしっかりとタイミングを見計らって仕上げられていることがうかがえる。この当たり前ともいえる丁寧な仕事を積み重ねてきたからこそ、このレストランは多くの人に愛され続けているのだろう。デザートは店の前に広がる自家葡萄園の「ふじみのり」とマスカルポーネムースにピスタチオのアイス。究極の地産地消ともいえる一皿は、シェフの、この地で料理ができる喜びをもいただいたような、心までも温まる食後感である。

☼：5,000円～ 15,000円　☾：7,500円～ 15,000円

Terroir 愛と胃袋

TERROIR Ai to Ibukuro

シェフ 鈴木信作

14/20

イノベーティブ

八ヶ岳の麓にある築170年の古民家レストラン。「愛は胃袋を通ってやってくる」というヨーロッパのことわざが店名の由来だ。大きな建物内は昔のままの囲炉裏や広い座敷が残された空間と、日当たりのよい馬屋を改築したレストランスペースに分かれ、庭を眺めながら食事をすることができる。鈴木氏は15歳から日本料理店で修業を積んだ後、フランス料理へ転向。2011年に独立し、三軒茶屋でレストランを営んでいたが、2017年この地に移転し「八ヶ岳ガストロノミー」の店として生まれ変わった。八ヶ岳の清らかな水で育った鱒をスモークし、鱒の子や山羊のチーズをあしらい、細く切られたビーツで覆われた料理は、古民家に残された艶やかな黒瓦に盛り付けられ、赤と黒のコントラストが美しい印象的な一皿だ。この日のメインは滋賀の精肉店「サカエヤ」の経産牛。新保吉伸氏が手当てした肉は三軒茶屋時代から扱い、北海道の大自然の中、放牧で育てられた牛肉は八ヶ岳で採れたアカヤマドリタケのソースとの相性もよく、豊かな大地を感じる味わいだ。ドリンクは山梨のワインはもちろん、クラフトビールやクラフトジンなど、器も地元作家のものを揃えている。ここでの食事は、食材に限らず、この地域の豊かな作り手達の存在を感じさせてくれるだろう。

☼：10,000円～15,000円　☾：10,000円～15,000円

Tel: **0551-30-9199**

山梨県北杜市高根町長澤414

定休日：月曜、火曜

☼：11:30-14:00

☾：17:30-21:00

八ヶ岳 えさき

Yatsugatake Esaki

シェフ 江﨑新太郎

16.5/20

日本料理

東京・青山の名店が八ヶ岳に移転して3年。豊かな自然の中で江﨑氏は楽しそうに料理をしている。白樺や赤松に囲まれた建物には6名掛けのテーブル1卓とキッチン、暖炉のある寛げるソファスペースが1つの空間にまとめられ、昼夜それぞれ1組だけをもてなす。この日は蝦夷鮑の野菜のソースがけでスタート。蒸した鮑にカリフラワーや根菜のみを用い、乳製品を全く使わない白いソースがたっぷりとかけられ、鮑の存在感に負けることのない野菜の深く優しい味わいにひと口目から口福が広がる。野菜料理に定評のある江﨑氏ならではの一皿だ。青山時代からの夏のスペシャリテ、鮎のすり流しスープ仕立ても、鮎を素焼きにした香ばしさと骨から取った出汁が渾然一体となり、この料理に出合うためにここまで来たのだと思わせてくれる。この後も天然のヒラメのお造りや下関のノドグロの炊き込みご飯など、最高の素材を時にシンプルに、時に丁寧に時間をかけて準備された料理が続く。デザートの後にはお茶ではなく、柑橘を使ったスパイスティーが出され、ほっとする柑橘の甘みを味わいながら食事の余韻に浸る。料理だけでなく、江﨑氏の温かい接客から生まれる居心地の良さは多くの人に必ずまた訪れたいと思わせることだろう。言わずと知れた名店は場所を変え、より輝きを増したようだ。

☼：19,800円　☾：19,800円

Tel: **0551-45-8707**

山梨県北杜市大泉町谷戸5771-210

定休日：水曜、木曜

☼：12:00-13:00（最終入店）

☾：18:00-20:00（最終入店）

※ランチ・ディナーともに1組（1～6名）限定

オーベルジュ・エスポワール

Espoir De Maison

シェフ 藤木徳彦

15/20

フランス料理

Tel: **0266-67-4250**

長野県茅野市北山
5513-142

定休日：木曜、他週１回
不定休あり、８月無休、
冬季休業期間あり

☼：12:00-13:30 (L.O.)
☾：17:45-19:00 (L.O.)

蓼科高原に３室の宿泊施設を持つオーベルジュである。1998 年に開業。落ち着いた雰囲気のメインダイニングにはサンルームが併設され、ベランダには小鳥やリスも訪れ、庭には燻製小屋やパンを焼く石窯小屋もある自然豊かな森の中ならではの環境だ。藤木氏は地産地消という言葉がまだ一般的ではなかった時代から地元の有機栽培農家を訪ね、冬には猟師から鹿やイノシシを分けてもらい「信州ジビエ」と名付け、テロワールを存分に味わえる料理で県外からも多くのゲストを呼び寄せた。ジビエの利活用に関する法整備にも協力、2008 年には農林水産省の「地産地消の仕事人」にも認定され、今では「日本ジビエ振興協会」の代表理事としてジビエの調理法の講師も務める。ジビエ以外の、信州食材を楽しむコースもあるが、ここならではのものは、やはりツキノワグマ・鹿・イノシシ・鴨・アナグマ・カラスなどのジビエ尽くしのコースだ。６種類ものジビエの骨を使い、天然の山ウドの葉で香りづけされたコンソメスープやジビエのソースで長時間煮込んだイノシシの煮込みなど、丁寧に調理された様々なジビエ料理を堪能できる。これらの料理と温かみのある行き届いたサービスが揃っているからこそ、このオーベルジュは多くの人に永く愛され続けるのだろう。

☼：4,500 円～ 10,000 円　☾：10,000 円～ 18,000 円

カエンネ

ca'enne

シェフ 臼井憲幸

15/20

イタリア料理

Tel: **0266-75-1129**

長野県茅野市豊平字東嶽
10222-25

定休日：木曜、他不定休
あり

☼：12:00-12:30
（最終入店）
☾：18:00-19:00
（最終入店）

木々に囲まれた別荘地の中にあるレストランに入ると、薪の香りが漂い、炎が上がる炉のあるオープンキッチンが目に入る。臼井氏は都内のイタリア料理店を経て、渡伊。レストランでの料理修業に加え、生ハム工房で、パルマの生ハムの中でも特殊な方法で作られるクラテッロの伝統製法を学んだ。帰国後、都内でシェフを務め、イタリアでの経験を活かす場は地方にあるとの思いから蓼科に移住、２年ほどイタリア料理店のシェフを務め、2020 年に独立した。この日は３種のアミューズからスタート。自然熟成の自家製生ハムには柿を、八ヶ岳の湧水で育ったサーモンにはなめこと蕪、上には味噌を作る際に生じる上澄み液に漬けたイクラをのせる。八ヶ岳産の蕎麦粉を使った薄焼きパンの上には馬肉のタルタルに野沢菜を混ぜ、チーズを散らす。あとに続く料理への期待も高まる始まりだ。シェフは自家製の生ハムだけでなく、食材の力を最大限引き出すために薪での火入れにも力を注ぐ。鯖はふっくらとした仕上がりにサフランソースが添えられ、メインの八ヶ岳の放牧豚は、表面はカリッとしながら中はジューシーな焼き上がりで玉葱の発酵ソースをあわせる。コース全体を通して薪の火入れの素晴らしさが光り、繊細な仕上がりに心も熱くなる。季節を変えてまた訪れたいと思わせるレストランである。

☼：11,000 円～ 13,000 円　☾：11,000 円～ 13,000 円

レストラン ナズ

15/20

Restaurant Naz

シェフ 鈴木夏暉

イノベーティブ

テーマは「発酵と熟成」。デンマークの「noma」「Kadeau」での経験と、「発酵」が日本の食文化と深く関わっていることへの気づきが、鈴木氏の料理の指針となっている。生まれ育った長野の自然の豊かさを再認識し、生産者を訪れ、食材一つ一つに敬意を払う。スペシャリテの信州サーモンは、常温で発酵させた蕪をスライスして花弁を模し、中心に塩漬けにして熟成させ桜の燻香をつけて火入れをしたサーモンを据える。ソースは、発酵トマトを搾った赤いエキスを包むようにしてザクロの甘みと青紫蘇の香りを移したオリーブオイルだ。エルダーフラワーの蕾のピクルスをあしらい、白い皿、赤と緑のソースに浮かぶ大輪の花のような色のコントラストが息をのむほど美しい。熟成サーモンの旨みは、発酵させた蕪の甘みとよく合い、ソースの酸味、香りと重なり、幾重にも味が広がっていく。魚料理は、地元で「にがっぱや」と呼ばれる「はや」。苦い胆嚢だけ取り除き、パウダー状のケールで苦みを補う。カラッと揚げて、アボカドと紅玉リンゴのソース、発酵させたキャベツと共にいただく。「はや」の旨み、苦み、ソースの酸味のバランスが記憶に残る一皿だ。27 歳にして長野から東京、イタリア、デンマークと、世界を巡ったシェフの生き方を垣間見る料理は、繊細だがとても力強い。

☼：10,000 円～16,500 円　☾：16,500 円

Tel: 0267-46-8840

長野県北佐久郡軽井沢町
大字追分134-3
GREEN SEED軽井沢内

定休日：水曜、第 3 木曜

☼：11:30-15:00
(L.O.14:00)
☾：18:30-19:30
(最終入店)

※完全予約制
※ランチ 2 組、ディナー 1 組限定

渋温泉食堂 gonki

pop

gonki

シェフ 岸田陽一

フランス料理

志賀高原のお膝元、渋温泉街の情緒豊かな通りに、しっとり溶け込むようなビストロだ。岸田氏は大阪の名店をはじめ、アルザスの高評価レストランや軽井沢のガストロノミーレストランなどを経て、この温泉街に根をおろし 2 年が経とうとしている。店から徒歩 5 分圏内でとれる志賀高原トラウトや地元の猟師がしとめるジビエ、自ら山に入り採ってくる根曲がり竹やヨモギなどの山菜、野生の茸、農家が直接持ちこみ、意見交換もする野菜、この贅沢な食材を修業先を彷彿とさせる味付けとボリュームで存分に満喫させてくれる。そこにあわせるワインは、アルザスや地元長野を中心とし、ランチ、ディナーはもちろん、チョイ飲みにまで対応する懐の深い地域密着型ビストロである。

☼ コース ○　☾ コース ○

Tel: 0269-38-0246

長野県下高井郡山ノ内町
大字平穏2267-3

定休日：不定休

☼：12:00-
☾：18:30-

※ランチは前日までの要予約
※ディナーの食事は要予約

レストラン ウオゼン

Restaurant UOZEN

シェフ 井上和洋

16/20 フランス料理

Tel: **0256-38-4179**

新潟県三条市東大崎
1-10-69-8

定休日：月曜、他不定休あり

☼：12:00-15:00
一斉スタート
☾：18:00-22:00
（最終入店 19:00）

理想の食材を求めて畑を耕し、山で茸や山菜を採る料理人は増えてきたが、猟と漁も、と幾つもの分野をこなすシェフはきわめて稀だ。井上氏は猟師として山に入り、畑を耕し、川で釣り、日本海は佐渡まで船を操り、漁をする。そんなシェフの料理は野趣あふれる仕立てかと思いきや、意外にもどこか都会的な装いだ。「佐渡産ボタン海老のブイヤベース仕立て」は、ブイヤベースの粘度をゼラチンで増し、ボタン海老に巻いてドット状のルイユをのせたシェフのスペシャリテ。新潟の真鯛のヴァプールには、ウルイやアマドコロをのせ、胡麻油の香りを加え、ふきのとうのピクルスの差し味を効かせた一皿。どの料理にもはっとさせる仕掛けがいくつも潜んでいる。井上氏が、都内の人気料理店をたたみ、ソムリエールである妻・真理子さんの故郷に移り住み、実家が営んでいた日本料理店をレストランに改装・開業したのは2013年。外観をそのままにしたのは、地元の人たちに親しまれてきた店への敬意のあらわれだろう。田園風景が広がる敷地内にジビエ解体処理施設も造り、食材への理解をより深めている。四季の時間を経糸に、風土や雄大な自然の恵みを緯糸にして紡がれてきた井上氏の料理は、これからも、新潟の魅力を凝縮して見せてくれるはずだ。

☼：13,000円　☾：13,000円

レストラン イソ

Restaurant ISO

シェフ 磯部冬人

15.5/20 フランス料理

Tel: **025-290-7330**

新潟県新潟市中央区
春日町7-13

定休日：火曜、水曜、
他不定休あり

☾：17:30-22:30
（L.O.19:30）

暖簾をくぐり、木の引き戸を開ける。蕎麦屋だったという古民家を改装した店内は、中央にＬ字型のカウンター席、右手には障子戸で仕切られた個室があり、カウンター席の奥には灯籠が設えられた中庭が見える、何とも心落ち着く和モダンな空間だ。席に置かれたカードには使われる食材だけが書かれており、それらがどんな料理になって登場するのか、想像を膨らませる愉しみがある。この日は、佐渡産鰺のマリネ、佐渡産ヒラメのロースト、長岡の越後牛フィレ網焼き、「ヤスダヨーグルト」を使ったフロマージュ・ブラン、佐渡産黒無花果のジャム、そして佐渡のアオサを練り込んだバターと、新潟県産食材を積極的に使って仕立てられた、見た目も鮮やかな料理の数々であった。素材の味を余すところなく引き出すように、火の入れ方、ソースの組み合わせ、添える野菜までしっかり吟味されている。どの料理も軽やかな、優しさをも感じるほどの美味しさで、思わず笑みがこぼれてしまう。さらに特筆すべきは、サービスの女性スタッフの対応だ。玄関での出迎え、料理の説明、ドリンクオーダーの取り方、その全てにおいてタイミング、客との距離感が素晴らしく、柔らかな口調がとても心地好い。新潟を代表するフランス料理店である。

☾：10,000円～

レストラン ラルモワーズ

Restaurant L'armoise

シェフ 田中良太郎

14/20

フランス料理

パリや東京のホテルで研鑽を重ね、2018年、27歳の若さでオーナーシェフとなった田中氏。今はひとりで調理とサービスができるように、昼夜それぞれ2組限定の完全予約制をとっている。長岡駅から徒歩圏内のマンションの1階。店内は、柔らかな明るさに包まれたシンプルな空間で、白い壁に使われているのは田中氏が生まれ育った長岡市小国地区の小国和紙だ。目を引く組子細工が施されたテーブルには店名も刻まれており、随所に和の要素を組み入れることで、温かな雰囲気を醸し出している。新潟食材を生かしたフランス料理のスタートは、越後牛を使った一口サイズのクロメスキ。肉の力強さを感じさせる一品だ。続いて自家菜園で採れた枝豆を使ったポタージュ。佐渡産ベニズワイガニのタルト・フランベは、黒い生地を上にした演出が面白い。さらに、佐渡産のムール貝のフランと、新潟食材を使った料理が続く。メインも佐渡産キジハタと妻有ポークのローストで、いずれも田中氏が大切にする火入れが素晴らしく、食材とソースの相性も良い。デザート、最後のお茶まで新潟づくしで、提供のタイミングもワンオペであることを感じさせない程よさだ。30代に入ったシェフがゲストとのコミュニケーション力を磨きながら、新潟をどう表現していくか、期待のレストランである。

☼：5,000円～9,000円　☾：9,000円～13,000円

Tel: 0258-30-4622

新潟県長岡市表町3-3-3
ダイアパレス表町 1F

定休日：月曜、木曜ランチ

☼：11:30-12:30 (L.O.)
☾：18:00-19:30 (L.O.)

オステリア バッコ

Osteria BACCO

シェフ 三善将則

15/20

イタリア料理

市街地を見下ろす新潟市の名所「どっぺり坂」の脇、静かな住宅街に店はある。アンティークの什器やドライフラワーなどが配された店内はハイセンスではあるが、気取りがなく、とても好感が持てる。オーナーシェフの三善氏は東京・イタリアで修業を積み、東京でシェフを務めた後、帰郷して2011年に開店、新潟の旬の食材を、さまざまに調理して楽しませてくれる。前菜に南蛮海老、肉料理に蒲原牛も登場するが、この店の逸品といえば、やはり手打ちパスタだ。シェフがイタリア修業時代にその魅力に取りつかれたという手打ちパスタは、具材に合わせて毎日数種類が用意される。この日はオレキエッティ、タリアテッレ、パッパルデッレの3種類。なかでも、オレキエッティのモチモチとした食感と、噛むほどにあふれる小麦の甘み、ブッラータチーズとトマト、バジルのフレッシュさが融合する1皿目のパスタは、その味わい同様、鮮烈な印象を残す。コースはすべて白い皿で提供。決して派手さはないが、一品一品の味が完成されており、ボリュームも十分、料理に実直に取り組むシェフの人柄がそのまま表れている。繁華街から少し離れた場所にこんな店があることを知っている、という特別感も、ゲストを虜にしている理由の一つかもしれない。

☼：2,530円～4,510円　☾：6,930円～9,680円

Tel: 025-211-4994

新潟県新潟市中央区
西大畑町591-1
異人池ハウス103

定休日：火曜、水曜

☼：12:00-14:00 (L.O.)
☾：18:00-21:00 (L.O.)

Tel: **025-223-2015**

新潟県新潟市中央区
東掘通8-1420

定休日:月曜、日曜ディナー

☼ : 12:00-14:30
☾ : 18:00-22:00

鍋茶屋 光琳

Nabejaya Kourin

シェフ 高橋英司

16/20

日本料理

古町の通称「鍋茶屋通り」は、170年以上の歴史を持つ料亭「鍋茶屋」前の通りのこと。「光琳」は、「鍋茶屋」の味を気軽に味わえる食事処。2016年にリニューアルし、小上がり席は残しながらも、中庭に面した個室やカウンター席を新調。同じ敷地内で全く別の料理を提供する割烹としてスタートを切った。包丁を握るのは七代目主人・高橋英司氏。京都の料亭で修業し、新潟の食材を繊細で丁寧な料理に仕立てている。この日の先付は、トマトと蛸を出汁で炊いたもの。野菜は全て無農薬で、柚子のすりおろしをかけていただく。蛸は歯ごたえがしっかりとしており、噛むほどに旨みが染み出す。派手さはないが、コースの展開にインパクトのある一皿だ。その後も、甘鯛と舞茸の吸い物、アラと鱧の造り、カラスミをかけた鰆の焼き物と、期待値を超えた料理が続く。圧巻は、先ほどまでピチピチしていたヒゲソリダイの骨でとった出汁でいただく鯛のしゃぶしゃぶだ。身はブリブリで、しゃぶしゃぶでありながらしっとりとした脂を感じる。締めのご飯は、新潟では馴染みの薄い鱧をカリカリに焼き、その出汁で炊いたご飯に山椒の実とともに混ぜ込んでいる。料亭という冠にかしこまることなく料理が楽しめる、覚えておきたい一軒だ。

☼ : 10,000円～ 15,000円　☾ : 10,000円～ 15,000円

Tel: **0254-53-2107**

新潟県村上市小町3-38

定休日 : 水曜、祝日不定休

☼ : 11:30-13:30 (L.O.)
☾ : 17:00-20:00 (L.O.)

割烹 新多久

Kappou Shintaku

シェフ 山貝真介・山貝亮太

15.5/20

日本料理

城下町・村上の名所、黒塀が続く安善小路の途中、高い松の木と風情ある黒壁の建物が「割烹 新多久」だ。150年以上の歴史を持つ老舗を支えるのは、京都で修業を積んだ山貝真介氏・亮太氏の兄弟。その手捌きを間近に見られるカウンターは特等席だが、特別な食事の席には落ち着いた雰囲気の離れもある。料理の主役は地元・村上の食材。八寸には「鮭のまち」らしく、塩引き鮭を自然の風でゆっくりと熟成させ、薄切りにした鮭料理の代表格、酒びたしも盛り込まれている。海・山・川・里と、自然に囲まれた村上は食材の宝庫。サザエの身と肝とハト麦を炒め、穂紫蘇をあしらった先付から、ジビエを取り入れた温物のばれいしょまんじゅう、甘くシャキシャキとした旬のアスパラガスを混ぜ込んだご飯、そして甘味まで、村上の食の豊かさを存分に感じさせてくれる。地域限定品や珍しい銘柄も揃う２つの蔵の日本酒を合わせれば、村上らしい味の相乗効果が愉しめるだろう。先付はサザエ型の器で、口直しのモロヘイヤの冷やし茶碗蒸しは竹を模した器で提供されるなど、味わう前からワクワク感を掻き立てる器使いも見事だ。穏やかな接客も嬉しく、心地好い時間を過ごすことができる。村上の食を語る時、忘れてはならない一店である。

☼ : 3,300円～ 16,500円　☾ : 5,500円～ 16,500円

里山十帖 ー早苗饗ー

15.5/20

SATOYAMA JUJO - SANABURI -

シェフ 桑木野恵子

日本料理

天然木の器に溢れんばかりの香茸や平茸、瓜に赤かぶ。「秋分の頃」の饗宴は桑木野シェフの食材紹介から始まる。その声の弾みは、スタッフとともに山に入り、田畑を耕して得た大地の恵みをゲストと分かち合える喜びからくるのだろう。2014年、歴史ある民家を創造的な空間として現代に蘇らせ、新たな価値を生み出そうと始められた宿は深い緑の中で四季を重ね、今ではあたかも遥か昔からそこにあったかのように里山の風景に溶け込んでいる。それは建物だけではない。働く人の立ち居振る舞いも、訪れる者には以前からここで生活していた人のように、ごく自然に見えるのだ。この宿の魅力の一つである食もまた然り。シェフは、食材選び、調理法、発酵や保存といった豪雪地帯ならではの知恵を学び、アジアを旅して得られた身体に優しい食への自らの知見と融合させ、新たな食を生み出している。ノドグロの白味噌仕立てに夕顔・南瓜・胡瓜・糸瓜・コリンキーをあしらった「魚沼の瓜図鑑」やコシアブラの大きな葉で包み燻した岩船・胎内地域の「煌麦豚」と香茸など、「里山キュイジーヌ」の逸品の数々は、旅の記憶として長く刻まれることだろう。地域の食を深掘りしながら他ジャンルとのコラボも進める桑木野シェフが、その先に、どんな世界を切り拓くのか、興味は尽きない。

☼：10,780円～14,080円　☾：10,780円～14,080円

Tel: 0570-001-810

新潟県南魚沼市大沢1209-6

定休日：なし

☼：朝食 8:00-9:00
ランチ 12:00-14:30
（最終入店 12:30）

☾：17:00- /19:30-

割烹渡辺

15/20

Kappou Watanabe

シェフ 渡辺大生

日本料理

真新しいカウンターで客との会話を楽しみながら調理する渡辺氏の笑顔が清々しい。老舗の料亭や割烹が多数現存する新潟市巻地区で、80年以上も刻んできた歴史をいったん閉じ、2021年3月、カウンターをメインに、テーブル2卓と個室を備えた割烹店へと変貌を遂げた。「今はまだまだオープンのご祝儀ですよ」と謙遜するが、予約が取れないことも多いという人気ぶり。前店では、個室を基本としていたため、客との会話を楽しみながら料理を供することができなかったが、今は料理だけでなく話でも場を明るくし、交友関係も広く社交的な渡辺氏のキャラクターが存分に生かされている。近隣の農家を中心に揃える野菜や県内で水揚げされた魚介類を中心に仕立て上げる料理は、サクラマスのつくねの椀や南蛮海老の真丈、鰻の山椒煮と、どれも新潟が感じられる品々。また、旨みが広がるお造りは適度に熟成させ、醤油も魚に合うよう調味したものを使うなど、かけたひと手間ふた手間がうれしい。最後の、鶏料理店「とりやき oniya」の卵でいただく卵かけご飯には言葉を失った。1日1組3名まで宿泊が可能だという。ゆっくり泊まり、翌日の朝食も味わってみたいものである。

☼：8,800円～16,500円　☾：8,800円～16,500円

Tel: 0256-72-2859

新潟県新潟市西蒲区巻甲2443

定休日：水曜、第1・3火曜

☼：12:00-15:00
（最終入店 13:00）

☾：18:00-23:00
（最終入店 20:00）

古門

common

シェフ 長谷川信司

15/20

日本料理

Tel: **025-222-2120**

新潟県新潟市中央区
東堀通9番町1407
イーストモーストⅡビル
1F

定休日：日曜、祝日、
第１・３月曜

☾ : 17:30-21:00 (L.O.)

約 30 年務め上げた老舗「なだ万」で「なだ万七人衆」の一人に数えられた店主が営むと聞くと、心して足を運ばねばならないような気がしてしまうが、心配はご無用。長谷川氏をはじめ、スタッフの醸し出す雰囲気がなんとも温かく、自然に和ませてくれる。一品目の先付は、新潟の秋の味覚の一つである菊と柿、ミズの胡麻和え、ノドグロの小袖寿司などの盛り合わせ。添えられたススキの穂や木の葉が秋らしさを演出する。その後も、帆立真丈の椀、アラの炙りと肝をはじめとした３種類の造り、蟹餡をたっぷりかけたフォアグラ茶碗蒸し、真っ赤な木の葉型の皿に盛られた鰆の幽庵焼き、そして鳥獣戯画の器に盛り込まれた季節野菜の炊き合わせ、特別な栽培法で生産された加茂市産の新米にイクラと卵黄をのせた卵かけご飯まで、いずれも目でも舌でも季節を感じられるよう、料理は細部にまで心が配られている。今回は日本酒を合わせてみたが、豊富に揃うワインとのマリアージュも興味深い。2021 年には改装し、茶懐石も愉しめる個室を新設、店の用途は広がった。かつて料亭・待合・置屋が建ち並び、歴史的景観を残す古町花街に店を構えて 10 年ほど、その存在感はますます増している。

☾：**11,000 円～ 19,800 円**

新潟浦島 小平

Niigata Urashima Kohei

シェフ 阿部 広

14.5/20

日本料理

Tel: **025-250-6739**

新潟県新潟市中央区天神
1-13-1

定休日：不定休

☼ : 11:30-
☾ : 18:00-

新潟駅から徒歩数分、ひっそりとした佇まいの一軒家に店名染め抜きの暖簾がかかる。中に入ってまず驚くのが、畳を敷き詰めたカウンターの存在感だ。腰を下ろすと、まさに目の前、卓と同じ高さで調理が展開される。阿部氏は、東京の日本料理店で修業、佐渡市にある「Ryokan 浦島」の総料理長を長く務め、自然豊かで食材も豊富な佐渡にすっかり惚れ込み、その魅力を広く伝えたいと、暖簾分けという形で 2020年秋にこの店を開いた。料理は佐渡直送の食材を中心とし、日本酒は佐渡の５つの酒蔵の厳選した銘柄のみを揃える。先付は、雲丹の芳醇な旨みを合わせた、甘いとうもろこしのすり流し。氷を敷き詰めた器が涼を感じさせる。組子のプレートで提供されるお造りもすべて佐渡産だ。お椀は、直前に目の前で削る鰹節から出汁を取る。その豊かな香りと、極太アスパラガスの柔らかさ、甘さは忘れられない。その後、趣向を凝らした八寸の盛り合わせ、甘鯛の若狭焼、島黒豚の角煮と続く。止めの土鍋炊きご飯ももちろん佐渡産コシヒカリだ。阿部氏をはじめスタッフの応対も丁寧で、食材についてあれこれ聞きながら食事を楽しんでいると、時間があっという間に過ぎていく。海を渡らずとも、佐渡の旬を感じられる貴重な店である。

☼：**5,000 円～**　☾：**10,000 円～**

とりやき oniya

14.5/20

Toriyaki oniya

シェフ 鬼嶋大之

鶏料理

古町エリアの東堀通沿い。看板はなく、目印は白い暖簾に慎ましやかに入った「鬼」のロゴマークのみ。重厚な蔵戸を開け店内に入ると、芳ばしい香りが鼻をくすぐる。客が自ら鶏肉を焼いて味わう「とりやき」の店だが、特徴的なのは、美味と名高い去勢鶏・シャポンをはじめ、直営農場で飼育した地鶏・銘柄鶏を提供していることだ。オーナーシェフ・鬼嶋氏は東京・西麻布で独立開業したのちに帰郷し、ラーメン居酒屋、創作和食店を営むなかで、「唯一無二の店を創りたい」と、まず養鶏から始めたという。自然に近い環境で、時間をかけて飼育した鶏を最適な時期に出荷。ほぼ全ての部位を料理に使用する。なかでも圧巻は「鶏刺し盛り合わせ」。ハツ、ぼんじり、キンカンなど、普段焼き鳥にしか使われないものが生で味わえるのだ。さらに、部位によっては新鮮な白身魚のような歯ごたえと味わいの「今日〆」、柔らかさと旨みの増した「昨日〆」も食べ比べができる。また、看板メニューの「とりやき」では鶏刺しで味わったものに加え、かんむり、さえずり、腺胃など、さらに珍しい部位も登場。それぞれに適した焼き加減で、備長炭火と七輪で焼き上げる。前菜の温泉卵から、超濃厚白濁スープの水炊き、締めの雑炊まで、鶏の旨さを余すことなく堪能できる、全国有数の鶏料理店である。

☾：5,000 円～

Tel: 025-210-7939

新潟県新潟市中央区
東堀前通8番町1377

定休日：不定休

☾：18:00-22:30
(L.O.22:00)

兄弟寿し

15/20

Kyodaisushi

シェフ 本間龍史

寿司

18 時のスタートに合わせ、店に向かう。新潟ではまだ珍しい一斉スタート 2 部制の鮨店だ。古町で 1960 年から続く老舗だが、2012 年に東京・銀座や広尾で修業した現主人の本間龍史氏が戻り、設えとともに、地の素材を中心にした新潟ならではの鮨という現在のスタイルに一新した。白木のL字カウンターの席につき、主人の登場を待つ時間は、芝居の始まりを待つ期待と緊張感に似ている。5 分ほどして登場した本間氏は、巨大な穴子に包丁を入れながら「苦手なものは？」など、挨拶をしながら簡単な会話を交わし、緊張をほぐしていく。握りは、しっかりとした身の歯ごたえと甘さがある柏崎の地魚、アラからスタート。新潟の南蛮海老、佐渡のノドグロなど、テンポよく新潟産の魚介を握っていく。なかでも、先に包丁を入れていた、大き過ぎて引き取り手のない佐渡産の穴子は、ゆっくりと火を入れることで、ほどよく脂の残ったふわふわの焼き穴子に仕立てられていた。魚の呼び名や季節によっての味の違いなど、魚の豆知識を交えた会話と共に料理は進み、アオサ入りの茶碗蒸しや村上市山北で採れたもずく、阿賀野市特産の養殖鰻「あがの夢うなぎ」の白焼きなど、季節の料理と握りを合わせ 20 品超え。新潟の魚、鮨を知りたければ、まず訪ねておきたい鮨店である。

☾：16,500 円

Tel: 025-224-9581

新潟県新潟市中央区
古町通9-1461-1

定休日：日曜（月曜祝日の場合、日曜営業、月曜代休）

☾：18:00-/21:00-

Tel: **0254-22-3358**

新潟県新発田市中央町
3-7-8

定休日：不定休

☼：12:00-13:30
☾：18:00-22:00

鮨 登喜和

Sushi Tokiwa

シェフ 小林宏輔

15/20

寿司

付け場に立つのは、三代目の小林宏輔氏。東京での修業を経て帰郷、店を改装し、メニューをおまかせ主体に一新した。美しい白木のカウンターに着くと、小林氏が客に丁寧に挨拶。始まりこそ緊張感が漂うが、その明るい人柄が次第に雰囲気を和ませていく。コースは料理と握りを合わせ 20 品ほど、交互に供するスタイル。温かい出汁で味わう名残りの佐渡産根モズクに始まり、聖籠のスズキ、佐渡のゴマフグの白子、新潟の定置網の鯵、岩船の甘鯛、佐渡の 50kg 鮪、阿賀野川沢海の桜鱒など、食材のほとんどが新潟県産だ。さらに、蒸して一晩出汁に漬け込むことで驚くほど柔らかく仕上げた佐渡産黒鮑、茹でてさっと炙り、香ばしさととろけるような食感を両立させた佐渡産ノドグロの握りなど、どの種にもひと手間ふた手間かけていることがよく分かる。客の目の前でカラスミをおろしかけたり、焼いたカマスを紙に包んで手渡ししたりと、提供方法も工夫されており、すべてを味わい終える頃には、新潟の食の豊かさをたっぷり実感できるはずだ。すでに多くのファンを持つ店だが、小林氏は常により良い食材、調理法や提供のあり方を追求し、進化を続けている。最近では異ジャンルの料理人との交流にも積極的で、それがこれからの料理にどう生かされるのか楽しみだ。

☼：8,800 円　☾：14,300 円

ゴ・エ・ミヨの歴史

1962 年、初のパリ・ガイドブック

ジュリアール出版の文学部長クリスチャン・ブルジョワは、『クリスチャン・ブルジョワの見たいもの、食べたいもの』というタイトルで金曜コラムのセレクションを出版し、ベストセラーとなります。ここから、パリのレストランだけでなく、ブティックや職人、ワインショップ、魅力的なホテル、散歩道などを現代的でジャーナリスティックな視点から紹介するガイドブックを作るアイデアが生まれました。

クリスチャン・ブルジョワは、迷わずこのプロジェクトに出資します。「ゴ・エ・ミヨ」という、2 つの頭と 2 つの胃袋をもったモンスターが生まれたのです。1962 年にジュリアール出版のパリ・ガイドブックが初めて書店に並び、ガイドブックの新しいスタイルが確立しました。

Gault&Millau

RESTAURANTS

レストラン

富山県

TOYAMA

石川県

ISHIKAWA

福井県

FUKUI

レヴォ

L'évo

シェフ 谷口英司

17.5/20

フランス料理

Tel: **0763-68-2115**

富山県南砺市利賀村
大勘場田島100

定休日：水曜

☼ : 12:00- /12:30-
☾ : 18:00- /19:00-

「前衛的地方料理」で旋風を巻き起こしたレストランが次の舞台に選んだのは、合掌造り集落で有名な南砺市五箇山エリア、利賀村の山奥である。かつて冬の間、雪に閉ざされた過疎の村は、谷口氏率いるチーム・レヴォと協力者たちによって、豊かなテロワールを世界に発信する地へとそのイメージを変えつつある。ビビッドなガラス酒器にはウリハダカエデのメープルウォーターが注がれ、体内を祓い清めたかのような甘露な静寂の中、饗宴の幕は上がる。コース料理にはアミューズからペアリングのドリンクが寄り添う。スペシャリテの「レヴォ鶏」には地元のブルワーが特別に誂えたクロモジビール。春に獲れたツキノワグマには蜂蜜入りのコンソメジュレと雲丹、冬眠明けの熊が口にするコゴミやギボウシ、アマドコロなどの山菜が添えられ、鼻腔を抜ける山の息吹と喉を滑る旨みが、雪解けの奔流のようにほとばしる。この皿には南砺市に生まれたばかりのワイナリー、「ドメーヌ・ボー」の赤を合わせていた。こうした地元のワインや日本酒、ビールもテロワールを壮大に描き、山あいに響き渡る交響曲を料理とともに奏でる重要なプレーヤーだ。ここは富山の輝かしいエッセンスでゲストを魅了するコンサートホール。シェフはそのホールマスターであり、テロワールのエヴァンジェリスト（伝道師）である。

☼ : 22,000 円　☾ : 22,000 円

カーヴ・ユノキ

Cave Yunoki

シェフ 柚木栄樹

15/20

フランス料理

Tel: **076-471-5556**

富山県富山市東岩瀬町
102 森家土蔵群2

定休日：月曜

☼ : 12:00-15:30
(12:30 スタート)
☾ : 18:00-22:00
(18:30 スタート)

江戸時代より北前船の交易で栄えた富山市の東岩瀬地区は、桝田酒造店・桝田隆一郎氏が中心となり、趣ある家並みを整備し、料理人やアーティストを招致して魅力的な街作りを進めている。その中核となる、廻船問屋の築 100 年の蔵を改装したこの店は、シェフ・柚木氏が、薪焼きに先駆的に取り組んできた。カウンターの正面には特注の薪焼き窯。薪は店の外で燃やして、店内では熾火を使う。カウンター席は、厨房が目の前という位置関係で、ライブ感と薪焼きの風味と洗練された空間のすべてを愉しめる。料理は薪焼きならではの香りや瑞々しさを持つ。アオリイカの一皿は、薪火による調理のため水分が保たれ、そこに独特の香気がのる。ちりめんキャベツや黒キャベツを付け合わせに、パクチーが隠し味のドライな風味だ。エイヒレは軟骨部分までいただくことができ、軟骨そのものの味わいに眼を開かされる。酸味のあるバターソースはどこか懐かしいクラシックな味。それを薪火で調理することによってクラシックの進化形ともいうべき一皿に仕上げている。「コースをすべて魚料理にしたいくらい魚が好き」と語る柚木氏の真骨頂だ。2021 年８月のリニューアルを機に、予約を１組限定からオープンな形に変更。柚木氏の第二章に期待が集まる。

☼ : 19,800 円　☾ : 19,800 円

シンポジウム

SYMPOSIUM

シェフ 廣野智之

15/20

イタリア料理

この店のコンセプトは富山県産の食材とイタリアの食文化の融合である。しかし、それを知らなくても美味しい料理が驚きとともに楽しめ、ゲストは料理を通じてこの店が目指しているものを体感できるはずだ。富山の食材がイタリアの食文化に出合うことで起こる化学変化の結果、シェフの手で生み出される料理は楽しく、また、ゲストがイタリアの食材や食文化に思いを馳せるきっかけにもなる。例えば、フグのサルデーニャ風酢漬けとビーツのムースの組み合わせは、しっかりと、弾力のある火入れをしたフグの身のふくらみのある酸が効いた味わいにまず驚き、続いてビーツのムースの円やかさが身の酸味をマイルドに包み込んでいることが分かる。こんなフグの食べ方があったのかと、フグという食材に対する認識を改めると同時に、食材としての新たな可能性を見出す契機ともなる。また、長期熟成させたじゃがいもをニョッキにし、猪のラグーとトリュフを絡めた料理は、凝縮された野趣あふれる旨みが、新鮮な焼き野菜のテクスチャーの確かさとともに重層的に楽しめる。富山でサルデーニャのエスプリを楽しめる貴重なレストランだ。

☾：9,000 円～ 12,000 円

Tel: 076-433-3088

富山県富山市本町3-28 2F

定休日：水曜

☾：18:00-21:00 (L.O.)

※ランチは完全予約制（2名から予約可）

ひまわり食堂

Himawari Shokudo

シェフ 田中穂積

15/20

イタリア料理

素朴な印象の店名に、カジュアルな雰囲気のエントランス、しかし、それに惑わされてはならない。田中氏が創り出す料理は力強くシンプルに見えるが、洗練されたひと捻りが小気味良い。味つけは淡く、香りは強く、独特な食材の組み合わせ、その対比がゲストに強い印象を残す。田中氏はかつてバックパッカーとして海外をまわり、なかでもイタリアで食べたステーキに魅了されたという。この日のメイン、富山産ジャージー牛のビステッカは、野趣あふれる肉質にレア気味にさっと火を入れて塩だけというシンプルな仕上げ。噛みしめると肉の風味がじんわりと広がる、シェフの思い入れが伝わる一品だ。田中氏は、食べ慣れたはずのものを、初めて味わう料理に仕上げている。じゃがいもとヒラメのガレットは、きつね色のじゃがいもにハーブの香るタルタル。外と中での食感の違い、濃い味のタルタルと淡い味のガレットという味の対比。カジュアル感のあるじゃがいもに気品のあるヒラメ。いずれも、対照的な要素の組み合わせだが、勘所は外さない。茗荷や実山椒などを香らせても、イタリア料理という枠の中。田中氏は「独創的でないと自分が作った意味がない」と言う。どこかにありそうでどこにもないオリジナリティーを、自身の視点で貫くことに情熱を注いでいる。

☾：9,000 円～ 13,000 円

Tel: 076-482-6091

富山県富山市石倉町1-30 1F

定休日：日曜、他不定休あり

☾：18:00-22:00 (L.O.)

東京
北海道
茨城
栃木
群馬
埼玉
千葉
神奈川
山梨
長野
新潟
富山
石川
福井
静岡
愛知
岐阜
三重

御料理ふじ居

Oryouri Fujii

シェフ 藤井寛徳

17/20

日本料理

Tel: **076-471-5555**

富山県富山市東岩瀬町93

定休日：月曜、第３火曜

☼：12:00-15:00
☾：18:00-22:00

威風堂々たる店構えは、岩瀬が北前船の港町として栄えていた往時を偲ばせるものだ。「御料理ふじ居」は、2019年８月、「岩瀬まちづくり株式会社（桝田隆一郎社長）」が手がける町並みの修復・保存に参画し、この地へ移転した。才能溢れる料理人が、それに相応しい環境を得て料理はさらに品格を増している。漬けダレを船に持ち込み、獲れたてのホタルイカを生きたまま漬け込んだ「ホタルイカの沖漬け」は、細部まで透明感のあるその美味しさに、言葉を失う。藤井氏の名を世間に知らしめた椀物の素晴らしさも、健在である。お椀の蓋をとると、裏には雪を頂いた立山連峰が屹立し、吸い地はどこまでも清らかで心を潤す。中には椀種の白海老の真丈と吸い口の木の芽のみ。余分なものは一切なく、それぞれを引き立て合い、味わい深い。「春菜のお浸し」「桜マスの炭火焼き」など、どれもシンプルでありながら奥行きがあり、美味しさがストレートに伝わってくる。デザートの定番、満寿泉の純米大吟醸を用いた、その名も「プラチナアイス」は、まるで日本酒をそのままいただいているような清らかな美味しさだ。食材を愛おしむように料理をする藤井氏の姿からは、素材への尊敬の念がひしひしと伝わってくる。この料理だけのために、また富山を訪れたいと思わせる名店である。

☼：10,000円〜20,000円　☾：20,000円〜

冨久屋

Fukuya

シェフ 大屋丈二

15.5/20

日本料理

Tel: **076-461-3589**

富山県富山市白銀町7-7
2F

定休日：日曜、第３月曜

☾：18:00-23:00
(L.O.21:00)

昆布を主体にした出汁を食材に合わせて使い分けることで一つ一つの料理を創りあげる大屋氏。その味から得られるイメージは「円」である。隠れ家的な店構えとは対照的に、一見オーソドックスでシンプルに見える料理には、疑いようもなく細やかに手間暇がかけられ、オリジナリティー溢れる工夫が凝らされている。例えば、鰻と冬瓜の椀は出汁のバランスが良い吸い地と、ふんわりとしていて全く臭みのない鰻が見事に調和する。鰻、冬瓜、そして出汁。それぞれに対するアプローチを想像しようにも、あまりに円やかに互いの美質を引き出し合っているため、あっという間に食べ終わってしまい、思わず「もう一杯！」とお代わりを所望したくなる。また本来は脇役を務めるはずの香の物も、大根・人参・胡瓜と、構成はシンプルながら侮れない。それぞれを口にすると香ばしい旨みが口いっぱいに広がり、日本の発酵文化の素晴らしさを改めて認識させられる。大屋氏は、すべてに華やかさを抑えて、真の美味しさを求める。ここは大屋氏が丹精を込めた、淡麗なれども滋味深い料理で、ゲスト自身が心豊かになれる店である。

☾：6,000円〜15,000円

鮨 大門

15.5/20

Sushi Daimon

シェフ 大門太郎

寿司

「天然の生簀」と呼ばれ、豊富な魚種を誇る富山湾。中でも魚津は寒ブリの氷見や白海老の新湊と並び称される古くからの漁業の町である。魚津駅前に暖簾を掲げるこの店には、鮨種と鮨飯のバランスの良さ、魚津の蜃気楼のように儚くふっと沈みこむ握りの佇まい、口の中でほろりとほぐれる刹那の旨さを求めて、多くの鮨好きが訪れている。コシヒカリの米どころでもあり、魚津産の魚介を中心に酒肴から握りまで幅広く楽しめるのは、札幌「すし善」などでの修業時代を含め、大門氏が育んできた食材提供者との信頼関係と研鑽の賜物である。春から初夏にかけては、サクラマスの漬けがお薦めだ。まるで上等なイクラの旨みをその身に宿したかのようなねっちりとした妖艶な味わいは、喉に流し込むのをしばし躊躇うほどだ。富山県産をはじめとした日本酒も、大門氏に任せておけば料理の構成に合わせて薦めてくれるだろう。ここでなければ味わえない、力を持った酒肴や鮨が季節ごとに提供されるこの店は、魚津をわざわざ訪れる理由を見つける大きなきっかけを与えてくれるに違いない。

☾：10,000 円～ 15,000 円

Tel: **0765-32-5868**

富山県魚津市釈迦堂
1-2-3

定休日：月曜

☾：17:00-22:00 (L.O.)

鮨し人

15/20

Sushijin

シェフ 木村泉美

寿司

まずは握りで白海老の昆布締めと甘海老から。富山駅から車で10分、さして特徴のない民家のような店舗のカウンターで木村氏の鮨劇場は静かに開幕する。全国から訪れる鮨好きの出身地や好みなどを聞き、客を掌握、徐々にテンポを上げて終幕の歓喜の声まで、手の動き、ハスキーなハイトーンの強弱で場をコントロールする技は見事なものだ。魚種豊富な富山湾という地の利を得て、赤酢にあわせた寒ブリの歯ごたえとすっきりした脂身は、ここに来なければ味わえない。魚を「この子」と呼び、富山湾に先陣を切って入ってきた寒ブリの心意気を買う。名残のブリにも、悠々と到着する気位の高さを見るという。木村氏の探究心は魚介の仕立てにも向けられ、アオリイカは生きたまま零下 50℃で繊維を凍らせ水分を抜いて寝かせ、ねっとりした食感で「烏賊のトロ」を目指す。カワハギの肝も零下 50℃で余分な液体と、凍結しない脂を分離させ、生臭さを除いて戻し、醤油などで和える。営業は昼夜２回の４回転、夜中まで仕込みを続ける木村氏のバイタリティの背景には、31 歳と遅くに鮨の道に入り、認められなかった苦難の日々を取り戻したいという思いがあるのかもしれない。魚を究め、100 歳まで握りたいという「魚を旨くする人」は、ますます意気軒昂だ。

☼：8,000 円　☾：15,000 円

Tel: **076-422-0918**

富山県富山市新根塚町
3-5-7

定休日:日曜 (祝日は営業、月曜が祝日の場合、日曜営業月曜休み)

☼：12:00-14:00
(12:00-/13:30-)

☾：18:00-/20:15-

Tel: **076-208-4052**

石川県金沢市池田町
4-33

定休日：月曜

☼ : 11:30-13:00 (L.O.)
☾ : 18:00-21:00 (L.O.)

インスタレーションテーブル エンソ ラシンメトリー ドゥ カルム

16/20

Installation Table ENSO L'asymetrie du calme

シェフ 土井 誠

フランス料理

犀川の近く、明治時代に建てられた元洋裁学校の建物を活かした先鋭的なフレンチレストラン。シェフは、料亭で茶懐石の修業後、ヨーロッパに渡り、帰国後、「二期倶楽部」で腕を振るった土井氏だ。レトロな建物に入ると目に映るのは、白とグレーを基調としたシックな空間に据えられたオープンキッチンと、シェフの動きがどこからでもよく見えるように配置されたテーブル。古くて良いものを活かしつつ、モダンな世界を創りあげた空間に、イラストで描かれたメニューから始まる独創的な、旬の地元食材を活かした料理がインスタレーションとして提示される。１つ目のアミューズは、褐色の蓮の実を皿とし、色鮮やかな青葉と雲丹を瑞々しい緑の球体にのせた一品。苔玉のようにも見える球体を頬張ると、細く刻んだ大葉で覆った加賀蓮根と海老のすり身の食感と香りが広がる。続くアミューズも牛蒡のピューレ、刻みトリュフ、無花果、生ハム、アーモンドミルクと酒粕など、意外な食材の組み合わせであり、目を奪われる美しさだ。ワインは海外だけでなく、希少な日本ワインも充実している。多彩な表現方法を持つ土井氏が食材豊富な古都金沢で展開するフランス料理は、刺激に満ちている。

☼：15,000 円　☾：15,000 円

Tel: **0768-23-4488**

石川県輪島市河井町
4-142

定休日：不定休

☼ : 11:30-13:00 (L.O.)
☾ : 18:00-20:00 (L.O.)

ラトリエ・ドゥ・ノト

16/20

L'Atelier de NOTO

シェフ 池端隼也

フランス料理

輪島塗の塗師屋の工房だった築数百年の日本家屋。瀟洒な中庭や隣接する蔵の重厚な扉が今も残り、往時の繁盛ぶりを物語っている。今、この建物はレストラン空間として新たな命を吹き込まれ、賑わいを生んでいる。メニューには能登・輪島の海産物を中心に「のと 115」と呼ばれる肉厚の椎茸などの食材名が並ぶ。中でも能登の人気食材である七面鳥のフランは、ぼんじりやハツ、卵などをフランの中に閉じ込め、ほうれん草のオイルとセリが爽やかな苦みを添えている。黒ムツには、いしるをソースに用い、複雑な香りを生み出す。塩はあえて控えめにし、その分、料理からは食材の本来の風味を感じさせる。地元出身の池端氏は、フランスの小さな町や村のレストランで４年半の修業を積んだことで、離れようとしていた自分の故郷にこそ豊かな食材があること、またその個性の強さに目覚めたという。開業以来８年、「能登のアトリエ」をベースに、海山の食材を上質なフランス料理に変えている。その揺るぎない安定感は池端氏の食材への、また能登という土地への愛情がもたらすものであり、周囲の信頼にも支えられている。

☼：5,600 円～ 12,600 円　☾：9,000 円～ 20,000 円

マキノンチ

15.5/20

MAKINONCÎ

シェフ 牧野浩和

フランス料理

コンセプトは牧野氏の「僕の家」。自宅にゲストを招き、料理やワインでもてなすのはもちろんのこと、自身も楽しめる場をと一軒家をリノベーションして創り上げた。金沢の繁華街・片町で12年半続けた店を閉め、2020年7月、市街地から少し離れた卯辰山の中腹に移転、レストランは大きな桜の木が目印だ。自らの料理を「金沢キュイジーヌ」と形容するように、自家菜園や契約農家の朝採れ野菜を使い、魚介類の大半は能登半島をはじめ北陸沿岸のものを、時にはシェフが釣った魚も皿にのる。自然光が降り注ぐダイニングと薪の火が絶えない炉窯を備えたキッチンは、ゲストと同じ時間と空間を共有できるようにと仕切りを無くし、ひと続きになっている。ダイニングの大きなコの字型のテーブルをゲストが囲み、牧野氏や気さくなスタッフと会話を交わしつつ、メニューに描かれた食材のイラストから一体どんな料理が出てくるのかと、ワクワクしながら待つ。まるで牧野家のホームパーティーのようだ。「鰻のバロティーヌ」のふっくら仕上げた鰻の火入れ一つをとっても、牧野氏の枠にとらわれない自由な発想のベースにある、フレンチシェフとしての確かな技術を窺い知ることができる。シェフが沢山の想いを込めた「美味しく、楽しい家」。それが「MAKINONCÎ」である。

☼：18,000円　☾：18,000円

Tel: 050-3503-3318

石川県金沢市山の上町25-18

定休日：水曜、他不定休あり

☼：日・月・火 12:00- 一斉スタート

☾：月・木・金・土 18:00- 一斉スタート

ラ・クロシェット

15.5/20

la clochette

シェフ 橋田祐亮

フランス料理

古くから「心」や「縁」を結ぶ神様として人々の信仰を集める氣多大社。その近くに、まるで導かれるようにフランス帰りの夫妻が店を構えている。橋田氏はフランスの実力派レストランを中心に6年半、しっかり基礎を身につけ、帰国後、この地でも同じ年月を重ねた技術と経験が今、最上のバランスで皿の上に表現されている。窓から望む田園風景にも癒されるが、何より肩肘張らず落ち着ける空間が良い。地元の食材をちりばめたアミューズは、ミニタコスやサブレ、パイなども手作りで、食感も味も申し分ない。石川県で一番美味しいとされる羽咋市柴垣の天然岩牡蠣は65℃でポシェし冷製に。緑が鮮やかな春菊のピューレや真っ白な西洋山葵のエスプーマを合わせ、のど越しもよく、旨みも濃い。この皿を目当てに訪れるゲストが多いというのも納得だ。香箱蟹の甲羅に幸せをたくさん詰め込んだような、小さな花畑を感じさせる一皿は、羽咋産カリフラワーのバヴァロアや蟹のコンソメジュレで作るこの店のシグネチャーともいえる一品。フォトジェニックな料理で知られるが、実際に見て、口にすればさらに感動的だ。再訪を心に誓い、またこの季節、この皿を堪能したいと思えるのは、人生の一つの愉しみだろう。ここは能登の小さな宝箱のようなレストランである。

☼：5,300円～12,500円　☾：6,600円～17,600円

Tel: 0767-23-4712

石川県羽咋市柳田町ほ79-1

定休日：日曜、月曜（祝日の場合営業、翌火曜代休）

☼：11:30-13:00 (L.O.)

☾：18:00-20:00 (L.O.)

Tel: **090-9442-1324**

石川県金沢市片町
2-13-24

定休日：日曜

☾：18:00-

※ 21:30 以降はアラカルト

フィルドール

FIL D'OR

シェフ 田川真澄

15/20

フランス料理

ちょっと高めのカウンターを囲むのはたった６席。その内側の厨房は、まるでコックピットのようにコンパクトで機能的だ。調理から盛り付け、サービスにワインのチョイス、時に素早く洗い物まで、すべて一人でこなす田川氏は、縦に横に、前後にくるくると動く。仕上げをしながら、一つ先の料理の材料を冷蔵庫から取り出し、素早く並べ、後ろを向いて炭火で肉に火を入れながらも、客のグラスが空になるのを見逃さない。その小気味よいリズム感から生み出される料理は、独創的だ。最初は、カヌレ。塩味を利かせて、糸状に削ったトリュフをたっぷりとかけてある。田川氏が選んだ白ワインと共に一口で頬張れば、その香りが鼻腔に広がり食欲を刺激する。コンソメに添えたパイには、伝統野菜「加賀丸いも」とキャビアを挟み、地元農家が育てた蕪には、同じく地元生産者のフレッシュチーズを合わせ、グレープフルーツの酸味もプラスする。そうかと思えば、原木椎茸に葱に銀杏という和の組み合わせをドフィノア風に…。そのどれもが、立体的。高さのあるアーティスティックなフォルムは、カウンターで食べる視線を考えての盛付だろう。食べ手の驚く表情と感嘆の声。ミニマムな空間に満ちるワクワク感が、この店の醍醐味だ。

☾：8,000 円

Tel: **076-234-7701**

石川県金沢市北安江
4-8-31

定休日：月曜（祝日の場合は営業）

☼：12:00-15:00
(L.O.12:30)
☾：18:00-22:00
(L.O.18:30)

※完全予約制

プレミナンス

La PRÉÉMINENCE

シェフ 川本紀男

15/20

フランス料理

北陸の食材・生産者のことはこの人に聞けと言われるほど、県境を越え、シェフ・料理人とともに産地を巡る。そんな川本氏の行動力は皿の上にそのまま表れている。山野草をあしらった皿にのるのは、能登島・高農園の野菜、福井・天たつの練り雲丹、富山・土遊野の鶏肉。もちろん地元の金沢港には自ら赴き、甘海老・バイ貝・香箱ガニ・白子を仕入れ、料理に取り込む。1990 年代にフランスで修業し、ロサンゼルスにも出店、1997 年に故郷である金沢の現在地に開店した川本氏は、2018 年にフランス共和国農事功労章シュヴァリエを贈られたクラシックをベースとするシェフだが、「食材が料理を変えた」といえるほど、今は素材のフレッシュさが際立っている。能登島で獲れた甘鯛の鱗をカリカリに揚げ、アサリの出汁とサフランの黄色、オゼイユの緑のソースを配した一皿は、能登島産牛蒡のフリットを添え、彩り・香り・異なる食感が甘鯛の旨みを引き立てている。ひと頃のヌーヴェルキュイジーヌを思わせる軽やかさだが、メインの肉では熟練の火入れとソースにより、重厚なフランス料理でピークにもっていく。リニューアルを経て、ホールは木目を生かしシンプルに、厨房を臨むシェフズテーブルも設え、より「食」を愉しむ店構えになっている。ベテランシェフのギアチェンジに注目だ。

☼：10,000 円～ 25,000 円　☾：15,000 円～ 25,000 円

レストラン エンヌ

15/20

Restaurant N

シェフ 西山昭二

フランス料理

金沢駅にほど近い白銀交差点の大通り沿いに、黒と木目を基調としたシックな外観のフランス料理店がある。店内はオープンキッチンにモダンなリビングのような静かで落ち着いた空間だ。愛知県出身のシェフ・西山氏は、富山のフランス料理店や「ザ・ウィンザーホテル洞爺 リゾート＆スパ」のメインダイニングで料理長を務めた後、このレストランのシェフとなり、2015 年に店を引き継ぎ、独立した。西山氏は、日々、海や大地からもたらされる豊かな恵みを楽しんでもらうためにと、あえてメニュー表は置かない。この日の前菜は、豚肉のパテ・ド・カンパーニュや生ハムを使ったクロックムッシュ、金沢港で揚がった甘海老やアオリイカなど 5 種で、バラエティ豊かだ。藁で炙って香り付けした分厚い氷見産の鰹はビーツのソース、金沢港に揚がったバイ貝は蛤の出汁で、能登牛のモモ肉は根パセリのソースでと、地元の食材が持つ自然な旨みを風味豊かなソースで更に引き出している。デザートも能登栗の渋皮煮、能登栗のエスプーマ、和栗アイス、和栗のモンブランなど地元の産物を使ったメニューが続く。ワインは自然派や日本ワインの充実した品揃えで、「応相談」の入手困難ワインもオンリストされており、ワイン好きには堪らないだろう。

☼：4,800 円～ 7,600 円　☾：8,800 円～ 11,800 円

Tel: **076-213-8118**

石川県金沢市本町2-1-2

定休日：水曜、月 1 回
不定休あり

☼：金・土・日のみ
12:00-13:00 (L.O.)
☾：18:00-22:30 (L.O.)

ヴィラ デラ パーチェ

15/20

VILLA DELLA PACE

シェフ 平田明珠

イタリア料理

ディナーの時刻、あたりは宵闇に包まれていた。集会所を改装したという建物の向こうは、すぐ海だ。凪いだ静かな海からは、柔らかな潮の香りが流れてくる。海の反対側は、原生林と呼んでも間違いではないだろう、低い山。能登の豊かな自然が、息を潜めるように残っている。この場所を訪れて、平田シェフがこの地にオーベルジュ型のレストランを作ろうと思ったことが、ストン、と腑に落ちた。都内のイタリア料理店で働いていた頃、食材を探しに能登を訪れたことがきっかけで七尾に移住し、店を開いたのが 2016 年。土地の食材や脈々と受け継がれてきた食文化に魅せられ、2020 年、「何もないけれど豊か」なこの場所に、オーベルジュを移転オープンしたのだ。志を同じくする能登の生産者や漁師から食材が毎日届き、自分でも向かいの山に入って山野草や茸を採ってくる。こうして手に入れた食材が、平田シェフのフィルターを通すと、モダンな器にも美しい盛付にも、どこか「土」の気配が漂う、唯一無二の料理になる。能登の原木椎茸が香る「蕎麦がき」から始まる独創的なコースは、イタリアの郷土料理がベースだというが、カテゴリーにあてはめること自体がナンセンス。ここで繰り広げられるのは、平田明珠の料理なのだ。

☼：15,000 円　☾：15,000 円

Tel: **0767-88-9017**

石川県七尾市中島町塩津
乙は部26-1 地先（渚）

定休日：水曜、木曜

☼：12:00-
☾：18:00-

レスピラシオン

respiración

シェフ 梅 達郎・北川悠介・八木恵介

16/20

スペイン料理

Tel: **076-225-8681**

石川県金沢市博労町67

定休日：不定休

☼：12:00- 一斉スタート
☾：18:00- 一斉スタート

貪欲さを隠そうとしない、挑むような料理。幼馴染みである３人の同級生が、地元・石川県で築150年の町家を改装し、レストランを開いたのが2017年７月。わずか４年あまりの間に、著しい進化を遂げてきた。象徴的なのが、最初にテーブルに置かれる「甘海老」。身やみそ、殻などすべてを分解してシートやすり身などにし、ひとくちで頬張れるサイズに再構築したものだ。オープン当初から出し続けているスペシャリテだが、味のバランス、食感などを少しずつ変えている。「変わることを恐れない」と力強いメッセージが書かれたペーパーの上にのって出てくるのだが、このとんがった貪欲さが、進化を止めない勢いの源に違いない。マハタのピルピルには、カリフラワーの甘みと炭化した柚子を削りかける一方で、金沢の伝統野菜・加賀野菜の金時草やヘタ紫なすも違和感なく使いこなす。これは、足繁く産地を巡り生産者と顔をつきあわせ、ただ仕入れるだけではなく、継続し、繋げていくことを大切にしてきたシェフたちの成果だといえよう。2021年からは、町家の奥にある蔵をウェイティングルームにし、食前に感覚を研ぎ澄ます時間も提供している。次は何に挑むのだろう。巷のスペイン料理とは一線を画す「金沢スパニッシュ」の今後が楽しみだ。

☼：19,800円　☾：19,800円

ショクドウ ヤーン

SHÓKUDŌ YArn

シェフ 米田裕二・米田亜佐美

15.5/20

イノベーティブ

Tel: **0761-58-1058**

石川県小松市吉竹町
1-37-1

定休日：日曜、月曜、
火曜ランチ、他不定休あり

☼：12:00-14:30
（最終入店 12:00）
☾：18:00-22:30
（最終入店 19:00）

イタリアやスペインで修業し、帰国後は日本料理も学んだ米田裕二・亜佐美夫妻が、2015年、亜佐美シェフの実家の撚糸工場跡に開いたレストラン。店名の「YArn」（撚り糸）は、シェフ夫妻が重ねてきた経験と石川ならではの食材や料理技法にゲストも撚りあわせ、ここでしかできない、より強い糸を紡ぎ出そうという想いが込められている。この店では、言葉遊びのようなメニューを見て、どのような料理が出てくるか想像し、創意溢れる一品を見て笑いを誘われ、味わいながら謎解きを楽しむ。「牛すじと蕪の炊き合わせ」は、トロトロに煮込まれた蕪と出汁に、能登牛の牛すじと九条ねぎの風味が利いたアイスクリームがのせられている。見た目はアイスクリームだが、味はまぎれもなく「牛すじ煮込み」であり、見た目と口中に広がる味わいのギャップに驚かされる。この日のデザートは「胡麻３」と記されていた。すり鉢の中には、苔庭に見立てたヨモギのスポンジの上に木の枝のように素揚げしたかりんとうやエディブルフラワーのスミレが咲き、黒土に見える黒胡麻クッキー、小松産の黒胡麻アイス、本葛で作った黒胡麻葛切りという黒胡麻の３種の味と香りを楽しむ。地元食材を和洋の調理技術に分子ガストロノミーも織り交ぜながら、美味しく仕上げる米田夫妻のイノベーションは続いている。

☼：11,000円〜　☾：16,500円

片折

17/20

Kataori

シェフ 片折卓矢

日本料理

片折氏の目には、肩の力の抜けた潔い力がある。納得のいく食材を見つけるまで一切の妥協を許さないという、日々の努力の積み重ねからその力は生まれたのであろう。山奥で水を汲み、夜明け前から車を走らせ、能登や氷見まで食材を求める日々。それを愛おしむように、一品一品精魂込めて調理する。その料理は生命力に溢れ、どこか昔懐かしい優しい味だ。１品目は「能登の原木椎茸とお粥」。口中に広がる米の甘みと汁気、そこに力強く旨み迸る椎茸が重なる。真っ向勝負の料理であるが、見事に客の心を掴む。椀物の素晴らしさは、もはや語りぐさだ。この日は「ヤナギバチメのお椀」。片折氏自ら目の前で出汁を引き、その場で味わうが、毎回微妙に味が違う。出汁が吸い地へと変貌を遂げた際に全く別のものになり、椀種にピタリと寄り添うのだ。その日の種によって、寸分の狂いなく出汁を調整する技は見事としかいいようがない。実際、ヤナギバチメは上品な脂分と旨みが際立ち、吸い地は透明感溢れるものであった。修業時代から少しずつ集めたという器、グラスなども、そのセンスの良さには目を見張るものがある。今や食通の足を金沢に向かわせる名店となっているが、「何年経っても料理への情熱や姿勢はきっと変わらないであろう」と思わせてくれる「まっとうさ」が、この店の最大の魅力である。

Tel: 076-255-1446

石川県金沢市並木町
3-36

定休日：不定休

☼：12:00-15:00（営業日は要問い合わせ）

☾：17:30-20:30

※価格は仕入れにより変動

つば甚

17/20

TSUBAJIN

シェフ 川村浩司

日本料理

宝暦２年（1752年）、前田利家公のお抱え鍔師であった三代目の甚兵衛が、鍔作りの傍ら営んだ小亭が起源とされる金沢で最も歴史のある料亭は、創業270年を迎える。香を焚かれた玄関から、手入れの行き届いた庭を眺めつつ、通されたのは犀川を一望できる１階の部屋。前田のお殿様の奥方が滞在した際のお礼の品というトランプ模様を配した窓枠が実に洒落ている。古さを感じさせないしつらえが、加賀百万石の文化や風情を今に伝える。若女将の気配りの行き届いたサービスも素晴らしい。１品目は茅の輪に盛り付けた料理を３方向からいただいて無病息災を祈る料理。ミニ西瓜は明太子のゼラチンと胡麻で作り、とうもろこしの黄色が目を引く練り物揚げ、黒光りするドジョウの蒲焼など、色彩も豊かだ。屋形船に見立てた蓋の下には南瓜の蝶がのった美しいお造り。温かなノドクロの蒸し寿司、よく冷やされたひょうたん型の硝子鉢には酢のジュレをのせた毛蟹、躍動感に溢れる琵琶湖の若鮎の塩焼き、カトレア文様の輪島塗の椀には郷土料理の治部煮など、加賀の伝統野菜や山の幸、日本海の海の幸が色鮮やかに提供される。藩主にも加賀の町衆にも愛された、おもてなしの心が息づく名料亭の料理に、目も心も奪われる。

☼：16,500円～27,500円　☾：22,000円～33,000円

Tel: 076-241-2181

石川県金沢市寺町5-1-8

定休日：不定休

☼：11:00-14:00（最終入店13:00）

☾：17:00-21:00（最終入店19:00）

※要予約

日本料理 銭屋

ZENIYA

シェフ 髙木慎一朗・髙木二郎

16.5/20

日本料理

Tel: **076-233-3331**

石川県金沢市片町2-29-7

定休日：日曜不定休

☾：17:30-22:00
（最終入店 19:00）

片町の繁華街にほど近く、一歩足を踏み入れると賑やかな街とは別世界の静かで落ち着いた空間が広がる。「金沢で随一、世界で随一」を目指す老舗「銭屋」は、高級料亭には珍しく、１人客も迎え入れるカウンター席があり、先代から使われているという分厚いけやきの一枚板が目を引く。目の前の調理風景を見ながら店主と語らうのも、設えの整った座敷でゆったりと若女将の説明を聞きながら料理を愉しむのも、良い。現在は髙木家の兄弟が料亭を受け継ぎ、長男の二代目・慎一朗氏が、弟で総料理長の二郎氏とともに腕を振るう。慎一朗氏は、アメリカ留学から帰国後、「京都 吉兆」で修業し、1996 年に実家に戻った国際派。アラン・デュカス氏やミッシェル・トロワグロ氏などの著名シェフも訪れ、今や海外でもその名を知られる料亭となっている。本物そっくりの吹き寄せの栗は、イガの色を時季により緑から茶色に変えていくという秋の定番メニュー。口一杯に秋の香りが広がる能登産の松茸フライ、自家製の胡麻豆腐揚げの濃厚だがふわりとした優しい食感に驚かされる。メインは能登産の松茸と能登牛のすき焼きだ。付け合わせの黄身と大根おろしは、朱塗りの器に黄色が映える。どの料理にも技があり、美しさがある。日本料理を国内のみならず世界に繋げる老舗である。

☾：20,000 円～ 35,000 円

料理 小松

RYOURI Komatsu

シェフ 小松隆行

16.5/20

日本料理

Tel: **076-224-0118**

石川県金沢市幸町11-29

定休日：日曜

☾：18:00-19:30 (L.O.)

余計なものを全て削ぎ落としたシンプルな盛付。そして、余計な味を足さないギリギリの味付け。滋味溢れるその料理から、小松氏の食材に込めた思いがストレートに伝わってくる。技ある料理人は数多けれど、この域にまでたどり着ける者はほんの僅かだろう。最初の一皿、出汁と塩だけで炊いた「蕪の煮物」は、地物の野菜の甘みと香りを存分に味わえる。続くお造りは、アオリイカ、クエ、そしてブリ。包丁使いの巧みさが、刺身の味わい、歯ごたえをここまで変えてしまうのかと驚く。アオリイカはねっとりと舌に絡みながらも、繊維の歯ごたえも微かに感じる。経験したことのない、クエのダイナミックな美味しさ。脂の乗ったブリは大根おろしと山葵、醤油で豪快にいただく。この見事なお造りのためだけに、訪れる価値がある。また、「蟹真丈のお椀」も特筆すべきものだ。清らかな吸い地は、真丈の旨みをなお一層引き立てていた。金沢の夏の保存食、ブリの干物「イナダ」は、豪快に包丁で削って酒のツマミにすることが多いが、この日は締めの茶漬けとして登場。上品な出汁にイナダの塩味と旨みが加わり、藩政時代をしのぶ金沢ならではの味覚が愉しい。魯山人の徳利で美酒を傾け、骨董品格の器でご馳走をいただく。そのさりげなさが誠に粋な名店である。

☾：25,000 円～

一本杉 川嶋

16/20

Ipponsugi Kawashima

シェフ 川嶋 亨

日本料理

「故郷に錦を飾る」とは、まさにこのことだろう。大阪、京都で修業を積み、能登にUターン。和倉温泉の料理長として腕をふるったのちに、川嶋氏が自ら店を開いたのは、生まれ育った七尾市の一本杉通り商店街だった。2020年7月の開店以来、評判が評判を呼び、今や予約もままならない。国登録有形文化財の建物の姿を残しながらリノベーションした店には全国から食通が訪れ、カウンターで出迎えるのは、同じ商店街で営まれる和蝋燭の灯りだ。地元の農家が大切に育てた野菜や漁師が意気揚々と揚げた魚を、値を気にすることなく買い取り食材にする。調理する直前には、カウンターの中から誇らしげに食べ手に見せ、その素晴らしさを語ることを忘れない。その自慢の食材に、目の前で包丁を入れ、焼き、盛り付けていく。「能登にこんなにも素晴らしい食材があることを知ってもらいたい」という熱い思いが、この川嶋スタイルを確立させた。7kgのアラも、こぶし大の傘の松茸も、土鍋で炊き上げる米も、その食材に目を見張るが、特筆すべきは、なめらかに仕上げた胡麻だれや一見地味な野菜の素揚げだ。食材の良さを引き出す大胆かつ丁寧な仕事ぶり。飾った「錦」は、更に輝き続けるに違いない。

☼：7,000円　☾：15,000円

Tel: **0767-58-3251**

石川県七尾市一本杉町32-1

定休日：不定休

☼：12:00- 一斉スタート
☾：18:30- 一斉スタート

※価格は季節によって変動する場合あり
※完全予約制

料亭 穂濤

16/20

Ryotei Honami

シェフ 越沢晃一郎

日本料理

春なら桜、夏は涼しい川風、秋は色づく山、そして冬は雪景色を楽しみながらになるだろう。犀川沿いをそぞろ歩いて向かう時間も、食事の序奏。明治時代の邸宅を改装したという建物は、ほどよく野趣ある庭に囲まれるように建っている。軸や季節の花はもとより、欄間や灯り、襖の引手に至るまで、「古き良き」に見え隠れする洗練。数ある金沢の料亭のなかでも、屈指の美意識が息づいているのが、「料亭 穂濤」だ。当然、料理も美しい。訪れたのは、夏の始まり。一献のあと、涼やかなガラスの器が運ばれてきた。雲丹ととうもろこし、枝豆。漆の匙でほんのふた口ほどで終わる先付だが、出汁の香り、磯の風味、夏野菜の力強さに、キリッと利かせた山葵の辛み…様々な味が渾然一体となって舌を喜ばせる。吸物は漆黒の椀で。ふたを開けると華やかな蒔絵に思わずため息が出る。内側に贅をこらすのは、まさに金沢らしい美学だ。最後に出てくるのは、スペシャリテと名高い葛きり。食べ進む頃合いを見計らってひとつずつ手作りし、できたてが運ばれてくる。輝くような透明感だが、作って15分もすると、この輝きがなくなってしまうらしい。美しい瞬間をいただく幸せに、「穂濤」の神髄を垣間見ることができる。

☼：5,000円～　☾：15,000円～

Tel: **076-243-2288**

石川県金沢市清川町3-11

定休日：不定休

☼：11:00-14:00
☾：16:00-22:00

東山 和今

HIGASHIYAMA WAKON

シェフ 今井友和

15.5/20

日本料理

Tel: 076-252-6657

石川県金沢市観音町
1-5-8
東山のオーベルジュ
薪の音金澤 1F

定休日：不定休

☼：12:00-14:30
☾：18:00-22:00

※完全予約制

夜になると人通りも少なく、しっとりとした風情が漂うひがし茶屋街。店は、この茶屋街の通りから、細い路地を入った奥にある。にじり口の引き戸を入ると、黒を基調にしたモダンな空間。高めのカウンターと、庭を眺めるテーブル席が出迎えてくれる。訪れたのは、９月。長月と書かれた短冊状のメニューには、食材が２つずつ、12 種並んでいる。「菊 すだち」「かます 舞茸」「蓮根 ふぉあぐら」…なんとなく想像できる組み合わせもあるが、どんな味になるのだろうと不思議に思う組み合わせも。これらは順番に出てくるのだが、想像できていたものにも、必ず想定外の仕掛けが潜んでいる。そして次はどんな仕掛けが来るのだろうと、ワクワクしてしまう。これが今井氏の料理の真骨頂だ。外れのない組み合わせと思わせておいて、お凌ぎ風に鯖寿司の姿で出てきた「さば 紫蘇の実」は、揚げた紫蘇の実のサクサクした食感が新鮮だ。「能登牛 ぎんなん」に至っては、レアの能登牛に銀杏をのせて、ナスタチウムを飾る。まるで洋菓子のような見かけなのに、舌の上でなんと、すき焼きの味になるのだ。とはいうものの、奇想天外に走ったものではなく、食材を知り尽くしているからこその、トリック。個性的な作家ものの器に映える、アーティスティックな盛付もあっぱれだ。

☼：6,600 円～ 11,000 円　☾：8,800 円～ 14,300 円

和田屋

WATAYA

シェフ 関 直斗

15.5/20

日本料理

Tel: 076-272-0570

石川県白山市三宮町
イ55-2

定休日：第２・４火曜
（12月 - ３月毎週火曜）

☼：11:15-15:00
（L.O.14:00）
☾：17:00-21:00
（L.O.20.30）

※全室個室

まるで桃源郷に迷い込んだようだ。白山比咩神社の境内。両側を木々に挟まれながら、足元の灯りに導かれるように、ゆるやかに下っていくと突然目の前が開け、歴史を物語る重厚な建物が現れる。しっとりと打ち水されたエントランスには、一文字三つ星の家紋が染め抜かれた大きな暖簾が静かに揺れ、紅殻壁が少し艶やかな各部屋には、囲炉裏がしつらえてある。この囲炉裏で焼くのは、川魚。先付を食べ終わる頃、料理人自ら囲炉裏の傍らに座し、串打ちされた鮎を手に塩を振り、炭火の加減を見ながら、火を囲むように串を刺す。パチパチと火のはぜる音、炭の匂い、そしてほどなく鼻腔をくすぐる魚の焼き上がる香り。窓の外は、ほどよく野趣ある静かな庭。ここだけ違う時間が流れているような錯覚を覚えるが、この間も、山の原木舞茸の土瓶蒸しや、ゴリや岩魚の洗いが目と舌を楽しませてくれるのだ。季節毎に、山菜や茸、熊や猪などのジビエを組み込んだコースは、山の素朴さと洗練の塩梅が秀逸。聞けば、出汁がほかとは違うという。「和田屋」が料理に使う水は、白山の伏流水で少し硬めのため、60℃で１時間かけて出汁を引く。この出汁の味わいが、料理の味を優しくしているのだそうだ。まさに山の恵みである。

☼：12,000 円～ 60,000 円　☾：16,000 円～ 60,000 円

味処 大工町 よし村

15/20

Ajidokoro Daikumachi Yoshimura

オーナーシェフ 吉村良一郎　シェフ 島崎 茂

日本料理

「金沢の美味しいものを色々」といえば、かなりの確率でこの店がピックアップされるだろう。地物の魚や肉、加賀野菜に能登野菜、郷土料理の治部煮やはす蒸しも外さない。評判の店が軒並みコース料理のみに移行している金沢で、アラカルトであれこれ楽しめるこの店はありがたい。落ち着いた個室もあるが、何といっても鮮やかな朱塗りのカウンターが特等席。目の前で魚を捌き、柵に包丁を入れて刺身を盛り付け、天ぷらは揚がった瞬間に熱々がヒョイと敷紙の上に。赤々と燃える炭火では、ノドグロからしたたる脂がジュッと音と炎を上げる。そうかと思えば、客のリクエストに応えるように、おにぎりも炭火で焼いている。調理の香りや音はもちろん、客同士の会話のざわめきや、スタッフが交わす声までも、この臨場感を盛り上げる。毎日準備するという 100 近いアラカルトメニューは、見れば何が出てくるのか分かる日本料理のオーソドックスなものがほとんど。生で、焼いて、煮て、揚げて…と、間違いのない調理法なのだが、地元で特上のものを手に入れ、出汁のひき方、包丁の角度、火入れ、合わせるタイミングなど、熟練した技で丁寧に調理することで、唯一無二の「よし村」の味になる。

☼：4,000 円～　☾：6,000 円～ 12,000 円

Tel: **076-232-3001**

石川県金沢市大工町22

定休日：日曜（月曜が祝日の場合は日曜営業、翌月曜休み）

☼：11:30-14:00
(L.O.13:30)

☾：17:00-22:30
(L.O.22:00)

※ランチは要予約

すし処 めくみ

17/20

Sushidokoro Mekumi

シェフ 山口尚亨

寿司

金沢市に隣接する、野々市市の閑静な住宅地、交通至便とは言い難いが、手間と時間をかけてでも訪れ味わうべき至高の鮨がここにある。美味しい鮨作りを目指し走り続けて 20 年、山口氏の飽くなき探究心、溢れる情熱、真摯な姿勢は 100 分の 1 秒を追求するトップアスリートそのものだ。毎日往復 200km 以上を自ら運転して能登の七尾港へ赴き、蟹の時季ともなれば北陸沿岸を寝る間も惜しんで走り回り、納得のいく食材を選び抜く。仕入れた魚介の手当ても経験や勘だけに頼らない。様々な論文を検索し試行錯誤を重ね、時には科学者に教えを乞い、研究機関との共同研究などで得た知見に基づき、食材が最も美味しいコンディションになる手当てを施す。旨みが凝縮された熟成鰤や塩分濃度と茹で時間を徹底管理した蟹はこうした科学的アプローチの賜物といえよう。訪問時の、7 日間寝かせたアオリイカのとろける舌触り、炙ることにより甘みと香りを引き立たせたホタルイカやボタン海老など、いずれも他に類をみないものであった。鮨種と酢飯を夫婦にたとえ、バランスの重要性を説く。酢飯は湯炊きという独自に改良した方法で炊き上げ、大きなお櫃から小さなお櫃へこまめに移し替え、鮨種ごとに最適な温度で用意する。全てはより美味しい鮨のため、山口氏は今日も走り続ける。

☼：32,000 円　☾：32,000 円

Tel: **076-246-7781**

石川県野々市市下林
4-48

定休日：月曜（4 月-10月は月曜、火曜）

☼：日のみ 12:00-14:00

☾：18:00-/20:30-

Tel: **076-231-7447**

石川県金沢市木倉町4-10

定休日:日曜、祝日、水曜、年末年始

☼ : 12:00-14:00 (L.O.)
☾ : 17:00-22:00
(最終入店 18:30)

乙女寿司

15.5/20

Otome Sushi

シェフ 鶴見和彦

寿司

鮨の名店ひしめく金沢で、「乙女寿司」は、四半世紀以上前からいささか大衆的な飲み屋街の一角に暖簾を掲げている。賑やかな通りから店名の書かれた壁の内側に足を踏み入れると、風景は一変。打ち水された敷石の両側には趣ある灯籠が並び、格子窓の向こうからは店内の灯りが温かく誘う。先代から譲り受けたという数寄屋造りの建物は、風格がありながらも、どことなく金沢らしい艶やかさだ。カウンターでは、立ち姿の美しい店主・鶴見氏が穏やかな笑顔で迎えてくれる。料理、ことに鮨は握る人の人柄が表れるというが、鶴見氏の鮨は美しく、穏やかで優しい。すっと腰高で細めの握りには、丁寧に包丁が入れられている。はらりと崩れる鮨飯は儚く、脂ののった新鮮な鯵にも、ほどよく寝かせて旨みを引き出した甘海老にも、寄り添うように、口の中で消えていく。スペシャリテと名高い雲丹や穴子の握りも、主張する感じではなく「この鮨飯があってこそ」の穏やかな味わい。しかも毎年少しずつ包丁の入れ方や種ののせ方が進化しているから驚きだ。日本海の豊かさを見せつけるようなバラエティ豊かなつまみも、九谷焼や水引細工など金沢ならではの器使いも、旅の気分を盛り上げてくれるに違いない。

☼ : 5,000 円～　☾ : 15,000 円～

Tel: **080-8996-2830**

石川県金沢市中央通町11-49

定休日 : 日曜

☾ : 18:00-24:00

ジブンチ

pop

jibunchi

シェフ 山本啓介

イタリア料理

シェフ・山本氏は、猟師でもある。実家は鶏も育てる農家だという。駆使するのは、炭火だ。カウンターから見えるレンガを積んだ焼き台は、あきらかに手作り。自ら捕らえたジビエ肉と、畑や山から届く野菜を使う。と聞くと、ワイルドで素朴な料理を連想するが、決してそうではない。地元の工房のフレッシュなチーズに熟れ具合を見極めた柿を合わせた一皿もあれば、スパイスがガリッと効いた鹿肉のパテ、肉の旨みいっぱいのボロネーゼには赤ワインがふわりと香る。特筆すべきは、肉の火入れ。塊肉を炭火でじっくり焼き上げ、思い切りの良い塩使いで、旨みを引き立てる。個性的なワインのセレクトで、食事メインの１軒目でも軽くつまみながらの２軒目でも楽しめる、金沢では稀有な存在だ。

☾ コース ○

カードル

15/20

cadre

シェフ 濱屋拓巳

フランス料理

2021 年 5 月、シェフに就任した濱屋氏が掲げるのは「圧倒的な地産地消」、それをオーナーソムリエ・林真史氏の圧倒的福井愛が包み込んでカードル（骨格）は出来上がった。食材はもとより、黒龍酒造や黒﨑打刃物など世界で活躍する福井のアルチザンの銘品がテーブルに並ぶ。店内は広く、ゆったりとした席の配置も贅沢で心地好い。サービス担当者は、全員がソムリエ資格保持者という精鋭揃い。料理の説明も的確で、聴き惚れるほどだ。福地鶏のブイヨンの上澄みに、福井県産コブミカンのオイルは、上品な旨みに爽やかな香りで、これからのコースへの期待値が上がる。アミューズも内容が濃く、マカロンには黒龍大吟醸で洗われたフォアグラ、ミニタルトには福井の老舗、天たつの塩雲丹を登場させる。魚は越前魚信の丁寧に手当てされたものを使用。福井県認定最高級「極（きわみ）」の若狭ぐじは、船上神経締め内臓抜き海水仕上げで 1 週間、極上の「極」にまで熟成させ、ブイヨンの霧で蒸す。そこに発酵トマトの優しい旨みのスープを注ぎいただくと、ぐじの身がぷりんと弾けた。その口中の幸せはしばらく記憶に残る程であった。岡田麻波パティシエールの仕事も素晴らしく、レストランも客も共に育っていきたいと思わせる、福井の新しい風だ。

☼：6,500 円　☾：12,000 円

Tel: 0776-50-6177

福井県福井市高木中央
1-2601

定休日：火曜、水曜

☼：12:00-15:00
（12:00- 一斉スタート）

☾：18:30-22:00
（18:30- 一斉スタート）

開花亭 sou-an

16/20

KAIKATEI sou-an

シェフ 畑地久満

日本料理

創業 1890 年、店舗は国指定登録有形文化財という福井を代表する料亭が、現代風の本格懐石で福井の食を発信する。隈研吾氏の設計による木組みを生かした「sou-an」は、料亭街の面影を留める浜町界隈の新たなシンボルとなっている。献立は二十四節気にあわせ、彩り豊かな盛付の中に越前の国の季節の移ろいを映す。立冬の頃ともなれば、この地方最強の食材、蟹が控えている。せいこ蟹は浜から数時間で厨房に。甲羅を開き、生のまま韓国風のケジャンでいただけるのも、この地に赴いてこそ。ズワイガニは料理長・畑地氏が七輪を席まで持参、白味噌に 5 分漬けたものを香り豊かに焼いていく。福井の銘酒と合わせれば、これを至福と呼ばずして何を、ということだ。2017 年、43 歳の若さで「現代の名工」に選ばれた畑地氏は、季節と食材という縦横の軸を熟知し、訪れる人に食を通して福井を語る。蟹の出汁で炊いた大根に淡い蟹みそ餡をかけ流した一皿は、名工ならではの滋味が染み入る。美酒佳肴、優れた酒蔵を有する福井の、そのまた希少なアイテムをシニアソムリエの資格を有する木嶋佑平氏があわせていく。カジュアルな料理から贅を尽くした饗宴まで、この館は多様なニーズに応えながら、料亭文化を次世代に引き継いでいく。

☼：4,620 円～ 13,200 円　☾：8,228 円～ 18,150 円

Tel: 0776-50-1070

福井県福井市中央3-9-21

定休日：日曜、祝日

☼：11:00-14:00
（最終入店 13:00）

☾：17:30-22:00
（最終入店 21:00）

東京 北海道 茨城 栃木 群馬 埼玉 千葉 神奈川 山梨 長野 新潟 富山 石川 福井 静岡 愛知 岐阜 三重

Tel: **0776-22-1323**

福井県福井市春山2-1-7

定休日：日曜、月曜、
他不定休あり

☼：水 - 土 12:00-14:30
☾：18:00-22:30

御料理　一燈

Oryouri Ittou

シェフ 倉橋紀宏

15.5/20

日本料理

春山のさくら通りという情緒ある街並みに店を移して2年。倉橋氏の料理は今、成熟期にあるのではないか。魚介類の仕入れが素晴らしく、越前がにの季節は言うに及ばず、入荷によっては福井県が認定する最高品質の越前がに「極（きわみ）」でコースを組むことも可能なほどだ。船上神経締め若狭ぐじ「極」もあり、ここでは椀物にする。むっちりとした身を口に含めば、皮の下のゼラチン質からとろりとした身までが口中に旨みと共に広がり、至福のひと時となる。型の良い鰆は、完全無農薬栽培の藁で炙り、薬味がたっぷりとのせられている。老舗「麩市」の地がらしを醤油に溶いたもので鰆をいただくと、香ばしさが二重に押し寄せてくる。日本酒メニューの内容も濃く、あれもこれも試したくなる。地酒だけでなく一度は飲んでみたい銘酒もあり、迷った時はソムリエールに相談したい。締めの米は旧宮崎村の完全無農薬有機コシヒカリを、スタッフ総出で稲刈りも手伝い、1年分の藁も確保した。メダカや蛍とともに育った米が土鍋で炊きあがり、その爽やかな甘みともちもちした食感、清澄な湧水の気配を感じる白米飯に感動し、コースの中盤にさかのぼり米を堪能したくなる衝動に駆られる。桜の時季に店を出れば宵闇に満開の桜。幸せな食事の余韻が桜色に包まれて忘れがたい記憶になるだろう。

☼：8,000円～35,000円　☾：15,000円～50,000円

Tel: **0776-24-3080**

福井県福井市文京5-17-5

定休日：日曜

☼：12:00-14:00
☾：18:00-23:00

※ランチは前日までの完全予約制

※おまかせの場合多少の価格の変動あり

鮨　十兵衛

Sushi Jyubei

シェフ 塚田哲也

15.5/20

寿司

福井市の住宅地に店を構え、創業40年を超える老舗鮨店である。二代目主人、塚田哲也氏は、札幌市の「すし善」で6年間の修業の後、福井に戻り、2013年10月、店舗を大幅に改装し、再出発を果たした。店の前に12台分の広大な駐車スペースがあるのは初代の頃の名残であろうが、その奥には、奈良檜の一枚板のカウンターを中心に落ち着いた鮨空間が広がる。福井をはじめとした北陸の魚介や、豊洲など全国から厳選された素材を活かした酒肴と鮨、それに合わせて「黒龍」や「常山」など福井の銘酒を楽しむことができる。今では全国からこの店を目当てに福井を訪れる客人がいるほどだ。訪問時には、七尾湾の迷い鰹のしっとりとした食感を愉しむことができたし、地元ならではのボタン海老や越前蟹も贅沢な味わいであった。握りは、米酢と赤酢をブレンドした鮨飯を用い、酸味と塩味が効いた塩梅であり、ここでも福井の銘酒とのバランスが考えられているようである。特に、福井の海の幸である瀬付きの鯵や鰆の味わいが素晴らしい。地元の素材をより突き詰めて、鮨との相性を追求していくことで、更なる発展を遂げるであろう、福井を代表する鮨店である。

☼：12,000円　☾：22,000円

Gault&Millau

RESTAURANTS
レストラン

静岡県
SHIZUOKA

岐阜県
GIFU

愛知県

三重県
MIE

Tel: **054-272-0066**

静岡県静岡市葵区常磐町
1-8-5
BROOKLYN SQUARE
2F

定休日：不定休

☼：12:00-14:00
(L.O.13:30)
☾：18:00-23:00
(L.O.20:00)

※要予約

カワサキ
KAWASAKI
シェフ 河崎芳範

15/20

フランス料理

静岡駅から徒歩10分、シックな煉瓦造りのビル2階のドアを開けると、この店を象徴するジビエの熟成庫が目に入る。狩猟免許を持つ料理人の先駆けの一人、河崎氏がここを拠点として7年になる。河崎氏は、都内の「レストラン キノシタ」などでベーシックなフランス料理を学び、2007年「レストラン ビオス」のシェフとして富士宮に移住、有機農業や富士の裾野の自然の恵みを活かしたレストランを経験した後、都市と農村の程よい距離感を求め、静岡市内に店を開いた。最初の一皿「ホタルイカ キノコのフラン」は、魚の宝庫・駿河湾と富士山麓の山の幸で「静岡」を表現する。「蜜柑畑 ヒヨドリ」は、みかんを啄ばんだヒヨドリを30羽も身や骨をジビエコンソメなどで煮込み、ビスクに。そのスープは濃厚だが、忍ばせたみかんの皮が爽やかな食後感をもたらしている。「キジバト」は自ら仕留め、20日間寝かせたもの。熟成の見極め、ゲストの眼前での火入れは河崎氏の独壇場だ。ジビエを使った締めのラーメンは、季節により、雉のコンソメで煮込んだ牡蠣やほうれん草を裏漉しし、ジビエの脂も使ったスープに雉のチャーシューを添えて、今や店のスペシャリテにもなっている。狩猟から調理、サービスまで、熟成の時を経た河崎氏が描く自身の将来像は、やはり里山の風景の中にあるのではないか。

☼：11,000円〜　☾：11,000円〜

Tel: **0550-81-2231**

静岡県御殿場市東山
527-1

定休日：火曜、水曜

☼：11:30-
☾：17:30-

メゾンケイ
Maison KEI
シェフ 佐藤充宜

15/20

フランス料理

和菓子の老舗「とらや」十八代当主・黒川光晴氏とパリの名店「Restaurant KEI」の小林圭氏の想いが形となり、2021年1月、御殿場に開店。建築家・内藤廣氏による建物はダイニングの三方をガラス張りにし、四季の移ろいと富士山を望む開放的な造りとなっている。厨房を取り仕切るのはパリで6年間、小林氏の薫陶を受けた佐藤氏だ。自社の主力工場を置き、緑の深い御殿場の活性化を図る黒川氏と、食材を尊重し、預かる命が最も美味しくなるよう努める小林氏は、素材の多くに静岡県産のものを採り入れている。魚介類は、焼津の「サスエ前田魚店」が提供し、肉類は「富士の鶏」や「LYB豚」「静岡そだち」など地元のブランド肉を使用。スペシャリテの「庭園風季節のサラダ」には、三島産のハーブや野菜が40種類以上使われている。新鮮な野菜とハーブを、添えられたレモンの泡とその時々によって異なる3種類のソースとともに掻き混ぜる。渾然一体となったサラダから泡雪のように現れては消える食材のニュアンスが五感を刺激し、その感動は記憶に刻まれる。悠然たる富士山を眺めながら、時代の最先端を疾走する小林氏が創り出す料理世界に触れれば、しばし現実を離れ、愉悦の時を過ごすことができるだろう。

☼：4,500円〜 8,500円　☾：5,500円〜 9,000円

サヴァカ

14.5/20

Çava.K.

シェフ 山口祐之

フランス料理

茶の名産地、牧之原台地の里山に「西欧料理 サヴァカ」はある。店の前を流れる沢水加川（さばかがわ）をフランス語風にもじった店名に、山口氏の遊び心を見る。パリの「オテル・ド・クリヨン」など名門ホテルやレストランでフランス料理を修め、静岡県から「ふじのくにマエストロシェフ」の称号を授与された山口氏が敢えて「西欧料理」と名乗るのは、枠にとらわれず静岡の優れた食材を美味しい料理に仕立て上げたいという思いからだ。使用する食材はレストランの周辺で採れる野菜や御前崎港で仕入れる魚、遠州夢咲牛など、静岡のテロワールを映したものを中心としており、特に冬のジビエは最も得意とするところだ。料理人と猟師のマッチング活動に力を入れる山口氏のネットワークを通じて供給されるジビエは、鹿や猪のほか、食通垂涎のヤマシギやツキノワグマなど希少なものまで多岐にわたる。メニューには近くの小笠山で獲れた猪の煮込みや、安倍川上流域のツキノワグマのロティ、自家製ジビエのシャルキュトリと朝採れ野菜のサラダなど静岡の滋味を感じる料理が並ぶ。幅広い層に楽しんでもらえるようにランチ、ディナーともに手頃な価格帯からコース料理の用意がある。自然豊かな里山で静岡のテロワールを気軽に、そして存分に味わえるレストランだ。

☼：3,800 円～ 5,900 円　☾：6,700 円～ 25,000 円

Tel: 0537-37-1820

静岡県菊川市沢水加
791-11

定休日：月曜、火曜（いずれかが祝日の場合は営業、水曜代休）

☼：11:30-14:30
(L.O.13:30)
☾：18:00-21:30
(L.O.20:30)

※クレジットカードは VISA・Master のみ利用可

シンプルズ

14.5/20

Simples

シェフ 井上靖彦

西洋料理

駿河湾や浜名湖の魚介類と静岡の在来種や有機栽培野菜を、できるだけ素に近い状態で提供しようという創造性豊かな料理店。元々、カジュアルで美味しい店という定評はあったが、このところの進化には目を見張るものがある。「イトヨリとカサゴのアクアパッツァ」は、イタリア現地の調理法にならい、駿河湾の海水と少しのニンニクだけで火を通し、海で泳いでいる魚の味をそのまま皿に移そうとしている。また、「オジサン」という通常は安価で取引される白身魚は、高温で焼き上げ、赤い皮目に、ピュレと生のまま刻んだカリフラワーを白雪のように散らす。誰しも、この魚がこんなに旨かったのかと驚くに違いない。これらは活け締めと低温輸送により、鮮度を保ったまま厨房に持ち込まれ、ソースやピュレにも乳製品を使わず、味を足したくなる一歩手前で我慢する「シンプル」な調理法を採っている。それを可能にしているのが焼津「サスエ前田魚店」前田尚毅氏を中心に、漁業者も巻き込んだ漁法・輸送・仕立て・調理の探究だ。これほど生息していた状態に近い魚が得られるのなら、そこに余計な手を加えることへの躊躇が生まれるのも当然だろう。井上氏は、店名に込めた思いを実現できる素材を手に入れ、料理をさらにグレードアップさせようとしている。

☼：9,350 円　☾：9,350 円～ 12,100 円

Tel: 054-221-7733

静岡県静岡市葵区馬場町
39-3

定休日：火曜

☼：金・土・日のみ
12:00-14:00
☾：18:00-22:00 (L.O.)

東京 北海道 茨城 栃木 群馬 埼玉 千葉 神奈川 山梨 長野 新潟 富山 石川 福井 静岡 愛知 岐阜 三重

温石

Onjaku

シェフ 杉山乃互

15.5/20

日本料理

Tel: 054-626-2587

静岡県焼津市本町
6-14-12

定休日：不定休

☼：12:00-13:30 (L.O.)
☾：18:30-20:30 (L.O.)

焼津にこの店あり、と全国から食通が足を運ぶ茶懐石の店。二代目店主である杉山氏は東京・目白にあった懐石料理の名店「和幸」での６年間の研鑽を経て地元に戻り、「サスエ前田魚店」前田氏の協力を得ながら宴席が主体の店からカウンター割烹に軸足を移し、静岡の魚介類や野菜に寄り添う料理を提供して注目を集めている。杉山氏は茶懐石の基本である客人へのもてなしの心を大切にしており、店名も、懐石料理の由来に縁るものだろう。若手料理人も入り、店としての充実度をさらに増している。杉山氏の所作は丁寧で美しくさえあり、塩振りや焼き魚の切り分け、フライの衣の付け方にまで、込められた強い思いを感じることができる。料理はその時季に港に揚がった最良の食材を最適の料理法で提供するが、この店の看板料理でもある金目鯛の焼き物の火入れは流石で、皮目をハサミで丁寧に切り分け、包丁を入れるなど、細部にわたる仕事ぶりも見事である。さらに、炊きたての煮えばなの状態からスタートし、お代わりをする毎に異なる食材を組み合わせるご飯料理の数々は、訪れた客に至福の時間が長く続く、嬉しい心配りだ。最後に杉山氏が目の前で点てる抹茶まで、ゆったり焼津の時間を愉しみたい。

☼：15,000 円　☾：15,000 円

日本料理 FUJI

Nihonryouri FUJI

シェフ 藤岡雅貴

15.5/20

日本料理

Tel: 054-260-5166

静岡県静岡市葵区栄町
3-6

定休日：日曜、第３月曜

☼：12:00-14:30
(12:00 一斉スタート)
☾：18:00-22:00

静岡駅にほど近い２階建て住宅の１階にさりげない扉とアルファベットの店名。ここで 30 代半ばの気鋭の料理人・藤岡氏が表現する「静岡の日本料理」が注目を集めている。それは、東西の食文化が混在する静岡にあって、どこか清新でモダンな雰囲気を湛え、次々供される料理も、トリ貝や平貝と分葱の和え物、軽く火入れした伊勢海老、アサリの飯蒸しに朝採れグリーンピースなど、素材が生き生きしている。藤岡氏はこれまで技より素材を前面に出すことに注力しているように見えたが、白甘鯛の焼き物では、アラから取った出汁が、カリカリに揚げた鱗と柔らかな身を包み込んでフランス料理のソースのような役割を果たし、技で新境地を開いていた。焼津に伝わる手火山式焙乾方式で作られた本枯節を目の前で削り、その一番出汁だけを飲ませたり、ご飯ものは、白飯に金目鯛、桜海老ご飯、「天城軍鶏」の雑炊と、３種を重ねるように食べさせるなど、料理の流れと起伏にも心を配っている。地元の日本酒を中心に全国の銘酒やシャンパーニュ、ワインも揃え、サービス専門のスタッフも置いている。駿河湾から揚がる季節の魚介と静岡の野菜・果物を活かし、リーズナブルな価格で提供するこの店に、わざわざ県外から客が駆けつけるのも頷ける。

☼：8,000 円～　☾：10,000 円～

成生

Naruse

シェフ 志村剛生

17/20

天ぷら

2021年2月、移転を果たした新生「成生」は、550坪の敷地に、太田道灌ゆかりの庭園を擁し、広い待合や茶室を備え、賤機山の深い緑を借景とする。客席は8席のカウンターのみ。大小2つの天ぷら鍋を新調し、たっぷりの太白胡麻油を使い、途中でその油も全て入れ替える、何とも贅沢な天ぷらだ。食材は、駿河湾で獲れた最高のものを選りすぐり、採れたての野菜や山菜を昼は朝市で、夜には夕市で見つけ、素材の状態から衣の付け方や水分の残し方をイメージし、油の温度・時間をコントロールする。熟成が必要な素材の寝かせ具合や、スモークの薫りの付け方にも、秀逸なセンスが見てとれる。それらは試行錯誤の末、極めたものであり、日々、素材に出合う中で研ぎ澄まされてきたものだろう。天ぷらは、味の異なる2種類の塩や天つゆに好みでたっぷり鬼おろしを入れていただくが、脂が乗り、甘さが特徴のノドグロには、醤油を塗り、香ばしい薫りに包みながらピュアな甘みをより引き出したり、野菜は、部位ごとの旨さを余さず堪能させるため、皿ではなく手渡ししたりと、随所に工夫を見ることができる。移転後の進化の一つに、別棟に設けた竈で、薪を使って炊いたご飯のふっくらした旨さも挙げられよう。敷地に足を踏み入れた瞬間から続く驚きと感動は、全国の食通をさらに虜にするに違いない。

☼：25,500円　☾：25,500円

Tel: 054-295-7791

静岡県静岡市葵区丸山町
12-2

定休日：土曜

☼：12:00-
☾：18:00-

壺中天

KOCHUTEN

シェフ 上井克輔

16/20

フランス料理

ヤマザキマザック美術館が入るビルの地下にあるこの店は、入口の看板が目立たないため、つい見過ごされてしまうかもしれない。しかし、店内は天井も高く落ち着いた雰囲気で、カジュアルでもフォーマルでも楽しめる堂々たるフランス料理店だ。アミューズの盛り合わせには、岐阜「BON DABON」のペルシュウ。パルマハム職人の称号を持ち、薄さや温度管理、提供するタイミングにも細心の注意を払う多田昌豊氏の生ハムが卸されている数少ない店の1つだ。スペシャリテは「オマール海老と雲丹のコンソメジュレ」。和牛の前脚や後脚を用いて20年間試行錯誤したといい、牛スネのミンチから作った黄金色に輝く芳醇なコンソメは絶品だ。コンソメをベースにカリフラワーのクリーミーなソース、北海道産の雲丹とオマール海老が渾然一体となり、磯の香りが口中に広がる。また、レモンにそっくりなデザートには驚かされる。外側はホワイトチョコでコーティングし、割ってみると中にはライムのムース、グレープフルーツのジュレにネパール山椒など、異なる酸味や味わいが層をなしていて、見た目も味わいも秀逸だ。地下1階ではワインバーも経営しており、グラスワインの種類も豊富なのが嬉しい。様々なシチュエーションに応えられる、名古屋になくてはならないレストランである。

☼：6,050円～16,500円　☾：11,000円～20,000円

Tel: 052-508-8850

愛知県名古屋市東区葵
1-19-30
マザックアートプラザ B2F

定休日：月曜、第3・5日曜、他不定休あり

☼：11:45-15:00
(L.O.13:00)
☾：18:00-22:00
(L.O.19:30)

ラ・ヴァガボンド

LA VAGABONDE

シェフ 岩本龍介

16/20 フランス料理

Tel: **052-253-7343**

愛知県名古屋市中区
千代田2-14-24
キャノンピア鶴舞 1F

定休日：日曜、他不定休あり

☼：金・土のみ 12:00（最終入店）
☾：18:00-19:00（最終入店）

※要予約

緑豊かな鶴舞公園から歩いて5分ほど、オープンテラスと窓越しの温かな灯りが出迎えてくれる。“放浪者”を意味する店名のように、ここは岩本氏の独創的で自由な発想が随所に光る名古屋屈指のレストランだ。「化石の上」という表題のアミューズは7種類。岐阜県本巣市の井深農園のマイクロハーブやエディブルフラワーを9種類ほど添えたタルトは、風味の調和が見事だ。貝のメニューでは岩手県産の黒米とブロッコリーのペーストを土台に、北寄貝、トリ貝、赤貝が美しく層を成し、少量の胡椒やフルール・ド・セル、魚醤でそれぞれに合う味がアレンジされている。造形美溢れる端正な盛付は、上から下まで合わせて食べると美味が広がるという巧みな設計だ。北海道の毛蟹では長野県産のビーツとの食感のコントラストを愉しみ、メインのシャラン鴨ではトリュフとハーブ、ソースの組み合わせで魅了する。岩本氏はバーテンダーとして出発し、フランス料理店でのキャリアを積み、2011年に店をオープン。飽くなき探究心によって生み出される料理の数々は、一体どれだけの手間暇をかけてつくられるのだろうかと、テーブルに皿が置かれるごとに驚きと感動を覚える。多彩な食感や風味も織り交ぜながら構成された料理は、まるで芸術品だ。また足を運びたいと思わせる魅惑のレストランである。

☼：13,200円　☾：16,500円

レストラン レミニセンス

Restaurant Reminiscence

シェフ 葛原将季

16/20 フランス料理

Tel: **052-228-8337**

愛知県名古屋市中区栄
2-15-16
コンフォート栄 2F

定休日：不定休

☼：12:30-（L.O.）
☾：17:30-18:00（L.O.）

心地好い「余韻」と心に温かい「記憶」を残す時間を過ごして欲しいというコンセプトで、葛原氏が2015年にオープン。東京「カンテサンス」や大阪「HAJIME」という東西の名店で修業した葛原氏が、上記コンセプトに「安堵」「追憶」を加えた4章のストーリーで構成し、厳選した食材を様々な調理法で見事に調和させている。「余韻」の「鮎」は、サイズを重視して琵琶湖から取り寄せた小ぶりな鮎を炭火でじっくり焼き上げた姿焼と、三枚におろした鮎で肝のペーストやモッツァレラチーズをはさんだ俵型のフリットが並ぶ。鮎とじゃがいもを使ったクリームや骨せんべい、マデラ酒やトリュフのソース、海苔を使った自家製の佃煮などと合わせていただくと、口にした瞬間に鮎の香ばしさ、肝の苦み、チーズやトリュフの香りが広がり、まさに「余韻」に浸る料理となる。「安堵」は、透明なグラスの中に凍らせた巨峰を削ったシャーベットを雪のように降らせ、シャーベットの下には、フレッシュな巨峰やアイス、葡萄で作ったパート・ド・フリュイ、アクセントのレモンバーベナのアイスやキャラメリゼしたヘーゼルナッツを忍ばせる。スプーンで下からかき混ぜながら口に運ぶと、温度や食感や味わいが異なる巨峰が、素晴らしいマリアージュを見せる。食の愉しさを享受し、人生がより豊かになるひと時が過ごせるレストランである。

☼：20,000円　☾：20,000円

アリーニュ

15/20

a.ligne

シェフ 高松章浩

フランス料理

フランスで修業後、京都でパティシエやスーシェフを務めた高松氏が、2018年、オーナーシェフとして、自身の名と生産者や客との繋がりを表す「a.ligne」を開いた。グレーや白を基調としつつ、温もりのある木の優しさを感じさせる落ち着いた雰囲気のレストランだ。豊田市の契約畑から取り寄せる完全無農薬野菜の彩りを活かした優しい味わいのフランス料理と、バラエティーに富んだデザートが多くの支持を集めている。コースは一口サイズのアミューズ5種から始まり、名古屋コーチンのブリオッシュなど、見た目からは素材が分からない料理を想像しながらいただくのは愉しい。「フォアグラ アマゾンカカオ ブルーベリー」は意外な組み合わせで、コーヒーとマッシュルームと生クリームの穏やかな味わいにふわりとしたフォアグラが調和し、アマゾンカカオの香りと食感、フレッシュなブルーベリーの酸味がアクセントになり味わい深い。経歴を裏付けるようにデザートも秀逸で、「ももちゃんトマト ブラッドオレンジ」は鹿児島産の高糖度のトマトの酸味や甘み、バジルのアイスパウダーの冷たさ、香りが一体となり、爽やかな風味とブラッドオレンジのコンポートとゼリーの酸味が全体を引き締めている。ペアリングも充実しており、ワインとともにモダンでナチュラルなフランス料理を愉しみたい。

☼：7,700円～11,000円　☾：13,200円～17,600円

Tel: **052-253-7155**

愛知県名古屋市中区新栄
2-3-12

定休日：水曜、他不定休あり

☼：12:00-15:00
(L.O.13:00)

☾：18:00-22:30
(L.O.20:00)

シケミチレストラン マツウラ

15/20

SHIKEMICHI RESTAURANT MATSUURA

シェフ 松浦仁志

フランス料理

名古屋駅に近い西区の四間道（しけみち）は江戸時代の面影を残す風情のある街で、今では洒落たカフェやレストラン、バー、有名料理店が集まる場所として知られる。松浦氏は愛知万博フランス館のレストランで働いた後、フランスで修業し、名古屋では「ルマルタンペシュール」のシェフなどを務め、2013年、四間道の一角にある約380年前の古い土蔵をリノベーションし、レストランを開いた。この日の口取りは、フグ、雲丹、蕪のスープ仕立てにミニハンバーグや鴨のローストが和食の弁当のような形で供され、目を楽しませながら少しずつ、様々な味わいへと進んでいった。「テリーヌのマツウラ」と称されるほど色鮮やかで味わい深いテリーヌは、釣ったその日に食べる高知産の日戻り鰹と焼き茄子を用い、茄子の香りと鰹の旨みがほどよく調和した一皿となっている。仙鳳趾の牡蠣は80°Cの低温で殻付きのまま蒸し、旨みを閉じ込めた上にサワークリームとホワイトバルサミコのジュレをかけ、見事な味のハーモニーを創り出す。松浦氏はフランス料理の基本を重視しつつ、枠に囚われず、様々な素材の組み合わせを追求しており、訪れる度に新しい発見があるフレンチレストランだ。

☼：5,000円～10,000円　☾：12,000円～18,000円

Tel: **052-720-5631**

愛知県名古屋市西区
那古野1-36-36

定休日：月曜、第3日曜

☼：11:30-14:00 (L.O.)
☾：18:00-20:30 (L.O.)

ル・タン・ペルデュ

Le Temps Perdu

シェフ 小倉穂高

15/20

フランス料理

Tel: **052-204-2114**

愛知県名古屋市中区栄
2-1-14
コモングランドビル 2F

定休日：日曜

☾ : 18:00-23:00

「タン・ペルデュ」といえば、文学好きな人ならばプルーストの名作『失われた時を求めて』を想起するにちがいない。また、ロマネ・コンティの畑から続く道を思い浮かべるワインファンも多かろう。この店名からもオーナーソムリエ・辻悟氏のワインへの強い思いが伝わってくる。辻氏にならい、ここでは、時を忘れてワインと食を心ゆくまで愉しみたい。開業は 2011 年。シェフ・小倉氏の料理は、ワインとは切り離せないクラシカルなスタイルで、随所に仕上げの工夫が見られる。ふんだんに用いられるソースは、改めて、フランス料理の基本は何であるかを思い起こさせ、その新たな側面も見せてくれる。三河豚にはタプナードと黒ニンニクのソース。魚料理の赤ハタに配された鮑の肝のソースは、フォアグラで肝の磯の香りを抑え、旨みを重層的にしている。「高級食材ありきではなく、料理で素材を高級にできることを目指しています」と小倉氏は言う。そこにあるのは正確な技術への信頼と、食材、殊にソースへの愛情だ。店の 1 階はバーとなっており、どんな料理でもワインと合わせられる。ワインと料理の幸せな融合が、この店の真骨頂だ。

☾ : 9,000 円～ 12,000 円

アル

aru

シェフ 鈴木 琢

14.5/20

フランス料理

Tel: **0532-54-5518**

愛知県豊橋市広小路2-28
吉田ビル 2F

定休日：日曜、他不定休あり

☼ : 12:00- (L.O.)
☾ : 18:00-18:30 (L.O.)

東三河の野菜を中心に皿にのせるモダンでナチュラルなフランス料理店。豊橋市をはじめとする 8 市町村からなる東三河は、日照時間が長く、野菜の一大産地として知られる。その日の素材を重視するパリの「アストランス」などで修業した鈴木氏が、料理の主役に野菜を選択したことは理にかなったことと言えるだろう。この日の主役は豊富な夏野菜。アミューズの「とうもろこし」は、とうもろこしのアイスクリームに、コーヒーの香りのパウダー。スモーキーなコーヒーの香りが、皿に敷かれた大麦の香りと繋がる。大量のとうもろこしの芯をわずかな水で煮詰めたエッセンスが隠し味になっており、この冷たいひと口に、食材の味や香りの共通項を探り、料理を組み立てるという視点に、鈴木氏の独自性がある。夏野菜の前菜にディルの種の清涼感を加えるなど、どの料理にも野菜の新たな表情が垣間見える仕掛けが詰まっている。店は鈴木氏とマダムでソムリエールの彩さんの二人で運営。店名の「aru」は、娘さんの名前から取ったという。日本ワインを中心にノンアルコールドリンクも考案。二人の息の合ったサービスは、古材を用いたセンスのある内装もあいまって、旅の途上で訪れたゲストにもアットホームな安らぎをもたらしてくれるだろう。

☼ : 11,000 円　☾ : 11,000 円

ラ・フロレゾン・ドゥ・タケウチ

14.5/20

La Floraison de TAKEUCHI

シェフ 竹内正樹

フランス料理

「高品質で手頃な価格のプチ・レストラン」を目指すという竹内氏は、フランス「ラ・ピラミッド」で修業後、「タイユバン・ロブション」「ミクニナゴヤ」などで料理の基礎を固め、５年間の料理長経験を経て、2013 年、「開花」を意味する自らの店を開いた。アミューズはとうもろこしを敷き詰めた木の器にのせられた「とうもろこしのヴァリエーション」。旬のとうもろこしを様々な技法で表現する。透明感のあるワインレッドのガラスの器で宙に浮かんでいるように見えるのは、赤いハイビスカスのジュレのシートに覆われたフォアグラだ。ハイビスカスの香りを愉しみつつ、ルバーブのコンフィチュールやアメリカンチェリーの酸味で実に爽やかにいただける。皮をカリッと焼き上げた肉厚のイトヨリは、生ハムの出汁をベースにしたブイヨン・ド・ジャンボンのソースに、ハーブや酸味を効かせるフレッシュトマト、ケッパーに、モン・サン＝ミシェルのムール貝が添えられ、色鮮やかだ。季節を感じさせる食材をフランス料理の古典技法を用いながら、食用花や無農薬ハーブで美しく彩り、身体に染み入るような優しい味わいに仕上げている。カジュアルだが華やかな皿の数々から、幸福感と明日への活力が生まれる店作りを進めたいという竹内氏の想いが伝わってくる。

☼：6,000 円～ 11,000 円　☾：12,000 円～ 15,000 円

Tel: 052-218-6738

愛知県名古屋市中区栄
2-12-12
アーク栄白川パークビル
1F

定休日：月曜、月１回
連休あり（不定休）

☼：12:00-15:00
(L.O.13:00)
☾：18:00-22:00
(L.O.19:30)

イル アオヤマ

16/20

il AOYAMA

シェフ 青山直之

イタリア料理

和と洋を融合した新たなイタリア料理が、高級割烹のようなカウンターでいただける。青山氏は、「日本の食材で日本人にしか作れないイタリア料理を創りたい」と、和の食材と技法を巧みに取り入れている。時間と手間を惜しまず、常に真剣に料理に向き合う姿は、まるで寡黙な求道者のようだ。冷製カッペリーニは、よく冷やしたコンソメのジュレにボタン海老の頭の身とみそを炒めたチップをのせ、ジュレの下には肉厚のボタン海老の身と歯ごたえの良いカッペリーニを配す。噛みしめる度に香ばしい海老の香りや冷たいパスタの旨みが広がっていく。落花生の爽やかなピューレを添えた能登産ノドグロの炭火焼きは、ノドグロの骨とニンニクやワイン、ハーブで仕上げたスープに浮かべる。香ばしい白身と上質なオリーブオイルの風味が加わったスープが一体となる滋味深い一皿だ。３種から選ぶ肉料理は、罠で仕留めた肉質の良い個体しか使わないというエゾシカを選んでみた。分厚いフィレ肉は鮮やかなピンク色だが、じっくり炭火で火入れされ、噛むほどに旨みの詰まった肉汁が溢れる。デザートはナガノパープルのグラニテをのせたバニラジェラート。葡萄は皮ごとシャーベットにしており、食感と香りが季節を感じさせ、至福の時を締めくくる。

☾：15,000 円～ 23,000 円

Tel: 052-508-7967

愛知県名古屋市東区泉
2-8-7

定休日：不定休

☾：18:00-/20:30-

※クレジットカードは VISA・Master のみ利用可

ヴィチーノ
VICINO
シェフ 竹内 健

15/20

イタリア料理

Tel: **052-762-3986**

愛知県名古屋市千種区
春岡通7-58

定休日：月曜、火曜

☼：11:30-13:30 (L.O.)
☾：18:00-22:30
(L.O.20:30)

地下鉄桜通線の吹上駅から歩いて数分、シンボルであるオリーブの木と玄関の鮮やかなタイルが目を引く。蒲郡市出身の竹内氏は専門学校を卒業後、レストランで働きながら研鑽を重ね、23歳の若さで店を開いた。まずは揚げたてフワフワのトルタフリッタに極薄の24ヵ月熟成のパルマ産生ハムの切りたて。しっとりした舌触りの生ハムから香りが立ち、熱々の生地が口中で溶けて、豚肉の味わいがしっかりと舌に残る。三重・安楽島産の牡蠣は、イカ墨のソースを練り込んだ生地を纏わせてフリットにし、こんがり焼いた蕪と細かく砕いたナッツやスパイス、皮ごと使ったレモンペーストが添えられている。サクサクで香ばしいイカ墨の衣が磯の香りの牡蠣の旨みを引き出し、レモンペーストがさっぱりと味を引き締めている。シェフお薦めのウンブリアのビオワインとの相性も良い。牛肉と熊本産馬肉のタリオリーニは、粗挽きの牛肉や馬肉のコク、ハーブの香りを纏ったソースとパスタが絡み合い奥深い味わいだ。メインは生産者から取り寄せた原木椎茸と香辛料を練り込んだサルシッチャ。肉厚の椎茸と、粗挽きで香辛料の効いた豚肉の組み合わせは、想像以上にジューシーで、和のテイストも感じさせる。アットホームな雰囲気と竹内氏の気さくな人柄に惹かれ、訪れる客の絶えないイタリア料理店だ。

☼：2,200円～8,800円　☾：7,500円～11,000円

セッタンタ
Settanta
シェフ 水口秀介

15/20

イタリア料理

Tel: **052-228-7036**

愛知県名古屋市東区泉
1-15-23 1F

定休日：日曜、月曜

☼：11:30-14:30
(L.O.12:30)
☾：18:00-22:00
(L.O.20:00)

シェフの水口氏は東京・南青山の「リストランテ・ヒロ」で山田宏巳氏に師事後、1999年から2年間イタリアで修業し、国内3店舗の開業を経て、2015年にこの店をオープン。イタリア直送のトリュフやポルチーニ茸をはじめ、日本各地の旬の食材と鮮度の良い地元の有機野菜を取り寄せ、彩り豊かで和のテイストも感じられる気取らないイタリア料理を提供している。旬のものを意外な組み合わせで作り上げたアンティパスト5皿は、様々なワインと合わせて愉しめる。訪れた日のパスタは、富山産のぷりぷりしたホタルイカに、肉厚で柔らかい愛媛の椎茸を合わせたもの。上に散らされているのはまだ仄かに温かい、塩抜きして揚げた塩漬けケッパーである。そのサクサクした食感と塩味のアクセントがパスタを見事にまとめあげていた。店名は、水口シェフとソムリエの成瀬洋之氏が1970年生まれということに由来する。シニアソムリエの資格を持ち、地元ワインスクールの講師も務める成瀬氏が一皿ごとに合わせるワインは決して高価なものばかりではないが、産地のストーリーを聞きながらマリアージュを愉しむコース料理は格別である。秋のアルバ直送の白トリュフを使った料理も定評があり、季節ごとに訪れたいレストランだ。

☼：6,000円　☾：12,000円

クッチーナ シチリアーナ シクラメンテ

14.5/20

cucina siciliana Siculamente

シェフ 伊藤吉暢

イタリア料理

伊藤氏は名古屋のレストランで７年間修業した後、イタリアに渡り、フィレンツェやエルバ島、シチリア島などで３年間研鑽を積んだ。開業は2012年３月、シチリアの民芸品に囲まれたアットホームな空間は、居ながらにしてシチリアで郷土料理を楽しんでいるような気分にしてくれる。始まりの２皿は、シチリアレモンのエスプーマで覆われた生しらすとマツカワガレイ。エスプーマの爽やかな柑橘の香りと仄かな甘みと苦みが、鮮度の良い白身魚の味わいをより引き立てている。境港から取り寄せたチカメキントキは、皮をパリパリにソテーし、アンチョビのソースでいただく。山形・平田牧場の金華豚のフィレ肉はじっくりと低温調理され、表面の照り輝くピンク色が美しい。豚肉とは思えないふんわりとした食感は、生産者から直接取り寄せる食材の良さと、シェフの火入れのセンスにより生み出されたものだ。ワインリストはないが、伊藤氏が料理に合わせてワインをセレクトしてくれる。柑橘の香る自家製の金柑パンや、リコッタチーズが入ったカンノーリ、自家製ソルベなど、本格的なシチリアの味を、旅に出かけた気分で手軽に愉しめる、それがこの店の愛される理由だろう。

☼：3,000円～15,000円　☾：5,000円～15,000円

Tel: 052-252-5090

愛知県名古屋市中区千代田2-3-6

定休日：水曜、他月１回連休あり

☼：11:30-15:00
(L.O.12:45)

☾：18:00-23:00
(L.O.20:00)

※クレジットカードはディナー時のみ利用可

ル クーリュズ

15/20

Le coeuryuzu

シェフ 渡邊大佑

イノベーティブ

愛知県出身の渡邊シェフ夫妻が営むカウンター８席のみのレストラン。食材は、三河湾や伊勢湾で獲れる海の幸や、地元産で人気の知多牛や岐阜産の鹿などバラエティ豊かだ。旬の彩りを届けてくれる野菜は知多産が中心で、約２割は自家農園の採れたてのもの。地産地消の食材で風味豊かな料理を提供している。最初の一皿は、炙った三河湾の鰆に緑鮮やかな小松菜のソースを添え、仕上げに酢橘シャーベットを目の前で散らす。鰆の甘さをレア気味の火入れで引き出し、スナップエンドウ、なた豆、自家製酢橘胡椒とともに酢橘の酸味で爽やかにまとめている。カリッと焼いた三河湾の天然鰻は、じゃがいもと里芋のマッシュとホクホクした食感の愛西市の無農薬蓮根が添えられ、天然の滋味を感じる一品だ。栗かぼちゃのピューレ、黒ニンニクと蜂蜜漬け生姜のピューレと地元産の味噌をアクセントにいただくのは、岩手のホロホロ鳥の胸肉ともも肉の食べ比べ。胸肉は低温でジューシーに、もも肉はカリッと。部位に応じて焼き加減を変えて、食材の持つ旨みを引き出している。ワインペアリングも自然派で、フランス、イタリア、日本ワインなどが堪能できる。食材豊富な知多半島でテロワールを表現する期待のレストランだ。

☼：6,600円　☾：13,200円

Tel: 0569-56-9403

愛知県常滑市熊野町3-143-1

定休日：日曜、他月２日不定休あり

☼：水・木・金・土のみ
11:30-14:00
(L.O.12:30)

☾：18:00-22:00
(L.O.20:30)

Tel: **052-756-3939**

愛知県名古屋市西区幅下
2-3-7

定休日：水曜、他不定休あり

☾：18:00-/
18:30-/
19:00- のいずれか

明道町中国菜 一星

Meidouchou chugokusai Iishin

シェフ 篠田昌利

15.5/20

中国料理

篠田氏は「日本における四川料理の父」といわれる陳建民氏のもとで修業した父親の影響下、陳建一氏に引き継がれた「四川飯店」で修業。2012 年から「四川飯店 名古屋」で料理長を務めた後、2016 年、かつて明道町と呼ばれた地区の古民家を改装して、この店を開いた。母屋には、松の一枚板からなるカウンター席と個室、また離れも擁している。温もりのある灯りの下、カウンター席では篠田氏の多彩な技に見惚れながら料理を堪能できる。旬のコース、まずは大きな朱盆に丸く並べられた彩り鮮やかな前菜10 品だ。揚げ、焼き、茹で、蒸し、燻製など、調理温度や寝かせる時間に細心の注意をはらって仕上げげた、鶏レバー、ハツ、真珠貝、ピリ辛の肉厚クラゲや三河鶏のチャーシューなど、多種多様な食材と自家製ソースが並ぶ。名物の、紹興酒に 1 日漬け、余熱調理した鮟肝は、香り高くクリーミーな味わいだ。紹興酒に漬けたカラスミをのせた白子のビーフンは、白子がカラスミの旨みを纏ったソースとなり口中ですっと溶けていく。ズワイガニを銀杏ペーストで和えた春巻きは、パリパリの皮の中にふわりとした蟹の身と銀杏の香りが詰まっていて、濃厚な蟹みそソースと合わせると広がる蟹の旨みが堪らない。シェフの構成力の高さが際立ち、全国から客が絶えない店である。

☾：22,000 円

Tel: **052-954-0225**

愛知県名古屋市中区
丸の内3-9-19
正起ビル 1F

定休日：日曜、祝日

☾：18:00-19:00
（最終入店）

※クレジットカードは Visa・Master のみ利用可

Joe's Kitchen

Joe's Kitchen

シェフ 神農 猛

15/20

中国料理

神農氏は中国各地の料理が集積する横浜中華街で上海料理を学び、その味と伝統技法を習得した。名古屋の地で、本場の味を再現すべく、現地での直接買い付けが難しくなった食材も独自ルートで取り寄せている。片栗粉を使わない上品な上湯スープの中で黄金色に輝くのは気仙沼産のヨシキリザメのフカヒレ。驚くほど分厚い身だが柔らかな繊維が口中でほろりとほどける滋味あふれる一品に仕上がっている。訪れた日の海鮮炒めは「カナダ産活オマール海老のガーリック炒め」。神農氏は雄雌のオマール海老のうち、卵を抱えた雌のみを使う。見事な火通しで、光沢のあるぷりぷりした身、ねっとり濃厚なみそとぎっしり詰まった濃いオレンジ色の卵を取り出すのに夢中になってしまう。オマールの殻がまとう、自家製調味料のソースがニンニクの芽に染みて後を引き、思わず指をなめたくなる美味しさだ。10 月から 2 月にかけては陽澄湖産の上海蟹。神農氏は常に蟹の状態をチェックし、直前まで動いていた活きの良い上海蟹のみを丁寧な下処理をして使う。紹興酒に漬けたトロっとした身や蒸し上がったばかりの雄と雌の食べ比べは格別だ。熟練の技とかけられた手間暇が深い味わいを生む本格中国料理店だ。

☾：12,000 円～ 20,000 円

日泰料理 ピッサヌローク

14/20

Phitsanulok

シェフ 石山公一・穂積依里

タイ料理

名古屋の食いしん坊の間でしばしば話題に上る「酒とタイ料理ピッサヌローク」は2021年3月、新たな挑戦をすべく「日泰料理 ピッサヌローク」と名も改め、東区葵に移転オープンした。本当に美味しいタイ料理を堪能してもらいたいと、これを機にアラカルトをやめコースメニューのみを提供している。多くの日本人にとってタイ料理といえば激辛唐辛子やナンプラー、パクチーといった強い香りをイメージされるだろうが、この店のタイ料理は全くの別物。店主・石山氏が研鑽を積んだのは、オーストラリア人でありながらタイ料理に精通し、その魅力をタイ人に再認識させ名声を博したデイヴィッド・トンプソン氏がいたバンコクの「nahm（ナーム）」だ。新しい店で石山氏が作るタイ料理は、自ら採取した天然茸や三河湾の渡り蟹、伊豆の天城黒豚、大分の鮎魚醤など日本の豊かな食材の味を活かしながら多種多様なハーブや果実、香辛料を巧みに組み合わせたもの。日泰の食材と技術が織りなす五味（甘み・酸味・塩味・辛み・旨み）の複雑だがバランスの取れた味わいは、オーセンティック・タイ・キュイジーヌと呼ぶべき洗練された料理だ。ここは日本の食材で正調タイ料理を味わえる希少な店である。

☾：7,800円～9,800円

Tel: —

愛知県名古屋市東区葵
2-2-22
桜通サンダイマンション
1F

定休日：日曜、他不定休あり

☾：18:00-19:30
（最終入店）

京味 もと井

15/20

Kyouaji Motoi

シェフ 本井将樹

日本料理

本井氏は京都の「京料理 やまの」で修業を始め、その後、数店を経て、2015年に名古屋の池下でカウンター8席の店を開く。2021年4月、覚王山の築80年という日本家屋を改装し移転、堂々たる門に日本庭園もある25席の新店舗を構えた。もともと建築の道に進もうとしていた本井氏は、樹齢300年という赤杉に「浮造り」という技法を用いたカウンターなど、日本料理を味わうに相応しい、ゆったりとした空間を作り上げている。和食の基本である出汁も削りたての鰹節により、一段と旨みを増し、異なるジャンルの店での体験もヒントにするという自由な発想が、活気のある、日々進化する料理を生み出している。白菜のすり流しにフグの唐揚げとヒレの炭焼きの入った「虎ふぐ椀」は、白菜の甘みとフグの持つ旨みが相まって奥深い味わいだ。八寸は、ボタン海老、京揚げ、カリフラワーあおさ揚げ、柿の葉寿司、バイ貝うま煮、フグ煮凝り、バチコ、柿とフォアグラの最中などバラエティー豊かで、日本酒だけでなく、白ワインとも合わせたくなる。蟹の甲羅をかぶせた「セイコガニと蕪の生姜餡掛け」は、旬のセイコガニの身と内子、外子とみその濃厚な旨みに、ムカゴと銀杏の食感がアクセントとなり、身も心も温めてくれる。ひと度訪れると、店主の人柄、料理に魅せられることだろう。

☼：9,500円　☾：18,500円

Tel: **052-750-5942**

愛知県名古屋市千種区
西山元町1-58

定休日：日曜

☼：12:00-14:30
☾：18:00-22:00

寿し道 桜田

Sushimichi Sakurada

シェフ 太田雄斗

15/20

寿司

Tel: **052-951-8757**

愛知県名古屋市中区
丸の内3-10-29

定休日：日曜、他不定休あり

☼：12:00-
☾：18:00-

太田氏が目指すのは、江戸前鮨の伝統を守りつつ、地元のものを如何に取り入れ、存分に活かすかを追求した「名古屋前」だ。鮨飯は大粒で甘みのある豊橋産、炊く水は岐阜県大垣市の湧き水、酢は愛知、岐阜、三重から取り揃える赤酢をブレンドしている。まずは通常の倍の厚みで特注した熊本の海苔と、赤酢を合わせたばかりの炊きたての酢飯に、おろし立ての岐阜県産山葵だけの手巻き寿司から。海苔をパリッと噛みしめると、海苔と山葵と赤酢の香り、酢飯の旨みが広がる。握りの前に鮨飯そのものの旨さを味わってほしいという店主の思いが伝わってくる。つまみの１品目は、香箱蟹の茶碗蒸し。とろりとした生地と香箱蟹の外子のプチプチした食感が旨みを倍加してくれるようだ。２品目は、碧南人参のムースに、白ワインジュレと爽やかな生姜の甘酢漬けのシャーベット。塩だけで引き出された人参の甘みに驚かされる。握りは丁寧に包丁を入れた鹿児島・出水の鰺、大間の鮪の赤身の漬け、中トロ、大トロの炙りなど、地元以外の旬の魚も取り寄せる。三河湾の大ぶりの車海老は甘み際立つ茹で加減で、脂の乗った分厚い身の氷見の鯖は、この店の名物、目の前で炙る鯖寿司として登場する。2021 年１月から京都や東京の日本料理店で 10 年以上修業した実弟が加わっており、新たなチャレンジが楽しみだ。

☼：15,000 円　☾：25,000 円

ピッツァ ゴルジェ

Pizza Gorge

シェフ 内田大貴

pop

イタリア料理

Tel: **052-760-0655**

愛知県名古屋市名東区
小池町7 小池ビル 1-C

定休日：日曜、月曜

☾：17:30-22:00
(L.O.21:00)

※生地がなくなり次第終了
※車いすのまま食事が可能

内田シェフが夫妻で営む小さなピッツェリア。イタリア産の食材をのせて大きな薪窯で焼き上げるピッツァが実に美味しい。国産小麦で手捏ねして作る薄めの生地はモチモチしながらもカリッと、とても軽い食感で、イタリア産チーズや自家製サルシッチャ、イノシシベーコンなど 11 種類の具材があり、何種類も食べたくなる。おすすめの小皿料理は「鴨の自家製生ハム」。ジューシーな鴨の生ハムに隠れたカラスミの塩味とのバランスが素晴らしい。細かな衣で揚げた一口サイズの「モルタデッラのハムカツ」はイタリアやベルギーのビールとピッタリだ。「自家製サルシッチャ」は自然派の赤ワインと、ピリ辛の「トリッパの窯焼き」はロゼと、色々なワインとの組み合わせも愉しみたい。

ドチリタ カサリンガ

Docilità Casalinga

シェフ 岸 純

13.5/20

イタリア料理

Tel: **0574-42-8030**

岐阜県美濃加茂市山之上町487-1

定休日：日曜、第2・4月曜

☼：12:00-15:00
（最終入店 13:00）
☾：18:30-22:00
（L.O.20:00）

「ぎふ清流里山公園」近くの一軒家レストラン。近くの駅からのアクセスは徒歩なら30分以上という不便な場所にもかかわらず、開店前ともなると主に車で、岐阜県内だけでなく他県からも続々ゲストが詰めかける。岸氏は、「アロマフレスカ名古屋」で研鑽を重ね、2010年4月、実家の倉庫部分を改装し、イタリア語で「純粋な家庭料理」を意味する店を開いた。場所柄、来店者が多いであろうランチタイムは、スープ、前菜、パスタ料理、デザート、食後の飲み物からなり、それぞれ、3～5種類の中から選ぶ。価格は、いくつか用意されている追加のメイン料理を入れてもお得感があるほどリーズナブルだ。初秋に訪問をした際には、まず奥三河どり「輝」の炭火焼きがリトルジェムレタスとともにシーザーサラダ風に登場。さらにパルミジャーノチーズと黒胡椒のシンプルなパスタに温泉卵が添えられた一皿は、ストレートに美味しさが伝わり、人気メニューであることを窺わせる味わいであった。シェフとマダムの二人で店を切り盛りしながらも、次の皿を待つ感じはなく、丁寧に調理をされた美味しい料理の数々が適温で届けられる。最後の丁寧な見送りまで、何故、この店にこれだけの人が駆けつけるのか、納得のレストランだ。

☼：2,200円～　☾：5,000円

たか田 八祥

Takada Hassho

シェフ 高田晴之

15.5/20

日本料理

Tel: **058-262-1750**

岐阜県岐阜市杉山町17-2 八祥ビル

定休日：不定休、年末年始（12/29-1/1）

☼：11:30-14:00
☾：17:00-22:00

高田氏は関西で修業、故郷・岐阜の割烹料理店で腕をふるった後、1989年に独立し、和食の伝統に則りつつ独創的な料理を作り続け、「日本料理 晴山」山本晴彦氏をはじめ、多くの優秀な料理人も輩出している。先付は雲丹に夏野菜、出汁ジュレには酢を効かせ、帆立やアスパラガス、フルーツトマトをしのばせた涼し気な一品だ。金色に輝く酢のジュレが食材の甘みや歯ごたえを引き立てる。季節により食材や器は変わるが、その美しさ、きりりとした味わいで、まず客の心をつかむ。向付は色鮮やかな乾山に剣先イカ、鮪、鯛が映える。合わせるのはおろしたてのふわりとした生山葵と濃い口の合わせ醤油を泡立てた泡醤油。刺身に香り高い泡醤油や生山葵を少しだけのせると素材の甘さがより引き立つ。名物料理は糸のように千切りにしたじゃがいもを食感が残るように軽く湯がき、バター風味の出汁にくぐらせてとびっこを和えた「はりはり」だ。シャキシャキした食感とプチプチはじける魚卵の塩加減が堪らない。締めは朱色のお椀に愛知県産の生海苔の濃緑と、丸められた白いご飯、その上にのせられたまん丸のおろし山葵が映えるユニークな茶漬けだ。高田氏の工夫を凝らした調理から生み出される遊び心のある美しい料理は、季節ごとに味わいたいものだ。

☼：3,000円～30,000円　☾：10,000円～30,000円

ラ・メール ザ クラシック

La Mer the classic

シェフ 樋口宏江

16/20 フランス料理

Tel: **0599-43-1211**

三重県志摩市阿児町神明731 志摩観光ホテル内

定休日：なし

☼：朝食 7:00-10:00
(L.O.9:30)
11:30-14:30
(L.O.14:00)
☾：17:30-22:30
(L.O.20:30)

1951年に開業した志摩観光ホテルが70周年を記念して提供しているのが「ランチクロニクル」〜食の歴史を紡ぐ〜＜第7代総料理長 樋口宏江の世界＞というコース料理だ。ここでは、「海の幸フランス料理」で全国に名を轟かせた第5代総料理長・故高橋忠之氏の薫陶を受けた樋口総料理長が、この地の歴史を踏まえながら次世代に繋ぐべき食のクロニクル（歴史）を皿の上に展開している。まず、「海の幸 パルフェ仕立て」に目を奪われる。三層に重ねられた上質な伊勢海老のコンソメジュレ、アボカドとトマトのムースの中には柔らかな鮑、上には大ぶりな車海老やグリーンアスパラガスが彩りよく添えられ、キャビアやピスタチオなどとのマリアージュを楽しむ。名物料理の「伊勢海老クリームスープ」は、表面は伊勢海老の香ばしい香りをまとった膜に覆われ、濃厚な伊勢海老の旨みを生クリームでまろやかに仕上げている。「鮑 キャベツ包み蒸し ヴァンブランソース」は、柔らかな鮑とキャベツの食感のコントラストが品の良い甘みを引き立て、白いソースに仕込まれた海の七草の海藻が旨みや香りを際立たせている。「重ねた時間と紡ぐ想いがお皿の上に届きますように」という樋口総料理長の想いが詰まった繊細な味わいを、英虞湾の絶景を望みながらいただきたい。

☼：8,200円〜22,000円　☾：18,900円〜39,000円

ボン ヴィヴァン

Bon vivant

シェフ 河瀬 毅

15/20 フランス料理

Tel: **0596-26-3131**

三重県伊勢市本町20-24

定休日：月曜（祝日の場合は翌日）とその前日のディナー、第3火曜

☼：12:00-15:00
(L.O.13:30)
☾：17:30-21:00
(L.O.19:00)

※車いすのまま食事が可能

伊勢神宮外宮前の歴史ある建物に1997年開業した老舗レストラン。その前身まで含めると40年近くになる三重県を代表するフランス料理店だ。オーナーシェフの河瀬氏は東京で修業後、故郷に戻り、フランス家庭料理のようなスタイルから伊勢のテロワールを織り込んだガストロノミーへと、日本のフランス料理界の変遷に沿うように進化を遂げてきた。河瀬氏のもとから巣立った弟子も多く、現在も三重の料理界を牽引する一人である。この店の特徴は、河瀬氏の地元への思いが詰まった料理の数々にある。それは、食材の宝庫・三重ならではのメニューに示されている。まず、アコヤ貝の粉末をエサに配合して与えた臭みのない豚肉、伊勢志摩パールポークをリエットに。前菜には、尾鷲で揚がったガス海老のポワレ、志摩産のアオリイカのマリネ、松阪牛はまずホホ肉を赤ワイン煮でいただく。メインの魚料理は、志摩の金目鯛のポワレを野菜たっぷりのスープ仕立てのソースとともに。そして松阪牛イチボのステーキである。また、デザートも多種類を揃え、最後まで目と舌を愉しませてくれる。河瀬氏は、生産者のもとを足繁く訪れ、情報を収集し、料理に反映するスタイルを貫いている。スタッフの応対も心地好く、伊勢志摩を訪れる際に立ち寄れば、三重の多彩な食を堪能できるだろう。

☼：6,000円〜20,000円　☾：6,000円〜20,000円

ダ センプレ

14/20

da sempre

シェフ 名和 賢

イタリア料理

長島町の田園風景の中にあるこのレストランは、三重県の食材を活かした創作イタリア料理で、注目度が高まっている。高速道路のインターチェンジ近くだが、公共交通機関を利用すると意外に不便な場所にある。にもかかわらず、この店が予約困難になるのは、いかに名和氏の料理に惹かれるファンが多いかという証左であり、毎月、メニューが更新されることもリピーターが多い所以だろう。名和氏の料理は、ナイフやフォークを入れる際、一瞬躊躇するほど美しい。中でもシェフのスペシャリテ「菜園」という野菜サラダは、地元の素材を使い、名和氏の想像力が造り上げた彩り鮮やかな作品ともいえる一皿だ。名古屋・東京・大阪で研鑽を積み、その経験を生まれ育った地で生かしたいという名和氏の目は、年を追うごとに三重県産の食材に向かっているようだ。パスタは、地元農園が作る高糖度の「あまりこ」というミニトマトのソースを使ったトレネッテ。カペレッティには蛤とスナップエンドウが添えられ、メインは熊野産の肉質が柔らかな美熊野牛。デザートには桑名の「九華はちみつ」と、県産の優れた食材が次々に登場する。桜鯛のカルパッチョに苺のソースを合わせるなど創造性や造形性にも磨きがかかり、近年の名和氏の充実ぶりがうかがえる。

☼：2,800 円～ 5,500 円　☾：6,500 円～ 10,000 円

Tel: 0594-42-2500

三重県桑名市長島町小島670-3

定休日：金曜、第 1・3 木曜、火曜ディナー、他臨時休業あり

☼：11:30-15:00

☾：18:00-23:00

日の出

15.5/20

Hinode

シェフ 佐野榮則

日本料理

七里の渡しとは東海道五十三次で知られる熱田の宮宿から桑名までの海路で、桑名側の渡し跡から続く宿場町の名残を留める街道筋に、創業 100 年余りを誇るこの老舗はある。桑名は木曽三川が伊勢湾に流れ込む河口付近にあり、淡水と海水が混じり合う「汽水域」と呼ばれ、蛤の成長には絶好の環境だ。身が柔らかく味がマイルドな最高級の蛤が育つ場所であり、特産品を生かした店が此処にある所以である。名物の蛤鍋を注文すると、仲居が大皿一杯の蛤を持って来て、どのぐらい食べられますかと聞く。焼くも良し、鍋で食するも良し、その分量を尋ねてくるのである。鍋は特製の出汁でいただくのだが、蛤本来の旨みを最大限まで引き出し、仄かな塩味とあいまって、至福の味わいを愉しむことができる。焼き蛤も身は柔らかく、蛤の旨みだけの自然そのまま、素材の良さとそれを知る料理人ならではの味を実感できるだろう。締めは蛤の出汁が凝縮された雑炊、そうめん、ラーメンから選ぶのだが、どれもここでしか味わえない、まさに絶品だ。桑名の天然蛤の旬とされる４月から７月は全国から予約が殺到するが、昨今はインターネットでの予約を受け付けたりと顧客サイドに立ち、時代に合った対応も試みているようだ。一度は訪ねてみたい名店である。

☼：9,000 円～ 25,000 円　☾：10,000 円～ 33,000 円

Tel: 0594-22-0657

三重県桑名市川口町19

定休日：水曜、他連休あり（詳しくは HP を要確認）

☼：11:30-14:00
（日曜中心）

☾：17:00-21:30
（最終入店 19:00）

ターヴォラ カルダ・オオノ

pop

tavola calda OHNO

シェフ 大野由高

イタリア料理

Tel: **059-354-9350**

三重県四日市市元町9-14

定休日：日曜、月曜・火曜のランチ

☼：11:30-14:00
(L.O.13:00)

☾：18:00-22:30
(L.O.20:30)

三重県内でも指折りのイタリア料理店。ミラノや東京の有名店で修業したオーナーシェフの大野氏は、イタリア各地の家庭料理を現地のレシピで忠実に再現したり、時にはそれを地元・三重の素材に置き換えてオリジナリティーのある料理を提供したりしている。県内で捕獲された鹿とブランド豚「さくらポーク」のテリーヌは、鹿肉と豚肉が融合した複雑な旨みが堪能できる一品だ。ワインはソムリエールのマダムによるペアリングが楽しめる。2020年には、店舗の２階にイタリアワイン専門店「トレプント」がオープン。フィレンツェで研鑽を積んだオーナーソムリエの一ノ瀬忠彦氏が、レストラン営業中にはサービス陣に加わっており、イタリア料理のみならず、コアなワインファンにも喜ばれている。

☼ コース ○　☾ コース ○

ゴ・エ・ミヨの歴史

1969年、新しいガイドブックの誕生

「ゴ・エ・ミヨ」は資金面で自立し、やがて志を同じくする小さなチームが結成されました。ゴの二人の義理の姉妹マリーとニコル、ミヨの友人で、プロのジャーナリストであるイヴ・ビドー、軍在籍時の同僚で経理と管理を任されるアンドレ・ガイヨ、アート評論家のジャン＝リュック・ルダー、そしてあらゆる情報に精通するサイクリストのロジェです。彼らは、モンマルトル通りにある３つの小さな屋根裏部屋を使ってスタートし、その後、モベール広場の近くに引っ越しました。「見事に散らかっていました。ボルドーワインの木箱に来客を座らせました。しかし、その汚れたワイングラスやテーブルの隅っこから、1969年３月、再び新しいガイドブックが誕生したのです。我々の貧しさが切り札でした。これは料理も全く同じです。バターやクリームが多すぎると、素晴らしい料理も台なしになります。本当の才能はシンプルであること。しかし、それが一番難しい」とクリスチャン・ミヨは語っています。

Gault&Millau

RESTAURANTS

レストラン

大阪府

OSAKA

奈良県

NARA

京都府

KYOTO

滋賀県

SHIGA

兵庫県

HYOGO

和歌山県

WAKAYAMA

ラシーム

La Cime

シェフ 高田裕介

16.5/20

フランス料理

Tel: **06-6222-2010**

大阪府大阪市中央区瓦町
3-2-15 瓦町ウサミビル
1F

定休日：日曜、他月 1 回
不定休あり、年末年始、
夏季休暇

☼ : 12:00-15:30
(L.O.13:00)
☾ : 18:30-23:00
(L.O.20:00)

高田氏には、今、日本の料理界に身を置くことへの焦燥感があるのではないか。パリ「タイユヴァン」や「ル・ムーリス」などでの修業を経て 2010 年に開業以来 11 年、数回の改装を経るたびに料理の方向性も大きな変化を遂げてきた。高田氏の料理には先進性がある。たとえばスジアラの一皿。クリーム系のソースには魚介系の出汁にとんぶりやナスタチウムの花などの様々な位相の味わいを足して色鮮やかに見せる。ソースの複雑さと色彩や食感に新しさを感じさせるが、構成そのものはオーソドックスだ。先進性が上滑りしないのは、高田氏が「食べて美味しい」という線を決して踏み外さないこと、またフランス料理の古典に範を取っていることによるのだろう。ブーダンドッグをはじめとした細部まで作り込まれたアミューズも、マンゴーとディル、鰻とオキザリスなど、甘さと酸味と油分の掛け合わせのバランスに瞠目させられる。高田氏を駆り立てているものは、料理にはまだ出来ることがあるというヒリヒリするような切迫感だ。「人と異なることを想像し、それを形にするのは最も得意なところ」と語る氏は、「料理とは何か」を根源的なところから問い直す試みを行ってきた。その絶え間ない思考が、「ラシーム」の料理を生み出す豊かな源泉であり原動力となっているのは、紛れもない事実だ。

☼ : **28,000 円**　☾ : **28,000 円**

ラ・ベカス

La Bécasse

シェフ 渋谷圭紀

16/20

フランス料理

Tel: **06-4707-0070**

大阪府大阪市中央区平野町
3-3-9 湯木ビル 1F

定休日：日曜、月 1 回
不定休あり

☼ : 12:00-13:00 (L.O.)
☾ : 18:00-20:00 (L.O.)

渋谷氏は高校卒業後、国内修業を経ず渡仏、ポール・ボキューズ、ジョエル・ロブション、アラン・シャペルという現代フランス料理の基礎を築いた巨匠のもとで修業、そこでの研鑽を踏まえ、「頭の中のレシピ」でその日仕入れた最高の食材を自由自在に調理し、「料理は生き物」ということを実証するかのように見事な芸術品に仕上げる。アミューズでは、「鮎のリエット」が冷製とうもろこしのスープにエストラゴンとともに供され、淡水魚の深い旨みと香草の爽快さで、目の覚めるような鮮明な美味しさに遭遇する。「イワナのムニエル」はフランス・アヌシー湖から取り寄せるオンブル・シュバリエを焦がしバターのソースでいただく伝統的な調理方法だが、確実にコースの中で異彩を放ち、現代に挑戦するかのように優雅に繰り出される。肉、野菜、デザートに至るまで、素材に真正面から向き合うことすべてがシェフの人生そのものなのだということを一つ一つの料理が主張し、マダムやスタッフがそれらの作品に共鳴し、盛り立て役に徹しているところが実に見事だ。多くのフランス料理人から愛され、その恩返しをするかのように、渋谷氏は自らの感性でモダンフレンチを通じて客人を愉しませ、時には人々の奥底に眠る「思い出の味」を蘇らせ心揺さぶるような料理を、期待を超えて披露してくれる。

☼ : **8,000 円〜**　☾ : **20,000 円〜**

アドック

15.5/20

ad hoc

シェフ 高山龍浩

フランス料理

大阪・福島の複合施設「ほたるまち」にある「目的のための」「特別の」という意味の店名を持つレストラン。オーナーシェフの高山氏は「カランドリエ」や「ザ・リッツ・カールトン大阪」などで修業した後、26歳で独立。ビストロとして始めた「トゥールモンド」をコース料理主体の店舗に切り替え、人気店に育て上げた。2014年、今の場所に移転し、さらに店名も料理も変えて新たなスタートを切っている。エントランスの出迎え、キッチンでのシェフやスタッフの挨拶と笑顔が気持ち良い。ウッディで清潔感のある明るい店内では、いつでも軽やかな、洗練されたサービスが受けられる。アミューズは、蝦夷鹿と松茸の小さなタルトと蝦夷鹿のコンソメ。そして、帆立とフォアグラと和梨を使ったクリーミーな冷製から、季節の秋刀魚を使った前菜へと続く。南瓜をくり抜いた器でいただく一皿は、燻製の鰻、鰻のエキス、爽やかなレフォールのクリーム、甘いバターナッツ南瓜が渾然一体となり、新しい味を生み出していた。黒鮑には焼き茄子のスープ、そして、メインの小鳩の火入れも良い。2021年8月にはクリエイションに磨きをかけるために、またも改装。高みを目指し脱皮を繰り返す高山氏の動きからは、まったく目が離せない。

☼：9,350円　☾：19,800円

Tel: 06-6225-8814

大阪府大阪市福島区福島
1-1-48 hotarumachi

定休日：水曜

☼：12:00-12:30 (L.O.)
☾：18:00-19:00 (L.O.)

アニエルドール

15.5/20

agnel d'or

シェフ 藤田晃成

フランス料理

ビストロノミーからガストロノミーへ大きく舵を切って4年あまり、靭公園近くの住宅街にあるこの店は、着実に進化を続けている。藤田氏は、関西のフランス料理店で修業したのち渡仏、ノルマンディー、バスク、リヨンなどで4年半研鑽を積んだ。店内は端正な白の空間にウォールナットの椅子が映える。アミューズのツブ貝のフリットなど、藤田氏の創り出す料理は、見た目も愉しく美しい。炙った鮎に向こう側が透けるほど薄くスライスした胡瓜を飾り、フランス産のキャビアを添えた一皿は、軽い生クリームのソースを合わせ、素晴らしい味のバランスだ。ゴールドラッシュのピュレとトリュフをあしらった夏鹿のコンソメは旨みが凝縮され、これぞフランス料理という逸品である。仔牛のローストの火入れでも魅せ、仔牛のジュに柑橘が仄かに香るソース、丁寧に処理されたリー・ド・ヴォーとジロールのフリカッセの付け合わせも秀逸である。細部にわたるまで藤田氏の情熱が感じられる料理は、クラシックをベースに現代的な要素が加えられているが、軽くならず、味わい深いオリジナルのものとなっている。日本におけるモダンなフランス料理の上質な進行形がここに展開されている。

☼：5,500円〜9,000円　☾：10,000円〜14,500円

Tel: 06-4981-1974

大阪府大阪市西区西本町
2-4-4 阿波座住宅三栄ビル
1F

定休日：月曜、火曜ランチ

☼：12:00-13:15 (L.O.)
☾：18:00-19:30 (L.O.)

オノウエ

ONOHOUÉ

シェフ 阪本充治

15.5/20

フランス料理

Tel: **06-6910-7123**

大阪府大阪市中央区糸屋町
1-1-6 B1F

定休日：水曜、木曜・
金曜ランチ

☼：12:00-13:00 (L.O.)
☾：18:00-20:00 (L.O.)

モダンでイノベーティブな料理が注目される昨今、調理法や盛付、器選びまで、クラシックの素晴らしさを体感できる貴重なフランス料理店だ。ビルの地下へと続くL字型の外階段の先、エントランスの横は吹き抜けの前庭になっている。一歩入ると、高い天井まで届く大きな窓から庭が見え、塗りあとを残したモカ色の壁に、ヨーロッパのアンティーク家具と、まるでフランスの地方にあるレストランのようだ。料理は、すべて白地にブルーの絵柄が繊細に描かれた磁器で供される。ガリッと塩を効かせた彩り豊かな数々の蕪、セロリのジュレ、白いんげんに、鰹に、セップ茸…。アミューズは、両掌におさまるほどのボウルで次々と出てくる。魚料理は、アンコウの部位をそれぞれに適した火入れのポワレで。キャベツの甘みとトマトの酸味がどこか懐かしくもあり、蝦夷鹿は、ぷるっぷるの食感を残した火入れの赤身を、脂身の甘さとともに味わう。クラシックだがソースが主張するわけではなく、食材が前に出過ぎることもない。ボルドー、オート＝サヴォワなど地方都市で修業を重ね、パリで腕を磨いた阪本シェフの料理は、壊すのではなく、守り続けることで進化を遂げている。

☼：7,000 円～ 15,000 円　☾：15,000 円～

フナシェフ

Funachef

シェフ 船岡勇太

15.5/20

フランス料理

Tel: **06-6450-8565**

大阪府大阪市北区黒崎町
6-4 2F

定休日：月曜、火曜

☼：木 - 日 12:00-14:00
☾：18:00-20:30

「NO FOOD LOSS」を未来への課題と捉え、美食と併せて成立させる稀有なレストランだ。時に豪快に、時に繊細に展開される船岡氏の料理にはその体躯に相応するかのような力強さと、職人的な精緻さとが共存している。例えば、香りも爽やかな、淡路玉葱の冷製スープに入ったモンサンミッシェルのフレッシュムールは、貝を一気に熱するのではなく、少しずつ温度を上げて火を通すことで、潮の心地好い香りとプルッとした食感を同時に愉しめるようにしている。細部に亘る味わいを創りあげるための工夫は、メイン料理にも見られる。フランス産鴨肉のローストにキクイモのピューレとマデラ酒のソースは、皮目がクリスピーに焼かれ、さくさくぎゅっとした塩気の旨みと、歯でしっかりと噛みしめる弾力ある身のテクスチャーとのコントラストが素晴らしい。目の前で作り出される料理から、更なる可能性を常に追求する船岡氏のひたむきな姿勢が伝わってくる。すべてが、オリーブオイルと塩を味のベースとし、素材の味を活かし、美味しく、健康的に食べてもらいたいというシェフの思いで満たされている。まさに「回復させる」というレストラン本来の意味を体現している店である。

☼：7,150 円　☾：14,300 円

ラ カンロ

La Kanro

シェフ 仲嶺淳一

15.5/20

フランス料理

Tel: —

大阪府大阪市北区
天神西町3-9
NUI 南森町南側

定休日：不定休

☼：日のみ 12:00-
☾：18:00-

※電話番号は予約サイトで予約後に通知

まるで異世界へのアプローチ。そんな錯覚を覚えるようなエントランスから店内に入ると、シックな設えの統一感ある空間へと誘われる。仲嶺氏の料理にはゲストの食経験に対する問いかけがある。ヒントとなるのがその日のメニューだ。「Amuse」には、「鱧梅」と書かれている。常識的に考えれば、牡丹鱧の梅肉和えや椀物のイメージから、それをフランス料理にメタモルフォーゼさせたものになるのだろうが、運ばれてくる器の中には白く艶やかな鱧の身も紅の一点となる梅肉も存在しない。しかし、鱧の旨み、梅の香りと酸味はしっかりと脳裏に刻まれ、次へと進むことになる。ある一品では３つの選択を迫られる。メニューの表記から、何れもとうもろこしとフォアグラを使っていることは分かるが、それぞれの演出が全く異なるのでゲストはどの順番で料理に挑むか決断しなければならない。その姿をシェフは楽しんでいるのだろう。ゲストもゲームのような作業に没頭する。こうしてメインに到達する頃には、ゲストはもはや自由に料理を享受することの心地好さに身を委ねているのである。このレストランには異世界の物語を旅するような驚きと楽しみ、そして美味しさがある。

☼：12,000 円　☾：20,000 円

ミチノ・ル・トゥールビヨン

Michino Le Tourbillon

シェフ 道野 正

15/20

フランス料理

Tel: 06-6451-6566

大阪府大阪市福島区福島
6-9-11 神林堂ビル 1F

定休日：月曜（祝日の場合は翌火曜）、火曜（月２回）

☼：11:30-14:00
(L.O.12:30)
☾：17:30-22:00
(L.O.19:30)

この人ほど料理に人生を感じさせるシェフもいないだろう。巨匠の後を追い続ける料理人もいれば、流行の最前線を走り続けるイノベーティブなシェフもいる。あと数年で 70 歳に手が届くという道野氏は、そのすべてを経て、今の俺はこんなものだ、と皿の上で開けっぴろげに見せてくれているようだ。その味は、ほっこり身体に染み込むもので、猪のブレゼはじっくり蒸し煮された肉に旨みが溢れている。20 年ぶりに作ってみたというフォアグラのテリーヌは、あんぽ柿のジャムを挟み、キャラメルソースとともに。絵画のような色彩と配置がどこか懐かしい。フランスで基礎を叩きこみ、いつでも帰っていける原点を持つ人の強みだろう。デザートは一転、マダムの祐子さんがモダンな世界を見せてくれる。大きめの皿の中央に飴を膨らませたボール。中にはエディブルフラワーを封じ込めている。ダークチェリーとチョコレートもアートのような構図をなす。シェフがパティシエールの才能を買い、目を細めている様子が窺える。孤高の存在かと思われた道野氏だが、ここ数年は他店のシェフと連れ立ち、食材の産地巡りをしている。料理も食材も知れば知るほど分からないことが増えてくる。100 分の１でも理解し、１ミリでも進歩したいという「料理人としての生き方」。そのゴールはまだまだ先のようだ。

☼：7,000 円　☾：16,000 円

ポンテベッキオ

PONTE VECCHIO

シェフ 山根大助

16/20

イタリア料理

Tel: **06-6229-7770**

大阪府大阪市中央区北浜
1-8-16
大阪証券取引所ビル 1F

定休日：不定休

☼：11:30-14:00
（最終入店）
☾：18:00-20:30
（最終入店）

山根氏は、日本のイタリア料理界の重鎮的な存在。店は移転や改装を繰り返し、そのたびにステップアップを重ね、広いダイニングは大きな窓や照明、席の配置など細部にわたって配慮され、リストランテとしての高い格式と風格が備わっている。「温かいポテトのティンバッロとキャビア」は、この店のスペシャリテとしてあまりに有名だ。じゃがいもという庶民的な素材を長年愛される至高の一品にまで昇華させる、「クッチーナ・ポーヴェラ」を想起させる着想と、洗練された高い完成度に敬意を表したい。淡路産の鱧と松茸をふんだんに使い、酢橘の香りを纏わせたタリオリーニも味わうべき一品。相性の良い上質な素材を組み合わせ、香りと味が相乗的に広がる瞬間を舌が捉えた時の喜びはひとしおだ。サービスも非常に優秀で、何事にもさりげなく、スマートかつエレガントに豊かな時間をゲストに提供してくれる。グループを束ねる山根氏は、器具や器の開発を手掛け、還暦を過ぎた現在も YouTube で調理法の発信を続けるなど、後進の育成にも力を注ぎ、業界そのものの将来も担う精力的な活動を見せている。料理に人生を捧げるレジェンドシェフ、その料理は今も進化し続けている。

☼：3,300 円～ 14,300 円　☾：14,300 円～ 22,000 円

ピ・グレコ

p greco

シェフ 福本俊輔

15/20

イタリア料理

Tel: **06-6809-1800**

大阪府大阪市北区西天満
4-1-20 リープラザ 1F

定休日：日曜、他不定休
あり

☾：17:00-21:30
（L.O.19:00）

大阪で食通が集う西天満の一角にあるイタリア料理店。店名はギリシャ文字の円周率を意味し、シェフ・福本氏の、辿り着くことのない答えを探し続けたいという思いが込められている。福本氏は青山「リストランテ・ヒロ」で５年間修業した後、渡伊、トスカーナの「ダ ブラカリ」などで７年に亘り研鑽を積んだ。帰国後、「リストランテ・ヒロ」大阪店の料理長を務め、2013 年に自らの店を開く。スタートは愛媛産のレモンを器にしてホワイトバルサミコで味付けしたイタリア米のサラダに本鮪、同じく愛媛でオリジナルの塩分濃度でオーダーしているキャビアを配した贅沢な一品。蓋のレモンの果汁を搾りながらいただく。２品目はアサリの出汁で作られたフランに帆立貝柱のスープを注ぎ、北海道・昆布森のバフンウニをのせて、すりたての山葵を添える。旨みの連続だが、バランスを考えた優しい味に仕上がっている。松葉蟹のカッペリーニ、蝦夷鮑の手打ちタリアテッレ、炭火で焼かれた天然のトラフグなど、季節を感じる豪華な食材がいずれも上品な味に仕上げられている。落ち着いた店内で、気さくなマダムの温かみのあるサービスも心地好い。

☾：19,800 円～ 25,300 円

ラチェルバ

15/20

LACERBA

シェフ 藤田政昭

イタリア料理

20世紀初頭、イタリアで興った文化芸術活動“未来派”。伝統的なものではなく、新時代の光を追い求めたエネルギーは、その後の芸術運動にも大きな影響を与えた。ここは、その機関誌の名前を冠したレストランだ。店内では、アートピースが単なる飾りではなく、空間の一部として融け込んでおり、統一されたその美意識は、これから始まる料理への心地好い緊張感をもたらす。秋のコースでは、秋鱧や銀杏、紅はるか、茸、栗など、日本のこの時季を代表する味覚を一連の皿の上に様々描いていく。あるときはリースのように、またあるときはスープの中に菊花を散らし、一輪の紫のビオラでアクセントをつけて。菊花の下には、フリットにした鱧と銀杏のペーストを置き、全体を鱧と生ハムのとろみのあるスープでまとめ、味の重ね方も秀逸だ。パスタは、鮑の肝や数種類の茸のペーストをクリームでまとめ、鮑の身と秋トリュフで贅沢にいただく。伝統的な部分を守りつつも、あくまでそれは一つの枠であり、そこに自らで個性を吹き込むのだという、藤田氏の考えが見えるようなコース構成だ。描いた秋の情景に、藤田氏は何を見て、何を思うのか、聞いてみたくもあるが、そもそもアーティストとは自らの作品を語らないものなのかもしれない。

☾：11,550円～15,950円

Tel: 06-6136-8089

大阪府大阪市北区堂島浜
1-2-1 新ダイビル2F

定休日：日曜

☾：17:00-20:30
（最終入店）

イル・チェントリーノ

14.5/20

il Centrino

シェフ 北口智久

イタリア料理

レトロな趣を残す空堀商店街から少し入った場所にある、2階建ての古民家をリノベーションしたレストラン。店内は温かみのある、モダンな雰囲気に仕上がっている。北口氏は30歳で料理の道に入り、東京やイタリアのリグーリア、ピエモンテ、ヴェネトなど各州のレストランで修業。帰国して大阪市内で料理長を務めた後、2017年、この店をオープンした。夏の訪問時には、アミューズが3種類。クリスピーな揚げた米せんべいの上にヒラメのタルタル、蛸の上にサルサソース、ミントの香るズッキーニと帆立の冷たいスープと、暑い日にぴったりの爽やかなスタート。サーモンのミキュイは、火入れの技が光り、皮目のパリパリ感と半生の身の対比が鮮やかで、添えられたビーツのピュレ、サワークリーム、西洋山葵をアクセントにいただく。大阪育ちの「なにわ黒牛」を使ったタリアテッレは、旨みとコクのある牛肉にトマトの酸味が効いており、味わい深く印象に残る一皿だ。シニアソムリエの資格を持つマネージャー・魚見洋一氏をはじめとするサービス陣も、料理の余韻を長く留める役割を果たしている。奇を衒わない穏やかな味わいが、居心地の良い空間で愉しめるイタリア料理店である。

☼：8,000円～10,000円　☾：18,000円～20,000円

Tel: 06-6762-5901

大阪府大阪市中央区
瓦屋町1-2-2

定休日：日曜、他不定休あり

☼：12:00-14:30
（L.O.13:00）
☾：17:30-22:00
（L.O.20:00）

Tel: **06-7709-1283**

大阪府大阪市北区西天満
2-7-26 徳矢ビル 1F

定休日：日曜、祝日

☼：12:00- 一斉スタート
☾：18:00- 一斉スタート

十皿

Tosara

シェフ 真野 淳

14.5/20

イタリア料理

イタリア料理を基軸に、店主の独自の感性で和のテイストを盛り込む気鋭のレストランだ。西天満の落ち着いたエリアで、スタイリッシュかつモダンな店内は、世代を問わずリラックスして臨むことができる。オーナーシェフ・真野氏は大阪市内の「スフィーダ」で長年に亘り料理長を務めたほか、異ジャンルも経験し、2018年に独立。シェフの地元である淡路島の食材や、その時に食べてほしいと思う食材を取り寄せ、十の皿で提供する。秋の日の初手は、淡路産の蒸し鮑と、とろろを合わせたご飯。鮑の蒸し汁や肝を含ませたご飯との相性はいうまでもなく、とろろがクッションとなり双方を繋ぎ合わせ、より高次元の一体感を生み出している。甘鯛はカダイフ焼きにして、カダイフのパリッとした食感と甘鯛の柔らかな繊維質とのコントラストが味わい深い。締めは蓮根の土鍋ご飯をセコ蟹とおかきの雑炊風に仕立てた一品で、パンを出さずご飯で締める趣向や、魚介の多様性が感じられる料理にも和のテイストが存分に発揮されている。ホールを手際よくこなすマダムや人柄の良さが滲み出るシェフ。ゲストへの気遣いと要所を押さえたサーブで居心地の良い空間を提供しており、多くの人が、また訪問したいという魅力を感じることだろう。

☼：**6,600円〜11,000円**　☾：**11,000円**

Tel: **06-6265-1420**

大阪府大阪市中央区安土町
1-6-3
エステムプラザ本町クロス
1F

定休日：月曜

☼：12:00-15:00
(L.O.13:30)
☾：18:00-23:00
(L.O.19:30)

エニェ

Ñ

シェフ 砂田裕智

14/20

スペイン料理

堺筋本町から徒歩5分、2015年に開業したスペイン料理店。「エニェ」とはスペイン語のNとOの間にあるアルファベット表記で、Nにティルデを付した文字のことである。店内には天井まで届く本棚に革張りのソファ、観葉植物や異国情緒あふれる調度品が並び、一枚板のカウンターにはハンス・J・ウェグナーの名作椅子「ザ・チェア」をゆったりと配置。センスの良いダイニングへ招かれた感覚に浸りながら、会食への期待が膨らむ。コースは、アペリティフ4品、ピンチョス3品、主菜6品、米料理1品、デザート1品という15品の構成で、むらさき芋を薄く揚げたチップスでスタート。続けて、フレッシュなピスタチオを削りかけたマシュマロ、キビナゴを埋めてウズラの温泉卵で蓋をしたコルネット、肉まん仕立てのフォアグラ鰻と、手間を惜しまない温冷の前菜がテンポよく供される。メインは魚、海老、肉を多様な調理法で披露。デザートと小菓子まで、アイス、ブランデー煮、エスプーマと、手を替え品を替えフィニッシュへ。料理に合わせたワインペアリングも可能だ。一斉スタートという制約はあるものの、これだけの料理をシェフ1人でまかなえるのは、スペインの名店で培った確かな技術力の賜物だろう。

☼：**8,250円**　☾：**16,500円**

アラルデ

Alarde

シェフ 山本嘉嗣

14.5/20

バスク料理

「アラルデ」という店名は、山本氏が住んでいたバスクの街の祭りからきており、店内にはそのパレードの様子をシェフが自ら描いた油絵が架かっている。山本氏はスペイン・バスク地方の名店「アラメダ」で修業の後、2016 年に、この店を開いている。現地のアサドールそのままに、石や木材の質感を生かした店内で、伝統的なバスク料理を、まるでその地にいるかのような薪焼きで提供する。中央に据えられた大きな窯では、薪焼きと炭焼きの両方が扱える。メインである鹿児島産黒毛和牛リブロースの大きな塊肉が、コースの初めから窯でゆっくり火入れされる様子は、コース終盤への期待感を掻き立てる。前菜の、バスクのアンチョビをのせた南瓜のポタージュや、魚の網焼きなどは、どれも現地でお馴染みの料理だ。壁には、バスク地方のシンボルともいうべきベレー帽と小さなアコーディオンが飾られている。侵入してきたフランス軍に勝利した記念日を祝う「サン・マルシアル祭」の気骨のあるイメージはそのまま、伝統的なバスク料理を作り続ける山本氏のイメージと重なる。そんな山本氏のバスク愛が伝わってくる店である。

☾：10,000 円

Tel: 06-6616-9825

大阪府大阪市西区阿波座
1-14-4
サインカンパニービル 1F

定休日：日曜、祝日

☾：18:00- 一斉スタート

※車いすのまま食事が可能

ハジメ

HAJIME

シェフ 米田 肇

18/20

イノベーティブ

美しい料理も、美味しい料理も、主観の差はあれ、日本のどこでも食べることができる。メッセージ性のある料理でさえ、今やそれほど珍しいものではなくなってきた。そんな中、シェフ・米田氏が異彩を放っているのは、皿の向こうに広がるもののスケールの大きさなのではないか。「収穫～秋の足音」「生命～小さな生命・誕生の喜び」「川～つながり」…まるで農耕を始めたばかりの人間の営みを表すような言葉だ。トリュフのアイスクリームを南瓜のスープに溶かし込みながら食べたり、石を敷き詰めた上、小さな黒い石かと思えば、キャビアをのせ、中は雲丹だったり…。見た目はもちろん、温度差の妙や食感の面白さ、風味のかけ算など、米田氏の料理は、言葉で再現するのももどかしいくらいだ。スペシャリテの「地球」に至っては、息を詰めるほど繊細に調理された 80 種類もの食材が、抽象絵画のような色彩で、何か意思を持っているかのごとく並んでいる。野菜だけでなく、小さなハーブや一滴のソースも含めると、組み合わせは無限大。「食べること」そのものの意味を内面に深く問いかけるような、というと小難しい感じがするが、どれも口に入れた途端笑顔になってしまう。頭で考えながらも、人は本能に正直なのだと実感する。これこそが、米田マジックなのだ。

☾：34,100 円～ 46,200 円

Tel: 06-6447-6688

大阪府大阪市西区江戸堀
1-9-11
アイプラス江戸堀 1F

定休日：不定休

☾：17:30-20:30 (L.O.)

Fujiya1935

Fujiya1935

シェフ 藤原哲也

16/20

イノベーティブ

Tel: 06-6941-2483

大阪府大阪市中央区鎗屋町2-4-14

定休日：日曜、第１月曜、他不定休あり

☼：木・土・祝のみ 12:00-

☾：18:30-

※価格は食材の仕入れにより変動する場合あり

「季節と記憶の食卓」、この明確で魅力的なコンセプトは、きっとゲストの心を揺さぶるに違いない。ウェイティングスペースでのシェフの挨拶からも、季節への意識と理解を深めてほしいという思いが滲み出ている。それはアプローチから客席に至るまでの過程でも随所に感じられ、木を基調とした内装は間接照明の安らぎと自然のやわらぎを覚える空間となっている。藤原氏は老舗洋食店の家系に生まれ、国内、欧州での経験を経て2003年に開業。大阪を代表するレストランとして確固たる地位を築いてきた。スペシャリテ「栗の皮で燻した栗」は秋の表現をし尽くしたような一皿だ。焦げた栗の皮の香ばしさが、焚火などの香りの漂う野山の情景を思い浮かべさせ、記憶を呼び起こす。茹でたての浜坂産の松葉蟹は蟹みそ風味の生地でサンドし、食べ進めるごとに一体感を増していく仕掛けが面白い。蟹を味わうためのロジックを再構築したこの構成はシェフのセンスが光る一品だ。サービスは実にスマートでホスピタリティに富み、設えや雰囲気も含め包括的に「Fujiya1935」の世界観やコンセプトを体現している。料理を通して季節の情景を思い浮かべ、記憶を刺激する。そんな唯一無二のレストランだ。

☼：14,000円　☾：25,000円

シーフ

Chi-Fu

シェフ 藤田祐二

15.5/20

中国料理

Tel: 06-6940-0317

大阪府大阪市北区西天満4-4-8 1F

定休日：日曜、月曜ランチ

☼：11:30-13:00 (L.O.)

☾：17:30-20:30 (L.O.)

中国料理をフランス料理の手法も用いながらアレンジし、モダンなコース料理に仕立てている。メニューには、その時季を示す和歌に、中国を想起させる美しくも力強い言葉の数々が並ぶ。まず、始まりは「源」。高麗人参やナツメ、当帰などのスープで胃腸を整える。飾り棚風の一口でいただく前菜と、精進北京ダックは、それぞれ「雪月花」「発酵」と記され、４種類の前菜にはギュッと手間と風味を閉じ込め、いくつもの味の一番上に大葉やマイクロコリアンダーなどのハーブの香りがそっと乗っている。北京ダックは、この日は茸づくしで、生で、乾燥させて香りを強めたり、乳酸発酵させたりと、様々に姿を変えた茸をすべて巻き上げて味わわせる。メインは一転して、藤田氏のフランス料理の技術を強調したような一皿だ。フランス産の鴨胸肉を、皮目はパリッと焼き色をつけ、肉はほぼ火が通っていないようなレアで、ぎりぎりの火入れを見せ、ほんのり温かく火を入れたフレッシュな無花果を添えている。香りのアクセントは炭火の香りを移したオイルにマーガオと、コース全体での調和も図っている。ハーブや柑橘、香辛料と素材そのものの香りが残り、ソムリエが選ぶ酒類とのマリアージュも素晴らしい。和、中、仏を穏やかにまとめ上げた、独自の世界観が魅力の一軒である。

☼：5,500円～18,000円　☾：12,000円～18,000円

月泉

15/20

Gessen

シェフ 岡田三四郎

中国料理

独創的な料理で知られる「酒中花 空心」出身の岡田氏が西天満で営む中国料理店。店内は、白ベースの壁に、茶系の椅子やテーブルでまとめられ、清潔感があり、どこかシノワズリな雰囲気も漂っている。料理は、一見、四川かと思いきや、広東を基本に、和食・洋食の要素が加えられた創作的なもの。コース料理を中心として、しっかりした味付けながら、随所に繊細さが加えられた飽きのこない仕上がりとなっている。この日の前菜６種の中では「蛸の山椒和え」が際立っていた。蛸と爽やかな山椒とのマリアージュは新鮮な味覚だ。看板メニューの一つ、黒色というよりもキラキラ黒光りした「黒酢の酢豚」は、大きな肉塊の外側はカリッと、中は柔らかくジューシーな食感が忘れ難い。もう一つのスペシャリテは「青椒肉絲」だ。炒めた千切りピーマンの上に、低温調理されたたっぷりの牛肉がのったもので、これを混ぜていただく。飲めるほど柔らかい牛肉と歯ごたえのあるピーマンの組み合わせは、脂っぽさを一切感じさせず、しっかりした旨みがある。オーソドックスともいえる「海老チリ」「麻婆豆腐」であっても、岡田氏のセンスを活かしたアレンジで一味違っている。客を惹きつけるメニューの数々、席があるなら定期的に通いたい中国料理店である。

☾：8,000 円〜 20,000 円

Tel: 06-6366-0055

大阪府大阪市北区西天満
1-6-4

定休日：日曜

☾：18:00-21:00 (L.O.)

※おまかせのみ

柏屋

17/20

Kashiwaya

シェフ 松尾英明

日本料理

大阪・千里山の閑静な住宅街に、大阪が誇る日本料理店「柏屋」はある。主人の松尾氏は大学卒業後に滋賀の「招福楼」で修業、実家の日本料理店を継いで、この店を大阪を代表する料亭に育て上げた。喫緊の課題である地球環境にも留意しつつ、正統派でありながら、日本料理ではあまり使われない素材も積極的に取り入れ、独自の世界観を創り出している。煮物椀は蒸したコノコを炙り、玉子生地とあわせて椀種にする。鱧の５種造りは「柏屋」の定番で、叩き寄せ、漬け炙り、落とし、生揚げ、焼き霜と、鱧の魅力を存分に味わわせる趣向。八寸は鰹の漬け、岡山・吉田牧場のチーズを挟んだ利休麩、ホワイトセロリの胡麻よごしなど和洋の食材を掛け合わせるが、すべてが松尾氏の料理観の中で融和している。鉢物は鰊、茄子、南瓜、子芋がそれぞれに風味も良く、出汁を効かせつつまとめ上げている。松尾氏が創意工夫を凝らす、今を感じさせる料理、そこに欠かせない「室礼（しつらい）」のゆとり。また、どのような「ご用向き」にも万全の態勢で臨み、大阪では数少ない館を構える料亭として、なくてはならない存在となっている。

☼：16,000 円〜 46,000 円　☾：20,000 円〜 46,000 円

Tel: 06-6386-2234

大阪府吹田市千里山西
2-5-18

定休日：日曜

☼：12:00-13:00
（最終入店）

☾：18:00-19:30
（最終入店）

Tel: **06-6211-0201**

大阪府大阪市中央区道頓堀
1-7-11

定休日：日曜

☾：17:00-19:00 (L.O.)

本湖月
Honkogetsu
シェフ 穴見秀生

17/20

日本料理

道頓堀の喧騒とは一線を画す法善寺横町の小径に、別格の佇まいというべき店構え。入口は丁寧に掃き清められ、暖簾をくぐる際は思わず背筋が伸びる。穴見氏は大阪で修業の後、渡仏。海外から日本を俯瞰して見る経験を得て帰国後は「高麗橋 吉兆 本店」で修業。「湖月」の料理長を務め、45 歳の時に店を買い取り「本湖月」として独立した。その後の法善寺横町の大規模火災を乗り越え再建された店舗は、数寄屋造りの１階に吉野檜一枚板のカウンター、上の階には大小異なる趣の個室が設えられている。懐石の本流をいく料理は、初夏に夏越の祓の茅の輪くぐりを模した八寸や、目の前で取り分けられる焼き鮎など、季節毎の演出も美しく、食す前から心を捉える。味わいはシンプルでありながら滋味深く、舌の肥えた客を唸らせるには十分すぎるほど研ぎ澄まされたものだ。料理に加え、特筆すべきはやはり器だろう。穴見氏が長年かけて集めた永樂、魯山人、乾山などの銘品を惜しみなく使い、現代に生かす、温故知新の精神も大切にしている。食の歳時記を繰りながら器と料理が互いを引き立て合う姿に、穴見氏が歩んできた半世紀を越す料理人としての人生が映し出されているようだ。大阪が誇る屈指の日本料理店である。

☾：30,000 円～ 50,000 円

Tel: **06-7509-3956**

大阪府大阪市中央区
内淡路町3-3-3

定休日：日曜

☼：土・祝のみ 12:00-
☾：18:00-/21:00-

※ランチは 2 名から

弧柳
Koryu
シェフ 松尾慎太郎

16.5/20

日本料理

なにわ野菜を中心に、関西や近辺の食材を使った独自の大阪料理。「京の持ち味、浪速の喰い味」という格言があるが、店主・松尾氏は、季節の旬の素材が第一と考え、また料理の礎となる出汁は昆布を主とし、そこに他の食材が組み合わされて、それぞれ味の深みを出している。柔軟な発想により生み出されるのは、京料理とは異なる、独自に進化した見目麗しく華やかな大阪料理だ。先付、小鉢の後、八寸のような、この店の看板「魚庭 (なにわ)」が登場する。栗や季節の草木をあしらった大きな八角形の木皿には、サロマ牡蠣と玉葱ポン酢、田辺大根の間引き菜と南関あげの炊いたん、渋皮栗、クエの煮凝りなど、そして中心には明石鯛のお造りが盛られている。この明石鯛は、酢橘と海水につけていただくと旨みと甘みがより一層引き立つ。本鮪のトロの造りには、黄身醤油を合わせたり、ご飯前には、能勢黒牛の炭火焼きと、豊かな発想で楽しませ、最後のご飯ものがイクラ醤油漬けをあしらった粥というところも面白い。2021 年 11 月には内淡路町へ移転。堂々たる設えの中、松尾氏の次の一手がまた楽しみだ。

☼：33,000 円　☾：33,000 円

太庵

16/20

Taian

シェフ 高畑 均

日本料理

高畑氏は、大阪「味吉兆」の先代店主・中谷文雄氏のもとで15年間、修業・研鑽を重ね、大阪ミナミにほど近い、地元でもある島之内で2000年に店を開いた。日本料理の伝統を守りつつ、シャラン鴨やイベリコ豚、キャビアなど、海外産の食材も積極的に取り入れ、今では国内外から多くの客を集めている。流れを重んじる料理は、5種の小鉢が並ぶ美しい八寸から始まる。黄色が鮮やかなホタルイカの黄身酢和えや、鮑に香りの良い酒粕で漬け込んだ鮑の肝をのせた一品など、手間を惜しまず仕込まれたものばかり。蛤真丈に朝掘りの筍、木の芽をあしらったこの日の椀は、函館産真昆布と鹿児島県枕崎産の鰹節で引いた出汁が優しい味わいだ。スペシャリテとして人気の高い炭火の焼き物は、「スペアリブ赤ワイン風味のたれ焼き」。イベリコ豚を蜂蜜や赤ワイン、醤油に漬け込み、厨房に設けられた専用の焼き場で仕上げる。同じく好評の「穴子の鳴門焼」は、ふっくらと焼かれた穴子と山椒の香りを愉しみつつ、高畑氏が選び抜いたワインを合わせる。適度な距離感がある居心地の良いカウンター席で、店主や女将が薦める日本酒やワインとともに、じっくりとペアリングが愉しめる大阪の名店である。

☾：16,000円

Tel: 06-6120-0790

大阪府大阪市中央区島之内
1-21-2 山本松ビル 1F

定休日：月曜

☾：17:30-22:00
（最終入店 20:00）

老松 喜多川

15.5/20

Oimatsu Kitagawa

シェフ 喜多川 達

日本料理

大阪市の中心部、江戸時代には各藩の蔵屋敷が立ち並んだ情緒ある西天満界隈、老松通りにこの店はある。店主の喜多川氏は、「船場吉兆」「祇園 さゝ木」という大阪と京都の名店で研鑽を積み、「一汁二菜うえの」の料理長を経て、2012年に独立を果たした40代前半の料理人である。その経歴から想像される通り、京料理の基本を踏まえた上で、日本各地から旬の食材を仕入れて独自の組み合わせを試み、大阪らしい個性を発揮している。初夏に訪問すると、大阪・泉州特産の水茄子を用いた冷菜から始まり、水茄子の食感を生かしながら、金時草、毛蟹の身、ジュレ、すり下ろしたオクラが渾然一体となり、清々しい味わいを生み出していた。椀物は、貴重な琵琶湖の大鰻とししとうの真丈という珍しい取り合わせで、特にふんわりとした大鰻特有の食感が印象に残る。鮑の肝を使った冷たい鮑麺に、長崎・平戸の赤雲丹と徳島の鮑を合わせた一品は、しばし蒸し暑さを忘れさせてくれる。「食い倒れの街」大阪にあって、美味しさの勘所をおさえながら、京料理の雅や洗練を取り入れており、気の置けない仲間と季節の料理を楽しむことができる店として覚えておきたい一軒である。

☼：8,000円～23,000円　☾：18,000円～30,000円

Tel: 06-6361-6411

大阪府大阪市北区西天満
4-1-11

定休日：不定休

☼：12:00- 一斉スタート
☾：18:00-24:00
（最終入店 21:00）

※クレジットカードは
ディナー時のみ利用可

※車いすのまま食事が可能

翠
Sui

シェフ 大屋友和

15.5/20

日本料理

Tel: **06-6227-8578**

大阪府大阪市中央区
東心斎橋1-16-20
心斎橋ステージア 2F

定休日：日曜

☼：水・土のみ
12:00-13:00 (L.O.)
☾：18:00-21:00 (L.O.)

心斎橋駅からほど近く、隠れ家にしておきたいような割烹店である。店主の大屋氏は、「浪速割烹 㐂川」で 11 年間修業し、2011 年に独立、2016 年に現在の場所に移転した。店内は温もりある木目調の設えが明るく優しい雰囲気を醸し出し、ゆったりと余裕があるカウンターは栃の木の風合いが実に美しい。ここでは手間をかけた料理が次々に仕上がる様をカウンターで眺めながらいただきたい。料理に向き合う大屋氏の姿を見ると話しかけるのも憚られるが、気さくな店主は、知りたいことや好みを伝えるとすぐに笑顔で応えてくれる。先付は緑鮮やかな蓮の葉に映える宮城産のイシカゲ貝とジュレ。山椒の実や紫蘇の花の香りと共に、程良い酸味のジュレと、クラゲや胡瓜、素麺南瓜の酢の物、ねっとり甘いイシカゲ貝との食感の組み合わせが素晴らしい。２品目は新物のイクラをのせた渡り蟹の茶わん蒸し。ペースト状にして生地に忍ばせた焼き茄子の香りが、蟹のみそともっちりとした身の風味を引き立てる。冷たいお椀は、糸茗荷を添えた吉野葛を練り込んだそうめん。冬瓜、おかひじきと共に菊の出汁でいただく。コシのある麺と爽やかな菊の香りが暑さを忘れさせ、身体が求めていた味わいだと知る。いつ誰と行っても寛げる、こんな行きつけを一軒は持っていたい。

☼：5,000 円～ 10,000 円　☾：15,000 円

楽心
Rakushin

シェフ 片山心太郎

15.5/20

日本料理

Tel: **06-6451-2323**

大阪府大阪市福島区福島
1-6-14 1F

定休日：不定休

☼：11:30-14:00
(L.O.13:30)
☾：17:30-23:00
(L.O.21:00)

新福島駅からほど近い路地裏に、これだけスタイリッシュな空間が広がっていることに驚く。大阪の実力店「懐石料理 桝田」や「とよなか桜会」で研鑽を積んだ片山氏が 2013 年に開いたこの店は、見事な設えは言うに及ばず、日本料理らしい季節感のある献立が魅力だ。初夏には琵琶湖の鮎を炭焼きに、型の良い鱧はお椀に、新緑の葉を随所にあしらい、旧暦６月１日の氷の節句にちなんで用いる氷の器も風流極まりない。夏らしい食材と器が初夏の息吹を感じさせてくれる。食べ疲れることのないよう添えられる箸休めや、味や温度の押しと引き、コース全体の流れも実にスムーズで、食べ手への気遣いが感じられるのも、一流の証だ。締めには風味豊かな板ワカメを眩しいほどつやつやのご飯にちりばめていただく。シンプルなだけに、ごまかしようのない香りと旨みが際立つ味わい深い一品だ。店主の丁寧なあいさつに始まり、見送りに至るまで、心温まる接客やさりげない気遣いと会話が、楽しい空間作りに一役買っている。この店は個室も良いが、庭が見え、店主や若いスタッフの息遣いを間近に感じられるカウンター席を勧めたい。そこでゲストは古来より大切にされてきた日本の料理文化の一端に触れることができるだろう。

☼：6,000 円～　☾：18,000 円～

照屋

15/20

Teruya

シェフ 照屋克規

日本料理

Tel: **080-5638-7455**

大阪府大阪市中央区上汐
2-1-24 グレース上汐 101

定休日：不定休

☾：18:00-20:00
（最終入店）

大阪の繁華街からは少し離れた閑静な住宅街・上汐にひっそりと看板を掲げる。店主の照屋氏は京都「建仁寺 祇園丸山」「飯田」などの名店で修業の後、2018 年に店を開いた。約 100 年の時を経ているという重厚な蔵の扉を開け、アプローチを通り店内へ入ると、カウンターに 7 席のすっきりとモダンな空間が広がる。永樂の器で供された先付は柔らかい鮑、無花果などの胡麻クリーム和え。柚子が爽やかに香り、申し分のない始まりの一皿だ。続く椀物は、桐の花が描かれた美しいお椀。椀種には淡路の鱧に蓮根饅頭、松茸という正統派だ。吸い地が円やかでありながらキリッとし、鱧の骨切りも実に見事である。自家製のカラスミとむかごの飯蒸し、ノドグロ山芋生姜餡、カマスの塩焼きなど、いずれもシンプルで素材の良さを最大限に生かすべく調理されている。そこには淡麗で洗練されシャープな味わいでありながら、出汁の旨みのきいた深い満足感がある。修業先の京都を偲ばせる品格ある味わいと大阪ならではのこころ尽くしの料理。店主と女将のもてなしも温かい、静かな良店といえるだろう。

☾：18,000 円～

米増

15/20

Yonemasu

シェフ 米増智也

日本料理

Tel: **06-6345-1107**

大阪府大阪市北区大淀南
1-9-16 山彦ビル 1F

定休日：不定休

☼：14:00-
☾：17:30-

福島駅から徒歩 10 分あまり、主人の米増氏は堂島の日本料理店「かが万」や法善寺横丁の名店「本湖月」で研鑽を積み、2016 年に独立、この店を開いた。檜の一枚板のカウンター席で、四季を彩る節句や年中行事に則った、月替わりのおまかせ料理が愉しめる。米増氏は、「本湖月」で培ったテクニックを要所要所に見せながらも、そこに独自のテイストを加えている。料理は、大阪・八尾の若ごぼうと鯛の子を寄せた先付からスタート。伊勢海老の昆布締めには海老みそと酢のジュレがかかり、蕗と空豆が添えられた春らしいさっぱりとした一品だ。煮物椀は若竹汁。お造りは、薬味に少しずつ変化を持たせながらアブラメ、トリ貝、鰹の 3 種類を愉しませる。焼き物は 2 種類で、桜鱒のたれ焼きには、揚げた皮とわらびが。ウドの牛肉巻きには花山椒があしらわれ、季節の味と香りで印象づける。自家製の蕎麦には揚げた蕗の薹、炭火で香ばしく焼かれた筍には滋味深い青干しぜんまいを配し、ひと際心に残る一品となった。鯛のアラのご飯、ういろう生地の桜餅と、全 12 品の献立は大いに春を感じさせるものである。女将のもてなしを受けながら、優しい味わいの丁寧に作られた料理がいただける、今後が楽しみな日本料理店である。

☼：18,000 円～　☾：18,000 円～

お料理 山田

14.5/20

Oryouri Yamada

シェフ 山田晃弘

日本料理

Tel: **080-4013-9336**

大阪府大阪市北区堂島
1-5-36 Rich K.BLDG.
2F

定休日：日曜、他不定休あり

☾：18:00- /20:30-

北新地の「弧柳」に長く在籍したほか、「纐纈」でも腕を磨いた山田氏が、2020年4月に開店した和食店だ。カウンター8席の店内は、やや張り詰めた空気も漂うが、店主の明るい笑顔と気の利いた会話に触れると、ふっと緊張感も和らぐ。こうして時が過ぎるごとに居心地の良さが増していくところが良い。素材は各地より厳選し、その時季に美味しいと思った食材を用いている。しかし、いかに名店仕込みの技術を持ち合わせているとはいえ、それればかりに頼っていないところが山田流。中にはチャレンジングな一品も見られ、独自の視点から素材へのアプローチを模索していることが窺える。脂の乗った三重県産トロさわらは、無農薬の藁で軽く燻し、上品な甘さの蕪のソースで脂をコントロールしている。軽く酢締めにした氷見産の鯖の鮮烈な旨みと脂も、大根おろしや新生姜の酢漬けを合わせることで、口内へ上手く脂が着地するとともに旨みが増幅し、見事な調和が図られている。締めの炊きたてご飯には卵黄の醤油漬けやイクラ、香の物など、優れたご飯のお供も忘れてはならない。30代半ばの若さが醸し出すエネルギーと、溌溂とした店主の中に潜む爆発力。今後さらなる飛躍を重ね、北新地に不可欠な存在となるに違いない。

☾：17,600円

料理屋 稲家

14/20

Ryouriya Inaya

シェフ 稲家敬記

日本料理

Tel: **06-6341-3177**

大阪府大阪市北区
曽根崎新地1-10-2
KITASHINCHI PLACE
7F

定休日：日曜、他不定休あり

☾：18:00- /20:45-

北新地に新築されたビルに、各ジャンルの有名店が集結した。名だたる店に囲まれた中で自身初の暖簾を掲げることになったとはいえ、店主に気負いは感じられない。稲家氏は神戸「料理屋 植むら」で修業の後に2021年2月に独立。オープンダイニングのカウンター8席のみと席数を絞り、おもてなしに心を砕く。料理は植村氏の影響を受けながらも、独自の地平を開く努力が見られ、献立が極力被らないよう意識されており、また主な仕入れ先もあえて変えているところにも稲家氏の心意気が窺える。冷燻で香りを忍ばせ葱醤油で軽い漬けにした鮪は、上品な脂が舌に絡みつき旨さを感じさせ、その後に押し寄せる香りの余韻も心地好い。メイチダイのお造りは重厚な旨みのインパクトにハッと驚かされたかと思えば、しなやかな脂が果てしない美味をもたらしてくれる。添えられた山葵や塩などにも細やかな配慮が見られ、確かな仕入れと技術で、師に肉薄せんとする決意が垣間見える。今はまだ北新地で小さな産声を上げたばかりだが、実直にまい進するその姿から、そう遠くない将来、「北新地に稲家あり」という評判が聞こえてくることだろう。

☾：19,800円

鮨 三心

15.5/20

Sushi Sanshin

シェフ 石渕佳隆

寿司

より高みを目指して常に進化し続けている店である。例えば、飴釉の陶板に慈しむようにそっと置かれる鮨の形は、以前より鮨種が酢飯を抱き込むような意匠に仕上がるよう変化している。鮨種が重くのしかかるでもなく、酢飯が大半を占めるでもない、ちょうど良いバランスを追求していく中で見出された独自の姿なのであろう。変化するのは無論、鮨の姿形だけではない。何気なく口にした煮蛸の精妙なテクスチャーと味には言葉を失う。透明感のある身の弾力、ほどなく噛み切れる潔い歯ごたえ、そして口中に広がる甘みと旨みの至福感ある味わいが妙なるバランスの上に成り立っている。身を柔らかくするために叩くのではなく、よく揉み込むことで得られた、生とも、茹でたものとも違う、まったく新しい蛸の食感を経験することができる。清潔に磨き上げられた能舞台のような心地好い空間に、切れのある挙措動作で繰り広げられる華麗な握りの技、その裏で飽くことなく探求されている向上への取り組み、それこそがこの店の真骨頂であり、バックボーンである。繁華街ではなく、表通りでもない喧騒から少し距離をおいた静かな空間。ここは、疲れたゲストの心を包み込んで握ってくれる、人肌の温かさが感じられる鮨店である。

☼：24,000 円

Tel: **06-6767-0677**

大阪府大阪市中央区
内久宝寺町2-7-14

定休日：不定休

☼ : 11:30-/14:00-

鮨 原正

15.5/20

Sushi Harasho

シェフ 石川 功

寿司

天王寺区の閑静な住宅街、前室から招かれ店内へ入ると一枚板のカウンター、ゆったりとられた空間には清々しく澄み切った空気が流れている。おまかせのコースは 10 品程の酒肴の後、握りへ移行するスタイルだ。まずは様々な季節の酒肴とともに、好みの酒で喉を潤したい。酢飯は緩やかに白酢を合わせ、抑えた塩味がどこまでも優しい仕上がりだ。この塩梅によって不思議なほど食べ疲れることなく、「柔」の味わいに店主の横顔を重ねてみる。素材を見極めながらの熟成、脱水なども的確だ。薬味の使用も控えめで、あくまで酢飯と種、煮切りでバランスを図り、奇を衒うことのない潔さが気持ち良い。煮蛤は酢飯との一体感を出すために小さく切って握り、烏賊やタイラギ貝、カレイなど鮨種によっては細かな包丁を入れる。目立たずとも緻密で丁寧な仕事によって、食感や素材の味をワンランク上へと導いている。眼前に臨む壁には絵画や陶器が配され、店主やスタッフの笑顔が調和し、過度に緊張させることのないホスピタリティも秀逸だ。圧倒的な品数に比してコストパフォーマンスにも優れ、一見の客でも安心して訪問することができる、大阪きっての鮨店といえよう。

☼：16,500 円　☾：16,500 円

Tel: **06-6773-5518**

大阪府大阪市天王寺区
上之宮町3-30

定休日：日曜、水曜

☼ : 12:00-14:00
☾ : 18:00-20:20
/20:30-23:00

※クレジットカードは Visa・Master のみ利用可

イタリアンスタンド ジリオ

pop

ITALIAN STAND GIGLIO

シェフ 富松 愛

イタリア料理

Tel: **06-6271-6175**

大阪府大阪市中央区
博労町1-1-6

定休日：日曜、他不定休あり

☾：15:00-22:00
(L.O.21:00)

オフィス街にある店は、夜になるとガラス戸から明かりがこぼれ、ホッとした気分になる。2020年に東心斎橋から移転。この店では自然派を中心としたワインと、マンマが作るような心温まる料理がいただける。「鶏肉とポルチーニ茸と栗のライスコロッケ」は出来立てアツアツをほくほくと口に運ぶと、じんわり秋の味覚が染みてくる。「ワカサギと松茸のフリット」や「タコとじゃが芋のサラダ」など、どれもメニューを見るだけで心躍り、ワインを誘うようなものばかり。安藤梨乃ソムリエールに好みを伝えると、まるで自分のワインのように、ワクワクした表情で説明してくれる。南イタリアの料理が得意だというシェフと好みのワイン、日々の疲れを癒し、活力をもらえる店だ。

エル アルマ

pop

EL ALMA

シェフ 城﨑将充

スペイン料理

Tel: **06-6476-8780**

大阪府大阪市福島区福島
8-19-12

定休日：不定休

☾：15:00-24:00

城﨑氏が、バスク地方の名物である炭火焼きを中心に、各地の料理を提供するスペインバル。コルタドールでもあるシェフが原木から削る生ハムは、外せない一品だ。店の入り口には、その役割を終えた原木も飾られており、食欲が高まること間違いなしだ。定番ともいえる「イワシの酢漬け」も自家製であるからこその良い塩梅。酒の種類もバスク地方のシードラをはじめ、スペインビールにワイン、シェリーと幅広く、多様な要望に応えられる。解放感のある吹き抜けの天井や、メニューにぎっしり並ぶ料理、外で立ち飲みのできるスペースなど、愛するスペインの風をゲストに届けたいという城﨑氏の思いが溢れている。

お料理 雨ニモマケズ

pop

Oryori Amenimomakezu

シェフ 中田孝太郎

日本料理

Tel: **06-6809-7180**

大阪府大阪市北区西天満
4-10-17

定休日：不定休

☼：13:00-17:30
☾：17:30-23:00

※ランチは予約のみの営業

西天満の細い路地を入ったところにあり、扉を開けると一枚板のカウンター席と整った厨房が目に入る。店主の中田氏は日本酒専門店「山中酒の店」で7年あまり研鑽を積み、この店を開いた。丁寧に仕事が施された和食と、クスッと笑いを誘うような愛情込めた紹介文が添えられた日本酒が楽しめる。修業中に得た蔵元との繋がりも多く、日本酒についての知識はもちろん、食材や調理法の研究にも余念がない。中田氏は、自らの足で探してきた食材や名人が手をかけた魚を、シンプルに、その持ち味を引き出しながら皿にのせていく。端正でいて人懐こい味わいは、まるで店主の人柄を映しているようでもあり、お腹と心を温めたい時に覚えておきたい一軒だ。

☾ コース ○

モトイ

16/20

MOTOÏ

シェフ 前田 元

フランス料理

暖簾をくぐり、風情あるアプローチを抜けて、大正時代に建てられたという屋敷に入る。呉服店であった当時の大きな梁や意匠そのままにリノベーションされた店内は、京らしい品格を湛えている。歴史と伝統を重んじる一方、進取の気性に富む京都人の気質を受け継ぐ前田氏が、この都に最大の敬意を払って創り上げた空間だ。古書店を営んでいた両親のもと村上信夫氏の料理本を読んで育ち、中学時代は自作のフランス料理を弁当に持参したというほどの思い入れがありながら、料理人としてスタートしたホテルの配属先は中国料理。しかし、その技術を武器にフランスでの修業を経て、蒸し鶏にヴィネグレットソースを使ったり、豆腐をムース状にして麻婆豆腐を表現するなど、中国料理とフランス料理の合わせ技を駆使した独創的な皿の数々に辿り着いている。さらに、松茸のピューレに鱧出汁のコンソメ、フュメ・ド・ポワソンに鶏節など、京都らしさを忍ばせることも忘れない。京都丹波牧場の平井牛には、同郷、丹波のメルローを合わせる。春には塚原まで筍を、夏には高野川にクレソンを摘みに行き、ジビエの季節には新潟まで狩りに出かける。自らの足で食材を集めて一皿に昇華する前田氏の姿は、「馳走」の本来の意味を改めて教えてくれる。

☼：8,500 円～ 18,500 円　☾：16,000 円～ 32,000 円

Tel: **075-231-0709**

京都府京都市中京区
富小路二条下ル俵屋町
186

定休日：水曜、木曜

☼：12:00-15:00
（最終入店 13:00）
☾：18:00-22:00
（最終入店 19:00）

祇園 呂色

15.5/20

GION ROIRO

シェフ 小霜浩之

フランス料理

カウンターと原色の生け花。この濃いシチュエーションと融合するフランス料理があるのだろうか。そんな懸念は、「温石」と記された１品目で解消する。「まず懐石料理のように身体を温めて」と小霜氏が差し出すのは鳥羽の牡蠣と京都・与謝野町の米によるリゾット。優しい味わいなのはチーズではなくオリーブオイルと牡蠣汁で炊いているから。終盤の、亀岡・七谷鴨の身も骨も砕いたスープとセモリナ粉による「中華そば」と同じく、「和」や「中国風」に見せながら、あくまで「洋」という、置き換えの妙。石垣島・きたうち牧場の黒毛和牛肉も炭火焼きで最良の火入れを見せるが、ポイントは、焼き上げ前に肉の表面に塗る牛スジや野菜を煮詰めた濃厚なスープにある。ソースではなく、この塗り込んだスープと山椒の葉、あわせる京都・石割農園の蕪が「はんなり」した京都らしい料理を生んでいる。デザートの「アップルパイの再構築」と「アールグレイのアイスクリーム」の２皿も、交互に口に運ぶことにより、紅茶を飲みながらアップルパイを食べているような味わいを愉しませる。寡黙に繰り出す一品一品に小霜氏は軽く捻りを加え、雅な装いの中に諧謔も忘れない、それが「京都のフランス料理」という課題に小霜氏が出した答えなのだろう。じんわり実力を感じさせる店である。

☼：10,000 円　☾：20,000 円

Tel: **075-541-5510**

京都府京都市東山区
花見小路四条西入ル
北側266 井澤ビル 5F

定休日：水曜

☼：12:00-
☾：18:00-

レーヌデプレ

Reine des prés

シェフ 中原文隆

15.5/20

フランス料理

Tel: **075-223-2337**

京都府京都市上京区
中町通丸太町下ル駒之町
537-1

定休日：水曜、第2・3
木曜

☼：11:30-12:00 (L.O.)
☾：18:00-19:00 (L.O.)

ロティシエとして名を馳せ、今では肉の技術を応用して野菜だけのコースを創作するアラン・パッサール氏のもとで学んだ中原氏は、火入れが料理のすべてを決するというパッサール訓を信条に掲げる。「師へのオマージュ」と冠する「アルページュ」のスペシャリテを模した卵のアミューズ、タプナードで和えたオマールをパプリカに包みラタトゥイユを添えた南仏風の一品、ケッパーとバターソースでまとめた鰆、牛の低温ローストに3種の茸ソース、といったフランス料理らしい構成の合間に、松茸のスープに甘鯛を泳がせ、さりげなく和を盛り込む。同じ食材を異なる調理法で変化させ、食感や味に緩急をつける一皿一皿は、使う色も調味料も最小限にとどめられ、優しいストーリーを語っている。ラストを締め括るのは、テストチューブに入った6種類の茶葉から選んだ南仏の花、レーヌデプレのハーブティー。フランス料理をいただいているのが京都であることを思い起こさせてくれる器の数々は、清水焼の作家などとコラボレーションし、料理にふさわしい唯一無二の作品を創り出してもらっている。ミニマルなインテリアは、むしろこの器を際立たせるための仕掛けであろう。中原氏の控えめな美意識を終始感じさせる空間で、巧みに練られたコース料理を味わいたい。

☼：10,200 円～ 24,000 円　☾：14,400 円～ 24,000 円

ドロワ

Droit

シェフ 森永宣行

15/20

フランス料理

Tel: **075-256-0177**

京都府京都市上京区
東桜町49-1

定休日：不定休

☾：17:00-21:00 (L.O.)

「本鮪のセルクル仕立て」という、鮪の部位を3種類、渦巻き状にして食感の違いを比べる一皿。シェフ自らの手で給仕されたその美味しさは、未だに記憶として脳裏に刻み込まれている。軽く火を表面に加えて2種類の胡椒と塩で調味し、さらに個々にマリネの度合いを変えているのかと思えるくらい、頭部・顎・頬にかけて徐々に引き締まっていくような印象を覚えた。素材は一つなのに、これだけ見事にグラデーションの如く鮪の旨みが変化する料理とは何であるのか。森永氏の実力はこれだけに留まらない。時にはシンプルで、そして余分な枝葉を切り落としたように大胆な提供方法も、リスクは伴うが、それを楽しむかのように魅力的に表現している。さらに良質な食材を全国各地から取り寄せ、ソースを合わせて食すというトラディショナルな流れの料理もあり、他の客人たちも確実に満足させているようであった。2022年2月、ベテランソムリエの松岡正浩氏が加わったが、思うがままに料理を「Droit（まっすぐに）」提供する姿勢は変わらない。帰り際、振り返ると白い皿を見つめ続けるシェフの姿があった。それは、まるで芸術家がキャンバスを凝視しているようで、その目線の先にある次回作を見てみたくなったのも事実である。

☾：15,000 円

チェンチ

16/20

cenci

シェフ 坂本 健

イタリア料理

Tel: **075-708-5307**

京都府京都市左京区
聖護院円頓美町44-7

定休日：月曜、日曜・火曜
不定休

☼：12:00-15:00
(L.O.12:30)
☾：18:00-21:30
(L.O.19:00)

歴史に基づき本物を見極め、完璧なもてなしを目指しながら、しっかり世界に目を向けている…。京都人にそのようなイメージを持つとしたら、坂本氏はまさにその京都人だ。「イル ギオットーネ」笹島保弘氏のもとから2014年に独立、以後も確かな技術を進化させ、自然の美味しさを届ける料理を作り続けている。それを可能にしているのは、生産者を敬い、ゲストを信頼する坂本氏の一貫した姿勢だ。料理はどのように仕上げれば生産者が喜ぶかを考え、エスニックな香りや爽やかなハーブを、ふんだんに用いている。カトラリーに手を伸ばす前から漂う自然の薫り、ひと口目で驚きと共に感じるシンプルな素材の旨み、食べ進めるうちに感じるスパイスとの調和、一滴たりとも残したくないスープやソースの仕上がりに、一皿で幾度もの感動を覚え、料理人と生産者に、そして自然に、自ずと感謝の念が生まれてくる。「BON DABON」のペルシュウには、自家製モッツァレラチーズと吉田牧場のリコッタチーズを混ぜて作ったブッラータにじゃがいもとコシアブラを混ぜたものを添え、爽やかな山菜の苦みで春を感じさせてくれる。古民家を改装した店内は高い天井の立体的な作りで、エイジングをかけて温もりを演出し、洗練された音楽も心地好い空間を創り出す。ここには京都ならではのイタリア料理がある。

☼：7,000円～13,000円　☾：13,000円

リストランテ ナカモト

15.5/20

ristorante NAKAMOTO

シェフ 仲本章宏

イタリア料理

Tel: **050-3134-3550**

京都府木津川市木津
南垣外122-1

定休日：水曜中心に月6日

☼：12:00-15:00
(最終入店 12:30)
☾：18:00-23:00
(最終入店 19:00)

※コースはペアリング込み、アルコール・ノンアルコールの選択可能

大地の風味と表現すべきか、波動ともとれる旨みを生み出す空間が、京都と奈良の文化が交わる住宅街にある。イタリア、そしてニューヨークでの長きに亘る修業経験も興味深いが、特にフィレンツェの名店「エノテカ・ピンキオーリ」のパスタ場で、4年もの間ポジションを守り続けたことは特筆すべきだ。その力量と優れた感性はすべての皿に注ぎ込まれ、仲本氏の料理に惚れ込み、多くの客が遠路はるばる訪れている。スペシャリテとして披露される「季節の野菜の一皿」には30種類にも及ぶ旬の野菜が盛り込まれ、すべての素材が適切な調理法で彩りよく供される。仕上げにはワインビネガーの透明なドレッシングシートが優雅に素材を覆い、畑の土をイメージした黒オリーブのパウダーでダメ押しのアクセントを加えている。そして、やはり、生パスタの解き放つ勢いは圧倒的だ。「バヴェッテ」と呼ばれる手打ち麺は、北海道産の炭焼きの秋刀魚とマコモダケを加え、香草風味のパン粉と燻製フォアグラのパウダーをのせる。それはもうこれ以上の組み合わせの贅沢は存在しないと思わせるほどの域に達している。地元の人々に親しまれ、家族が守り続けた「仲本食堂」の温厚質実なるDNAを、3代目がイタリア料理という新たな舞台で表現する実力派レストランである。

☼：13,200円～22,385円　☾：22,385円

熙怡

Kii

シェフ 西山哲平

15/20

イタリア料理

Tel: 090-7098-4392

京都府京都市下京区
烏丸通仏光寺西入ル
釘隠町242

定休日：日曜、月曜

☼ : 12:00-15:00
☾ : 18:00-24:00

※ランチは 4 名からのみ

四条駅のすぐ近くにありながら、仏光寺通からさらに細い路地の奥へ、気付かれることを拒むかのような立地と控えめな看板が、まさに隠れ家と呼ぶに相応しい。古い長屋の一部をカジュアルかつモダンに改装した店内に、ゲストに心ゆくまでくつろいでほしいというシェフ・西山氏のメッセージを感じる。この店の料理はどのジャンルに属するのか、その問いはナンセンスだ。強いていうなら「西山氏の料理」。西山氏は、前身の「センプリチェ」では、思い描く料理がイタリア料理の枠に収まらなくなってきたと語り、現在もイタリアがベースとなってはいるが、結局のところ美味しいと思う食材を、美味しいと思う手法で提供しているに他ならない。松茸のエキスを閉じ込めた包みパスタは、松茸の風味が押し寄せ、添えられた松茸とともに統一感のある一品に仕上がっている。琵琶湖産の天然大鰻は香ばしく焼いて、パプリカや水牛モッツァレラと合わせてピアディーナ仕立てに。しっかりと熟成された鰻は旨みが凝縮し、しっとり馴染んだ脂も官能的だ。シェフの世界観の深化につれて、表現の幅のさらなる広がりを期待してしまう。今後の展開がますます気になる存在だ。

☼：20,000 円～　☾：20,000 円～

ビーニ

Bini

シェフ 中本敬介

15/20

イタリア料理

Tel: 075-203-6668

京都府京都市中京区
東洞院通丸太町下ル
445-1

定休日：月曜、隔週日曜のディナー、火曜ランチ

☼ : 12:00-15:00
☾ : 18:00-23:00

御所南、町家を改造した趣のあるイタリア料理店だ。イタリアの北部、中部、スイスを含めて 12 年間の滞欧生活、スイスでは料理長も務めた中本氏が 2010 年にオープンし、2017 年、現在地に移転している。ここではイタリア料理にとどまらず、イノベーティブな要素も感じさせる繊細かつ厚みのある中本氏のオリジナル料理が堪能できる。フォアグラのテリーヌのタルトにはカカオパウダーがたっぷりと。コクがあり、フォアグラとカカオの相性が良い。２皿目は、北海道の鰤に新生姜の辛みをあわせた前菜だ。また、セミドライの馬肉のタルタルの一皿には、カリッとしたチーズのチュイールをのせ、その間にトリュフがたっぷり添えられている。メインの鱒と鳩は、いずれも火入れ、ソース共に素晴らしく、発酵させたトマトのソースなどに工夫もみられる。手打ちのタリオリーニにはツブ貝のソースを。定番となっている松井酒造の酒粕を使ったデザートは、この日は代白柿とあわせていた。上質な大原の野菜や山田農園の卵をはじめとする厳選した食材に、発酵させた魚醤や野菜を駆使した料理。日本の素材だが、食べ終わると、しっかりイタリアの香りがする。一品一品のシェフの技に、マダムのふんわりとしながらも行き届いた温かい心遣いが印象的な、京都ならではのリストランテだ。

☼：10,043 円～　☾：18,150 円～

ヴェーナ
14.5/20

Vena

シェフ 早川大樹

イタリア料理

丸太町駅にほど近い住宅街、もとは呉服店であったという京町家を改装した店内にはヴィンテージの北欧家具や調度品がセンス良く配されており、1階はカウンター、2階に個室と、居心地の良い上質な空間が広がっている。「イル ギオットーネ」で研鑽を積んだ早川氏と「ボッカ・デル・ヴィーノ」でサービスの経験を重ねたソムリエの池本洋司氏が、2016年にオープンした店だ。黒毛和牛の煮込みに玉子と菜の花という、初めはやや重めのメニューから。続いて、ホタルイカの炭火焼きに木の芽、鯛のカルパッチョにはすりおろしたカラスミを配し、桑名の蛤は貝殻を活かしたグラタン仕立て、ホワイトアスパラガスのスープにはキャビアとブッラータと、春を感じるバラエティに富んだ料理の数々を盛り合わせ、一皿で味わわせる。パルミジャーノの中で和えられるリゾットは、筍とスナップエンドウで春の香りを出し、横にはパルマ産の生ハムが添えられる。イタリアと日本の食材を際立たせたコースは華やかで、愉しみはドルチェまで続く。空間、器、そして早川氏の料理と池本氏のサービス、その全てが魅力のイタリアンレストランだ。

☼：10,000円　☾：20,000円

Tel: 075-255-8757

京都府京都市中京区
鏡屋町46-3

定休日：水曜、木曜・
金曜ランチ

☼：12:00-13:00 (L.O.)
☾：17:30-21:00 (L.O.)

ジェルモーリオ
14.5/20

Germoglio

シェフ 天谷彰吾

イタリア料理

「京都駅前で味わえる本場イタリアの味」が、この店のキャッチフレーズ。シェフが修業したピエモンテ、ミラノ、リグーリアでの出会いと経験が見事に昇華され生み出された料理がいただける。この店では、できればカウンター席を指定したい。シェフの手捌きから器具を扱う様子、仕上げへの張りつめた空気…。目の前で繰り広げられる、一皿一皿が完成するまでの一連の動きは臨場感があり、この店の大きな魅力だからである。前菜の鱧のベニエに胡瓜とミントのヨーグルトソースを合わせた一品は、さくりふわっとした衣に包まれた鱧の柔らかい身が、円やかな塩気と相まってほっこりする。ベニエに絡むミントが香る爽やかなソースは、胡瓜そのもののニュアンスは控え目ながら、かっちりとした塩加減で舌を引き締めている。メリハリのある味わいの料理が次から次へと提供される様は見ていて気持ちが良い。使う野菜にも力が注がれており、ラザーニャは、夏野菜を生地で包み込み、凝縮したそれぞれの旨みが口の中で溢れ、盛られたバジルなどのハーブがフレッシュな香りを放つ。肉や魚介が入っていなくても満足できる味を目指した、というシェフの言葉に頷ける仕上がりで、野菜生産者との強い信頼関係がこの店の声価を高めているようだ。

☼：11,000円　☾：11,000円

Tel: 075-343-0690

京都府京都市下京区
東境町172
ネオヒルズビル2F

定休日：水曜、他不定休
あり

☼：土・日・祝
12:00-14:30
(L.O13:00)
☾：18:00-23:00
(L.O.21:30)

フウド
fudo

シェフ 入江哲生

14.5/20

イタリア料理

Tel: 075-253-6290

京都府京都市中京区
御池大東町590
加納ビル B1F

定休日：火曜、月１回
不定休あり

☾：17:00-24:00
(L.O.23:00)

御池通に面したビルの地下１階、いつ訪れても活気に満ちあふれるイタリア料理店。日本の風土に根ざした食材でイタリア料理を提供するのが、４年前の開店から一貫したコンセプトだ。アラカルトメニューは定番から季節の味まで常時40を超え、生八つ橋、鮎の魚醤や鯖のへしこなど地元を中心とした食材を、クリエイティブな発想で和×伊に落とし込んでいる。目移りするほどパスタ料理があるのも、麺類に目がない日本人としては嬉しい限り。「黒七味のカチョエペペ」「宇治茶を食べて育った鶏の卵のカルボナーラ」「アワビとその肝のソースのパッケリ」など、地方色の強いパスタを京都らしい味に昇華させている。一見ユニークな組み合わせも、口にすると和食をいただいているような、素朴で安らぐ味がするから不思議だ。それこそ、入江氏が既存の枠組みにとらわれることなく、美味しさを追求している証だろう。ワインはシェフ自らワイナリーに足を運んだ国産のものが中心で、グラスでリーズナブルに愉しめる。オープンキッチンのなかで黙々と調理をしながら、時にカウンターの客と談笑するシェフ。この付かず離れずの距離感と気さくなサービスがちょうど良い。常連も一見も満足できる京都の良店である。

☾：8,000円

レストラン コケ
restaurant koke

シェフ 中村有作

15/20

スペイン料理

Tel: 075-223-5055

京都府京都市中京区
蛸薬師287 IDO 1F

定休日：月曜、日曜ディナー

☼：金・土・日
12:00-14:30
(L.O.12:30)

☾：18:00-23:00
(L.O.19:00)

御池通の雑踏から町家が立ち並ぶ室町通を少し上ると、薄墨色の、真新しいがどこか控えめな建物が目に入る。脇の小路から奥へ進むと、苔むした庭と彫刻家・冨長敦也氏の作品「はじまりの石」からこんこんと湧き出る地下水が迎えてくれる。「一座建立」の精神を基に、「IDO KYOTO」が展開するレストラン「koke」である。広いオープンキッチンとチェリー材のカウンターが目をひく店内でも、中心に井戸からの水が静かに流れ落ちている。全ての料理に使用されるこの地下水こそ、店が誇るテロワールなのだ。シェフの中村氏は神戸の「カセント」で福本伸也氏の薫陶を受けた気鋭の若手料理人。この店の「素の味を大切にした料理」がどういうものなのか、最もよく表しているのは、最初に出される「水」という一品である。亀岡産七谷地鶏と店の地下30mから汲み上げた水だけで引いたコンソメを薪の香りを移した器に注いだもので、七谷地鶏の旨みをたっぷりと引き出しながらも、その澄んだ味わいは、本当に水だけで炊いたのかと思うほど滋味深い。大地から湧き出す水という無二の「素材」を手にした中村氏が、これからどのような料理を創造するのか、楽しみなスペイン料理店だ。

☼：13,000円　☾：19,800円

タカヤマ

TAKAYAMA

シェフ 高山忠司

15.5/20

イノベーティブ

まず目に飛び込んでくるのは明るい照明の中に半円形の真っ白いカウンター。劇場のような空間にドキドキしながら着席すると丁寧で柔らかい接客が始まり、すぐに心地好さに包まれる。デザートまで 20 種類を超える料理は、一つ一つが彩り豊かで美しく、単調な味が一つもない。高山氏の丁寧で実直な人柄はすぐに感じとれるが、料理を口にして初めて、熱量の高さと溢れるアイデアに気づき、その想像力を惜しみなく披露するサービス精神に心打たれることだろう。全国から集められた食材は上質で活き活きとしており、ジュースのシロップやカラスミは自分で作ってしまうという。そのカラスミはカラッとした味わいで、宮崎のキャビアや琵琶湖の若鮎などの魚介類でさえも、一貫して地中海の風を感じることができる。イタリアを思い出させる明確な素材の旨みに様々な調味と風味が加わっているのは、6 年間に及ぶ現地での経験に、高山氏の情熱がアイデアとして加味されているからだろう。経産牛を詰めたパスタや、「サカエヤ」から仕入れた熟成肉の火入れからも、誠実な仕事ぶりや確かな技術が窺えるが、高山氏の真骨頂はそこから更に美味しさを足していくことにある。溢れるアイデアが研ぎ澄まされ進化していくことに期待しながら、ワクワク感を求めて何度でも足を運びたくなる店である。

☼：22,000 円　☾：22,000 円

Tel: 075-744-6865

京都府京都市下京区
河原町通四条下ル2丁目
稲荷町318-6
GOOD NATURE STATION
2F

定休日：月曜、他不定休あり

☼：12:00-16:30
（最終入店 12:30）
☾：18:00-22:30
（最終入店 18:30）

ルーラ

LURRA°

シェフ ジェイカブ・キアー

ジェネラルマネージャー 宮下拓己　ミクソロジスト 堺部雄介

14.5/20

イノベーティブ

東山の古い町家がリノベーションにより、往時の面影を残しながら活力みなぎるアットホームなレストランへと変貌を遂げた。ここはジャンルにとらわれることなく、創造的で未知なる料理を武器に、世界に向けて自らのアイデンティティを発信するイノベーティブレストランだ。オープンキッチンを囲むように配されたL字カウンターは、どの席に座ってもスタッフの一挙手一投足を臨むことができる。角に二つの薪窯が据えられ、熾火を自在に操るのはシェフのキアー氏。「noma」で培った経験に加え、日本の食材から受けるインスピレーションや日本の季節感に重きを置いた料理を展開する。肉や魚も登場する中で、あえてメインに据えるのは、スタッフ自ら収穫するという京都・大原を中心とした色彩豊かな野菜だ。太陽をイメージしたという一皿はハリッサのソースを敷き、エスニックな味覚の中にも日本の四季の移ろいを感じさせる。バスク語で「地球」を意味する「LURRA°」の料理は、まるで地球を旅するかのように、発酵や熟成、食材の組み合わせなどあらゆる要素を取り込み、再構築したものだ。ここではジェネラルマネージャー・宮下氏、ミクソロジスト・堺部氏とともにキアー氏が創り出す斬新で意欲的な料理の「個性」を素直に感じ、愉しみたい。

☾：27,500 円

Tel: 050-3196-1433

京都府京都市東山区
石泉院町396

定休日：日曜、月曜

☾：17:30-/20:30-

Tel: **075-748-1154**

京都府京都市左京区
浄土寺下南田町147

定休日：日曜、月曜

☾：17:00-23:00
（最終入店 20:30）

モンク

monk

シェフ 今井義浩

14.5/20

薪窯料理

一軒家の大きく取られた窓からは、植木越しに室内の灯りがこぼれている。店に入ると、ひときわ明るく見えるのが、カウンターの奥にある薪焼き窯の炎だ。窯はピザ窯。ゲストの視線は自然と、窯の奥に大きく、また小さく燃える炎に向けられる。まずは、オリーブオイルとパルミジャーノのみの素焼きのピザとさつまいものポタージュ。このピザとスープのシンプルな組み合わせは、実は茶懐石で最初に出される飯と汁のイメージなのだという。なるほど、それならコースの最初と最後にピザが２度出るのも得心がいく。野菜は京都・大原から。何種類もの野菜が素材に合わせた適切な窯の火で火入れされている。野菜の水分の凝縮度や、じっくり熱せられたことで引き出される甘さ、瑞々しさは格別だ。店名は今井氏の修道僧（モンク）のような雰囲気に由来し、哲学の道の途中にある、車が通らない細く静かな通りは、店の静謐な佇まいの延長線上にある。シンプルな薪窯料理でありながら、そこに深い精神性を感じさせるのは、茶懐石になぞらえたコースの仕立てや、今井氏の窯に向かう求道的な姿勢にもよるのだろう。

☾：**10,000** 円

5	全てに卓越したレストラン	19～20点
4	非常に素晴らしいレストラン	17～18.5点
3	素晴らしいレストラン	15～16.5点
2	料理人の個性を感じるレストラン	13～14.5点
1	良いレストラン	11～12.5点
トックなし	美味しいレストラン	10～10.5点

クレジットカード

個室あり

バリアフリー

仁修楼

Ninshurou

シェフ 上岡 誠

15.5/20

中国料理

Tel: 075-366-8843

京都府京都市北区
紫竹北栗栖町2-12

定休日：水曜

☾：18:00-20:00
（最終入店）

渋い黒銀色のカウンターに腰を据えると、調理場の一角でオブジェのような存在感を示す、琥珀色に輝く鴨が目に飛び込んでくる。それは、北京ダックの技法で焼き上げられた京都・亀岡の平飼いの鴨で、胸と腿の部位はすこぶる美味であり、食感に至っては客人に最高の歓びを与えてくれる。しかもそれは当世流行りの中国料理の枠を超えたものではなく、あくまで繊細かつ奥深い広東料理の世界で起きていることだ。名店で長年経験を積んだ上岡氏は、自らの料理観を自由自在に駆使し、そこから生まれた皿には、口にするたび、素材の育ってきた風景が目の前に広がるような感覚をおぼえる。塩と上湯だけで構成されたフカヒレのスープは、高級食材をさらに昇華させ、スプーンですくうごとに旨みがほとばしる。それは、一口目から美味を感じさせるのではなく、じっくり飲み干した時に初めて、「美味しい」と思えるよう、時間をも操り、心嬉しい効果も狙っているように見える。店内では、上岡氏が中国本土に出向いて買い揃えた調理機材や目映いばかりに磨かれた調理場が目を引き、棚には数々の自家製素材が並んでいる。その整然たる佇まいに垣間見る、店主の「極める」度合いの凄さが、訪問者に強烈な味の記憶として熱く注ぎ込まれるのだ。

☾：16,500円～27,500円

ベルロオジエ

VELROSIER

シェフ 岩崎祐司

15/20

中国料理

Tel: 075-744-6984

京都府京都市下京区
河原町通四条下ル2丁目
稲荷町318-6
GOOD NATURE STATION
2F

定休日：水曜、他不定休あり

☼：12:00-15:00
（最終入店 12:30）
☾：18:00-22:00
（最終入店 19:00）

あくまで中国料理の論法だが、これでもかというくらいフランス料理へのリスペクトが感じられる。岩崎氏は「ホテル日航大阪」などの実力店で研鑽を積み、米田肇氏（「HAJIME」）の料理に感銘を受け、独学で広東料理とフランス料理のケミストリーを目指す。調理場から岩崎氏が奏でる美食の音色は心地好く、張り詰めた空間から様々な香り高き作品となり、ホールに解き放たれる。低温で８時間火入れした鮑にアスパラガスは、雲白肉や胡麻油風味の揚げ湯葉を重ね合わせ、XO醤と甜醤油を含んだ濃厚なソースと根セロリの爽快なピューレを添えていただく。フランス料理の肝であるソースの効果を、代表的な中国料理の高級食材で存分に愉しませるというわけだ。コースは終盤になるにつれて、中国料理のニュアンスが強調されるような流れになる。筍ご飯と芹、蒸した鶏肉にフカヒレがとろける白湯スープと白髪葱の素揚げ…多品目で組み合わせる妙技も、口に入れれば素材が一体感をなして美味しさとして押し寄せる。メインにさしかかる頃、もち肌の純白の蒸しパンが添えられるが、料理で生じる旨みを一滴の取りこぼしもなくという提案は、西洋料理の食べ方そのものだ。貪欲にアイデアを求める柔軟さは岩崎氏の美食への真っ当な姿勢であり、探究心は果てしなく広がり続けるのだろう。

☼：7,000円～15,000円　☾：18,000円～

Tel: **075-231-6355**

京都府京都市中京区
姉小路富小路西入ル南側

定休日：不定休

☾：18:00-20:00

※完全予約制

※季節により価格の変動あり

飯田

Iida

シェフ 飯田真一

18.5/20

日本料理

2010年の開店以来、着実に名声を高める「飯田」を、彩り麗しい紅葉の季節に訪れる。静謐な空間は、茶道具商であったという昭和初期の数奇屋造り。掛け軸や、花活け、香炉等々の枯淡の趣は、見事に晩秋への想いを誘う。掘りごたつ式のカウンター席は馴染みがよく、足を置いても緊張しないようにと柔らかい材質の桐を使用している。水気のある布巾で拭き上げると香りの立つ屋久杉のカウンター。細部に亘り、飯田氏の目に見えないもてなしの美学が伝わってくる。艶やかさに見惚れる紅葉蒔絵椀に納まるのは、銀杏餅の上にのるウズラの叩き寄せ。金時人参とほうれん草の軸のあしらいも鮮やかだ。松葉柚子を吸い口にした格別な一品は、銀杏餅の苦甘さと、柔らかく澄んだ出汁の旨みも心に残る。魯山人の皿にのるお凌ぎの鯖寿司は皮目に均等に包丁を入れ、仄かに醤油が香る酢飯をくるむように。鯖はあえて酢締めせず京番茶で燻製に。切り口も美しく、桜色の身がしっとり、脂の風味が新鮮で味わい深い。名工の生み出した一流の古美術品の息づかいと、茶事の習わしが風雅に表現された料理の数々が一つになり、五感を満たす。室礼にこめられた、繊細な美意識と魂を感じる丁寧な仕事と技。決して華美ではなく質実な日本料理を飯田氏は紡ぎ続ける。

Tel: **075-551-3310**

京都府京都市東山区
八坂鳥居前東入ル円山町
613 円山公園内

定休日：水曜、他月2-3回の不定休あり

☾：18:00-22:00

※18:00からの一斉スタート

※1月・10月は60,000円

未在

MIZAI

シェフ 石原仁司

18.5/20

日本料理

竹垣と露地庭に囲まれた茶室を思わせる佇まいは、円山公園の深い緑に潜んでいるかのようだ。6月、門を飾る茅の輪に迎えられ、これから受けるであろう歓待に弾む心を抑えながら、冷たいおしぼりと梅酒でまずは一息。ここでは店主・石原氏に招かれた茶事に臨むように、素直に、その心を感じたい。数寄屋造りの店内は優美にしてどこか幻想的ですらあり、茶花、掛け軸、調度品も色を添えるが、あくまで閑寂な中にある。茶懐石の作法に則り、仁多米の煮えばなに始まり、石原氏自らが点てる薄茶に至るまで、一座建立の精神のもと、おもてなしに心血が注がれる。時に作法の説明もなされ、緊張が解れる瞬間の客の一体感もまた良い。華麗な八寸や彩り豊かなお造りに代表されるように、使用する食材は多岐に亘り、走り・盛り・名残を巧みに組み合わせ、季節を切り取ったかのごとく皿の上で表現される様は実に趣深い。鮎や鱧、ビワマスやじゅん菜、数多のフルーツなど、選び抜かれた美味が次々と供され、息つく暇もないほどだ。一つ一つの料理や器に込められた意味に石原氏の見識の深さと溢れる日本料理への愛情が感じられ、比類なき世界観もまた、国を越えて人々を魅了し続ける所以だろう。石原氏の到達点は未だここに在らず。果てなき道を追い続ける求道者の姿は、眩しく頼もしい。

☾：**50,000円**

菊乃井 本店

18/20

KIKUNOI Honten

シェフ 村田吉弘

日本料理

高台寺の緑に包まれた敷地に店主・村田氏の心配りが行き届いた空間が広がる。苔むした切妻屋根の玄関を入ると香の漂う広い土間、右手には満月の軸、ススキと月見団子が供えられ、秋の訪れが近いことを教えてくれる。部屋に通されると漆塗りの座卓に映る庭園の緑に息を呑む。涼し気なよしず戸の向こうには、緑鮮やかな庭園と波紋を模した白砂が眩しい。先祖は、代々、北政所が茶の湯に使った「菊水の井」を守ってきた茶坊主という村田家。店名由来の水はとても優しい味わいで、現在もすべての料理に使われている。金箔が貼られた引盃をいただくと懐石の始まりだ。大きな緑葉にのせられた丁寧な細工の格子が美しい鈴虫籠。その籠の中の八寸が粋である。白板昆布の鯖寿司、香ばしく炙った栗茶巾、緑鮮やかな翡翠銀杏、黄色が映える素揚げのいちょう芋、松葉素麺など、実に美しい彩りだ。豊年椀は、豊作を祈って、新米を煎って伝助穴子にまぶし、俵を模したものを香ばしく揚げ、出汁に浮かぶ松茸と松葉柚子に黄色の三日月豆腐が映える。「美味しさと美しさ」を追求して、日々革新し続けることで、「伝統」を築いてゆけるという村田氏。その心意気を感じる料理と酒を愉しみに訪れたい名料亭である。

☼：14,300 円～ 55,000 円　☾：22,000 円～ 55,000 円

Tel: **075-561-0015**

京都府京都市東山区
下河原通八坂鳥居前下ル
下河原町459

定休日：第 1・3 火曜

☼：12:00-12:30
（最終入店）
☾：17:00-19:30
（最終入店）

祇園 さゝ木

17.5/20

GION SASAKI

シェフ 佐々木 浩

日本料理

伝統や古い文化を大事にする一方で、新しいものを取り入れるのも巧みな街、京都。江戸末期のすき焼き発祥に始まり、逸話は数々あるが、古来、都は文化の中心だったことを考えれば、当然ともいえる。「祇園 さゝ木」は、日本料理でありながら、この京都特有の「新しいもの好き」を随所に感じさせる。店の奥まで延びる直線的でモダンなカウンター。運ばれた時に、ふわりと浮き上がるような灯り、アーティスティックな器もアクセントに使い、コースの半ばのお凌ぎでは店主自ら鮨を握る。鍋はタイ料理のトムヤムクン風に。一見、掟破りに見える料理だが、奇を衒っているわけではない。確かな技術や知識があるからこそ、取り入れた時に効果を発揮する「新しいもの」なのだ。その実、鮪の漬け握りも、トムヤムクン風鍋のスッポンも、専門店と何ら変わらない、もしくはそれ以上のクオリティだ。意表を突くから、ネタバレは厳禁。食事は一斉始まりで、そわそわと待つ客の期待が高まってきたころ、佐々木氏が登場する。端から端まで気を配り、ジョークを交えながら料理を、食材を、そして京都を語る。まるで「佐々木劇場」ともいうべきカウンターで繰り広げられる料理に、五感を刺激される至福の時間。料理はエンターテインメントなのだと改めて実感する。

☼：8,000 円　☾：30,250 円～

Tel: **075-551-5000**

京都府京都市東山区
八坂通大和大路東入小松町
566-27

定休日：日曜、第 2・4
月曜、他不定休あり

☼：12:00-
☾：18:30-
土 カウンター席のみ
17:00-/19:30-

※クレジットカードは
ディナー時のみ利用可

大阪
京都
兵庫
奈良
滋賀
和歌山
岡山
広島
山口
島根
鳥取
徳島
香川
愛媛
高知

京都吉兆 嵐山本店

KYOTO KITCHO Arashiyama

シェフ 徳岡邦夫

17.5/20

日本料理

Tel: **075-881-1101**

京都府京都市右京区
嵯峨天龍寺芒ノ馬場町58

定休日：水曜、年末年始
(12月26日-31日/
1月4日-10日)

☼：11:30-15:00
(L.O.12:30)
☾：17:00-21:00
(L.O.18:30)

嵐山を借景とした桂川のほとり、京都らしい風情を湛えるこの地を湯木貞一氏が譲り受けたのは昭和23年（1948年）、おもてなしの心を体現した料亭の伝統は三代目・徳岡邦夫氏に引き継がれている。湯木氏は、「花鳥風月みな料理なり」と、春の枝垂れ桜、夏の大文字焼き、秋の紅葉、雪をいただいた嵐山の風景も料理の一部とした。７つの個室の設え、器は特注のバカラグラスに始まり、色鍋島、白井半七、清水六兵衛、そして、魯山人の銘品もさりげなく。出汁の塩梅やご飯の量に対する丁寧な心配りなど、付かず離れずのサービスも心地好い、まさしく大人のための極上空間である。こうしたおもてなしの心に基づく料理は、しみじみとした美味しさを感じさせる。津居山かにをシンプルに蒸し蟹にしたかと思うと、椀物には伝助穴子と胡麻豆腐が用いられるなど、変化に富んでおり、八寸の豪華さは「吉兆」ならではのもの。炊き込みご飯のフグも素材を吟味し、白子の食感を生かすところに新しさも見せる。卵かけご飯を所望すれば、栃木県産の「磨宝卵GOLD」とゆめぴりかのご飯が、削りたての鰹節、海苔とともに供される。最後に、塩入りのさっぱりとした焙じ茶がふるまわれるまで、常に最高が求められる名料亭は悠然と、時の流れのなかにある。

☼：40,000円〜　☾：50,000円〜

草喰 なかひがし

Soujiki NAKAHIGASHI

シェフ 中東久雄

17/20

日本料理

Tel: **075-752-3500**

京都府京都市左京区
浄土寺石橋町32-3

定休日：月曜、月末の火曜

☼：12:00-13:00 (L.O.)
☾：18:00-19:00 (L.O.)

草を喰む、中東氏の料理は、野や山に分け入り、畑に出向くことから始まる。その時季にその場所にしかない山野草や作物を「手に入れる」のではなく、自然から「分けてもらう」。その分け前を慈しむように、皮も根も、小さな実や花もすべて使い切りながら、一皿に命の息吹を注ぎ込む。朱赤の折敷にのせられたのは、葛の葉に美しく盛り込まれた前菜。川海老やいんげん、焼き茄子の枝豆射込み、糖をめいっぱい蓄えたとうもろこしは、裏ごしして固め、キリリと塩味の効いた大徳寺納豆をほんの少し…と、色とりどり。焼き上げられた美山の鮎には、鷹峯とうがらしとトマトソースが添えられ、かと思えば、「ちょっと洒落たもん」という鮎のテリーヌには、赤と黄色のミニトマトをのせ、地平線に沈む夕日をイメージさせる。「草を喰らう」と聞くと、素朴な料理を連想するが、皿の上は、まるでワンダーランド。絵画のように鮮やかで、変化に富んだ食感や味わいが舌の上で躍る。メインディッシュは、おくどさんで炊き上げた真っ白いご飯とめざし。直球で日本人のDNAに訴えかけたかと思えば「パリは？」とパリパリのお焦げ、「ニューヨークはどうします？」と、入浴しているようなぶぶ漬けを勧めてくれる。食材や料理に対するストイックさと、この茶目っ気。京都らしい二面性には敵わない。

☼：8,800円〜 11,000円　☾：22,000円〜 27,500円

浜作

17/20

HAMASAKU

シェフ 森川裕之

日本料理

祇園祭の北観音山を持つ鉾町として格式を重んじてきた新町通。「板前割烹」発祥の名店が新天地として選んだのは、祇園囃子が聞こえる情緒溢れる町。錚々たる客人を、三代に亘りもてなしてきた総檜一枚板のカウンターはそのままに、村野藤吾の椅子をしつらえ、店の中心には池田遙邨の「京の四季」を配した。新店舗を経て、森川氏の料理への熱い探究心はいや増し、どの料理もキレ良く、美味しさが直球で迫ってくる。鱧椀は、寸分違わず椀に収まる480gの鱧に皮の半分まで骨切りをし、柔らかな舌触り、口溶けの良い椀種を生む。脂の乗り具合に合わせて出汁を調整し、屈指の鱧椀となる。吸い地を注ぐまで、森川氏の所作を眼前で見られる醍醐味はここでしか味わえない。そうめんは、茹で上げ、まずはぬるま湯で、徐々に温度を下げ、最後は氷水で洗い、切れ味、歯ごたえの良い、とびきりの一皿となる。具の錦糸玉子、海老、椎茸の含め煮、三つ葉、どれをとっても完璧といえよう。豪華食材の多用や作り置きは一切なし、誰もが知る馴染みの食材に、必要な手間を徹底してかける。料理に何が必要なのかを改めて考えさせてくれる、日本の文化そのものと言っても過言ではない「浜作」の料理が、新しい「器」でいただけることは嬉しい限りである。

☾：40,000円〜

Tel: **075-561-0330**

京都府京都市中京区
新町通六角下ル六角町
360

定休日：不定休

☾：17:30-

瓢亭

17/20

HYOTEI

シェフ 髙橋義弘

日本料理

東山は「南禅惣門」をくぐった先、400年余りの歴史を持つ、日本を代表する懐石料理の名店である。緑豊かな敷地内には、琵琶湖疏水を引き込んだ小さな池があり、鯉が優雅に泳いでいる。風趣に富んだ石畳の回廊を、数寄屋造りの本館へ進む。広間は足入れの席があり、細やかな配慮が窺える。美術品に相当する掛け軸や、季節の花などの設えからも、老舗の風格を感じる。料理は先付から始まり、一つ目の名物である瓢箪型の「三ツ重ね鉢」が供される。夏のこの日は、胡麻和え・グジのむしり・賀茂茄子柚子味噌田楽が段ごとに入っていた。豆腐と海苔の吸物に続き、二つ目の名物、「瓢亭玉子」入りの八寸。半分に割られた煮抜き玉子は、この料亭の代名詞ともいえる逸品だ。白身はしっかり固まっているが、黄身はとろっとして、唯一無二の塩梅。そして焼物から三つ目の名物「朝がゆ」へ。ややさらっとした白粥に、とろっとした鰹と醤油味の吉野葛餡をあしらったシンプルなもの。これら３つの名物に共通するのは、素材の味を一番大切にし、必要最小限の調味だけがなされていることだ。長い年月、ずっと愛され続け、これからも京の食文化、日本の伝統として守っていくべき名料亭の特別な味である。

☼：25,300円〜　☾：31,625円〜

Tel: **075-771-4116**

京都府京都市左京区
南禅寺草川町35

定休日：水曜

☼：12:00-15:00
(L.O.13:00)
☾：17:00-21:30
(L.O.19:00)

祇園 きだ
Gion Kida
シェフ 木田康夫

16.5/20

日本料理

Tel: **075-551-3923**

京都府京都市東山区
祇園町南側570-192

定休日：不定休

☾：18:00-

祇園界隈は風情ある町家にしっとりとした和服姿が馴染むのだが、時代の潮流か、最近は「映え」を意識した色彩鮮やかなものが増えているような気がする。それは料理の世界でもいえることではないか。ただ、料理の「映え」と「味わい」は同時には満たされないことが多い。しかし、長きにわたり「祇園 さゝ木」佐々木浩氏を支え続けた木田氏のような、確かな技術と卓越したセンスでそれを両立させている料理人が存在しないわけではない。ある日の料理を例にとると、涼やかなガラスの器にじゅん菜や雲丹とともに車海老の鮮やかな紅白の身が映える一品がそれにあたる。その車海老は噛み切ろうと歯をたてると、ぷりぷり押し返してくる身の張りを保ち、フレッシュな旨みたっぷりの品の良い味わいを口いっぱいに迸らせてくれる。また甘鯛は、極薄のビール衣で包まれ軽快にさっくりと揚げられ、万願寺とうがらしを酢で和えた酸味のしっかりしたソースをベースに、玉葱の甘酢漬けとセロリが刻み込んであり、旨みと酸味、甘みといった味わいのバランスが素晴らしい。どの料理をとっても、狙いどころがぴたっと決まって心地好い。この店は「映え」と「味わい」を高いレベルで両立させた料理と粋なもてなしで新たな驚きをゲストに提供してくれる。

☾：25,000 円～ 30,000 円

富小路やま岸
Tominokoji Yamagishi
シェフ 山岸隆博

16.5/20

日本料理

Tel: **075-708-7865**

京都府京都市中京区
富小路通六角下ル骨屋之町
560

定休日：水曜、第 2・4
火曜

☾：18:00-/21:00-

※価格は食材の仕入れにより変動する場合あり

山岸氏は、鮮魚店を営む父親の影響から、鮨職人を目指して修業を始め、懐石料理に出合い、「たん熊北店 京都本店」などで研鑽を積み、「京都一の傳」では料理長としても活躍。2015 年に独立し「富小路やま岸」を開店するや、瞬く間に、その名を料理界に馳せることとなる。茶道裏千家講師、華道嵯峨御流華範、書道師範という顔もあわせ持ち、2019 年には、鍋懐石「二条 やま岸」を、また 2021 年 6 月には料理のギフト専門店「おいわいや」を開くなど精力的に活動する。築百三十余年の長屋を改築し、茶室をイメージした店内には、高野山の朝採れ松茸の薄切りにサッと火が通されるたび、秋の薫りが立ち込める。松茸は飯蒸しとして供され、百合根と蟹の内子がのぞくお米を巻いていただく。明石の鯛の塩締めや、たまり醤油をつける三重県答志島の鰆の焼き霜は、旨みが凝縮され、素材を知り尽くした山岸氏の技に敬服する。大ぶりの伊勢海老の天ぷらは、海老みそを餡かけにしてインパクトを残し、近江牛はしゃぶしゃぶ風に、松茸や舞茸など、食感の異なる茸と合わせ、見事に素材の魅力の調和を図っている。創意を凝らした一品一品から、吟味した食材を使い、四季を愛でる心配りが伝わり、茶懐石の要に触れる。ここには、日本料理の、純粋に濃縮された本質と対話する、特別な時間がある。

☾：55,000 円～

美山荘

Miyamasou

シェフ 中東久人

16.5/20

日本料理

「美山荘」は、12世紀に開創された修験道系の山岳寺院「大悲山峰定寺」の宿坊を前身とし、日本古来の山の食文化を伝える料理旅館である。そこで供されるのは、季節の草花を採取し、京料理の風雅と洗練を纏わせ器にのせる摘草料理。洛北の山深く、花脊の地は、自然が豊かなだけでなく心を清らかに保つ祈りの場でもあった。そこで育まれた食文化は修験道で山伏が厳しい修行に耐えうるエネルギーを補給するために口にしたものであることとも無縁ではないだろう。創業120年を超え、「野草一味庵」と名付けられた「美山荘」の料理は、花脊という土地と一体化し、自然の新たな世界を見せてくれる。夏は山菜が少ない季節ながら、口取に添えられた山のアスパラガスと呼ばれる牛尾菜（しおで）や春に仕込まれた花山椒のオイル漬けから、山の香気が伝わる。摘草料理とは、先代の吉次氏が名付けたもの。現在はフランスでレストランサービスを経験し、金沢の老舗で料理修業した四代目の久人氏が、おもてなしの心を知り尽くす女将とともに宿を守る。訪れる人は、山の恵みを前に、平安の世から続く歴史と文化へ思いを馳せることだろう。料理に、自然を敬い畏怖する心がおのずから湧き上がることもまた、この土地がもたらす恩寵に違いない。

☼：15,000円～25,000円　☾：15,000円～25,000円

Tel: 075-746-0231

京都府京都市左京区
花脊原地町375

定休日：不定休

12:00-19:00

和ごころ 泉

Wagokoro Izumi

シェフ 泉 昌樹

16.5/20

日本料理

店主・泉氏は名古屋や東京などで修業後、京都の「桜田」で長年研鑽を重ねた後、2006年に独立。2016年に「桜田」の跡を師匠の意とともに受け継ぎ、確かな技術に裏打ちされた懐石料理を真摯に供している。泉氏は、日本料理を総合芸術ととらえ、料理のみならず、設え・立ち居振る舞いすべてに、その知識を生かす。まず、玄猪包に銀杏の葉が添えられた一品目を開けると、自家製のカラスミ。煮物椀はアコウの真丈で、その特筆すべき吸い地は、枕崎の職人に特別に作ってもらう鰹節と利尻昆布でひいた出汁と飽和塩水、ごく少量の薄口醤油で味付けされたものだ。その余韻は長く、味わい深い。子持ち鮎の塩焼きは、琵琶湖産のものがある時季のみ、1時間以上かけて独自の焼き方で回しながらじっくりと焼き上げる。骨はパリッと、抱かれた卵は濃厚だ。炊き合わせは海老芋と蕪。これも煮物椀と同じ出汁で作られており、みりんや酒を加えずに炊いているため、野菜本来の甘みが感じられる。紅いドウダンツツジに彩られた穴子の飯蒸しは、藁のつとに入れられ、取り出す趣向だ。丁寧に作られた八寸はその美しい見た目でも愉しませ、日本料理は斯くあるべし、と思わせる。女将の控え目ながらよく行き届いた気配りも心地好く、何度でも通いたくなる名店である。

☼：6,000円～25,000円　☾：15,000円～

Tel: 075-351-3917

京都府京都市下京区
烏丸仏光寺東入ル一筋目
南入ル匂天神町634-3

定休日：月曜、他月1回
不定休あり

☼：12:00-14:30
(L.O.13:00)
☾：18:00-21:30
(L.O.19:30)

※クレジットカードは10,000円以上のコース料理のみ利用可

御料理 はやし

Oryouri HAYASHI

シェフ 林 亘

16/20

日本料理

Tel: **075-213-4409**

京都府京都市上京区
河原町通今出川下ル
東入梶井町448-61

定休日：水曜

☼：11:30-13:30 (L.O.)
☾：17:30-19:30 (L.O.)

※ランチでもディナー時と同じメニューを提供可
※季節のおまかせは時価により価格変動あり

出町柳駅から徒歩数分の北村美術館前にある日本料理店。派手さはないが、吟味された旬の食材を、店主・林氏の長年にわたる感性と技術によって、上品かつ繊細な一品一品に仕上げ、ストレートで正統派の京料理として供している。はじめは一瞬薄味かと思われるかもしれないが、こちらの料理はすべてが、素材の持つ旨みや香りを活かすための、最小限の調味となっており、飽きのこない優しい味だ。見た目も至ってシンプルだが、盛られた料理と器のバランスに、研ぎ澄まされた静かな和の美しさを感じる。「柿の白和え」から始まり、清課堂の錫の器に盛られた「八寸」へ。青紅葉や紅く色づいた葉があしらわれていて、どの料理も、季節を五感で味わわせてくれる。椀物は、スッポンの入った玉子豆腐「月と鼈」、そして炊き合わせの「菊花蕪」、お月見団子を意識した「このこ入り揚げつくね芋」。スペシャリテの「鱧と松茸の小鍋」は、いわずもがな。鱧の骨で取った出汁に、松茸と脂がのった鱧をさっとくぐらせて、いただく。まさに秋そのものを目と舌で愉しませてくれる。初めての人もしかり、色々食べ慣れた通も満足させる、いぶし銀のような店である。

☼：4,000 円～ 8,000 円　☾：11,000 円～ 25,000 円

祇園 大渡

Gion Owatari

シェフ 大渡真人

16/20

日本料理

Tel: **075-551-5252**

京都府京都市東山区
祇園町南側570-265

定休日：不定休

☼：12:00-
☾：17:00-21:00

古民家を改装した町家の大きな暖簾をくぐり、靴を脱ぐ。階上の茶室へと案内され、躙り口から入り、香煎茶をいただきながら、この後訪れる至福の刻に暫し思いを馳せていると、程なく階下のカウンターに通され、おもむろに宴が始まる。この店のルーティンともいうべき一連の流れは、ここに至るまでの雑多な思念を一掃し、もてなしに謙虚な心で向き合うスイッチを入れてくれるようだ。さほど広くない空間でありながら、ゆるりとした時が流れているように感じさせてくれるこのひと時は、何ものにも代えがたい価値がある。さて、主人の掛け声をきっかけに料理の提供が淀みなく始まると、それはいかにも京風な料理というものではなく、主人の考えるオリジナルなもてなしの形。北海道のしっかり身の詰まったホワイトアスパラガスは軽快に茹で上げ、富山のぷっくりしたホタルイカは燻製に、雲丹やトリュフの香りを纏った半熟卵など、それぞれ異なるキャラクターを組み合わせながらもバランスよく一皿に決めてくる。その手際が何とも見事だ。常に軽妙な語り口でゲストを飽きさせることなく、いつの間にか料理に集中させている主人の人懐っこい雰囲気も和みの演出の一部となっている。次は何を食べさせてくれるのだろう、そう考えながら店を出て街を歩く足取りはいつしか軽くなっている。

☼：31,000 円～　☾：31,000 円～

祇園丸山

Gion Maruyama

シェフ 丸山嘉桜

16/20

日本料理

京都の文化が凝縮したような町、祇園。紅殻格子を眺めながら石畳を歩くと、京町屋が並ぶこのエリアには、食通御用達の選り抜きの店が軒を連ねている。「祇園丸山」と染め抜かれた暖簾をくぐり、清めの打ち水が清々しい路地を進むとカウンター席、2階には坪庭を配した個室や椅子席を備えた日本間が設えられている。ここでは北山丸太の床柱、網代天井、季節の花と掛軸で飾られた床の間と、まさに京都の美意識の真髄に触れることができる。木屋町「菊乃井」や「高台寺和久傳」で料理長を務めた丸山氏が独立したのは 1988 年。「建仁寺 祇園丸山」も率い、今や押しも押されもせぬ京料理界の重鎮である。春なら、枝垂れ桜、鶯、花筏など、自然の情景が浮かぶような趣向を凝らした盛付で、節会に照らした日本の風景を料理に映している。土から顔を出したばかりの塚原の筍を先付けに、花かんざしの八寸、冬の名残りのモロコ、締めも琵琶湖の稚鮎・氷魚ご飯。「人に良い事と書いて、食事」と説く丸山氏の、自然の息吹と生命の躍動を感じる、五感に訴えかける料理の数々。修業のはじめから茶道に勤しんできた粋人、丸山氏のスケールの大きい世界観が繰り広げられる雅の空間は、祇園の町でも格別の風格を漂わせている。

☼：8,000 円～ 50,000 円　☾：15,000 円～ 50,000 円

Tel: **075-525-0009**

京都府京都市東山区
祇園町南側570-171

定休日：水曜

☼：11:00-13:30 (L.O.)
☾：17:00-19:30 (L.O.)

木山

KIYAMA

シェフ 木山義朗

16/20

日本料理

料理の中盤に荒節、本枯れ節、鮪節の３種類をカウンターの真ん中で丹念に削る光景が目に残る。木山氏が出汁を客人に配り、ひいたばかりの旨みを味わわせる。良質な水から生まれる「出汁」に惚れ込むその姿に見入り、香りとともに旨みの力に圧倒される。天然雲丹の鮨には濃い目の出汁で炊いた鮨飯を使い、柚子の風味を利かせた甘鯛の椀物でも香りは極めて強く、総じて出汁攻めと言わせるぐらいの迫力が感じられる。圧巻は、帆立をメインにした冷製の炊き合わせだ。丁寧に火入れされた賀茂茄子やフルーツトマト、小芋、アスパラソバージュも加わり、そこに貝の出汁を煮こごりにして旨みを凝縮し、攪拌して出来上がる濃厚なソースをかける。冷たいにもかかわらず、個々の素材の塩分濃度が統一感を与え、他の温かい料理とも調和する。出汁と素材を濃度、温度、調理技法に至るまで自在に操る店主の技の完成度はまさに究極の域に達している。さらに最後のご飯物の選択肢が凄まじい。釜炊きのご飯を軸に、鰹のたたき、穴子玉子締め、桜海老かき揚げ、ちりめん山椒と卵黄と鰹節を丼形式で。望めばすべて出してくれるし、さらにラーメンも選択可能とは。美食の終盤をブラッシュアップし、存分に楽しませてくれる木山氏に感服だ。

☼：12,100 円～ 24,200 円　☾：24,200 円

Tel: **075-256-4460**

京都府京都市中京区
絹屋町136
ヴェルドール御所 102

定休日：不定休

☼：12:00-15:00
(L.O.13:00)
☾：18:00-22:00
(L.O.19:00)

高台寺和久傳
Kodaiji Wakuden
シェフ 鶴田信介

16/20
日本料理

Tel: 075-533-3100

京都府京都市東山区
高台寺北門前鷲尾町512

定休日：不定休

☼：12:00-15:00
（最終入店 13:00）
☾：17:30-22:00
（最終入店 19:30）

※11月～3月
焼き蟹コース、蟹会席あり
詳細はホームページを要確認

明治3年（1870年）、京丹後で旅館として創業し、昭和57年（1982年）、この地に移転した。150年を超える歴史と伝統を守る高台寺本店は6部屋、30代の若い料理人が料理長を務める活気のある店だ。この店ゆかりの名物料理、焼き蟹コースをいただく。最初は、青い松葉の上にのせられたズワイ蟹の雌、京丹後の呼び名で「コッペガニ」。綺麗なオレンジ色の内子とプチプチとした食感の外子を濃厚な蟹みそと蟹身の下の酢のゼリーやリンゴなどと絡めていただく。山口産トラフグの炙りポン酢を愉しんでいると、丹後半島の「間人（たいざ）漁港」で水揚げされ、まだ活きている「間人蟹」が出てきた。爪の先から、脚も身体も実に美しい。身詰まりや大きさ、重さ、キズや色つや、左右対称かなど、約50もの厳しい基準により選別されるもので、この日の蟹は最上ランクだというから嬉しい。料理人が部屋に焼き台を運び、宮崎の備長炭で、黄金色と呼べるような独特の輝きがある新鮮な蟹を、目の前で焼き上げる。まずは半生くらいの爪や脚を甘く、次は太い脚を香ばしく、丹後の太郎塩や柑橘でいただく。ほとばしる旨みや蟹の甘みは別格で、殻ごと炙った蟹みそと日本酒の相性も素晴らしい。毎年、これを目当てに訪れる客が多いというのも納得の、極上の美味に出合える老舗である。

☼：27,500円～　☾：38,500円～

青蓮院門跡前 月おか
Tsukioka
シェフ 月岡正範

16/20
日本料理

Tel: 075-366-4918

京都府京都市東山区
粟田口三条坊町16-2

定休日：火曜、月末日

☾：18:00- 一斉スタート

青蓮院門跡の向かい、数寄屋造りの純日本風の内装を施した店内には古美術品が飾られ、独特の世界観が客人を待ち受ける。月岡氏は、2021年4月、湖国・草津「滋味康月」での勢いそのままに和食の聖域ともいえる京都へ活躍の場を移した。「草喰 なかひがし」中東久雄氏から野山の食材への敬意・感謝を学び取り、出身地・北海道の大らかさと自らの研ぎ澄まされた感性、そして大胆且つ繊細な料理構成で、縦横無尽に「美味しさ」を表現する。名物の季節の八寸には、蓮の花びらに茗荷の味噌和え、野草のお浸し、滋賀の下田なすに煮詰めたトマトの田楽などが添えられ、山々を散策する気分が味わえる。琵琶湖産天然鰻の煮物椀では素材から出る仄かな塩気を出汁に滲ませ、静かなる旨みの表現も見事で、料理ごとに緩急をつけた構成に胸の鼓動は高鳴るばかりだ。また、火入れの極みを象徴する「十勝若牛の炭焼き」は、熟成肉の特徴が十分に引き立ち、野菜や魚に負けず劣らず肉の美味しさも欲張りに堪能させる。おくどさんで炊かれた、白ご飯の煮えばなとおこげで米の持ち味をさりげなく素材に語らせるというのも実に好い。この店の空間に妥協という言葉が微塵もないのは、そこに「豪快なる滋味」ともいうべき料理哲学が宿っているからだ。

☾：30,000円

魚菜料理 縄屋

Nawaya

シェフ 吉岡幸宣

15/20

日本料理

京都市内から2時間半、京都府の北端・丹後半島は秋から冬にかけ、「弁当忘れても、傘忘れるな」といわれるほど雨が多く、冬の間は深い雪に埋もれる。京丹後はその気候がもたらすミネラル豊富な土壌が滋味豊かな京野菜を生み、間人蟹に代表される海の幸にも恵まれる食材の宝庫である。店主の吉岡氏はこの地に生まれ、京都の「和久傳」で腕を磨き、2006年にこの店を開いた。「魚菜（さかな）料理」と号する通り、京丹後のものをはじめとした魚介類と野菜、また山の幸を名店仕込みの技を生かした独自の料理として提供している。その創造性は、涼やかなガラス器に入った鰹出汁に漬けた桃や、焼き野菜に振った醤油の搾りかすの粉末のあしらいなどに見ることができる。これら果物や野菜の料理がメインとしての存在を感じさせるところも「縄屋」の魅力だ。京丹後は地理的には日本海側にありながら京都の奥座敷といわれ、京料理の洗練と地方料理の野性味、双方の利点を取り込むことができる。「京都市内から離れたこの場所ならば、料理のことを色々と考えられます」と語る吉岡氏は、2020年、日本料理では珍しい、薪焼きのかまどを新たに設置している。炭火とは異なる薪による柔らかな火入れは吉岡氏の切り札の一つになるに違いない。

☼：12,000円　☾：12,000円

Tel: 0772-65-2127

京都府京丹後市弥栄町
黒部2517

定休日：火曜、水曜、他不定休あり

☼：12:00-
☾：18:30-

※松葉ガニコース（11/7-3/20）時価34,000円～

なる屋

Naruya

シェフ 上嶋良太

15/20

日本料理

錦市場の賑わいを横目に暖簾をくぐると、カウンターのみのこぢんまりとした静かな店内。丁寧に仕込まれた料理が整然と並べられ、明るい笑顔がゲストを迎える。店主・上嶋氏は、「瓢亭」「和久傳」と京都を代表する料亭で研鑽を積んだのち、ニューヨークの精進料理店「Kajitsu」で店長を経験した実力の持ち主。簡素な料理の中にも季節感を大切にし、素材の輪郭が浮かび上がってくるような味わいが魅力だ。炭でしっとりと焼いた鱈白子を海老芋とともに柚子釜で供する一品は、柚子の果汁や香りをまとった上質な白子が贅沢な風味を醸している。白味噌仕立ての小鍋では鰆に聖護院大根や金時人参など季節の野菜を合わせ、素材一つ一つの輪郭を残しながら味わいを引き出し、白味噌の出汁でまとめ上げる。見た目にも美しく、晩秋に相応しい身も心も温まる格別の料理だ。時に紅葉を散らし、イチョウを形取った生麩をあしらい、細やかな季節表現と遊び心で、店主とゲストの心が通じ合うかのような心地好さ。小さな店であるが故に店主との距離が近く、次々とテンポよく目の前で繰り出されるライブ感に包まれて、ついつい酒が進んでしまうのも致し方ない。

☾：20,000円～50,000円

Tel: 075-252-1199

京都府京都市中京区
堺町通錦小路上ル
菊屋町539

定休日：月曜、他不定休あり

☾：18:00-22:00
（最終入店20:30）

日本料理 研野

Nihonryori Kenya

シェフ 酒井研野

15/20　日本料理

Tel: 075-468-9944

京都府京都市左京区
岡崎徳成町28-22
聖護院ビル 1F

定休日：日曜、月曜、他不定休あり

☾：17:00- /20:00-

真新しい白木のカウンターが眩しく、ある意味張り詰めた空気の中、流れる邦楽や世界の音楽が、若く柔軟な店主と女将の気持ちを表しているかのように、客人を和ませる。「菊乃井」で修業し、ニューヨークの和食店で働き、「LURRA°」「京、静華」というジャンルの異なる店で研鑽を積むという類い稀な経験を得た酒井氏のたどった道が、その料理コンセプトに大きく影響を与えたことは間違いない。序盤の「明石黒めばる よもぎ豆腐」は日本料理を象徴する椀物で供されるが、コースの後半にかけて、実は徐々に中国料理のテイストがさりげなくアピールしてくる。湯気舞う蒸し器に入れられた「海老と豚肉の餅米焼売」は和風出汁で炊かれた台湾産黒くわいを中に加えており、独自のつけダレには茗荷、新生姜、葱、からし酢醤油を合わせ、焼売に絡ませて素材の旨みを顕著に引き立たせる。馴染みある中国料理の焼売を、和食の一部として解釈できるほどにコースに溶け込ませ、料理人の実力で至高の一品に昇華させているのだ。酒井氏の出身地である青森への敬意も日本酒のラインアップや「つがる漬け」「葉くるみ漬け」から感じることができ、出生地、修業先、そして自らの感性を共鳴させた一体感ある美味しさは、確実に料理に表現されている。

☾：16,000 円

実伶

Mirei

シェフ 中尾雄三

15/20　日本料理

Tel: 075-251-2007

京都府京都市中京区
竹屋町通室町東入亀屋町
143-2

定休日：水曜、他不定休あり

☾：17:00-22:00
(L.O.21:30)

※基本的にアラカルト中心

アラカルトで正統な割烹料理が提供される、好きなものを好きなだけ食べられるという、シンプルに食べる心を満たしてくれる店だ。店名の由来は、「実」は実り、食材。「伶」は、音楽を奏でる人の意で、食材で美しい音楽を奏でるというコンセプト。品数は50種程あり、厳選された旬の食材を揃え、ほとんどの料理を注文が入ってから調理する。長崎出身の店主・中尾氏のお造りは魚介類の目利きも素晴らしく、技を感じる忘れがたい一品だ。旨みに添う日本酒も、奏でを創る厳選された数種を置く。割烹の醍醐味はカウンターから手仕事が見える臨場感。煉瓦の壁を背負い、様々なオーダーに応える中尾氏を筆頭とする、スタッフの手際の良い連携プレー。ローチェアに座る客に、ゆったりと寛げる空気を創り出すのも流石だ。丁寧で繊細な美味しさの「蛸やわらか煮」や「銀杏コロッケ」、そして自家製の京あげも印象深い。カリカリに焼きあげた香ばしさと大豆の甘みに、たっぷりの削りたての鰹節の風味が重なり、舌が歓ぶ。サッパリとした「和牛フィレカツ」を噛みしめ、優しい味わいの「丸雑炊」に心がつかまれる。おまかせ一本の高級店とは違い、自由がある楽しさ。本物の大人が行き着く店は、ここかもしれない。

☾：13,000 円

酒と魚 DNA
pop

Sake to sakana DNA

シェフ 坂根圭哉

日本料理

テーブルで家族連れでもカウンターで一人でも、コースでも単品でも、自由に楽しめて充分に寛げるありがたい店。しかも京都のど真ん中で、である。絶好の酒肴である塩辛ポテトは、表面をカリッと揚げたポテトと烏賊の塩辛との出合いがビールでも日本酒でも相性が良く、ヤミツキになる。忘れず楽しみたいのは名物の季節椀だ。日本料理のハイライトは椀。いただく時には自然と背筋が伸びる。スッポン椀は生姜の香りが鮮烈で、濃厚な旨みだ。この店は若き料理人が家族で営むアットホームな雰囲気と、日本料理のエッセンスを大切にした新たなもてなしの形とが両立している。小浜の魚と坂根氏にゆかりのある土地の日本酒や産品を肩ひじ張らずに楽しめる心地好い店だ。

☾ コース ○

Tel: **075-365-5591**

京都府京都市下京区
燈籠町559-1
ジェイアイビル 1F

定休日：日曜、他不定休あり

☾：17:30-23:00
(L.O.22:00)

そ /s/ kawahigashi
pop

So Kawahigashi

シェフ 中東篤志

日本料理

「日本食の良さを伝えたい」と、カリナリーディレクター中東篤志氏がプロデュースする空間。ともに店を仕切るのは自ら“おむすびすと”と称する波平龍一氏。２人は、日々、真摯に「日本の美味しい」を追い求めている。硬めに練られた「焼胡麻豆腐」はカリッと、添えられた豆腐と胡麻のソースも秀逸だ。「若狭サーモン塩麹マリネ」は、熟成極まり、滑らかな食感と旨みが口中に広がっていく。名物「土鍋ご飯の塩むすび」の鮮やかな手さばきは、見ているだけで、味・食感に期待が高まる。日本各地の生産者に直に触れ、飲み物もほぼ国内産だ。ここに来れば「食べる・飲む」ということが如何に大切かを感じとることができる。それが堅苦しくなく、気楽に愉しめるのがまた嬉しい。

☾ コース ○

Tel: **075-748-1715**

京都府京都市左京区
丸太町通川端東入ル
東丸太町18-5

定休日：日曜、月曜

☼：土 12:00-15:00
(L.O.14:00)
☾：17:00-23:00
(L.O.22:00)

メゾン・ド・タカ芦屋

MAISON DE TAKA ASHIYA

シェフ 髙山英紀

15/20

フランス料理

Tel: **0797-35-1919**

兵庫県芦屋市平田町1-3

定休日：月曜（祝日の場合、翌火曜）

☼：11:30-12:30 (L.O.)
☾：17:30-19:00 (L.O.)

※営業時間は状況により変更になる場合あり

川のほとりの緑豊かな一軒家は、芦屋という土地が育んできた鷹揚な雰囲気をよく映し出している。開放感のある芝生の庭や広々としたメインダイニングは、都心では叶わない贅沢な空間使いだ。まずは長椅子の置かれたウェイティングスペースで食事前にワインセラーを眺めながらゆったりとした時間を楽しむ。この店の醍醐味は、ルーアンのレストラン「ジル」の名を冠していた頃から変わらない伝統的なフランス料理の技法と、髙山氏の洗練された感性の融合にある。素材そのものの風味とそれらの組み合わせを重視した品々は、シンプルでありながら優れたバランスを見せている。松葉蟹とセコ蟹を用いたフランは、まずその香りから愉しむ。ボタン海老と柿や蕪のタルタルは、アクセントに添えられた龍井茶の滋味と茶葉の舌触りが心地好い。そこには、香りから食感まで、食材が持つすべての要素を余すところなく表現しようというシェフの心意気が表れている。各テーブルへ足を運び、素材について生き生きと語る髙山氏の姿が印象的だ。繊細なマリアージュに呼応するミニマルな盛付と器使いも潔い。五感を使って味わう料理と温かいサービスが紡ぐ良質な時間が流れるレストランである。

☼：4,600 円～ 8,500 円　☾：11,000 円～ 21,000 円

北野坂 木下

Kitanozaka Kinoshita

シェフ 木下憲幸

15.5/20

イタリア料理

Tel: **078-221-2261**

兵庫県神戸市中央区中山手通1-24-14
ペンシルビル 2F

定休日：日曜、月曜ランチ、月 2 回不定休あり

☼：12:00- 一斉スタート
☾：18:00- 一斉スタート

イタリアの名店で研鑽を重ね、神戸の「リストランテ ドゥエ」のシェフを経て、2020 年にオープンした気鋭のイタリアンレストランだ。木下氏は兵庫県の浜坂港のみならず、日本各地を旅しながら出合った優れた素材を惜しげもなく使い、味わい深い料理を次々披露する。それらは食材の品質もさることながら、飾らず、シンプルに輪郭を残し、ゲストに何を食べて欲しいかという表現の方向が明確だ。決して素材頼みではなく、それを生かすための火入れや組み合わせ、調味のバランス感、特に酸味の使い方において、他とは一線を画すもので、木下氏のセンスが光っている。パスタ料理は、自家製タリアテッレにホッキ貝の旨みを合わせ、フルーツトマトの甘みや酸味が舌に絡んだ瞬間の衝撃が鮮烈に残る。また、米のサラダに見られるように、イタリア郷土料理へのオマージュも随所に感じられ、旬の魚介を使ったシェフ流のアレンジも的を射ている。いずれの料理も素材の本質を見失うことなく、すでに多くの支持を得る現在も、気負うことなく、ただひたすらに美味しいものを追求する。今、最も訪問しておきたいイタリアンレストランの一つである。

☼：9,500 円　☾：17,000 円

リストランテ ダ ルーポ322

15/20

Ristorante da'lupo322

シェフ 森 良之

イタリア料理

ドアを開けると、炭火の香り。入り口のすぐそばに焼き台が設えられている。森氏の姿を見ながら、音や香りをダイレクトに感じられるカウンターが、この店の特等席だ。赤々と燃える炭火を横目に、何が出てくるのだろうと期待が高まるが、それに肩すかしを食わせるような１品目が登場。紅葉鯛とリンゴのタルタルに、サワークリームとキャビアをのせている。濃淡ピンクのエディブルフラワーを散らした、愛らしい姿。口にすると、ねっとりと旨みののった鯛にサクサクと甘みの少ないリンゴ、サワークリームにはほんのり山葵を利かせている。続く２品目は、甘鯛にラルド、蕪とほうれん草のソース。甘鯛の皮の淡い色にキラキラとしたラルド、野菜の味そのものを体現する鮮やかな緑と白のソース。紫のビオラの下に忍ばせた香り高いパセリで、徐々に味覚が開かれていく。「炭火で焼く」という、豪快なイメージとは対極にある繊細さは、もちろんメインの肉に炭火を使うときも、一貫している。肉の厚みに応じて火が均一に入るよう網を工夫し、カウンター越しにワイン談義に花を咲かせていても、決して目を離さず、炭火の香りを纏わせながらジューシーに焼き上げる。ワイルドさに潜む繊細さ、それがこの店であり、森氏の持ち味だ。

☾：12,000円～

Tel: **0798-22-9744**

兵庫県西宮市産所町
3-22

定休日：月曜、第１日曜

☾：18:00-22:00

※季節により価格の変動あり

カセント

16.5/20

Cá sento

シェフ 福本伸也

スペイン料理

幕末の開港以来、日本の玄関口の一つとして発展した神戸は、ハイセンスな都会でありながら緑深い六甲を背に、大阪湾にも面する自然豊かな街である。この地で生まれ育った福本氏が「カセント」をオープンしたのは2008年。店名は福本氏が料理長を務めたスペイン・バレンシアの店に由来する。福本氏が最も大切にするのは素材だ。六甲の自然が育てた野菜や乳製品、瀬戸内海の魚介類など神戸や兵庫県内の食材を中心にほとんどが国内産だ。それらを供給している生産者をTeamの一員として店のウェブサイトに掲載するのは、素材を大切にする福本氏の感謝と誠意の表れである。「エル・ブジ」に代表されるモダン・スパニッシュは、物理的・化学的に調理を解析し、創作的で意外性に富んだ分子ガストロノミーを生んだが、福本氏は、奇を衒うことより調味や調理の足し算と引き算を不易流行に組み合わせ、海と山から託された素材の持ち味を活かし切ることに重点を置く。鱧であれば炭火で余分な脂と水分を抜き、ハモン・イベリコ・ベジョータで脂分と塩味を補い、玉葱で甘みを与えることで鱧の持ち味を強調している。開店から13年、神戸が育んだ海の幸・山の幸を活かした料理は、もはやモダン・スパニッシュという枠を超え、福本氏の料理へと進化を遂げている。

☾：23,000円

Tel: **078-272-6882**

兵庫県神戸市中央区
中山手通4-16-14

定休日：月曜、火曜

☾：18:00-19:30 (L.O.)

大阪
京都
兵庫
奈良
滋賀
和歌山
岡山
広島
山口
島根
鳥取
徳島
香川
愛媛
高知

料理屋 植むら

Ryouriya Uemura

シェフ 植村良輔

17/20

日本料理

Tel: 078-221-0631

兵庫県神戸市中央区
中山手通1-24-14
ペンシルビル 4F

定休日：不定休

☼：土・日・祝のみ
12:00- 一斉スタート
☾：18:00-/21:00-

※完全予約制
※季節により価格の変動あり

贅沢な空間に、贅沢な器と贅沢な食材を惜しげもなく披露されれば、どんなゲストでもその店の虜になるだろう。そこに気の利いたサービスと、堅苦しさのない接客であればなおさらだ。植村氏は、2007年、30歳にして独立、その後の躍進ぶりには目を見張るものがある。仕入れは独自ルートを多数開拓し、扱う素材はどれも一級品。分厚く長い一枚板のカウンターに象徴されるように、設えや器も料理の品格に相応しいあしらいでゲストを迎える。夏、天竜川の鮎の塩焼きは「植むら」の代名詞だ。頭はクリスピーに、身はしっとりと、尻尾は干物のように。食感のグラデーションを生みながら、味と風味において鮎のポテンシャルを存分に引き出す技術は圧巻だ。しかしこの店はシンプルな料理ばかりではない。質の高いトリュフをふんだんに散らしたトリュフうどんや、毛蟹の出汁を密度濃く吸わせた焼きフカヒレなど、味の強い料理も得意とする。「柔」と「剛」の両面を高度なバランスで融合させ、そのどれもが素晴らしく美味しい。日本酒にも力を入れており、とりわけ「植むら」オリジナルの銘柄は味わうべき一杯。数十種類もある華やかな江戸切子の中から好きなグラスを選べるのも嬉しい趣向だ。名実ともに兵庫屈指の名店、この表現に異論はないだろう。

☼：33,000円～　☾：33,000円～

すし うえだ

Sushi Ueda

シェフ 植田将道

16/20

寿司

Tel: 078-515-6655

兵庫県神戸市中央区
中山手通3-2-1
トア山手ザ神戸タワー 112

定休日：不定休

☼：12:00-
☾：18:00-

たて返しから上下の動きで鮨を整え一体化させる型は、果たしてどこから来ているのだろう。そう思わずにはいられないほど、植田氏の握りの所作は独特のモーションで行われる。元町駅から歩いてもほど近い山の手。器やつけ台などに自らセレクトした作家ものの銘品を惜しげもなくあしらい、肴や鮨種も兵庫産を中心に吟味されたものが揃う、贅沢な空間だ。フグ白子のゴーダチーズ風味のリゾットは、一番出汁の旨みと白子の蕩けるクリーミーさがゴーダチーズのコクのある旨みと出合い、口の中で絡み合う。ため息とともに、ここは本当に鮨店なのだろうかと思わず周囲を見回してしまうほどだ。もちろん、肝心の包丁捌きも相当なもので、明石の鯛は切りつけた身がパンッと膨れる冴えを持っており、思わず唸ってしまう。生の穴子やレアめに湯がいて昆布締めにした車海老など、鮨種が変わるごとにテクスチャー、舌触り、香り、味、それぞれに異なる演出でゲストを飽きさせない手腕は、若いながらもお見事としか言いようがない。植田氏がこの先にどんな新しいチャレンジを考えているのか、その情熱とバイタリティーでどう展開していくのか。さらなる飛躍を楽しみに、わざわざでも訪ねてみたい鮨店だ。

☼：20,000円　☾：20,000円

コムニコ

communico

シェフ 堀田大樹

14/20

イタリア料理

東生駒の道路沿いにある、イタリア料理をベースにイノベーティブな色合いも見せるレストラン。店名はラテン語で共有や分かち合いを意味し、「奈良の地の恵みを分かち合う」ことをコンセプトに掲げている。シェフの堀田氏は、イタリアや「カノビアーノ京都」、奈良「リストランテ イ・ルンガ」などで修業、「アコルドゥ」川島宙氏の店舗を引き継ぎ、2018 年に、この店をオープンしている。エントランスの木の扉を開けると、店内も木を基調とした温かみのある空間だ。奈良と近県の食材を使い、有機・ローカル・自由をテーマに独自の料理を展開する。テーブルの上にある本の形をしたボックスを開けると、その日に使われる食材が書かれたメニューが置いてある。アミューズは、酒粕のグリッシーニ、倭鴨（やまとがも）の生ハム、黒米の揚げパン、バターナッツ南瓜のスープ、イタリア産のオリーブに奈良の大和橘のジャムを詰めたもの。里芋のペーストを充填したトルテッリ、根菜や銀杏、吉野産のなめこなど、秋らしい一品に注がれるのは、生ハムと枕崎・金七商店「クラシック節」のスープだ。ここでは、デザートや食後のお茶まで、緻密に計算された繊細さと大胆さを併せ持つ料理が堪能できる。奈良を味わいに、季節毎に訪れたいレストランである。

☼：7,700 円～ 13,200 円　☾：13,200 円

Tel: **0743-85-6491**

奈良県生駒市東生駒
2-207-1-111

定休日：月曜、他不定休あり

☼：12:00-15:00
（最終入店 13:00）
☾：18:00-22:00
（最終入店 20:00）

アコルドゥ

akordu

シェフ 川島 宙

16.5/20

スペイン料理

奈良公園内の東大寺旧境内跡地、全面ガラス張りのダイニングから望む古寺の緑が目に染みる。店名はバスク語で「記憶」。川島氏はフランス料理を学んだのちスペイン・バスクの「ムガリッツ」で修業。帰国後、奈良・富雄に「アコルドゥ」をオープンし、2016 年、現在地に移転した。川島氏が「ムガリッツ」で会得したものの一つが、食材を組み合わせて人々の思い・記憶を皿の上に投影させるという手法だ。その料理は開店５年を経て、在来種や県特産食材を用いて、奈良、ひいては古代日本を掘り下げるものからさらに進化し、モダンスパニッシュが本来持っている自由な発想で、スペインの香りと奈良の全てを融合するものへ向かっているようだ。「焼いた魚 梅雨と夏」「蒸したホタテと雨色のパスタ」など断片的で詩的な料理名に、ゲストは自分だけのイメージを乗せていく。この日はハーブが30種以上入った「ムガリッツ」の定番の一つ、「ヴェルドゥーラス」も登場。いずれの料理も軽やかに色鮮やかで美しい。2021 年８月にオープンした東京・新橋の「奈良まほろば館」ではレストラン運営を担い、奈良の産品を華麗にアピールしている。奈良に根をおろし、土着・融合・進化そして洗練を自らのテーマにする川島氏の存在感はますます重みを増している。

☼：6,500 円　☾：14,500 円

Tel: **0742-77-2525**

奈良県奈良市水門町
70-1-3-1

定休日：月曜、他不定休あり

☼：12:00-13:00 (L.O.)
☾：18:00-21:30
(L.O.18:30)

白

Tsukumo

シェフ 西原理人

16/20

日本料理

Tel: **0742-22-9707**

奈良県奈良市紀寺町968

定休日:月曜、毎月最終日、火曜・金曜・毎月1日ランチ

☼ : 12:00-12:30
☾ : 17:30-19:00

※季節により価格の変動あり

※クレジットカードはディナー時のみ利用可

露地庭のようなアプローチを抜けると、そこは独創的で幻想的な空間だ。2021年6月、移転に伴い装いを一新、壁に張り巡らした和紙には、西原氏のルーツとなった土地の土や修業先の焼き場の灰などを練り込み、自身の足跡と思いの丈を詰め込んでいる。ピンと張りつめた空気の中にも、柔らかでどこか原始の温もりを感じる。西原氏は、「京都吉兆 嵐山本店」で下積み後、ニューヨークやロンドンでも腕をふるった異色の経歴の持ち主だ。古都・奈良の魅力に心を奪われた氏の料理は、この地への愛に満ちている。花火仕立てのサラダは、奈良出身の花火師・鍵屋弥兵衛からインスピレーションを受けた一皿。夏の夜を彩る花火をモチーフに、大和野菜や大和牛などをふんだんに用い、美しくも儚く表現している。また吉野椀に盛り付けた鮎の熟鮓のように、単に地元の食材を使うだけでなく、伝統や歴史をも自身の感性で咀嚼し、そのストーリーを料理に落とし込む姿勢が感慨深い。淡い味わいの中に生産者との深いつながりが随所に見られ、店主の地元への思いの強さが滲み出ている。心の通った奈良らしい料理は、伸びやかで心地好い余韻を覚えるとともに、奈良のテロワールを感じるひと時をもたらしてくれるに違いない。

☼ : **6,000円〜**　☾ : **17,600円〜**

奈良 而今

Nara Nikon

シェフ 清水唱二郎

15/20

日本料理

Tel: **0742-31-4276**

奈良県奈良市鍋屋町3

定休日：日曜、月曜

☾ : 17:00-21:00
土 17:30-/20:30-

奈良で存在感を増し続ける和食店の一つだ。店主・清水氏は、京都「祇園にしかわ」などで研鑽を積んだのち、2016年に独立した。「而今」とは、今の一瞬を精一杯生きるという意味の禅語。その言葉に込めた想いを体現すべく、日々努力と研究を重ね、開業から徐々に実績を積み重ねてきた。料理は日本料理の伝統的な部分も大切にしながら、清水氏ならではの独創性が見られる。例えば八寸では季節の食材を用いる一方で、食感が引き立つ車海老のコーンフレーク揚げや、その頭のおかき揚げを添え、意外性と美味しさを巧みに八寸に盛り込んでいる。また経産牛のカツに用いる自家製ソースは調った味わいで、多くの果物や野菜の風味が複雑でありながらも、まとまり良く統一感のあるものに仕上げている。明石産の鯛のお造りはしっとりした脂と湧き上がる身の旨みが堪らない。醤油の他に塩昆布を添え、ゲストの好みで食べ分けできる配慮も心優しい。素材力はもとより、旺盛な探究心と努力によって生み出される料理に、時を経てさらなる躍進を遂げた清水氏の姿を想像してしまう。「而今」の名に込めた熱い想いを胸に、地道な努力を続ける氏の料理に今後も目が離せない。

☾ : **15,000円**

玄
Gen

シェフ 島﨑宏之

14.5/20

蕎麦懐石

近鉄奈良駅から徒歩 15 分ほどの、ならまちエリアにある蕎麦料理の店。清酒「春鹿」の今西家別邸の建物をそのまま店舗としており、靴を脱いで部屋に上がる。畳敷きの和室から、坪庭を眺めながら様々な顔を持つ蕎麦の魅力を堪能する。夜は蕎麦遊膳のコースのみで、２組限定だ。まずは、「蕎麦豆腐」で、更科粉と水だけから生まれる、仄かな甘みを味わう。スペシャリテともいえる「蕎麦がき」は、熱々で、もっちりかつふんわりと、蕎麦の香りが広がり、唯一無二のものだ。まずはそのまま、次に少しの藻塩でいただくのがいいだろう。そして「梅たたきの水蕎麦」と「田舎蕎麦」へ。この店の蕎麦は、店主の島﨑氏が、毎朝その日の分だけ石臼で手挽きし、蕎麦粉と水だけ、つなぎを使わない十割蕎麦だ。どれも極細蕎麦ゆえ、茹で時間も５秒ほど。伸びるのも早いので、すぐに食べるよう促される。せいろ蕎麦は、まずは何もつけずにそのままで、次に軟水につけて、最後に藻塩とたたき梅干しを薬味代わりにいただく。田舎蕎麦は、蕎麦つゆ、もしくは岩塩ですする。極細なのにコシがしっかり、香りも高く、なかなかお目にかかれない秀逸な蕎麦である。一度は訪れてみたい蕎麦の名店だ。

☼：1,100 円～　☾：12,000 円

Tel: 0742-27-6868

奈良県奈良市福智院町
23-2

定休日：日曜、月曜、
土曜ディナー

☼：11:30-13:00
（最終入店）

☾：18:00-19:00
（最終入店）

※ランチはアラカルト、
要予約

※ディナーは１日２組完全
予約制

※個室はディナー時のみ
利用可

ゴ・エ・ミヨの歴史

ヌーヴェル・キュイジーヌ

ゴとミヨは、フランス料理のブルジョワ的で時代遅れのイメージを刷新する決意で、フランス中の新しい店を探し、調査しました。ホテル、レストラン、ブティック、職人、ワインショップと、彼らの好奇心にはとめどがありませんでした。

自分の足で歩いて得た経験と多くの料理を食べた結果、２人は、未来のヌーヴェル・キュイジーヌをポール・ボキューズの料理の中に見つけます。シンプルな「インゲンとトマトのサラダ」の美味しさに触れ、新しい料理はこうした皿の中にあると確信します。その後、ロアンヌでトロワグロ兄弟と出会い、ハーブで風味を付けたカエル料理を供されます。前日に下ごしらえをせず、全て「今」調理したものでした。忘れていた風味、シンプルさと軽さを重視する「ヌーヴェル・キュイジーヌ」はこのようにして生まれたのです。彼らはこの新しいコンセプトを記事を通して広く発信し、ガイドブックは人気を呼びます。

比良山荘

HIRASANSOU

シェフ 伊藤剛治

16.5/20

日本料理

Tel: **077-599-2058**

滋賀県大津市葛川坊村町94

定休日：火曜、他不定休あり

☼：11:30-13:00
（最終入店）

☾：17:00-19:00
（最終入店）

※季節により価格の変動あり

若狭と京都を繋いだ鯖街道に、比良山系へ登る人の山荘として1959年に創業。京都で修業した二代目が鮎料理を出すとこれが評判を呼び、夏場に賑わいをみせるようになる。さらに、三代目の現当主が猟師から直接仕入れた上質な熊肉の旨みに惚れ込み、月の輪熊をしゃぶしゃぶでいただく「月鍋」をメニューに加えてからは、冬から春の間も全国から食通が訪れる名店となった。座敷にテーブルと椅子席、すべて山水が流れる中庭に面している。比良山系の天然の食材をふんだんに用いる「山の辺料理」は山里の旬の味覚が並び、京都の流れを汲んで洗練を加えた料理はどれも滋味深いものだ。「蕗の薹の茶わん蒸し」や、山椒を鋳込んだ、白焼きでぷっくりした「鰻の筒焼き」は、香り立つ春の訪れを感じさせてくれる。月の輪熊は野趣溢れるジビエというイメージだが、照りの良い真っ白な脂がびっしり敷き詰められた丸い大皿は壮観で、昆布と鰹と蜂蜜が隠し味の出汁でいただくと、肉の品の良い甘みが口中に広がる。近年人気を呼んでいる天然の花山椒鍋は春先から5月中旬まで、花山椒・三つ葉・芹・葉山椒・天然クレソンなどを熊しゃぶの出汁にひたしていただく。摘んだばかりの鮮度の高い天然物のシャキシャキした食感と鼻に抜ける春の香りは、訪れる人に新たな感動を呼び起こすことだろう。

☼：15,000円～50,000円　☾：15,000円～50,000円

徳山鮓

Tokuyamazushi

シェフ 徳山浩明

16/20

日本料理

Tel: **0749-86-4045**

滋賀県長浜市余呉町川並1408

定休日：不定休

☼：12:00-14:30

☾：18:00-21:00

天女の羽衣伝説が残る神秘的な湖を一望できる高台に、「徳山鮓」はある。徳山氏は、京都の料亭で修業後、生まれ育った余呉に戻り、地域に残る発酵など伝統の調理法に現代性を盛り込み、注目を浴びた。余呉湖周辺は、湖にはワカサギや鮎、鰻が生息し、山では熊や鹿、猪などのジビエが捕獲され、新鮮な山菜、茸類も採れる。四季折々の旬を味わうことが、この地を訪れる一番の醍醐味だ。郷土料理として有名な「鮒鮓」も従来のものとは一線を画し、臭みを抜く独自の調理法で再構成し、「熟鮓（なれずし）」として、爽やかな酸味と風味豊かなチーズのような味わいが調和する逸品となっている。熊肉と特製の発酵出汁による複雑味のある旨みの熊鍋は、身体が芯から温まり、熊の上質な脂は何枚でもいただけそうな気がする。最後は、鮒鮓の飯（いい）から生まれたアイスクリームの優しい甘みに、ホッとした心地で食事を締めくくる。余呉湖の風波がおさまると、別名「鏡湖」とも呼ばれるように、湖面には四季の美しい自然が映し出される。山海の珍味佳肴の饗応にあずかり、壮麗な景色を眺めていると、自身も森羅万象の一部であることに思い至る。ここには、自然に感謝し、噛みしめ味わうことで、古代まで遡る食文化に触れるという貴重な体験が待っている。

☼：15,000円～　☾：20,000円～

炭火割烹 蔓ききょう

15/20

Tsuru Kikyou

シェフ 西澤芽久美

日本料理

瀬田の唐橋のたもとにある、大正２年に建てられた呉服商の蔵を改装した炭火割烹店。京都の老舗料亭などで研鑽を積んだ西澤氏は、琵琶湖の恵みや地元の猟師から仕入れたジビエなど地産地消を基本に、草津の精肉店「サカエヤ」新保吉伸氏が手当した牛肉や愛農ナチュラルポーク、上賀茂「田鶴農園」の京野菜、「京都丹後 海鮮の匠 魚政」の魚介と、全国に名を知られる生産者・目利きの上質な素材を取り寄せ、炭火焼きを中心とした料理に仕上げている。いずれも一家言ある食材提供者ばかり。その仕入れを可能にしているのは、西澤氏の素材に向き合う姿勢と火入れの技への信頼に他ならない。夏には、琵琶湖の小鮎の唐揚げや琵琶湖の天然鰻のぶつ切りの塩焼きで素材の持つ旨みを充分に引き出し、味わわせる。ジビエも、濃厚ながらも癖がない鹿のレバーパテや月の輪熊の炭火焼きがスペシャリテとなっており、特に熊肉では、クレソンと鮒寿司を用いたソースで独自の味を出している。丸オクラやアピオス、そうめん南瓜などの野菜類は、塩と黒ニンニクのソースでシンプルにいただく。焼きおにぎりと鶏がらスープで締めるが、もろみ味噌と醤油だれという２種類の焼きおにぎりも滋味深く、訪れる人は、炭火で際立つ素材の力に圧倒されることだろう。

☼：1,650 円～ 6,050 円　☾：5,500 円～ 13,200 円

Tel: 077-545-7837

滋賀県大津市瀬田2-2-1

定休日：第 1･3 火曜･水曜、木曜ランチ

☼：11:30-14:00
(L.O.13:00)
☾：17:30-22:00
(L.O.20:30)

ゴ・エ・ミヨの歴史

1972 年、『ゴ・エ・ミヨ』ガイドの初版

1972 年、フランスで『ゴ・エ・ミヨ』ガイドの初版が出版され、料理業界に変革をもたらします。価値のあるレストランを探して、ゴとミヨはフランス中を歩き回りました。彼らは、ミシュランが価値を置く、店の豪華さや食器、清潔さではなく、味とプレゼンテーションとシェフの想像力に着眼します。完全な独立性のもと、ゴとミヨは堂々と会計を済ませ、他のガイドブックの評価に関係なく、点数をつけていきました。

Tel: **073-422-0001**

和歌山県和歌山市手平
2-1-2
和歌山ビッグ愛 12F

定休日：月曜、火曜（祝日の場合は営業）

☼：11:30-14:00 (L.O.)
☾：17:30-21:00 (L.O.)

オテル・ド・ヨシノ

16.5/20

hôtel de yoshino

シェフ 手島純也

フランス料理

雄大な紀伊山地と広大な太平洋を望む和歌山県。この店は、その豊かな自然の恵みを存分に取り込んだ、日本におけるクラシックフレンチを代表するレストランの一つだ。手島氏は、吉野建氏のフランス料理に感銘を受け弟子入り、パリにあった「ステラ マリス」で薫陶を受ける。以後もフランスで研鑽を積み、帰国後、2007 年９月より「オテル・ド・ヨシノ」のシェフを務めている。手島氏は、古典フランス料理に潜むエッセンスを掴み、日本人が日本で作るフランス料理を追求する。使用される食材の多くが和歌山県周辺でとれたものであり、同じ食材であってもテロワールが異なれば性質がまるで違う。そこをプラスに捉え、元のレシピとは異なるが、その核心部分をしっかりと継承した料理を創り出している。それはあたかも数世紀前に作られた名曲を現代の解釈で奏でる指揮者のようだ。例えば、旨みのしっかりした味わいのデュグレレソースには舌平目が定石だが、手島氏は平スズキやクエ、ホウボウなど脂の乗った和歌山産を使用する。連綿と受け継がれてきたレシピの本質を理解しているからこそ可能な、手島氏ならではの特別な技といえよう。四季折々の和歌山の食材が伝統を継承する料理人と出合い、正統のフランス料理となって、ここに息づいている。

☼：3,700 円～ 16,000 円　☾：7,000 円～ 20,000 円

Tel: —

和歌山県岩出市川尻71-5

定休日：不定休

12:00-

※２名～10 名まで、３日前までの予約制

ヴィラ アイーダ

16.5/20

villa aida

シェフ 小林寛司

アグリガストロノミー

農家の友人宅に招かれ、朝採れの野菜をふんだんに使った料理でもてなされて、美味しいワインとともに１日を過ごす…。そんな錯覚に陥るレストラン。小林氏はゲストが到着する寸前まで、野菜を最高に生かせる調理法を考え、時には即興で料理する。夏の盛り、「美味しいトマトを食べて欲しい」と、トマト料理が３品。「グリーントマト 乳清」は、トマトの力強い酸味をミルクと乳清が和らげ、オリーブオイルの香りがアクセントになる爽やかなすり流しのような一品。「プティトマト 柚餅子」は、湯むきした色とりどりの６種のトマトの上にハーブの葉や花をのせ、柚餅子とともにいただく。グラニテでは、温度を変え、冷たいトマトの甘みを味わう。元々はシェフであり、今はソムリエ兼サービスを務めるマダムの気遣い、ウィットに富んだ会話が場を和ませる。「ピーマン イカ きゅうり」は、甘く程よく火が通った大きなピーマンの上に、シート状の薄い烏賊、そしてピーマンと胡瓜のグラニテがかかっている。「南仏風に仕上げました」という言葉通り、魚の出汁の香りにサフラン、フェンネルが交わり、複雑な味と風味で、予定調和ではない新鮮な驚きの連続だ。力のあるシェフが地方に根をおろす先駆けとなった、海外からも訪れたいと思われる、手本のようなレストランである。

☼：18,000 円　☾：18,000 円

Gault&Millau

レストラン

岡山県

広島県

山口県

島根県

鳥取県

レ ピエール プレシューズ

les pierres précieuses

シェフ 藤田三四郎

14.5/20

フランス料理

Tel: **086-207-2270**

岡山県岡山市北区表町
2-6-64 1F

定休日：月曜

☼：12:00-14:30
(L.O.13:00)
☾：18:00-21:30
(L.O.20:00)

※クレジットカードは
ディナー時のみ使用可

岡山市中心部のオランダ通り、このレストランの目印はフランス国旗が被せられたチェアだ。京都のホテルレストランやパリの「abri」で研鑽を積んだ藤田氏の料理は、クラシカルな料理をベースに、フランス仕込みの「自由さ」を加え、岡山や欧州のテイストがちりばめられたものだ。2021年3月、経営権を引継ぎ、藤田氏がオーナーシェフとなっている。野菜は岡山市御津や瀬戸内市の有機栽培農家、ＪＡ岡山の産地直送のものを用い、最初の皿には地元産のポポーとアケビが、カンパリを使ったオレンジピンクの鮮やかなソースで和えられた帆立に。幻のフルーツ、ポポーのバナナを思わせる甘さとかすかな苦みを感じるソースが、帆立の旨みを引き立て、振りかけられた茹で落花生の歯ごたえも心地好い。コースの中盤には、大きめのワイングラスに注いだトリュフ入りコンソメスープにウイスキー「山崎」の12年物をティースプーンでとろりと垂らし、熟成した赤ワインのようなまろやかな口当たりへの変化と、少し酸味も感じさせる。コンソメに新しい領域が拓けたような一品だ。メインディッシュへの橋渡しとなるこの演出が心憎い。帰り際には焼き菓子の土産。翌日のティータイムのお供にという心遣いに酔いしれつつ帰途に就く。多彩な技術と遊び心を持つシェフが岡山の食を盛り上げている。

☼：3,900円～8,500円　☾：8,500円～11,000円

レオーニ

Lionni

シェフ 小野淳一

14/20

フランス料理

Tel: **086-255-7772**

岡山県岡山市北区絵図町
9-40

定休日：月曜

☼：11:30-14:00 (L.O.)
☾：18:00-22:00 (L.O.)

岡山駅西口エリアの文教地区、県の総合グラウンドを囲む緑豊かな小道沿いに、南仏の家を思わせるオレンジ色の屋根が見える。レンガと石畳が敷かれたエントランスを抜けてドアを開けると、高い天井に梁が渡された開放感のある空間が広がる。コース料理はアミューズからデセールまで全11品、飽きることのない展開だ。穴子とフォアグラのテリーヌには、トレビスに柑橘系の酸味が加えられたソースと牛蒡が添えられている。テリーヌにかすかに感じるハーブのニュアンスと、このソースとのハーモニーが、テリーヌのポートワインを思わせるような味わいをより引き立てる。マナガツオはアンチョビ入りのバターでソテーされ、ソースの細かく刻んだコルニッション、ドライトマト、オリーブ、烏賊、そしてチョリソーのピリリとした刺激がマナガツオのプリプリとした食感と相まって心地好いリズムを刻む。食後の飲み物は、6種類のリーフサンプルから選ぶことができ、ローズマリーのマカロンとともにライトアップされた庭を眺めながら愉しむ。南仏のコート・ダジュールを中心に約5年間研鑽を積んだ小野氏によって生み出されるハーブとソースの酸味のバランスに、爽やかな風が心を吹き抜けるようだ。今、自分がどこにいるのか忘れてしまいそうなひと時が過ごせるレストランである。

☼：3,500円～6,500円　☾：10,000円

エッセレ

essere

シェフ 岡﨑浩一

14/20

イタリア料理

Tel: **086-206-1575**

岡山県岡山市北区田町
2-13-1 SWISS西川 2F-B

定休日：火曜

☼：12:00-15:00
☾：18:00-22:00

岡山市中心部を南北に流れる西川。この小川を挟むように細長く広がる西川緑道公園沿いのビルの２階にレストランはある。ボサノヴァ系の BGM が軽やかに流れる店内では、現代アート調のフラワーアレンジメントが目を引く。岡﨑氏はサービスなどの経験を経て料理の道に転じ、大阪の「サバティーニ」や「カノビアーノ」など有名店で研鑽を積み、ソムリエの資格も有する。晩夏の定番である鮎とフォアグラのリエットは、鮎のほろ苦さと白いんげんの仄かな甘さが上手く溶け合う。薄くスライスされた胡瓜の香りが新鮮でピチピチとした鮎を連想させ、メロンを使った鮮やかで爽やかな緑のソースが追いかける。まるでゆく夏を惜しむかのようだ。続いて、ほんのり温かい無花果のフリットにはゴルゴンゾーラのソースと紅葉を思わせる色合いのプロシュートが添えてある。するとテーブルには秋が到来。岡山県北部の真庭産のジビエを使ったサルシッチャを、甘めの茶色いソースとリンゴと根セロリのソースをミックスして味わう。ジューシーで濃厚なジビエに、味覚も秋モードに変換される。シェフお得意のドルチェ、栗のカフェラテは添えられた塩バニラアイスとの相性がたまらない。岡山で北イタリアの料理を味わえる洗練された雰囲気のレストランである。

☼：4,500 円～ 7,500 円　☾：7,500 円～ 16,000 円

ブリコール

Bricole

シェフ 矢長謙三

♥ 14/20

日本料理

Tel: **086-425-6611**

岡山県倉敷市中央1-6-8
2F

定休日：月曜、火曜・
金曜ランチ

☼：12:00-14:30
☾：18:00-22:00

白壁の蔵屋敷が運河のような倉敷川沿いに並ぶ倉敷美観地区。ギリシャ神殿風の本館が際立つ大原美術館でアートの感性が刺激されると、味覚もより鋭敏になりそうな気がしてくる。美術館の裏手に回ったところ、１階に器のギャラリーがある建物の階段を上ると「Bricole」だ。ここは岡山を中心とした瀬戸内の食材が Bricolage（寄せ集めてつくること）された日本料理店で、矢長氏は東京で野菜と昆布出汁を主とした店を営んでいたが、生まれ育った倉敷に帰り、2022 年１月からは独立、オーナーシェフとなっている。前菜には 10 種類以上の山、海、里の恵みを盛り合わせ、皿を彩る。ガラエビの香ばしさ、ベイカのぎゅっと詰まった旨みが、瀬戸内の香り、彩りを脳内に吹き込んでくれる。オコゼ、キス、いんげんの天ぷらは、カラスミを振りかけていただく。カラスミの黄色といんげんの緑がキスの白色に映え、ほろほろと味蕾を刺激するカラスミの柔らかな塩気と白身魚の旨みが溶け合う。浅口市の地酒「竹林 かろやか」の甘露な味わいとの相性も素晴らしい。出汁に関する著書もある矢長氏が、昆布出汁をベースに引き出す瀬戸内食材の魅力。歴史ある街並みに、食が新たな価値を生み出している。

☼：3,200 円～ 9,000 円　☾：7,000 円～ 13,000 円

鮨 縁
Sushi En
シェフ 佐藤克明

15.5/20

寿司

Tel: **086-232-8168**

岡山県岡山市北区平和町
3-11 つるべマンション 1F

定休日：月曜、他不定休あり

☾：18:00- 一斉スタート

岡山駅の近くにあるこの鮨店は、店主・佐藤氏の常に可能性を模索し続ける姿勢が、酒肴と鮨に表れており、訪れるたび、新しさや挑戦というものを感じ取ることができる。ご挨拶代わりの一貫である岡山名産の鰆や、鮨に合わせにくいとされる牡蠣をどう食べさせるか、他店とは違う雲丹の供し方はないか、その創意工夫が食材に新しい表情を生んでいる。握り以外でも、鰹の手こね寿司や、椀物の中に酢飯を仕込んで出汁をかけた青鰻など、全体を俯瞰して様々な料理法とプレゼンテーションを織り交ぜている。食材そのものへの繊細なアプローチも、佐藤氏の研ぎ澄まされたセンスの賜物だろう。瀬戸内鯛をはじめとした酒肴の数々は、とてもシンプルだが、どうすればこれほど食材そのものの持つ魅力が引き出せるのか、溜め息が出るばかりだ。握りは、手に持っても形が崩れず、しっかりした美しい姿で、口の中に運ぶとほどけていく。酒肴にはワインも合わせやすいが、鮨には岡山の地酒がより適しているだろう。「やま幸」の鮪以外では、下津井の蛸にオオゾウエビ、酒肴に青鰻も供されテロワールも満載だ。岡山を代表する鮨店として年ごとに上がる声価も頷ける。

☾：25,000 円～

魚正 山本淳
Uosho Yamamoto Jun
シェフ 山本 淳

14.5/20

寿司

Tel: **086-222-3505**

岡山県岡山市北区中央町
7-5

定休日：日曜、祝日

☼：12:00-14:00
☾：18:00-21:30

岡山を代表する老舗の流れをくむ鮨店だ。まずは雲丹と鮑の肝をじゅん菜で和えたものからスタート。山葵がアクセントになり食欲をそそる。つまみは天然鰻や鱧、赤雲丹を含む 7 品。握りは 15 貫ほど。マコガレイや北寄貝は、酢橘を一滴垂らしてから供される。それが鮨種と酢飯の効果的な味覚の架け橋なのだ。酢飯は柔らかく握ってあり口の中でほろりと崩れる。産卵前の子持ちシャコは、卵の濃厚な味わいが愉しめる、季節ならではの一品。鮨種は瀬戸内海産を中心に厳選しているが、瀬戸内海の雲丹と北海道の雲丹の食べ比べという愉しみも用意されている。巻物に使われる海苔は九州産。カウンターの奥で焼かれたパリッとした海苔が、巻物の旨さをより一層引き立てている。老舗「魚正」の次男として生まれた山本氏は、2022 年 1 月、惜しまれつつも暖簾を下ろしていた実家に戻り、自らの名前を屋号に加え、新たなスタートを切った。山本氏の新たな挑戦に注目したい。

☼：8,500 円　☾：14,000 円～

すし晴

Sushiharu

シェフ 小野晴利

14/20

寿司

Tel: **086-230-2556**

岡山県岡山市北区
野田屋町1-10-26
乗金ビル 1F

定休日：日曜、祝日

☾：18:00-23:00
（最終入店 22:00）

※ 21:00 以降お好みも可
※車いすのまま食事が可能

岡山駅前から東に真っすぐ伸びる桃太郎大通り。柳川交差点にそびえ立つタワーマンションの裏手に枯山水の庭を模した石のオブジェが見える。白い暖簾をくぐると、淡い黄色の銀杏の木のカウンター。各々の席の前には、長方形の備前焼が置かれている。ここに握りが供されるのだ。カウンターの内側に目を向けると、まな板の下には真っ白の分厚い板。これも銀杏の木だという。毎日洗って磨いているとこんな色になるということだ。今夜も真っ白な舞台の上で全国から集められた海の幸が、優しい目元の大将の魔法にかけられる。紅白の魔法。山口産の海老、愛媛のホウボウの握りは白酢の酢飯であっさりといただく。キスの昆布締めは、赤酢と白酢を混ぜたもの、そして鮪は赤酢と塩の酢飯で。10日間低温熟成させた静岡産の金目鯛と、少し焼いてある北海道産のホッキ貝にも赤酢の酢飯を合わせる。アミノ酸がより豊富な赤酢によって、鮨種のさらなる旨みが引き出される。実はこの演目には前振りがあった。握りの前に出されたつまみの「鮑とそら豆の茶わん蒸し、イクラのせ」だ。出汁の味わいが複雑で実に奥深い逸品であった。ここは、魚介の旨みとコクを巧みに引き出す大将の技に酔える鮨店である。

☾：12,000 円

5	全てに卓越したレストラン	19 ～ 20 点	クレジットカード
4	非常に素晴らしいレストラン	17 ～ 18.5 点	
3	素晴らしいレストラン	15 ～ 16.5 点	個室あり
2	料理人の個性を感じるレストラン	13 ～ 14.5 点	
1	良いレストラン	11 ～ 12.5 点	バリアフリー
トックなし	美味しいレストラン	10 ～ 10.5 点	

Tel: **082-274-4010**

広島県広島市西区
古江東町11-35

定休日：火曜、水曜

☼ : 12:00-15:00
☾ : 18:00-22:30

ル・ジャルダン グルマン

LE JARDIN GOURMAND

シェフ 小山賢一

16/20

フランス料理

開業から30年を超える時を経てもなお広島のフランス料理界を牽引する、中国地方を代表するレストランだ。小山氏は、欧州の修業先の1つ、フランスの「ル・ジャルダン グルマン」ピエール・ブースロウ氏に大きな影響を受け、店名を授かり1990年に開店、現在に至る。80年代の欧州各地を肌で感じた小山氏。ただその中にも、現代風なエッセンスと自身の感性を加えて表現するところに氏の真骨頂がある。その過程では精力的に取り込んだ技術や知識が遺憾なく発揮され、さらには自慢の自家菜園で育てる四季折々の野菜やハーブが、ワンランク上の料理へと導いている。オリジナリティーに加え、円熟し、洗練された完成度の高い味わいは、広島随一といえるだろう。ある日の前菜では、活オマールブルーを豪快なスープ仕立てに。甲殻類の繊細な旨みを緻密にコントロールしてスープに溶けこませ、弾ける身の食感とともに味わう幸せは何物にも代えがたい。デザートの苺には可愛らしいパイ生地をのせ、その遊び心に思わずにんまりしてしまう。訪れるたび異なる表情を見せる料理は、その裏にある膨大な手間と試行錯誤が収斂されたもの。1961年生まれの練達のシェフが今後いかなる世界を見せてくれるのか、果敢な挑戦はこれからも続く。

☼：5,000円～12,000円　☾：7,000円～12,000円

Tel: **082-576-2414**

広島県広島市南区京橋町
4-14 ソル高松1F

定休日：火曜

☾ : 18:00-21:00
（最終入店）

エピュレ

ÉPURÉ

シェフ 浅田浩司

15.5/20

フランス料理

広島駅から徒歩10分程の所にある落ち着いた雰囲気のフランス料理店。シェフの浅田氏は、地元の広島、東京、ローザンヌでの研鑽を経て、広島市内で別名のレストランを開業していたが、14年目に店を閉め、40歳代にして、単身で渡仏、ランスの名店「ドメーヌ レ・クレイエール」フィリップ・ミル氏のもとで1年間修業に励んだという熱血漢である。浅田氏は、フランス料理の基本であるソースへの思いが強く、旨みを残しつつも、軽やかさを感じるソース作りに定評がある。特に、シャンパーニュ地方のランスで経験を積んだこともあり、シャンパーニュソースの軽妙な味わいは他の追随を許さない完成度の高さだ。火入れも的確で、ベストなタイミングを見極めている。足寄産仔羊（石田めん羊牧場のホゲット）のローストは、しっとりとした食感を残しながらも旨みを閉じ込めた火入れと仔羊の骨のジュとの相性が素晴らしい。フランス料理の本道を進みながらも試行錯誤を重ねる浅田氏と、その料理を知り尽くしたマダムのサービスも心地好い。生き方に、料理に、店名の「エピュレ（浄化）」という言葉が重なる、味わい深いレストランだ。

☾：9,500円～13,000円

ヒロト
Hiroto
シェフ 廣戸良幸

15/20

フランス料理

2005年5月開業、既に老舗の風格すら感じられるレストランであるが、料理は常に新しい。廣戸氏は、奇を衒わず食材を見定め、常連客や新たな客の嗜好と時代の流れを汲み取り、コースの中に落とし込んでいく。それぞれの料理はオーナーである廣戸氏自身が広くアンテナを張り、食べ歩きや情報収集を続けてきた歳月の賜物である。広島、東京、イギリスで経験を積んだ廣戸氏の料理は、食材のカットや組み合わせの一つ一つに狙いがあり、見た目のシンプルさに隠された奥行きがある。フランス産ホワイトアスパラガスのフラン、泉州水なすの温かいサラダ、余市産ムール貝のクラムチャウダーなど、野菜や魚が中心の繊細なコースには白ワインが主流になるが、メインの「榊山牛」など赤が相応しい料理には、大きなワインセラーに眠る希少性の高いワインからセレクトしてもらうといい。ブルゴーニュ愛好家の廣戸氏が選ぶワインは、料理との相乗効果を生み出す秀逸なものばかりで、より深く「Hiroto」の神髄を知ることになるだろう。店内は落ち着いたトーンで、オープンキッチンには廣戸氏と研修生が1人、サービスはいない。しかしコースは滑らかに展開し、心地好い緊張感の中でダイニングとキッチンが一体となる。職人肌の廣戸氏に心酔するファンは静かに増えていく。

☾：15,000円～

Tel: 082-247-9889

広島県広島市中区
富士見町4-17

定休日：月曜

☾：18:00-24:00
(L.O.22:00)

※ランチは貸切営業のみ

アミラル
Amiral
シェフ 永島茂明

14.5/20

フランス料理

呉駅からタクシーで約5分のところにある、昼夜1組限定、ワンオペのレストラン。永島氏は、2013年の開店以来、その日、その人のためにという料理を丁寧に作り上げ、着実にシェフとしての厚みを増している。そのスタイルは流行を追わず、クラシック寄りのしっかりとしたフランス料理を基軸とし、その上に、海と多くの島を有する呉のテロワールをモダンに表現したものだ。また、仔羊の煮込みなどには、在モロッコ日本国大使館公邸料理人という経歴からくるエッセンスも垣間見える。永島氏は、カウンター越し、ゲストと対する中で、「作りたい料理」がより明確になったようだ。全体的に優しくて輪郭の丸い味わいは、まるで和食をいただいたような食後感もある。留椀のように最後に出されるコンソメスープは片口に入れてあり、猪口に注いで飲むのだが、これがなんともホッとするプレゼンテーションだ。紛れもないフランス料理の本道なのに、なぜか私達のDNAを刺激し、心の琴線に触れるような印象がある。これは「日本人の作るフランス料理」の一つの「解」といえるのかもしれない。ワインもフランスを中心とした品揃えにシフトしており、よりエレガントさを増している。ベジタリアンやハラルに対応する姿勢も時代の要請に適い、瀬戸内ガストロノミーの一軒として呉から光を放っている。

☼：10,000円　☾：16,000円

Tel: 0823-88-0992

広島県呉市西中央5-10-17

定休日：不定休

☼：11:30-13:00 (L.O.)
☾：18:00-20:00 (L.O.)

ナカド
NAKADO
シェフ 中土征爾

14.5/20

フランス料理

Tel: **080-5919-8148**
広島県広島市中区堀川町
4-18 胡子GRIT 5F

定休日：不定休

☼：12:00-14:30
(L.O.13:00)
☾：18:00-22:00
(L.O.20:00)

広島市の中心部にあって、隠れ家のように落ち着いた雰囲気のフレンチレストラン。市内で人気を博していた別の店舗を閉め、心機一転、中土氏の本当に表現したい料理を求めて2020年1月に「NAKADO」をオープンした。より席数を減らし、内装などもセンスの良い空間へとブラッシュアップ。その意気込みの通り、「NAKADOにしか創れないフランス料理」をコンセプトに掲げ、意欲的でオリジナリティーに富んだ料理に挑戦している。スペシャリテ「烏賊のカルボナーラ仕立て」では、烏賊の甘みを引き出した上で、スライスしたトリュフやトリュフピュレ、卵黄ソースが複雑に絡み合い、深いコクと香りが幾重にも連なって押し寄せる。前菜ではガストロバックを用いて出汁を浸透させた蛸の独特の食感と旨みが秀逸だ。いずれも中土氏の妥協なき心構えと、湧き上がる探究心を見事に落とし込んだ作品ともいうべき料理に仕上がっている。愛媛の藤本純一氏や神奈川の長谷川大樹氏の魚介類をはじめ、北海道・ジェットファームのグリーンアスパラガスなど、メジャー級の食材提供者たちもシェフを支えている。中土氏のあくなき探究心と生産者との繋がりが、「NAKADO」をさらに進化させていくに違いない。
☼：9,900円　☾：16,500円

キヨ コラージュ
Kiyo Courage
シェフ 住田聖和

14/20

フランス料理

Tel: **082-221-2077**
広島県広島市中区幟町
12-5 幟パークハイツ 1F

定休日：水曜

☼：12:00-15:00
(L.O.13:30)
☾：18:00-22:00
(L.O.20:00)

広島市の中心地、幟町の裏道にある老舗のフレンチレストラン。店名の「キヨ」はシェフの名前の聖和（きよかず）から、コラージュは、フランス語のcourage（勇気、頑張る）であり、「シェフ頑張って」という意味が込められているようだ。広島県出身の住田氏は、東京「ヌキテパ」の田辺年男氏をはじめとする名シェフに師事し、故郷に帰り、2008年に開業を果たした。地元の食材に目配りしながら、ストレートな表現を展開している。訪問した際には、すっきりとした空豆のムースでコースが始まり、鮑のじゃがいも包み焼きでは、濃厚な肝ソースがアクセントとなっていたし、広島産黒毛和牛「見浦牛」のパイ包み焼きではクラシックなソースとパースニップの香りとの対比を愉しむことができた。さらに、食後には古典的なデザートであるサヴァランも提供されたが、フレッシュなミントティーのスッキリとした味わいとの相性も良いものであった。また、黒土のエキスを練り込んだ自家製天然酵母のパンも名物であり、サワークリームとの組み合わせは安定の美味しさである。全体的にソースを前面に出したクラシカルな皿が印象的だ。地元食材を生かしたフランス料理店として今後も存在感を発揮し続けていくことを期待したい。
☼：3,900円～7,700円　☾：7,700円～16,500円

ムク

muk

シェフ 福間嘉与

14/20

フランス料理

Tel: 0824-62-0303

広島県三次市三次町
1144-1

定休日：月曜、火曜、水曜

☾：18:00-

三次市は広島県の北部に位置し、吉備（岡山県）と出雲（島根県）に挟まれた交通の要衝として発展してきた。東京で出会い、夫の故郷・広島に戻ってきた福間夫妻の店は、古くからの商家が立ち並ぶ「歴みち石畳通り」の一角にある。妻・嘉与氏がシェフ、夫の大地氏がパティシエ兼ソムリエとして、昼は焼菓子を販売し、夜はレストランというユニークなかたちでの営業だ。東京の「ル・スプートニク」などで腕を磨いたシェフの料理は、梶谷農園のハーブや三次の黒米とドライトマトをあわせた上島の蛸など、瀬戸内や広島の食材を生かし、組み立てられる。魚料理は、甘鯛をオイル系の軽いソースとともに、上には鬼灯が。軽い酸味が甘鯛の風味を引き立てる。「エディション・コウジ シモムラ」などで修業した大地氏が手がけるデザートは、ピオーネをハーブのゆるやかなジュレで包み、コースの料理世界に寄り添っている。「muk」の店名は三次に縁のある勾玉の「勾」の字形から。その音から想起される「椋（むく）」の字には「蔵」という意味もあり、元は百数十年続いた酒蔵であったという店の今と響き合う。歴史ある街並みに２人が新たな光を投げかけている。

☾：8,250 円～ 11,000 円

ゴ・エ・ミヨの歴史

サンドランス、ロブション、ガニェールなどを見出す

『ゴ・エ・ミヨ』ガイドの歩みと共に、フランス人は未来の巨匠を知ることになります。例えばパティスリーのスターになったルノートルをはじめ、パリでも地方でも、ゴとミヨの２人は、アラン・サンドランス、ジョエル・ロブション、ギィ・サヴォワ、マルク・ヴェイラ、ピエール・ガニェール、ミッシェル・ロスタンなど、今では紹介するまでもない有名シェフを見出します。ゴ・エ・ミヨは、ヌーヴェル・キュイジーヌを発見したパイオニアとなったのです。その発見はフランス料理を昏睡状態から抜け出させ、新たなライフスタイルを創出しました。

Tel: **070-8338-4140**

広島県広島市中区
富士見町5-16

定休日：不定休

☼：12:00-13:00 (L.O.)
☾：18:00-20:30 (L.O.)

ディレット

DIRETTO

シェフ 杉野貴政

15/20

イタリア料理

2020年6月、有名店が集まる広島随一のエリアに移転。コンクリートの外壁から緑がのぞくスタイリッシュな外観で、店内には良質な木材を使用した10席のメインカウンターと4名テーブルを配し、ゆったりと食事が楽しめる。店の象徴は、杉野氏の立つアイランドキッチンと、その後ろで燃える薪窯だ。ワインはイタリアの自然派を中心に1,000本以上を揃え、料理は昼夜ともにコース一本勝負。岐阜「BON DABON」多田昌豊氏のペルシュウ24ヵ月熟成を使用。手動のスライサーで旨みと風味が溶けだす薄さにスライスすると、千葉県木更津市「KURKKU FIELDS」竹島英俊氏による水牛モッツァレラチーズとシンプルに合わせたり、脂や皮を料理のスープに活用したりと、生産者の想いや食材を誠実に料理にする。太めのパスタ・スパゲットーニに合わせるのは、ニンニクとローズマリーで煮込んだ色鮮やかなグリーンピース。パスタのもちもち感とグリーンピースのほろほろ感、そして余韻の長い香りを纏った、ずっと食べていたくなるシンプルで罪深い一品だ。メインディッシュの「甘鯛の鱗焼き」や、無農薬農法で育てられた「五穀鴨」、自家製パンなどで薪窯を使い、熱伝導と火入れの探究によって、食材を活かす完成図を描いていく。薪焼きで新境地を開く杉野氏に注目だ。

☼：**14,300円**　☾：**14,300円**

Tel: **082-243-0952**

広島県広島市中区大手町
3-3-17 佐伯ビル2F

定休日：水曜、他不定休
あり

☼：12:00-14:30
一斉スタート
☾：18:30-/
19:30-22:00

レルミタ

L'Ermita

シェフ 浦上 昌

15.5/20

スペイン料理

広島市の平和記念公園近く、ビルの2階、カウンター席を中心としたスペイン愛に満ち溢れたレストランである。浦上氏は、9年半に及ぶスペインでの経験を含む14年間をヨーロッパで過ごし、この店ではカタルーニャ料理をベースとして自らの感性で再構築した料理を提供している。スペイン料理を「驚きの料理」と表現するシェフは、テクスチャーへ強い関心を示し、「トリュフクリームのニョッキース」は、イタリア料理のニョッキとは異なる弾力で、素朴な小麦本来の味わいを出している。豚の頭で作られた「ブティファラ」（カタルーニャ・ソーセージ）は、添えられた松茸やバイ貝との食感の違いで愉しませる。スペインに欠かせない米料理では、「車海老と牡蠣のアロスメロッソ」（スペイン風おじや）で、米の芳醇な旨みを味わわせ、食後のアップルパイに至るまで、モダンスパニッシュの影響もうかがわせる繊細なスペイン料理が堪能できる。日本では西洋の料理といえば、フランス、イタリアが馴染み深いが、スペインは魚介類を多用し、米を使うことが一般的であることなど、日本人の味覚とも親和性がある。ここではワインとともに浦上氏が纏うカタルーニャの風を存分に感じてみたい。

☼：**14,520円**　☾：**14,520円**

エレテギア

Erretegia

シェフ 藤井智哉

15/20

薪火料理

瀬戸内海の絶景を望むホテル「ベラビスタ スパ＆マリーナ 尾道」のメインダイニング。宿泊客以外の利用も可能だが、立地的に遠方からの日帰りディナーは難しく、宿泊を前提とした旅程を組みたい。大阪出身の藤井氏は「ポンテベッキオ」でイタリア料理を修めた後、薪火料理に挑戦するためスペインを巡り、そのエッセンスを活かした独自の「薪火による瀬戸内料理」を提案する。それはジャンルにとらわれないもので、「瀬戸内キロメートル・ゼロ」というこのホテルのコンセプトに基づき、まず瀬戸内食材ありき、そこに薪火炉を有する調理場としてどうアプローチしていくか、という料理設計である。炉がバスクの「アサドール・エチェバリ」の協力により設えられたこと、またワインがスペインを中心としたセレクトであることから、スペインの要素はあるが、地元の醤油・保命酒・麹を用い、まるで日本料理のように解釈できる皿もコースに含まれる。秀逸なのは、穴子の一皿。心地好く歯を押し返すような新食感と味わいで、既に出し尽くされたと思われた穴子の調理に新たな１ページを加える逸品だ。厨房と客席をボーダーレス化したキッチン席もオープンキッチンの進化系といえ、建築段階からのコンセプト設計がなければ、このレストランは実現しなかっただろう。そのプロデュース力に感服だ。

☼：6,600 円〜 13,200 円　☾：19,800 円

Tel: **0120-87-3333**

広島県尾道市浦崎町
大平木1344-2
ベラビスタ スパ&マリーナ
尾道内

定休日：無休

☼：12:00-14:00 (L.O.)
☾：17:30-20:30 (L.O.)

中国料理 MASUKI

Masuki

シェフ 増木利兆

14.5/20

中国料理

広島駅から徒歩 10 分程のビル２階にある中国料理店。横浜中華街などで修業した増木氏は、広東、北京、四川といった地方料理の枠にとらわれない、日本人の味覚にあった独自の中国料理を提供している。紹興酒、中国茶をはじめ、ワインなど、飲み物の品揃えも幅広い。カウンターで増木氏の調理姿を眺めることは貴重な経験であり、笑顔が魅力的なマダムの接客により、たとえ１人での訪問でも充分に楽しめる。丁寧に作られたことが最初の一口で分かる「牛蒡のスープ」でコースがスタート。上湯スープに加えられた牛蒡の味わいが素晴らしく、さらに、前菜として供されるチャーシューも、直前に炭火でじっくりと炙られて、ジューシーさが際立っている。中国料理では定番ともいえる酢豚も、豚の角煮を揚げたオリジナルな料理に変貌しており、外のカリッとした口当たりと中のほぐれるような柔らかい食感との対比が官能的ですらある。最後の極めて上質な杏仁豆腐に至るまで、時間が経つのもあっという間であり、洗練された繊細な料理を味わうため、定期的に訪問したい店だ。外観からは想像できない落ち着いた内装も心地好く、一度足を運べば望外の美味が待っているだろう。

☼：14,300 円　☾：14,300 円

Tel: **082-261-0608**

広島県広島市南区京橋町
6-8 藤多ビル 2F

※営業時間、定休日については状況により変更になるため、店舗へ要問い合わせ

Tel: **082-225-3977**

広島県広島市中区
東白島町10-4 1F

定休日：日曜、祝日

☾：18:00-22:00
（18:30 一斉スタート）

季節料理 なかしま

17/20

Nakashima

シェフ 中島徹夫

日本料理

五感で味わう美味しさを提案する日本料理店だ。繁華街から少し離れた閑静な場所、暗闇に浮かび上がる黄金色の扉を開けると、煌びやかなハレの空間が広がり、心躍る。吉野檜の一枚板カウンターを中心とした上質な設えも眩いほどに磨き上げられている。中島氏は大阪で修業し、この地に店を構えて15年、周りに流されず、自身の最大限の仕事を日々コツコツ積み重ねてきた。近年、華美で高額な日本料理店が散見される中、この店はそうした流れを意に介さず、謙虚さと質実を常としている。コース料理には四季折々の、走り、盛り、名残りが盛り込まれ、それが芸術作品のような器と中島氏の笑顔とともに供されるのだから、年に何度も足を運びたくなるのも無理のないことだろう。特筆すべきは椀物と焼き物の素晴らしさだ。椀物には「調和」、焼き物には「火入れ」という核が確固としてあり、それぞれ大きな感動を呼び起こす。派手さや、時代の先端に立つような革新は見られないかもしれないが、日本料理に脈々と流れるしみじみとした美味しさが、ここにはある。バランスのとれた安定感は、中島氏が真の名手と称される所以である。

☾：17,320円

Tel: **070-4352-4891**

広島県広島市中区幟町
10-3

定休日：月曜

☼：水・金・土・日のみ
12:00-14:30
☾：18:00-23:00

永山

16/20

Eizan

シェフ 舛永高太郎

日本料理

東京の名店「日本料理 晴山」で修業、師匠の山本晴彦氏を長年に亘り支え続け、2019年9月に満を持して独立を果たした舛永氏は、食材とそれらを活かしきる調理法にかける熱い想いをゲストに生き生きと伝えている。店舗はカウンター正面に焼き台を配し、愛知県産の鰻を、昼は「鰻御膳」に、夜は「うざく」などの一品料理として提供している。料理は、厳選した食材に余計な手を加えず、瀬戸内産の肉厚の鮑はシンプルに蒸して京茄子と合わせ、噴火湾の毛蟹はつなぎを使用せず、ほぼ毛蟹のみを寄せて椀にする。メインでは広島を代表するブランド牛「榊山牛」を、脂の融点が16.4℃と極めて低いこの牛の特性を活かし、冬瓜の出汁でしゃぶしゃぶとして供する。舛永氏が仕立てるのは、食べるべき食材が明快にわかり、口の中を満たしてくれる直球勝負の料理だ。東京時代からのファンや地元の常連はもちろん、全国からはるばる足を運ぶ美食家たちもみな、味わうべき料理をストレートに教えてくれる舛永氏の、情熱や人懐っこさに引き込まれていく。開業して2年余り、この店は瀬戸内の食材生産者や料理界にとっても貴重な存在になろうとしている。

☼：4,000円～15,000円　☾：15,000円

料理屋そうびき

16/20

Soubiki

シェフ 惣引保允

日本料理

新幹線・東広島駅からタクシーで約 10 分の距離にある、温故知新の日本料理店。惣引氏は正統派日本料理の文脈を踏襲しながら、その上に現代的かつ広島らしい表現を試みる。特に八寸の見事さは、広島随一といって良いだろう。これまでは全国から高級食材を取り寄せた「御馳走」だったが、2021 年よりサステナビリティの観点から、黒鮪や日本鰻などの絶滅危惧種の使用を止めている。翻って地産食材も積極的に取り入れ、新しいチャレンジを模索中だ。惣引氏の実力が顕著に表れているのは足し算で構成された先付である。そのバランス感覚は精妙で、技術の高さに驚かされる。その後は、削ぎ落としたシンプルなものが多く、緻密に計算されたコースの組み立てが見事だ。お造りにおける魚身の熟成の目利きにも秀逸なものがある。調理にはこの地の湧き水を用い、自家栽培米を収穫直後に低温貯蔵庫で管理したものを当日に精米する。焼き蕨餅には広島産大豆の自家製きな粉を添えるなど、細部にまで手間を惜しまない。供する料理が主役ということだろう、店主はあまり前面に出ず、控えめな口上である。器は魯山人や永樂をはじめ、織部や「春海好み」のバカラなどの名品を用いており、器や日本料理の知識があれば、より一層この店に惹かれることだろう。

☼：16,500 円～ 22,000 円　☾：16,500 円～ 22,000 円

Tel: **080-1645-3185**

広島県東広島市西条岡町
10-24 内海ビル 3F

定休日:月曜、日曜ディナー

☼：土・日のみ
12:00-14:30
☾：18:00-22:00

ゴ・エ・ミヨの歴史

ヌーヴェル・キュイジーヌ：ゴ・エ・ミヨが生んだ新しいスタイル 1

ゴ・エ・ミヨが見出したヌーヴェル・キュイジーヌは、より洗練された新しいライフスタイルと同時に生まれました。この表現をつくり上げたのはゴとミヨですが、力を持つべく厨房の中で決起したのは料理人たち自身です。この気運は、30 ～ 40 代の若手料理人が、料理を近代化させ、消費者の新たな要望に応えるため巻き起こしたものでした。

1973 年に発表された記事の中で、アンリ・ゴとクリスチャン・ミヨは、ヌーヴェル・キュイジーヌにおける“十の戒律”を定義しています。これは、料理の新しい価値観を共有したい若い料理人たちに、取るべき行動指針を示すものでした。そのほとんどの基準は今でも通用するものです。

エヌ トロワ
N-3 trois
シェフ 野村公貴

14.5/20

フランス料理

Tel: **0836-51-9006**

山口県宇部市西岐波
2076-1

定休日：不定休

☼：11:30-15:00
(L.O.13:30)
☾：18:00-21:30
(L.O.20:00)

※完全予約制
※クレジットカードは
ディナー時のみ利用可
※半個室あり

宇部市の床波駅から車で10分程、夜は星明りと虫の声という一軒家レストランである。シェフの野村氏は、16歳で飲食の道に入り、サービスから料理人に転身、ウェスティンホテル、軽井沢、大阪、神戸などで研鑽を重ねて、2016年11月、故郷の宇部市で独立を果たした。店名は野村氏のイニシャル「N」と3つのモットー（愛、地域性、ロマン）を組み合わせている。野村氏は故郷での開業に際し、生産者の思いを皿にのせたいと、地元の食材を数多く取り入れ、瀬戸内海の魚介類や山口産の野菜、宇部牛などを用いるほか、冬にはジビエも供される。スタイルは、一見、イノベーティブな印象も受けるが、しっかりしたフランス料理の基礎の上に成り立ったものだ。晩秋のメニューでは、宇部市の丸尾漁港に揚がった真鯛のポワレに発酵トマトのソースを合わせ、すっきりとした味わいを愉しませる。また、1ヵ月熟成させた宇部牛のイチボは、宇部産の菊芋とともに、軽やかな熟成ブルーベリーのソースで、相性の良さを示す。手際の良い仕事ぶりに加え、美しい盛付も野村氏の料理の魅力であり、アートのような皿の風景は映像に残しておきたくなるだろう。他店のシェフ・料理人とのコラボも企画し、山口のテロワールを発信するレストランだ。

☼：4,000円～6,500円　☾：8,000円～12,000円

レストラン 高津
RESTAURANT TAKATSU
シェフ 高津健一

14.5/20

イノベーティブ

Tel: **083-234-2299**

山口県下関市岬之町13-7

定休日：水曜

☼：土・日のみ 12:00-
☾：19:00-

下関は近代捕鯨発祥の地であり、市内にはゆかりの施設が今も点在している。下関ならではの料理、レストランを作りたいと高津氏が探しあてたこの建物も、大正期に捕鯨会社の支店として使われていたもので、趣ある佇まいが当時の隆盛ぶりをしのばせる。その硬い質感を生かした内装と響き合うように、料理はスパイスや味の組み合わせでインパクトをつけ、ハッとさせるような味の意外性や見た目の美しさをどの皿にも盛り込んでいる。甘鯛とルタバガの一皿は真っ赤なソース。自家製ラー油がベースで、ソースの色鮮やかな見た目に比して味は濃くせず、甘鯛の松笠焼きに含まれた油分とラー油が合わさって、印象的な風味を残している。高津氏はカナダやニューヨーク、福岡の「ラ メゾン ドゥ ラ ナチュール ゴウ」など国内外のフランス料理店やイタリア料理店で修業。各ジャンルを軽やかに越境する自由さはその経歴からも想像できる。ひれ酒の器に料理を盛ったり、地元のヨーグルトをデザートに仕立てたり、器やプレゼンテーションにも趣向を凝らす。国の登録有形文化財にも指定されている煉瓦造りの洋館で、高津氏の独創性のある料理を前にしたゲストは、下関の新たな魅力に触れることになるだろう。

☼：16,500円　☾：16,500円

オマッジオ ダ コニシ

14.5/20

Omaggio da Konishi

シェフ 小西達也

イタリア料理

宍道湖と中海に挟まれた松江市は、市内を流れる大橋川、至る所に見られる水路や松江城下の堀川と、まさに「水の都」である。松江市で生まれ育った小西氏は北イタリア、ヴェネト州を中心に５年程修業、帰国後、東京で「リストランテ カシーナ カナミッラ」や「ヴィーノ・デッラ・パーチェ」などのシェフを務め、2019 年、地元に「Omaggio da Konishi」をオープンした。小西氏の経歴のなかではスペイン・カタルーニャ地方の「エル・ブジ」での修業経験が目を引く。革新的な料理を生み出した名店だが、ここで小西氏が気付いたのは、普通であることの大切さだったという。誰もが愛せる料理、オーセンティックであることの大切さ。イタリア料理という基本線はそのままに、小西氏の料理は島根地域の食材を得て、楷書のような折り目正しさを見せる。オレキエッテには鳥取の鹿野地鶏の出汁が、近海の鯖のマリネには鯖の骨に燻製をかけてとった出汁のジュレが加わる。「魚介類の良いものはたくさんあります」という言葉にも力がこもる。店名「Omaggio」とは、尊敬、敬意を意味する。島根県の食材でイタリア郷土料理のエスプリを表現する小西氏の料理から、食材をはじめ、すべてのものへの敬意を感じ取ることができる。

☾：9,350 円

Tel: **080-3892-6739**

島根県松江市東朝日町
214-1 2F

定休日：日曜、月曜

☾：17:30-23:00
(L.O.21:30)

リストランテ ミア・パエーゼ

14.5/20

Ristorante Mia paese

シェフ 竹中厚志

イタリア料理

浜田市郊外、民家もまばらな山間に忽然とスタイリッシュな建物が姿を現す。竹中氏が知人の持つ古民家を改装し、開業４年、１人で料理もサービスもこなしている。以前は価格も安く一度に数組のゲストを入れていたというが、今は昼夜それぞれ１組とし、ダイニングのハレ感とエクスクルーシブ感は高まった。浜田は漁港も近く、新鮮な食材が手に入る。そのメリットを生かし、料理には近隣の魚介類や野菜を使い、調味で独自性を出している。「桃ズッキーニ ミント」は早生の桃を瞬間冷凍して塊で用い、裏庭で育てたミントのオイル、ソースには僅かに唐辛子のような辛みの余韻を残している。「甘鯛 シシトウ タイム」は浜田の鯛のうろこ焼きに近所で穫れたシシトウを合わせ、ヴェルモットとタイムが最後に香る。いずれも、これまでの試行錯誤を感じさせる思索的な一皿だ。竹中氏は静岡の大学で数学を学び、異なる業種から料理の世界に入った。もともと人口もあまり多くない浜田の、さらに交通の不便な立地を心配したり反対したりする声も多かったというが、ふたを開けてみればゲストは圧倒的に地元の人たち。「ミア・パエーゼ」、私の故郷と名付けられた店には、竹中氏の地元への尽きせぬ思いが込められている。

☼：14,300 円　☾：14,300 円

Tel: **090-1684-8770**

島根県浜田市内田町
435-2

定休日：不定休

☼：12:00-13:00 (L.O.)
☾：18:00-19:00 (L.O.)

割烹 美加登家

Kappo Mikadoya

シェフ 山根一朗

16/20

日本料理

Tel: **0856-74-0341**

島根県鹿足郡津和野町
日原221-2

定休日：月曜

☼：11:30-13:00
（最終入店）
☾：17:00-19:00
（最終入店）

日本有数の清流として知られる高津川のほとり、鮎料理で知られる創業八十余年の老舗割烹である。高津川産の天然鮎に三代目・山根一朗氏の創意工夫と細やかな心遣いで仕立てられた料理を味わえば、日本一という賞賛の声に膝を打たざるを得ないだろう。鮎の季節、走り・盛り・名残りの三度訪れて食べ比べれば、この店の真価がより理解できるに違いない。山根氏は、小ぶりだが香り立つ若鮎は背越しに、脂の乗る盛りになってくれば洗いにと、魚体を観察して調理法を選んでいる。焼き方も、大きな子持ち鮎は、最も美味な後頭部を齧って味わえるように炙り焼きにする。食材と調味料を兼ねる自家製のうるかは、保存より美味を優先して薄塩で仕立てるため、常温で寝かせるには365日、毎日掻き混ぜ続けねばならない。そこには山根氏の気概が詰まっている。供される料理の多くは西日本らしい、やや甘めの味付けだが、椀物では一転、繊細な味わいに変えている。洗練を知った上で、ベースはあくまでテロワールの味を生かしているのだ。圧倒されるのは鮎めしである。大量の鮎の後頭部や骨で取った出汁を用い、圧力鍋で炊き上げた逸品は、季節に鮎料理だけを毎日供するこの店でしか作れないものだ。山根氏は次世代の育成にも心を配り、旅と食が一体となった時代に、山陰から強い光を放ち続けている。

☼：10,000円～20,000円　☾：10,000円～20,000円

鍛冶屋と料理

Kajiya to ryouri

シェフ 大塚祐作

pop

イタリア料理

Tel: **090-8362-7141**

島根県出雲市平田町
485-37

定休日：日曜、月曜

☼：11:00-15:00
（最終入店 14:00）

※車いすのまま食事が可能

出雲大社から車で20分。この風変わりな店名は、大塚氏の祖父が鍛冶屋であったことによる。祖父の鍛冶の音を聞きながら育った大塚氏は、長じて料理の世界に進み、イタリア・ウンブリア州に渡り修業、帰国後、2016年にその鍛冶屋の場所を料理店にした。石窯ならぬ鉄製の窯で焼かれるピザはシンプルで、縁がふっくらとしたナポリ風。アカミズ（キジハタ）の炙りにはコラトゥーラに茗荷と葱、メロンのサラダにはたくさんのハーブをのせて。いずれも食材そのものにあまり手をかけず、シンプルながら一つ一つのパーツがどれも鮮烈な印象を残す。鍛冶屋であった来歴を思わせるコンクリート打ち放しの空間も、大塚氏の料理の硬質な世界観を、より印象深くしている。

ファロ トラットリア

13.5/20

FARO trattoria

シェフ 山内智紀

イタリア料理

JR 鳥取駅から徒歩５分、路地の向こうにほんのりと灯りが見える。印象的な辛子色の外壁。木材の温かみを生かした店内にはカウンターとシンプルなテーブル。ワインセラーのガラス越しに豊富なイタリアワインのラインアップが見え、ワイン好きは心が躍るだろう。すっかり地元に馴染んだような落ち着きを見せる店だが、開業してまだ２年にならない。シェフの山内氏は鳥取出身で、修業時代にはイタリア・モデナにあるモダンイタリアンの世界的名店「オステリア・フランチェスカーナ」で４年間腕を磨いた。料理は、奇を衒わないオーソドックスなスタイルの中に、地元鳥取・夏泊の牡蠣のリゾットなど、鳥取の自然の豊かさを感じさせるものを織り込んでいる。また、カチョ・エ・ペペは修業時代、オステリアの賄いで人気のメニューだったという。メイン料理、豚のローストのバルサミコ酢は、モデナの名産品。そんなストーリーを聞けば、目の前の皿に、山内氏がこれまで過ごしてきた時間が浮かび上がってくるようだ。ファロとは灯台のこと。暗闇の中でも船乗りを導き、周囲を照らす。生まれ育った鳥取で、灯台のような温かい存在でありたいという山内氏は、地域の食にも光を当ててくれることだろう。

☾：5,000 円～ 10,000 円

Tel: **0857-30-7766**

鳥取県鳥取市瓦町521

定休日：日曜、月曜

☾ : 18:00-23:00 (L.O.)

かに吉

16/20

Kaniyoshi

シェフ 山田達也

蟹料理

「本当に美しいでしょ？　美しい蟹は美味しいんですよ」そう言って蟹を手に満足げに笑みを浮かべる山田氏。家業は代々蟹の仲買。目利きの全てを母、満子さんから受け継ぎ、来る日も来る日も蟹と真摯に向き合ってきた。日本全国に「かに吉」の名が轟いても、変わることなく真夜中に車を走らせ、蟹の仕入れに出かける。浜坂漁港に 1,000 枚上がっても、その中から厳選し店で使える蟹は数枚。その蟹を大急ぎで持ち帰り、下ごしらえをしてその日の客に出す。蟹の期間中はその繰り返しを黙々とこなす。「蟹みそ、刺身、焼き蟹、フライ、茹で蟹、サンドイッチ、蟹すき」のフルコース。魅力溢れる山田節で料理の説明、食べ方の指南、そして鮮やかな手腕で蟹すきを仕上げていくパフォーマンスは、客を飽きさせることがない。中でも焼き目の全くない、高い技術で蒸し焼きにされた「焼き蟹」は、特筆すべきものだ。身はつるんと殻から外れ、蟹本来の高貴な香りがほんのりと漂い、繊維が口の中でこれでもかと存在感を主張する。蟹は鮮度が命。獲れたての極上の蟹を求めるなら鳥取まで出かけたい。そこでは必ずや日本人に馴染みの深い「蟹」が、改めてこんなにも美味しいものだったのかと驚かされることだろう。そして、締めの卵雑炊を口にする頃には、次の年の予約を願い出ようとするかもしれない。

☼：30,000 円～ 80,000 円　☾：30,000 円～ 80,000 円

Tel: **0857-22-7738**

鳥取県鳥取市末広温泉町
271 2F

定休日：不定休

☼ : 14:00-
☾ : 17:00-22:00 (L.O.)

※5月 - 10月 魚料理
11月6日 - 3月25日
蟹料理

Tel: **0859-37-2366**

鳥取県米子市角盤町
2-63-2 1F

定休日：日曜

☾：18:00-21:00
（最終入店）

酒菜 桔梗屋

SHUSAI KIKYOUYA

シェフ 細木晋治

14.5/20

日本料理

店名に「酒菜」とつく通り、酒への愛が満ち溢れている。一角に積まれた一升瓶はさながら酒のオブジェだ。L字型のカウンターに向かい合うオープンキッチンで立ち働く店主・細木氏は、日本酒について、特に燗酒のことを語りだすと止まらない。燗に向く酒を本気で作っている蔵が山陰には10を超えるのだという。「米子は日本中でも一番美味しい燗酒が飲める町なんですよ」との言葉通り、熱を得てキリリと角が立つもの、馥郁とした香りを深めるもの、そのまま出汁として使えるのではと思われるほど味の濃いもの…個性万別の酒が、それぞれに適した温度で供される。その酒でますます味を深めるのが、山陰の素材を縦横に駆使した料理。開山1300年を超えたという霊峰・大山と荒波立つ日本海に抱かれたこの地は、四季折々の山と海の幸に事欠かない。滋賀「招福楼」などで研鑽を積んだ細木氏が創意豊かに包丁をふるう。競争の厳しい商都・米子で23年も愛されてきた。ここを訪れるために旅する価値のある一店だ。

☾：6,050円～11,000円

ゴ・エ・ミヨの歴史

ヌーヴェル・キュイジーヌ：ゴ・エ・ミヨが生んだ新しいスタイル 2

この戒律の中で最も重視しているのが、正確な火入れ、前日に準備されたソースのベースを使わずマルシェの新鮮な食材を使うこと、そして、メニューの選択肢を減らすことです。ゴ・エ・ミヨは、重くて、カロリーの高いソースを一掃し、食餌療法学の原理と、付け合わせの素材におけるシェフの創造性を高く評価しました。当時の雑誌には、この新たなガストロノミーの輪郭が明記されています。軽く、シンプルでありながら常に洗練されていること、これらは現在でも変わらず実践されている原則です。

徳島県

香川県

愛媛県

高知県

Tel: **0884-77-3755**

徳島県海部郡美波町
山河内字なか26

定休日：不定休

☼：11:30-15:00
☾：17:00-21:00

※完全予約制

ラトリエあべ

L'atelier ABE

シェフ 阿部節夫

14.5/20

フランス料理

「にぎやかな過疎の町」を謳う美波町。黒潮の好漁場を有し、漁業の町として知られるが、そのほとんどは山地。そんな山の際に、このレストランはある。阿部氏は「もうすぐ70歳ですから」というが、その料理は進化を続け、年齢を感じさせない。まず季節のシャーベットをいただいた後、10皿近いコースが始まる。前菜の「渡り蟹の自家製クレープ」は、蟹の甲羅から作る自家製の蟹醤油と雲丹塩で２つの塩味を加え、蟹の泡をイメージした泡状の山羊乳をのせて複雑な味わいを愉しませる。この店の看板料理、ロワイヤルは、天然真鯛のスープに原木椎茸と葱や酢橘を加えてシンプルに仕上げ、個性の強い料理の流れを一旦落ち着かせていた。続く魚料理は「白甘鯛のブイヤベース」。希少な白甘鯛にはカンパチのハムを添えているが、驚くのは残った濃厚な魚介のスープに白飯を投入し、この一皿を完成させるというダイナミックさだ。メインは定番のカイノミのステーキ。長年、阿波牛を使っていたが、今は一番上質なカイノミを全国から探し出しているといい、この日は松阪牛であった。「わざわざこんな山の中にいらっしゃるゲストには感謝しかない」と語る阿部氏が愛情込めて作る料理は、品が良く美味しい上に、驚きのコストパフォーマンスである。

☼：8,000円〜　☾：8,000円〜

Tel: **080-3165-7153**

徳島県勝浦郡上勝町福原
字平間62

定休日：月曜、火曜

☼：12:00-15:00
(L.O.14:00)
☾：18:00-22:00
(最終入店 21:30)

※前日までの完全予約制

ペルトナーレ

PERTORNARE

シェフ 表原 平

14/20

イタリア料理

徳島市から車で約１時間、レストランは県中央部、標高200mあまりの山間部にある。小さな集落の古民家を改装した店舗の玄関先にはイタリア国旗が掲げられ、２匹の犬が愛嬌を振りまいている。表原氏の「秘境」レストランは、訪れるゲストにとっては現代社会と隔絶した非日常の世界だが、その料理は「いま・ここ」というリアリティーを感じさせるものだ。ほとんどの食材は店からそれほど離れていない場所で調達されている。目の前を流れる勝浦川には鮎が遡上し、その天然の鮎はコンフィに。冷製カッペリーニには名産のアメゴ。鰻は白焼きにして赤ワインソースを合わせる。これほど天然の鮎や鰻をその場所で食べる意味があるレストランも、そう多くはないだろう。表原氏は徳島県出身。フランス料理店で修業した後、奥田政行氏の「アル・ケッチァーノ」に入社、東京スカイツリー店などで研鑽を重ねた後、独立し、縁あってこの山あいの町に移り住んだ。上勝町は、山の木の葉を料理の「つまもの」として販売する「葉っぱビジネス」と、「ゼロ・ウェイスト宣言」というごみを出さない自治体の先進的な施策で知られる。いずれも「いま・ここ」という時代を見る目を持ったリーダーの存在なくしてはありえない。上勝町ならではのリアリティーは、表原氏が作るこの料理の上にも確かにあった。

☼：2,700円〜 4,200円　☾：5,000円〜 12,000円

虎屋 壺中庵

Toraya Kochuan

シェフ 岩本光治

16/20 🍴🍴🍴（トック3つ）

日本料理

Tel: **088-679-2305**

徳島県名東郡佐那河内村上字井開1

定休日：不定休

☼：12:00- 一斉スタート
☾：18:00- 一斉スタート

（クレジットカード・個室あり）

徳島県北東部の山間に位置する佐那河内村。「虎屋 壺中庵」は、吉野川水系の園瀬川のほとりにある。元は「虎屋旅館」と号する料理旅館だった店の敷地内には細い水路が巡らされ、夏の鬱蒼とした植栽にはハグロトンボが舞う。通された部屋はひっそり閑とし、聞こえるのは周囲の水が流れる音のみ。料理も、水のようにさらさらと流れていく。岩本氏自らが釣り、獲ることもあるという名物の鮎の塩焼きや天然鰻をはじめ、切干大根に川海老やゴリを合わせた里山の恵み。豊かな自然と四季のうつろいが、一皿一皿に詰められている。お椀の出汁の味付けは最小限で淡く、誤解を恐れずにいえば、水と紛うほどだ。しかし、その「水」の豊潤さは比類がない。料亭「吉兆」の創業者・湯木貞一氏から学んだ岩本氏の料理は、洗練のその先に、故郷・徳島の地に戻り覚醒した自由な雰囲気を纏う。味は華やかに重ねず、その一見素朴な味わいは、食材そのものの余韻として感じられる。「虎屋 壺中庵」を目指してはるばるこの地を訪れる人は、山深い徳島・佐那河内の佇まいに、日常から離れた一種神秘的な感覚にとらわれるに違いない。ここで味わうものは、確実に日本の里山の豊かさと料理世界の奥深さを物語っている。

☼：10,000 円〜　☾：15,000 円〜

トック5つ	5	全てに卓越したレストラン	19 ～ 20 点
トック4つ	4	非常に素晴らしいレストラン	17 ～ 18.5 点
トック3つ	3	素晴らしいレストラン	15 ～ 16.5 点
トック2つ	2	料理人の個性を感じるレストラン	13 ～ 14.5 点
トック1つ	1	良いレストラン	11 ～ 12.5 点
	トックなし	美味しいレストラン	10 ～ 10.5 点

クレジットカード

個室あり

バリアフリー

両忘
Ryobo
シェフ 中川暁友

14/20
イタリア料理

Tel: **087-873-2991**

香川県高松市今新町
6-2-1

定休日：水曜、他不定休あり

☼：金・土・日
12:00- 一斉スタート
☾：18:00- 一斉スタート

高松市今新町のフェリー通り沿いにあるイタリア料理店。「当店は特別な料理を出すお店ではありません」と表明しているように、少し特殊な店かもしれない。京都の割烹やイタリア料理店をはじめ各地で修業した中川氏は、「イタリア料理とは何ぞや」「日本にいながらイタリア料理を提供するとはどういうことか」を突き詰めた上で１つの結論を皿の上に出している。店名の「両忘」は、２つのうちのどちらかではなく、その両方を忘れたところに真理を求めるという禅語だが、中川氏も自己と問答しているかのように料理に向き合う。例えば、チーズとアンチョビをのせたブルスケッタ、茹でた野菜と卵に生ハムを添えたものなど、保存食と近くで穫れる食材を取り合わせたような普遍的な料理が出される。かと思えば、日本人に馴染み深いフライや、ここが日本料理店であっても違和感の無いような、シンプルに焼いた魚や肉が供される。肉にはあけがらしを添えたりと屈託がない。「イタリア料理と日本料理は食へのスタンスが似ている」とは昔から言われてきたことだが、中川氏は素直な心で日本とイタリアを「両忘」しているようだ。ここでは、ジャンルを超えた中川氏の創り出す料理世界を愉しみたい。

☼：8,000 円～ 12,000 円　☾：10,000 円～ 13,000 円

長江 SORAE
Choko SORAE
シェフ 長坂松夫

16/20
中国料理

Tel: **087-843-2567**

香川県高松市屋島東町
32-12

定休日：火曜

☼：12:00-14:30
☾：17:30-

JR 高松駅から車で約 30 分、屋島を周回する道を源平の古戦場や対岸の庵治半島を望みながら走ると、散在する住宅の中に一戸モダンな建物が目に入ってくる。ここが「茶禅華」川田智也氏や「慈華」田村亮介氏など、今の中国料理界をリードする俊英たちが修業・研鑽を重ねた長坂氏のレストランだ。ホールに案内されると、前面に開かれた窓の向こうには瀬戸内海、テラス席に出ると、聞こえてくるのは潮騒と鳥のさえずりのみ、まさに瀬戸内・屋島の自然とともに料理を愉しむ場所だ。コースは「蟹身となめこの温かいスープ」から始まり、奇を衒うことのない真っすぐな四川料理が味わえる。この日の魚料理は、「瀬戸内の鯛と豆腐のピリ辛煮込み」。さりげなく添えられた山椒の香りと控え目ながらしっかり効いたソースの辛みが、弾力とボリューム感のある鯛の旨みを引き立てている。細かく刻んで調理された数種類の食材が入ったソースの食感が口いっぱいに広がり、五感が刺激されて満足感に浸る。どの料理も手間をかけた繊細で旨みのあるスープを使って調理されており、長坂氏ならではの深い味わいだ。終始よどみなく流れるような、丁寧で温かい接客から生まれるコミュニケーションや料理は、訪れるたびに大きな感動を与えてくれるだろう。

☼：5,500 円～ 10,000 円　☾：8,500 円～ 15,000 円

ラピ

L'API

シェフ 宮川圭輔

14.5/20

イタリア料理

伊予市の行道山裾にある見晴らしの良い高台のイタリア料理店。「地元で愛される店」を目指しているという通り、格式張らず、宮川氏夫妻のプライベートレストランに招かれたようなカジュアルさとアットホーム感がある。しかし、料理はしっかりとシェフの個性が反映されたもので、一皿の中に主役的な肉や魚介と、意味のあるパーツとしての野菜類が組み合わされる。西条市「ナイスベジタブルファーム」を始め、愛媛の北から南までの無農薬や有機の生産者から仕入れる野菜類の地力が、料理に様々なアクセントや輪郭を与えている。例えば、焼いたカリフラワーが香ばしさと歯ごたえの役割を果したり、ねっとりした海老芋がとろりとしたソースとメインの魚身を受け止めたり、それをシンプルな蒸し野菜の香り高い青臭さや歯ごたえが上から包み込んだりと、野菜が脇役ではなく存在意義を持って料理を成立させているのだ。その設計力と組み合わせのバランス感は練達のシェフならではのものだろう。住居兼レストランで、ワークライフバランスを考えた上での経営は、「地方で料理人として生きていくこと」の一つの回答かもしれない。50代をこの地で過ごす宮川氏の人生観と円熟の料理が味わえるレストランだ。

☼：3,000円～8,000円　☾：8,000円～

Tel: 089-916-3088

愛媛県伊予市上三谷甲
2209-13

定休日：日曜、他不定休あり

☼：11:30-12:30 (L.O.)
☾：18:00-19:30 (L.O.)

リストランテ ソウ

Ristorante So

シェフ 相原 総

14/20

イタリア料理

ヒマワリのように鮮やかな黄色い内装の店内に映える緑のガスパチョ。同時に供される岐阜「BON DABON」の生ハム「ペルシュウ」は、これを目当てにゲストが訪れるほどだ。相原氏は京都「イル ギオットーネ」の料理長を経て、2019年、地元愛媛に「リストランテ ソウ」をオープンした。祖父が日本料理の料理人で、自身も好きというだけあって、全体に和の要素が強く感じられる。意表を突く胡麻の香りを生かしたボンゴレ・ビアンコもそうだし、前菜盛り合わせでは、烏賊を仲立ちにトマトジュレ、バジルの泡、自家製ガリ、車海老、自家製カラスミと、イタリア料理に和の味わいが共存するユニークな仕立てだ。水茄子や烏賊が日本とイタリアを皿の上で繋ぐ。コースを通して、日本料理ならではと思われている調理法や食材が、イタリア料理の要素と自然に馴染んでいることに驚かされる。日伊両国の食文化に思いを馳せることができるのも、この店の魅力の一つだろう。相原氏は「愛媛食材研究会」にも加わり、ジャンルの異なる料理人・シェフとともに食材の発掘に努め、自らも今治市の胡麻農家や四国中央市のキャビア生産者を訪ね、器も今治市の吹き硝子を取り入れるなど、地域への浸透を深めている。故郷に腰を据えた名店出身シェフの動きに注目だ。

☼：5,500円～11,000円　☾：11,000円

Tel: 0898-35-5695

愛媛県今治市共栄町
2-2-51 フォルテ今治 2F

定休日：不定休

☼：月 - 金 11:30-13:00
(L.O.)
☾：18:00-20:00 (L.O.)

大阪
京都
兵庫
奈良
滋賀
和歌山
岡山
広島
山口
島根
鳥取
徳島
香川
愛媛
高知

道後 海舟

Dogo Kaishū

シェフ 坂本紀征

16/20

日本料理

Tel: 089-915-6600

愛媛県松山市道後湯之町
15-27

定休日：無休

☼：土・日のみ
12:00-15:00

☾：18:00-23:00

1983年に創業。2020年、道後へと場所を移し、坂本氏は「愛媛の地物を贅沢に味わう」というコンセプトを掲げ、「海、山、川の三拍子が美しく調和している県」を代表して、全国に誇るべき日本料理を創り出している。エントランスのアプローチから、流れる空気が清々しく、塵一つ落ちていない一軒家は、い草の匂いも穏やかで心地好い。1階に坂本氏の立つL字カウンターをかまえ、掘りごたつの個室から2階に大広間まで用意、美食家の一人旅も、地元の家族団らんも、温かく迎え入れてくれるという安心感がある。瀬戸内の旬が詰まった献立には、食材の産地や生産者名まで細かく記載され、食を愛し人を愛し、喜ばせたいと願う坂本氏の思いが伝わってくる。初夏には、火入れが心までとろけさせそうな「北条沖の小スルメイカのさっと煮」や、「宇和海産白甘鯛のフライ」には砥部町で採った木の芽や四国中央市の「法皇キャビア」をあしらい、シンプルに見える料理にも食材のストーリーが詰まっている。飲み物も県内の食関係者と石鎚酒造が共同で醸した日本酒や、自家製果実酒に、自家焙煎による県産の無農薬茶など、抜かりがない。ここで過ごす数時間は、ゲストを愛媛の食の虜にし、季節を変えてまた足を運びたいと思わせることだろう。

☼：10,000円～15,000円　☾：12,000円～19,000円

しの田

Shinoda

シェフ 篠田悠介

15/20

日本料理

Tel: 0898-22-4545

愛媛県今治市松本町
2-2-4

定休日：不定休

☼：要相談（完全予約制）

☾：要相談（完全予約制）

今治市の中心街から少し離れた道沿いに控えめに掛けられた看板と、中が窺い知れないモノトーンの壁がこの店の目印だ。篠田氏の料理は近海の魚介類を中心としてひと捻り、独自の工夫を凝らしたつくりで、瀬戸内の地方性を出しながら同時に都会的な洗練を感じさせるものだ。その理由の1つは料理のパーツ。小さなところ一つ一つに、手間を惜しまない仕事ぶりが見える。訪れた日のお椀は主役が「めぶと」であった。めぶとは近海で獲れる、親指ほどのサイズの鯛に似た魚だ。その小さな、下ごしらえの面倒なめぶとが綺麗におろされて、一椀に数尾使われている。なかなか引き取り手がないという魚も、味が良ければ手間も惜しまず美味しい一品とする。主に地元の漁師、藤本純一氏の手になる魚介類が、篠田氏の料理世界を後押ししている。熱々のマナガツオは寿司のように海苔巻きで手渡し。鰆はたくさんのハーブ類と合わせて。どれも香りを立たせ、より良いものに、というひと工夫の跡が見える。料理をいただきながら、ふと「珠玉」という言葉が頭に浮かんだ。珠玉とは、海からとれる珠と山から産出される玉、小さな美しいものを表す。篠田氏の料理は、瀬戸内の風土を新鮮な形で目の前に現出させる、まさに珠玉の趣を見せている。

☼：22,000円　☾：22,000円

くるますし

15.5/20

kuruma sushi

シェフ 高平康司

寿司

高平康司氏が二代目店主となって数年、2021 年に大幅改装を行い、新たなスタートを切った。銀座「鮨よしたけ」で修業、帰郷してさらに腕を磨いた高平氏が、愛媛の海の恵みに実直な姿勢で仕事を施した小料理と握りを提供する。食材は、愛媛をはじめ四国近隣の魚介や調味料が多くを占める。漁師から直接仕入れた今治市大島産トラフグの蒸し白子が１品目に供されると、その大きさ、とろみ、えも言われぬ温度帯が創り出すインパクトに心奪われる。八幡浜市の競り人から直で入るという白甘鯛は、神経締めされており、市場に出回るものより格段に状態が良いという。マテ貝と合わせて焼き浸しにすると、その後も炭焼きの魚が続く。後半は握り。魚介によって米酢と赤酢を使い分け、酸や温度帯もコントロールして旨みを引き出す。海域最大サイズと思われる石鯛は、サクサクと身がはねる。鮪は千葉県勝浦の個体違いを、中トロと大トロで使い分け、熟成期間もそれぞれの状態に合わせて変えている。魚介一つ一つ手塩にかけて仕上げられた愛情たっぷりの鮨だ。ソムリエ資格も持つ高平氏にオススメを聞き、豊富に揃う日本酒やシャンパーニュとともに味わいたい。より洗練された空間で食す愛媛の鮨は、さらなる進化を遂げていく。

☾：20,000 円～

Tel: 089-932-3689

愛媛県松山市一番町
1-6-9

定休日：水曜

☾：18:00-/20:30-
日・祝
17:00-/19:30-

鮨いの

15.5/20

SUSHI INO

シェフ 猪野祐介

寿司

繁華街のビルの３階に 2014 年、開業。真っ赤な暖簾をくぐると、店内はゆったりと広く、奥行きのある一枚板が圧巻のメインカウンターに立つのは、店主の猪野氏だ。愛媛はもちろん、全国の市場や漁師から選びぬいた希少な魚介を用い、つまみから握りまで江戸前の仕事に魂を込める。猪野氏の経験に裏付けされた一品には、無駄が削ぎ落とされた美学がある。松山沖で獲れたヒラメの造りは、朝締め、出汁と薄口醤油にくぐらせ、仕上げに唐津の自家製カラスミを振りかける。カラスミの抑えた塩分が白身の旨みをじわじわと引き出し、添えた静岡県産の山葵の爽やかな辛みとの鮮やかなコントラストを見せる。４日寝かせ、漬けにした宇和島産の鰺など、リストに収まりきらない全国各地の銘酒がぐいぐい進む小気味良い品ばかりだ。握りの鮪は愛媛一といっても良いだろう。石垣島産の中トロは、美しいピンクのグラデーションを見せ、赤酢の酢飯と絡み合う。小肌、鰺、サヨリなど、特に青魚での酸の置き方が秀逸で、魚の旨みとハリのある食感が見事だ。店の要は、猪野氏の食材を見極める目利き、握りの技術、顧客への対応、そして若手育成にも抜かりがなく、店全体のバランスが優れている。愛媛で磨かれた江戸前鮨を求めて、はるばるでも足を運びたい。

☼：8,800 円～ 16,500 円　☾：13,200 円～ 18,700 円

Tel: 089-948-9986

愛媛県松山市二番町
1-10-9
MITSUWA320 3F

定休日：不定休

☼：12:00-14:00
☾：18:00-/21:00-

MIKI ドゥーブル

MIKI Double

シェフ 三木竜太

13.5/20

フランス料理

Tel: 088-872-5002

高知県高知市帯屋町
1-14-15

定休日：月曜

☼：11:00-15:00
(L.O.14:30)
☾：18:00-22:00
(L.O.21:30)

純粋に食材の良さを味わえるクラシカルなフランス料理を提供し、長く愛され続けるレストランだ。三木氏は、その日何を食べたのか記憶に残るよう、皿ごとのメインの食材を明確にしている。ある日のメニューは、前菜に、生牡蠣のマリネ、ズワイ蟹のサラダ、リー・ド・ヴォーのソテー、そして松茸のコンソメなど。中でもパイ包みは、マッシュルームを乾燥させ、生クリームで煮詰めたものをフォアグラや秋トリュフとともにほうれん草で包み巻く。秋トリュフは厚くスライスし、アクセントとしてではなく、トリュフそのものを味わう料理として供している。魚料理では、鮎はコンフィより塩焼きの方が香りが良いと、四万十川の鮎を低温で１時間半かけて丁寧に焼き、添えるのは鮎と仁井田米を使ったライスコロッケだ。メインは三木氏の出身地でもある四万十町で育った「四万十麦酒牛」のイチボのステーキ。１ヵ月熟成させたイチボの表面を焼き固めた後、ゆっくりと温めるように火を通す。付け合わせには、いの町「氷室の里」の原木舞茸を配し、ソースとともに香り豊かに仕上げる。昼は洋食、夜に本格フランス料理という２つ（ドゥーブル）の「MIKI」は、親しみやすい洋食でレストランの裾野を広げながら、美食としてのフランス料理で高知の料理界を牽引し続けている。

☼：1,300 円～　☾：6,600 円～

ローグ

logue

シェフ 北村友和

14.5/20

イタリア料理

Tel: 088-856-0007

高知県土佐市宇佐町竜
599-6

定休日：なし

☼：12:00-14:30
(L.O.13:00)
☾：18:00-21:30
(L.O.19:00)

太平洋を望むリゾートホテルのメインダイニング。高知のイタリア料理界を牽引してきた井原尚徳氏が退職し、2021 年７月、スーシェフを務めていた北村氏が厨房を引き継いだ。北村氏はフィレンツェで修業し、帰国後は高知の「トラットリア リーベロ」や「ピーニャ・アルテッツァ」で研鑽を重ね、2020 年から井原氏のもとで創作的なイタリア料理を学んでいた。北村氏は、井原氏の料理のアイデアや技術、生産者との繋がりを継承しつつ、自らのオリジナリティーを加えた料理を追求している。これにより、従来からのゲストの期待に応えつつ、北村氏が織り込む新しいエッセンスを楽しむことができる。コースはフォアグラを南瓜のムースでコーティングした皿から始まる。これは何だろう、という意表をつくプレゼンテーションが、この店の見せ所だ。アメゴは、極小のものをフリットし、２つを縦に並べ、上から香草を被せて１匹のように見せる演出だ。メインは土佐あかうし、サーロインのロースト。適度なサシと融点の低いこの牛の特性を生かし、炭火で美しいロゼ色に焼き上げる。フォン・ド・ヴォーを鰹出汁と合わせて軽く仕上げたソースとの相性も良く、高知らしい一皿といえるだろう。これから北村氏がレストランをどんな色に染めていくのか、新生「ローグ」に注目だ。

☼：6,600 円～ 11,000 円　☾：16,500 円

アンナータ

14/20

Annata

シェフ 伊藤慎悟

イタリア料理

「少しでも美味しく召し上がっていただきたいので、なるべく少人数でお越しいただきたい」と語る伊藤氏。木目のゆったり幅広いカウンターと個室にゲストは１組ずつ、また１組は６名までとする。器や設えにシェフのセンスがきらりと光っている。料理は修業先を反映して、スペインの要素がプラスされたイタリア料理をモダンに表現したもの。ディナーは８皿前後で構成され、高知県産に限らず、海外の食材も自在に取り入れている。前菜は、フルーツトマトのムースにガスパチョをかけた高知らしい爽やかな一皿。バターをふんだんに使い、炭火で焼いたフランス産のホワイトアスパラガスには、様々なハーブ、胡麻、スペイン産のチョリソーのソースをかけ、スペイン料理の経験のあるシェフらしい仕上がりとなっている。季節ごとに新しいメニューを考案しているが、乳清とハーブの温かいスープは、この店のスペシャリテで、身体に優しく溶け込んでいく。岩手県産のほろほろ鳥は身が縮まないように骨付きのまま炭火で焼いた後、骨から外し、もう一度火を入れることにより、中心はジューシーに、皮は炭の香りを纏い香ばしく、最高の状態で供される。ワインを持ち込む客も多く、自分達だけの贅沢なワイン会も楽しめる隠れ家的なレストランである。

☼：2,000 円～ 5,000 円　☾：7,500 円～ 12,500 円

Tel: 088-821-7222

高知県高知市
南はりまや町1-17-23
MPビル 2F

定休日：水曜

☼：12:00-
☾：18:00-

ラ・プリマヴォルタ

14/20

la Primavorta

シェフ 諏訪恵治

イタリア料理

まずは目で愉しむ、という言葉がぴったりなイタリア料理だ。諏訪氏は、休日にはスタッフと山に入り、山菜を採り、川縁に佇み、花畑に立ち寄る。高知の豊かな自然の中で湧き上がるインスピレーションは、料理の盛付に生かされ、器やテーブルに灯される蝋燭の美意識へと繋がっている。１皿目は高知・夜須のフルーツトマトの冷製パスタ。香りと味が凝縮されたトマトソースをごく僅か絡めたパスタを高く盛り、てっぺんには花穂紫蘇を散らす。さらにチップス状にしたトマトを添え、赤と緑が映える華やかな仕上がりとなる。花穂紫蘇の香りが和ハーブの余韻を与え、コースのスタートを爽やかに演出している。２皿目は「畑の風景」と題したバーニャカウダ。ニンニクとアンチョビのみを使用したバーニャカウダ・ソースは、ニンニクを丁寧に煮た後、何回も裏漉し、これ以上ない滑らかなソースに仕上げている。2005 年のオープン当初から人気のこの料理は、季節の野菜を楽しむには最高の一皿といえるだろう。メインは仔羊肉のロースト。低温で火入れされた肉は、鮮やかなロゼ色をしている。そこに添えられたルッコラの新芽と木の芽が緑を加え、皿の上には、諏訪氏の心に残った自然の風景が見事に映し込まれている。

☾：8,000 円～ 12,000 円

Tel: 088-885-7041

高知県高知市はりまや町
2-10-1

定休日：日曜、第3月曜

☾：17:00-23:00
(L.O.22:00)

ダ ゼロ

da zero

シェフ 的場篤志

13/20

イタリア料理

Tel: 0889-20-9603

高知県高岡郡佐川町丙3051

定休日：火曜、水曜、他不定休あり

☼：11:00-15:00
☾：17:00-21:00

※２日前までの予約制

列車から眺める桜で有名な高知県佐川町。そんな田園風景の中に１棟、青色の建物が目を引く。地産地消に徹し、地球と身体に優しいレストラン作りを目指す的場氏のイタリア料理店だ。岡山出身のシェフが移住し、マダムである翔子さんの祖母の家を改装して2019年６月にオープンした。料理は食材そのものの味を大切にし、味付けは優しい。コースの１皿目は、数種類のカボチャをブレンドした冷製スープだ。カボチャのみの味わいに、セロリの食感を少し、更にシナモンの香りをプラスしている。パスタは自家菜園のバジルと仁淀のマッシュルーム、手打ちのタリアテッレを使ったジェノベーゼ。メインは、肉の旨みが強い「土佐はちきん地鶏」のもも肉のローストに、シェフ得意の焼きピーマンのサルサ・ヴェルデのソースを合わせる。通常はイタリアンパセリを使った緑のソースだが、ここでは焼きピーマンによって、程よい苦みとソース自体の存在感を演出している。ワインは、的場氏の料理に寄り添ったペアリングだが、思い入れのあるワインがあれば、それに合わせたコース料理も提案する。「ゼロ」に込めた思い、初心を忘れることなく、ゲスト・生産者・スタッフに長く愛される店を目指し、「ダ ゼロ」は自然豊かな佐川町のシンボルの一つになろうとしている。

☼：4,000円〜6,000円　☾：6,000円〜10,000円

欧風食堂 カンペシーノ

campesino

シェフ 髙橋宏輔

pop

フランス料理

Tel: 088-855-7751

高知県高知市城見町6-21

定休日：月曜、第3火曜（祝日の場合翌日）

☼：11:30-14:00 (L.O.13:30)
☾：18:00-21:00 (L.O.)

岡山県出身のシェフ・髙橋氏が作る高知の食材を生かした優しいフランス料理と、高知県出身のマダム・展子さんが選ぶ自然派ワインが楽しめるカジュアルなレストラン。訪れた際の魚料理は「四万十川の鮎のコンフィ」。鮎をただ柔らかく仕上げるのではなく、骨の食感も楽しんでほしいと、必要以上に温度を上げず、仕上げにはゆっくり丁寧に炭火で火を通し、そこに仁淀川山椒を泡状にしたソースと胡瓜のガスパチョで、アクセントと清々しさを加えている。ブーダン・ノワールやブーダン・ブラン、そしてジビエを使った自家製ソーセージも、注文したいこの店の看板料理だ。シェフの丁寧で真面目な仕事ぶりとマダムのサービス。食材産地ならではの新鮮素材から生まれるフランス料理を味わいたい。

☼ コース ○　☾ コース ○

レストラン

福岡県

大分県

佐賀県

宮崎県

長崎県

NAGASAKI

鹿児島県

KAGOSHIMA

熊本県

沖縄県

メゾン ラフィット
Maison Lafite

シェフ 工藤 健

15.5/20

フランス料理

Tel: **092-953-2161**

福岡県那珂川市大字西畑
941

定休日：不定休

☼ : 12:00-
☾ : 18:30-

福岡市に隣接する那珂川市の山間、その少し開けた高台にレストランはある。開け放った窓、テラスの向こうに広がるのは一面の田畑と緑の山々だ。工藤氏の盛り付ける料理は、戸外の田園風景に映え、その自然と響き合うように色鮮やかで洗練されている。開業は 2008 年、当初は減圧調理器具を導入したり、試験管でプレゼンテーションするなど分子調理に惹かれているように見受けられたが、現在はソースを使い、野菜やハーブの新鮮さや色彩の豊かさを前面に出した、ナチュラルでモダンなフランス料理を展開している。唐津の赤ウニ、熊本の馬肉のタルタルを用いた前菜は、両者の脂の味をバターナッツカボチャの甘みとオキサリスの酸味でまとめ、底に忍ばせたキャビアの塩味が皿全体を締めている。また鮎のフリットは、セルバチコのおひたしを添えて、2 種の苦みの爽やかな組み合わせだ。野菜やハーブなどの色味を生かした料理の美しさは、非日常を求めるゲストの心を捉えずにはおかない。「素材の扱い方が自分の中でずいぶん変わってきた」と工藤氏は言う。大切なのは素材の良さを生かすこと。言い古された感のある言葉だが、工藤氏はできるだけ余計な手を加えず、那珂川や九州の自然を皿の上に華麗に表現している。

☼：12,000 円　☾：20,000 円

ラ メゾン ドゥ ラ ナチュール ゴウ
La Maison de la Nature Goh

シェフ 福山 剛

15/20

フランス料理

Tel: **092-724-0955**

福岡県福岡市中央区
西中洲2-26

定休日：日曜

☾ : 18:00-24:00

※車いすのまま食事が可能

西中洲のひっそりとした裏路地にある隠れ家的な佇まいながら、福岡にこの店あり、と連日多くのゲストが訪れている。現在地に店を構えたのは 2002 年。オーナーシェフの福山氏は、幼少の頃より料理に興味を持ち、高校在学中からフランス料理店で修業を始め、福岡の老舗「イルドフランス」「マーキュリーカフェ」で研鑽を積んだ生粋の料理人だ。今や国内外に活躍の場を広げ、アジアからも注目を浴びる。料理は福岡産の選りすぐりの季節野菜や玄界灘で獲れる新鮮な魚介類などを用いたシェフのおまかせコースのみ。フォアグラのテリーヌには、蜂蜜のプレートの上にコーヒーパウダーや黒豆があしらわれ、ブイヤベースで炊いたホタルイカの土鍋ご飯には黒ニンニクのアイオリソースをトッピングする。イノベーティブなフランス料理に和のエッセンスを加えながら素材の力を大切にした一皿一皿からは、シェフの表現力の深みを感じる。地元ばかりか世界の料理人からも慕われる福山氏の人柄が表れた居心地の良い店作りも、この店の魅力の一つだ。「La Maison de la Nature」とは「自然の家」の意。肩肘張らずにアットホームに過ごせ、心から笑顔になれる、一度訪れれば何度でも足を運びたくなるレストランである。

☾：9,240 円

レストラン アレナ

15/20

Restaurant Aréna

シェフ 有馬 亮

フランス料理

東京出身の有馬氏が福岡・西中洲の一角に店を構えたのは2016年。福岡市内のホテルで修業し、パリの「パッサージュ53」や、ブルゴーニュの「メゾン ラムロワーズ」などの名店で研鑽を積み、帰国後、開業した。1日2組限定で料理はおまかせのみ。10皿が紡ぐ物語は、絵画や音楽から着想を得ることもあるという。白で統一された店内はミニマルな洗練された空間で、舞台の主役となる料理を引き立てる。1皿目はシグネチャーメニューともいえる「ラム レザン」。フランス産のフォアグラのアイスにフランボワーズの甘酸っぱさがほんのりと香るデザートのような一品だ。旬の食材とともにハーブや野菜を多用した料理は、全体的に軽やかな仕上がりで、スムーズな食べ心地だ。最後の10皿目を飾るのは、マリー・アントワネットの帽子をイメージしたバラと苺のクリームのデザート。真っ白なキャンバスを彷彿とさせるオーダーメイドの器に、有馬氏が織りなす華やかな食とアートの世界が広がる。シェフ自らが厳選した約300種類のワインも見逃せない。一皿一皿への情熱と思いのこもるモダンガストロノミー。技術の確かさと繊細かつ優しい味わいで、福岡のレストランシーンを彩っている。

☾：18,000円〜20,000円

Tel: 092-406-4437

福岡県福岡市中央区
西中洲10-3 Nビル 1F

定休日：不定休

☾：18:00-23:00
(L.O.22:00)

※半個室あり
※車いすのまま食事が可能

レストラン スノゥ

15/20

Restaurant SNOW

シェフ 海野元気

フランス料理

フランス、ベルギー、デンマークで修業した海野氏は、2020年、フランス料理の技法をベースに、ニューノルディックといわれる北欧料理の考え方を応用して九州の郷土性を表現する店を開いた。特注のプレートで登場するのは5種類の「九州各地の味」。福岡・糸島の野菜や長崎のキビナゴなど食材のとれた場所を思い浮かべながらいただく。2皿目は、修業先のデンマーク「シュルロルクロ」のスペシャリテ「New Nordicのガスパチョとトマトのソルベ」。トマトの甘いシャーベットとデンマーク料理に対するイメージカラーだという緑色が映えるガスパチョだ。酸味の利いたガスパチョに用いられている8種類の食材が何であるか、想像しながらいただくのも愉しい。メインは付け合わせのビーツが色鮮やかな「純血赤鶏・みつせ鶏のロール」。佐賀の「みつせ鶏」を丸ごと味わうため、もも肉で胸肉のつくねを巻き、コンフィ状態で火入れし、旨みを封じ込めた驚くほど柔らかい鶏肉と、熊本の「赤酒」を用いた肉の旨み溢れるソースを合わせる。自家製で3種類出される九州産の小麦粉「ミナミノカオリ」を使った高加水のパンも、その素晴らしい香りと味わいに驚かされる。巧みなワンオペで九州の豊富な食材をニューノルディック風に仕上げる海野氏独自の取り組みに注目したい。

☼：3,500円　☾：7,500円〜10,000円

Tel: 092-707-2184

福岡県福岡市中央区高砂
1-16-17
エスペランサ天神南 1F

定休日：火曜、水曜

☼：12:00-14:00
☾：18:00-23:00

レストラン ソラ

Restaurant Sola

シェフ 吉武広樹

15/20

フランス料理

Tel: 092-409-0830

福岡県福岡市博多区
築港本町13-6
ベイサイドプレイス博多
C館 2F

定休日：日曜

☾：18:00-23:00
(L.O.20:00)

日常的な食材を用いながら自由な発想でパリジャンを魅了した吉武氏が、帰国後、福岡を出店場所に選んだことは地元で大きな話題となった。火入れ用の薪に豪雨災害で出た災害ゴミである廃材を用いたり、その木材を箸にして土産に持たせたりと、天然資源を大切にし、一見価値があるとみなされないものに目を向ける吉武氏は、地域社会に新たな視点をもたらす存在として注目されている。それは提供されるメニューの見せ方にも反映されており、1品ごとに、吉武氏の思想を知ることのできる奥深さがある。もともと糸島に提携の農園があるのだが、現在では施設の外のテラスでも野菜がすくすくと育っている。厨房から出た野菜の端材などをコンポストで肥料にし、新たな食材へと還元する取り組みを始めているのだ。テラスはゲストが店を出る際の動線上にあり、「Sola」としての想いをシェフ自らが語っている。「奥日向サーモン アボカドの薪焼き」は、店内で燻製状態にして提供され、蓋を取るとあたり一面にスモークがたちのぼり、目にも鼻にも楽しい、季節により食材が変わる、この店のスペシャリテのような一皿だ。ただ美味しいものを味わうだけでなく、食に対する深い考察や気づきをも与えてくれるこのレストランでは、訪れるたび、新しい価値観を見出すことができる。

☾：10,000 円

ローブランシュ

L'eau Blanche

シェフ 白水鉄平

15/20

フランス料理

Tel: 092-752-2122

福岡県福岡市中央区
西中洲4-4
RIN FIRST 2F

定休日：日曜、他月２回
不定休あり

☾：17:00-23:00
(L.O20:00)

料理人になることが幼少の頃からの夢だった白水氏は、福岡の調理師学校を卒業後に上京、「オテル・ドゥ・ミクニ」や「オーグードゥジュール メルヴェイユ」での修業を経て渡仏し、研鑽を積んだ。帰国後「オーグードゥジュール メルヴェイユ博多」でシェフとして腕を振るい、2016 年４月、この店を開いている。店内は、開放感溢れる窓に中洲の川沿いの夜景が美しく映え、景観とともに優雅な時間が楽しめる。カウンターキッチンでは、白水氏が九州の食材を活かし、そのポテンシャルを引き出しながらテロワールを表現している。フランスの伝統的な料理である「ブーダン・ノワール」をもとに、テリーヌ状にしたものにビーツやリンゴのピュレ、鹿児島県産の紫芋のパウダーをあしらった「ブーダン・ヴィオレ」は、シェフの独創的な感性が盛り込まれたスペシャリテだ。締めに出されるそば茶のブランマンジェは、ゲランドの塩のアイスクリームとシチリア産のオリーブオイルの風味を効果的に活かした爽やかな一品。「ローブランシュ」とはフランス語で白い水の意。真っ白な皿の上に白水氏によって彩られる料理の数々。シェフの人柄を映し出す清らかで繊細な味わいは、厳選されたワインとも相性が良い。非日常的な時間を過ごせるレストランである。

☾：12,100 円～ 18,150 円

ル・シュッド

14.5/20

le·sud

シェフ 手塚卓良

フランス料理

薬院駅からほど近い、魚介と野菜に焦点を当てたフレンチレストラン。あえて肉を使用せず、福岡という地の利を生かし、地域の豊富な魚介や野菜を駆使したコース構成が目新しい。手塚氏は、東京の「ル・ブルギニオン」などで修業後、フランスに渡り、南仏の「ル・ジャルダン・デ・サンス」などの名店で研鑽を積み、福岡の「レザン・ドール」のシェフを務めたあと、2020年に独立した。「南」を意味する店名には、南仏での出会いや食文化へのオマージュが込められ、それは料理にも表れている。例えばこの店で年間を通じて供される「スープ・ド・ポワソン」は、まさに南仏の代表料理。複数の魚の旨みを抽出した豊かな風味が口内に広がり、臭みや雑味のない仕上がりは、丁寧な下ごしらえと綿密な仕事なくしてはあり得ない。彩り豊かな野菜も数多く登場し、華のある盛付は目も楽しませてくれる。あえてコース価格を低めに設定しているのは、多くの人にフランス料理を味わってもらいたいという手塚氏の強い思いからだ。温かみが感じられる店内と、ソムリエでもあるマダムとシェフの仲睦まじい雰囲気に心癒される。この空間に身を置けば自然と会話に花が咲こうというもの。気軽にフランス料理を愉しみたいというゲストでいつも賑わっている。

☼：4,000円　☾：8,640円

Tel: 092-791-4450

福岡県福岡市中央区薬院
1-6-25 ルネスキューブ 1F

定休日:日曜、水曜ディナー

☼：12:00-15:00
（最終入店 13:30）
☾：18:00-22:00
（最終入店 20:00）

ル マルシャン ド ボヌール

14.5/20

Le marchand de bonheur

シェフ 森 英昭

フランス料理

フランス各地で修業し、帰国後は北海道の「ミシェル・ブラス トーヤ ジャポン」などで研鑽を積んだ森氏が2018年にオープンしたモダンフレンチレストラン。モノトーンで統一された店内はスタイリッシュで、肩肘張らずに本格フランス料理を堪能できる。「幸せを与える商人」を意味する店名は、数々の師匠の中でも最も敬愛するミシェル・ブラス氏から授かったもの。壁に転写されたブラス氏のメッセージからも、その強い思いが見てとれる。佐賀県出身の森氏の料理は、有明海や佐賀県の食材をふんだんに使った、テロワールを映すものであり、名店仕込みの色彩豊かなハーブ使いも魅力だ。中でもアーモンドを練り込んだ衣で仕上げるスペシャリテ「イソギンチャクのフリット」のコリコリした食感は、ここでしか味わうことができないものだ。ほぼすべての料理に添えられたハーブや花は、見た目の美しさだけでなく香りの演出で料理をさらに引き立てている。ワインのラインアップも豊富で、日本ワインも数多く、日本酒も扱う。佐賀県の名酒「鍋島」の「酒粕のブランマンジェ」に同じ「鍋島」を合わせるのも乙な愉しみ方だ。九州は食材の宝庫。身につけた高い技術で、それをいかに生かし、テロワールを追求していくか、楽しみな一軒である。

☼：4,180円〜7,150円　☾：11,000円〜16,500円

Tel: 092-406-6982

福岡県福岡市中央区警固
2-2-23
ウイングコート警固 2F

定休日：水曜、第3火曜

☼：12:00-15:30
（L.O.13:30）
☾：19:00-23:00
（L.O.20:00）

※前日までに要予約

Tel: **092-707-3934**

福岡県福岡市中央区
渡辺通2-1-82
電気ビル北館 B1F

定休日：不定休

☼：11:45-15:00
(L.O.13:30)
☾：18:00-22:30
(L.O.20:30)

なかがわ

15/20

NAKAGAWA

シェフ 中川英樹

イタリア料理

伝統的なイタリア料理をベースに、「なかがわ流の料理・サービス」という、新境地の開拓に挑み続ける中川氏が、旗艦店として2018年にオープンしたレストラン。中川氏は、イタリア・東京・福岡で研鑽を積み、2013年に独立、異なる業態の人気店を育て上げ、そこで得られた経験をこの店に注ぎ込んでいる。木目を基調とした明るく広々とした店内には、ガラス張りのオープンキッチンの他に個室が2つ。昼夜ともに季節の食材を使ったコースを数種類ずつ用意している。最初の一皿は20種類の野菜で取った出汁、「野菜のしずく」。中川氏の料理は、九州産の食材をふんだんに使った彩りの豊かさが特徴で、25種類の野菜を様々な調理法で仕上げた季節の野菜のサラダは、アートのように美しく、特に、女性客に人気の高いスペシャリテの一つだ。コースの最後には、九州各地で採れた茶葉6種類から選ぶ紅茶を味わいながら、パティシエによる華やかな菓子ボックスを楽しむ。季節感のある料理をさらに引き立てるワインやお茶のペアリングも見逃せない。小さな子供の利用も可能で、家族で一緒に楽しめるレストランとしても貴重だ。九州、日本、そして世界の自然に目を向ける中川氏が、それらを料理、サービスの中にどう落とし込むか、実力派シェフの動きに注目だ。

☼：**4,000円〜15,000円**　☾：**8,500円〜15,000円**

Tel: **092-517-2219**

福岡県福岡市中央区警固
2-2-11 シャンボール警固
1F

定休日：日曜

☾：18:00-22:00
(L.O.20:00)

ベッキ

15/20

bekki

シェフ 別城健太郎

イタリア料理

繁華街・天神の喧騒から少し離れた静かなエリア、マンションのエントランスから一番奥のドアという「容易に辿り着けない」隠れ家的なイタリア料理店だ。別城氏の料理は才気に溢れ、センスの塊であり、思考を手放さず考え抜いている。特に素晴らしいのは火入れだ。「焼きはセンス。教えて上手くなるものではない」と考える別城氏は、自身も独自に技術を身につけたという。昔ながらのコンロを使い、強火で攻めていく焼きも見事だが、鍋に食材を置く前段階、食材を脱水調整するところから、火入れのイメージは始まっている。ワインはもちろん、日本酒も別選の「新政No. 6」など数軒しか扱えない貴重なものを揃え、料理の終着点をイメージしてラインアップされている。手打ちパスタもイマジネーションの賜物で、別城氏の思考と創造性が表れた料理は、まるで芸術を味わうような体験となる。地方における「地産品か、全国の選りすぐりかというジレンマ」について、別城氏は既に結論を出しており、一見するとテロワールが薄く見えるかもしれないが、自身が定めたハードルを越えた地産品には深い愛情を注いでいる。溌剌とした若き女性ソムリエの心得たワインサービスもあり、わざわざでも訪れる価値のあるレストランだ。

☾：**16,500円**

トアヒス

TTOAHISU

シェフ 山下泰史

15/20

イノベーティブ

地下鉄大濠公園駅から徒歩で数分の住宅街。洒落た暖簾と木製のエントランスがゲストを迎える。ホールの壁面には和紙に福岡城大手門が描かれ、この店のコンセプトである和とフランス料理の融合が、設えにも見て取れる。山下氏は長崎のホテルレストランでクラシックなフランス料理を学び、東京の「ジョエル・ロブション」や「アムール」などで研鑽を重ね、2016年に店を構えた。当初から福岡の食通たちの注目度は高く、県外客をも巻き込んで人気店となるまでに長い歳月は不要だった。山下氏は和の文化を瑞々しい感性で再構築し、フランス料理のベースに取り入れる。中には創作性の高いものもあるが、決して行き過ぎず、守り過ぎることもない。あくまで「美味しい」という範疇に留めるバランス感覚が秀逸で、味の着地点はどれを取っても見事なものだ。スペシャリテの「ダブルコンソメ」はクリアで深い旨みが五臓六腑に染み渡る渾身の一杯。鹿児島の黒毛和牛フィレ肉は、断面の美しさが際立つローストに。ひとたび噛みしめれば、肉汁が細胞から一気に溢れ出し、想像を超える美味が口内を覆う。ホールスタッフの如才ないサービスも実に心地好く、ワインの相談などにも親身に応じる。方向性がより明確になり、ますます注目されるレストランだ。

☼：7,700円　☾：14,850円

Tel: **092-733-4600**

福岡県福岡市中央区
大手門3-12-12
BLDG64 1F

定休日：火曜

☼：12:00-15:00
☾：18:00-23:00
(L.O.19:00)

※車いすのまま食事が可能

奈良屋町 青

Ao

シェフ 金田英之

15/20

フュージョン

古いビルや昔ながらの飲食店が立ち並ぶ奈良屋町。その細い路地裏にひっそりとした佇まいの店がある。店主の金田氏は、音楽の道から料理の世界に入った異色のキャリアの持ち主。福岡「メゾン・ド・ヨシダ」や神戸「北野ホテル」でフランス料理を学び、バンコクにある「ガガン」や東京「日本料理 龍吟」など国内外の幅広いジャンルの店で研鑽を積んだ後、2019年6月に築70年の民家を改装し、この店を開いた。店名に由来する印象深い青の暖簾をくぐると、オープンキッチンのL字型のカウンターに8席。メニューは、全15品ほどの季節のおまかせコースのみ。フランス料理の技法を随所に取り入れたイノベーティブな日本料理を展開する。最初に出される「黒い玉」は、口に含むと熱々の豚足にフォアグラとトリュフが溢れ出す味わい深い一品。見た目にも美しい季節の飴細工のデザートには誰もが心躍らせることだろう。カウンター越し、金田氏自ら目利きした食材を調理する姿は実に活き活きとしている。その一連の動きを眺めながら独創的な皿に箸をつけるのも、この店の楽しみの一つだ。厳選された九州の食材に、金田氏が修業先で学んだ技術や感性を投影する料理の数々。博多の一角に、ここでしか味わえない極上の空間が待っている。

☾：16,500円

Tel: **092-272-2400**

福岡県福岡市博多区
奈良屋町4-11-3

定休日：不定休

☾：18:00-23:00

※2022年4月から
19,800円に価格変更予定

四川料理 巴蜀

Hashoku

シェフ 荻野亮平

14/20

中国料理

Tel: 092-482-7474

福岡県福岡市博多区
美野島2-3-14

定休日：日曜、祝日、
他不定休あり

☼：11:30-14:30
(L.O.14:00)

☾：18:00-22:00
(L.O.21:00)

※クレジットカードは
10,000円以上から利用可

※ランチはアラカルト

注目の四川料理店として2007年、福岡空港近くで開業し、2016年により街なかの美野島へ移転、さらに新たな顧客を獲得している。店主の荻野氏は、東京・千駄木の「天外天」で四川料理を学び、その後、2001年から2002年にかけての四川留学を経て、北九州市小倉の「欣葉」で台湾料理を学んだ。その経歴の通り、四川から台湾まで幅広い料理を得意とし、中国料理に関する著書も共同で出版している研究家でもある。「巴」と「蜀」という四川省を表す店名からも明らかなように、ここではよだれ鶏や麻婆豆腐といった四川を代表する料理が、いずれも雑味の少ないクリアな味わいで好評だ。また、ツガニと鶏肉の炒め物にトリュフを加えたり、タカバ（マハタ）のバター炒めなど、通常の四川とは異なった料理も供され、干し鮑と生鮑の食べ比べなども愉しい。荻野氏は、「1980年から2000年頃に現地で食べられていたものが最も四川料理らしい」と考え、ゲストにはなるべくそのままの形で味わってもらえるよう努めているという。また、80年前の麻婆豆腐を再現したり、40品ものコースを作ったりと、独自の挑戦を続けており、この店を訪れれば中国料理の多彩さ、奥深さに改めて感じ入ることだろう。

☾：5,000円～

5	全てに卓越したレストラン	19～20点
4	非常に素晴らしいレストラン	17～18.5点
3	素晴らしいレストラン	15～16.5点
2	料理人の個性を感じるレストラン	13～14.5点
1	良いレストラン	11～12.5点
トックなし	美味しいレストラン	10～10.5点

クレジットカード

個室あり

バリアフリー

御料理 まつ山

16/20

Oryori Matsuyama

シェフ 松山照三

日本料理

製鉄業を中心に発展した北九州市は、付随して接待の料亭文化も大いに栄えた街であった。産業構造の変化と工場の分散により近年は話題にのぼることも少なくなったこの街で、一人気を吐く料理人が松山氏だ。この道に入ったのは 25 歳という遅いスタートながら、その才覚と努力で頭角を現し、今や全国の食通を唸らせる気鋭の料理人となった。2019 年に店舗を大幅改装、カウンター６席へと数を減らすことで、より手間をかけ、ゲストへの細やかな心配りができる空間へと生まれ変わっている。萩の赤雲丹や薩摩甘海老など九州や近隣の良質な素材のほか、「天使音メロン」は静岡から、その他良いものは惜しげもなく全国から取り寄せる。一方で、若松の西瓜やとうもろこしなど、品質の優れた地元の食材を積極的に掘り起こし、美味しい料理に仕上げることで、わざわざ赴き、その地で食する意義を生み出している。七夕の時期には、さりげなく糸巻き柄の器を用い、椀種の鱧が品の良い吸い地と絡み合っていた。見事な骨切りから窺える技も確かなものだ。夏野菜を盛り込んだ八寸は色鮮やかで、季節の風情とともに松山氏の心意気も感じとれる。手抜きのない仕入れと調理は細部にわたり、高い完成度を示す。ここは福岡のみならず九州を代表する日本料理店の一つといえるだろう。

☼：20,000 円～　☾：20,000 円～

Tel: **093-642-2278**

福岡県北九州市八幡西区藤田2-1-10

定休日:水曜、木曜、祝日、金曜ランチ

☼ : 12:00-

☾ : 18:00-

一本木 石橋

15.5/20

Ippongi Ishibashi

シェフ 石橋康孝

日本料理

日本料理と鮨。この二つを高レベルで供する気鋭の店だ。日本料理は主に京都「高台寺和久傳」で、鮨は東京「海味」での修業経験を持つ石橋氏。和食のコースの中に数貫の握りを挟む独特の流れは、その修業の集大成ともいえる。和食店多しといえども、一人の料理人が二兎を追うこと自体が稀有なことであるが、それを両方とも物にしている点において、石橋氏の優れた感性・技能は誰しも認めざるをえないだろう。素材に関しては、自らの出合いを大切にし、その過程で信頼関係が築けたものだけを使用している。とある春の一品、「ホタルイカと蕗の薹の春巻き」は、ホタルイカの甘みや香りと蕗の薹の苦みが上品に交差し、生地に包まれて一体化、旬の味覚を丸ごと表現するかのような印象深い一皿となっていた。また琵琶湖の小鮎、大原の筍など、仕入れ力が光る四季折々の食材も実に魅力的だ。鮨は、酢飯に赤酢や塩味をなだらかに利かせて食べやすく仕上げ、小肌や鮪を合わせる。握りの技術も高く、もはや和食店の鮨というレベルではない。人懐っこいキャラクターの石橋氏は軽快に冗談も飛ばし、店には笑いが絶えない。福岡で生まれた二刀流がこの地でどのような発展を遂げるのか、今後も楽しみな一店である。

☼：6,000 円～ 20,000 円　☾：15,000 円～ 20,000 円

Tel: **092-534-7560**

福岡県福岡市中央区平尾1-9-13

定休日：不定休

☼ : 12:00-15:00 (L.O.13:30)

☾ : 18:00-22:00 (L.O.20:00)

井本

Imoto

シェフ 井本達也

15.5/20

日本料理

Tel: 092-753-7125

福岡県福岡市中央区薬院
4-15-29 香ビル1-2

定休日：無休

☼：12:00-15:00
（最終入店 13:30）
☾：17:00-23:00
（最終入店 20:30）

薬院大通駅からほど近い閑静な住宅街の一画、店内は無駄な装飾が削ぎ落とされ、カウンターを中心にライブ感溢れる割烹店だ。店主の井本氏は地元・福岡の中村調理製菓専門学校を卒業後、京都の「はな邑」や「祇園川上」などで研鑽を積み、2015年に29歳の若さで自身の店を開いた。料理は月替わりのおまかせコースのみ。九州の魚介や京都から取り寄せる京野菜など全国の選りすぐりの食材を、淀みのない所作で仕立て上げていく。渡り蟹と焼き茄子と菊花のジュレは、一つ一つに丁寧な仕事がなされ、蟹が主役かと思いきや野菜の美味しさが際立つ一品。秋らしい松茸と鱧のお椀はそれぞれの素材を引き立てつつ上品で洗練された味わいだ。子持ち鮎の天ぷら南蛮風は、からりと揚げて実山椒のタレと合わせ、印象深い仕上げとする。料理に華を添える日本酒も辛口系を基本に、香り・旨みに目配りされた品揃えだ。目の前で繰り広げられる一つ一つの所作の美しさ、そしてひたむきに料理に向き合う井本氏の姿に心を奪われる。福岡に居ながら味わえる、とっておきの京料理。贅沢な時間を愉しめるこの店の虜になる客が多いのも頷ける。

☼：24,200円　☾：24,200円

白金 にし田

Shirogane Nishida

シェフ 西田慎吾

15.5/20

日本料理

Tel: 092-522-8525

福岡県福岡市中央区白金
2-11-30

定休日：日曜・月曜不定休、
月曜・火曜ランチ

☼：12:00-14:30
（最終入店 13:00）
☾：17:00-22:00
（最終入店 21:00）

天神から車で約10分、中央区白金の地に静かに明かりを灯す。西田氏は福岡の調理師専門学校を卒業後、「京料理 熊魚菴 たん熊北店」で研鑽を積み、福岡の「手島邸」や「博多水炊き とり田」の料理長として活躍後、2014年3月に現在地に暖簾を掲げた。店内は白木が美しいシンプルなカウンターが8席の洗練された空間で、奥の個室は手入れの行き届いた和室にテーブルと椅子がセットされている。メニューは季節の食材を使ったおまかせコースのみ。日本料理の基本に則り、吟味された食材を用いて春夏秋冬を表現する。最初のおもてなしは、家紋入りのお猪口に入った引き立ての一番出汁。料理を純粋に味わってほしいという店主の思いが感じ取れる、上品でありながらほっと心に染み渡る出汁だ。四季の美しさを伝えるべく、秋には毛蟹の真丈や紅ずわい蟹の甲羅蒸しなど、素材の味と旨みを活かした料理が続く。締めの土鍋の炊きたてご飯は、米の一粒一粒にハリとツヤがあり、日本人で良かったと思える瞬間だ。カウンター越しに料理人の技を体感できるよう客席と厨房は同じ高さに設計してあり、店主の気遣いと心洗われるおもてなしも見逃せない。一つ一つに西田氏の美学が表れ、訪れる人に特別なひと時を感じさせてくれる、そんな贅沢な時間を過ごせる店である。

☼：15,000円～35,000円　☾：30,000円～35,000円

やちよ 只管

15.5/20

Yachiyo Shikan

シェフ 堤 康輔

日本料理

店名は禅の言葉である「只管打坐」から。そこには、ただひたすら一つのことに集中し、ものごとの本質に迫っていきたいという店主・堤氏の思いが込められている。20歳から京都の老舗旅館「柊家」で長年研鑽を積んだ堤氏は、茶の湯に由来する懐石料理を得意とし、野点発祥の地とされる「利休釜掛の松」がある馬出に、2018年7月、店を構えた。茶室のごとく静寂な空間で、繊細な心配り溢れた京料理を、堤氏が修業時代から集めてきたという尾形乾山や北大路魯山人の器でいただく。地元・福岡で仕入れた新鮮な魚や旬の京野菜など吟味された素材を用いた滋味深い料理は、日本料理の基本に忠実であり、一つ一つ丁寧な仕事ぶりが伝わってくる。中秋の名月にちなんだアラと松茸のお椀は魯山人の日月椀で。甘鯛の杉板焼きは乾山の向付でと、至高の器を愛でつつ、その奥深い世界に触れながら箸を進める。非日常の贅がそこにある。締めくくりは店主自らのお点前だ。四季に恵まれた日本ならではの年中行事や室礼など、様々な芸術文化に造詣の深い堤氏だからこそ継承できることも多かろう。本物を直に感じながら日本料理の神髄に触れられる、福岡で唯一無二の店である。

☼：15,000円　☾：15,000円

Tel: 092-645-0007

福岡県福岡市博多区千代4-30-8

定休日：不定休

☼：12:00-15:00
（最終入店 13:00）
☾：18:00-24:00
（最終入店 21:00）

※2022年7月より昼・夜ともに18,000円へ価格変更予定

お料理 佐藤

15/20

Oryouri Sato

シェフ 佐藤好美

日本料理

北九州料理界の重鎮ともいうべき存在である佐藤氏の店は、小倉駅のほど近くにある。広々とした手入れの行き届いた室内には、コの字型のカウンター席とカウンター個室も用意され、どちらの席からも店主の妙技とライブ感が楽しめる。訪れた盛夏の日には、生きた鮎を目の前で串に刺し、炭でじっくり焼いてみせてくれた。身のしなる鮎の香ばしさを眼前で感じ、心も躍る。選び抜かれた季節の食材を駆使した料理はいずれも味わいが秀逸で、中でも豊後水道の車海老は力強く弾けるような身質に、噛みしめると広がる上品な甘みが見事としかいいようがない。日本料理らしく季節や節句、縁起ものがふんだんに盛り込まれており、「疫病退散」の願いを込めて供される「粽」や、氷や蓮の葉を用いた涼しさあふれる器使いも魅力だ。中には骨董品クラスの逸品も登場し、器を愛でる愉しみもこの店ならではのものだ。ここでは、日本酒は「佐藤」オリジナルの竹酒がお薦めだ。竹の香る酒を片手に、海・山の幸を口にする幸せ。そこに存在するのは、丁寧な接客と臨場感、そして季節や文化が感じられる献立と佐藤氏ならではの独創性だ。どれをとっても北九州を代表する日本料理店に違いない。

☼：22,000円　☾：22,000円

Tel: 093-541-3767

福岡県北九州市小倉北区京町3-5-7 KSKコアビル1F

定休日：日曜

☼：12:00-14:00
（最終入店 12:00）
☾：17:00-22:00
（最終入店 20:00）

明珠ひら緒

Myoju Hirao

シェフ 平尾卓也

15/20

日本料理

Tel: 092-707-3967

福岡県福岡市中央区鳥飼 1-2-33 1F

定休日：火曜、他不定休あり

☼：12:00- 一斉スタート
☾：18:00-22:00
（最終入店 19:30）

店主の平尾氏は、まだ 30 代前半。「神戸吉兆」「大谷山荘」「岡山浜作」での修業を経て、故郷の福岡市で独立を果たした。店名は「明珠在掌（みょうじゅたなごころにあり）」という禅語に由来し、大切な珠は既に自分の手の中にあると、自らの珠を磨き続けることの大切さを諭したものである。その言葉通り、平尾氏は、いつも料理のことを考え、決して満足することなく、精進を続けている。時には前日に思い浮かんだアイデアを試作なしに提供するという離れ業を披露するが、着地点のイメージをしっかり持ち、外すことがない。センスの良さなのか、理屈を体得している強みなのか、慣れた食べ手であれば、既成概念に挑戦を仕掛ける料理に対して感動を覚え、優しい表情の店主が調理の際に見せる真剣な眼差しに心打たれることだろう。鱧の出始めの頃には、焼き霜にした鱧に、香りを残しつつも薄い蜜と出汁で３日間炊いた梅を添える。鱧と梅という定番の組み合わせにもかかわらず、独自の料理に昇華しており、その鋭敏な感覚にワクワクさせられる。花山椒も、牛肉ではなく、ノドグロのしゃぶしゃぶと合わせたかと思えば、ある時はノドグロのつけ焼きに花山椒餡を配したり、その変幻自在ぶりに驚かされる。将来の可能性を感じさせる、勢いのある料理店である。

☼：10,000 円～ 20,000 円　☾：10,000 円～ 20,000 円

鶫味

Tsugumi

シェフ 井上長鶫

14.5/20

日本料理

Tel: 092-401-1819

福岡県福岡市中央区高砂 1-6-6 サンクス高砂 1F

定休日：水曜、他不定休あり

☾：18:00- 一斉スタート

高砂の裏路地に店を構える気鋭の料理人・井上氏は久留米市生まれ。料理の道に進んだ兄に憧れ、大阪の調理師学校を卒業後、京都の「たん熊北店」で研鑽を積んだ。2018 年、「京味」で修業した兄の店である東京・新橋「味享」の立ち上げを手伝い、2020 年６月に地元・福岡で自身の店を開いた。料理は「九州郷土料理」を核とし、五島列島・小値賀島のクエ、対馬のヤイトカツオや穴子など九州の選りすぐりの食材を用い、素材の旨みを引き出しながら、繊細な作業で丁寧に仕上げている。新牛蒡と穴子の八幡巻きのお椀は、存在感のある食材が主役となり、寄り添うように滋味深い味を彩る出汁の印象も深い。最後は、大分県竹田市の城下安幸氏が作る竹炭米と温泉豆腐の味噌汁で締めくくる。店主が目利きした有田や唐津といった器と料理の融合も、この店の楽しみの一つだ。京都で繊細な味と技を身につけ、「京味」直系の兄から料理づくりの哲学を学んだ若い感性が、九州の豊かな食材と出合い、唯一無二の料理を紡ぎ出している。その名のごとく「味を鶫ぐ」店として、福岡の地から全国に名を馳せる一軒となるに違いない。

☾：18,000 円

鮨 さかい

17/20

Sushi Sakai

シェフ 堺 大航

寿司

名実ともに福岡を代表する鮨店だ。堺氏は東京の名店「海味」の出身。若手の台頭が著しく、鮨の激戦区といわれる福岡にあって東京仕込みのハイクオリティーな仕事で、徐々に県内外のファンを増やし、今や福岡はおろか、全国の食通が一度は訪ねたいと願う鮨店になっている。料理はおまかせコースのみで、素材はいずれも全国からの選りすぐり。酒肴では余市の鮟肝、噴火湾の毛蟹や雲丹など極上ものが目白押しだ。素材へのアプローチも適切で、卓越した調味センスが織りなす恍惚の酒肴たちが舌を喜ばせてくれる。12 貫ほどの握りも上質なもので、施す仕事と酢飯との調和は他に類を見ないほど洗練されている。中でも鮪や穴子など、赤酢を利かせた酢飯との相性は群を抜く。提供時の簡潔な説明は実に理論的で、いかに旨みのポイントを目指しているのかが明確に共有できる。すべてが何の違和感も、抵抗感もなく、スッと腑に落ちる美味しさだ。そのための膨大な仕込みを、隙無くやり遂げた完成度の高さがこの店にはある。圧倒的な人気を博す現在でも、妥協なき仕事と腰の低い姿勢は変わらない。さりげない心遣いや何気ない会話も、多くのゲストの心を掴んでいる。舌と心を高い次元で満たしてくれる、福岡きっての鮨の名店だ。

☼：33,000 円　☾：33,000 円

Tel: 092-726-6289

福岡県福岡市中央区
西中洲3-20
LANEラウンドビル 2F

定休日:日曜、月曜、祝日、
火曜ランチ

☼ : 11:00- / 13:30-
☾ : 火 18:00- /20:30-
水 - 金 18:00-
土 17:00- /19:30-

天寿し 京町店

17/20

Tenzushi Kyomachi

シェフ 天野 功

寿司

北九州には独自の寿司文化がある。煮切り醤油を使わず、柑橘と塩でシンプルに鮮魚の旨みを引き出す、この「小倉前」を生み出したのが、1939 年創業、「天寿し」の先代・天野時夫氏だ。現在は本店を長男の裕氏が、京町店を功氏が引き継ぎ、全国の通人を小倉に誘っている。地元の食材を味わってほしいという天野氏の想いから、玄界灘や九州近辺で水揚げされた旬の魚介を中心に、調味料までも地元産に徹する。代表格ともいうべき「赤烏賊の握り」は、波切りの飾り包丁を施した烏賊の上に、雲丹と色鮮やかな錦胡麻をあしらい、かぼすがふわっと香る芸術的な一品だ。握りの最後は、鮪の中落ちと海ぶどうを使った特製鉄火巻き。海ぶどうの塩気と食感が鮪とよく合い、磯の香りが広がる。アルコールやつまみはなく、濃茶と握りのみ。純粋に鮨の美味しさを味わってほしいという先代の思いを継承し、つまみが無くても飽きることがないよう常時 20 種類ほどの鮨種を用意している。懐石から発想を得たという独自の食材の組み合わせにも驚かされる。二代目・功氏の所作の美しさはもちろんのこと、温かい笑顔とゲストに緊張感を持たせない気さくな雰囲気も魅力の一つだ。遠方からでも季節ごとに足を運びたくなる、九州流のおもてなしがここにある。

☼：38,500 円　☾：38,500 円

Tel: 093-521-5540

福岡県北九州市小倉北区
京町3-11-9

定休日 : 月曜、火曜

☼ : 12:00-13:30
/14:00-15:30
☾ : 17:30-19:00
/19:30-21:00

江戸前鮨 二鶴

Edo-Mae Sushi NIKAKU

シェフ 船橋節男

16/20

寿司

Tel: **093-531-2442**

福岡県北九州市小倉北区足立1-4-31

定休日：水曜、第１火曜

☼：12:00-14:00
☾：17:30-22:00

北九州市では珍しい江戸前を貫く鮨店だ。カウンター席のみの小さな店内で、凛々しい立ち姿でゲストを迎えるのは船橋氏。2002年に帰郷し、当時は九州全域を見ても珍しかった本格的な江戸前鮨を東京から持ち帰り、今や界隈を代表する鮨店となっている。九州各地から取り寄せる良質な魚介を江戸前の技術で仕上げ、調和を図る仕事が魅力だ。酢飯は砂糖を使わず塩と酢で調味しながらも、円やかに舌に馴染み、ひと手間加えた鮨種と見事に融合する。まるで手本のような本手返しは所作が実に端正で、握りの技術は極めて高い。口内でふわりとほどけ、噛みしめるごとに酢飯と鮨種の一体感を感じられるものばかりだ。程良い熟成によって甘みや旨みを引き出した甘鯛は、酢飯と合わせることでより官能的な美味しさへと導かれ、酢で締めた小肌など江戸前らしい仕事も一切の抜かりがない。素材への適切なアプローチや精確な仕事、酢飯とのバランスなど、これぞ江戸前鮨の真骨頂だと再認識させられる。朗らかで笑顔を絶やさない船橋氏の温かな人柄ともてなしも心地好い。地方都市でも江戸前鮨が珍しくなくなってきた昨今、その先駆的存在として「二鶴」の存在が揺らぐことはないだろう。

☼：18,500円〜27,500円　☾：18,500円〜27,500円

鮨 行天

Sushi Gyoten

シェフ 行天健二

16/20

寿司

Tel: **092-521-2200**

福岡県福岡市中央区平尾1-2-12 井上ビル 1F

定休日：不定休

☼：土・日のみ 11:45-
☾：18:00-

※完全予約制

※クレジットカードはディナー時のみ利用可

九州の地物だけでなく、常に全国から最上級の旬の魚介を仕入れ、妥協を許さない店主・行天氏の姿勢を示す。この日は、つまみとして、まず生の白魚から供された。見たこともないような10cm弱ある身厚で透き通った白魚を軽く塩でいただく。喉越しは爽やかで、そこに甘みが加わる。次も旬であるパンパンに膨れたホタルイカの昆布焼き。この時点で、もう気持ちも高まっている。ヒラメ昆布締め、初鰹、焼きメヒカリへと続き、行天氏の料理への探究心と熱い思いがひしひしと伝わってくる。握りでは、まず初めに、看板でもある最高品質の本鮪のトロが。鮪の脂と、酸の効いた赤酢とのバランスの良さが忘れられない。やや柔らかめの鮨飯の、粒は大き目だが口中でほろりと崩れるところも良い。トロの次には小肌でさっぱりと、そして、余韻を楽しむがごとく、今度は本鮪の中トロが２貫。ここでその日のピークかと思いきや、極上の雲丹、焼き天然トラフグ白子寿司、さらには巨大なバチコへ、延々とピークは続く。締めは穴子。ふんわり柔らかなのに型崩れしない、その技術に感動を覚える。時間にして約３時間半という、鮨としては長めのおまかせコースだが、行天氏はそこに唯一無二の鮨世界を創り上げ、客を満足させることに全力を注いでいる。全国から鮨好きが福岡を目指すのも納得だ。

☼：38,000円〜　☾：38,000円〜

鮨 唐島

15.5/20

Sushi Karashima

シェフ 唐島 裕

寿司

鮨の激戦地・福岡において、３年前に開業したこの店は、早くも確固たる地位を築いている。まだ30代前半の唐島氏は、関西の「作一」や「紀茂登」で修業後、福岡市の有名鮨店を経て、2018年に独立。その経歴からも想像できるように、料理の美味しさには特筆すべきものがあり、最初に出される魚出汁の茶碗蒸しから、握りを経て、最後のカステラのような玉子焼きに至るまで、見事な流れとなっている。地元の魚も積極的に用い、初夏の頃には、旬のイサキを、炭火焼き、低温調理された白子、国産のコラトゥーラ（カタクチイワシのイタリア風魚醤）に漬け込んだ真子、と堪能することもできるし、博多以外ではあまり食されないスズメダイの炙り（あぶってかも）も、小骨や鱗を丁寧に取り除き、旨みが凝縮したご馳走に変貌している。握りでも創意工夫はやまず、酢飯には赤酢２種類と米酢をブレンドし、山葵も津和野産の辛みが少ないものを選び抜いている。鮨種の温度にも注意を払い、鮪が続いた後に、隠し包丁を細かく入れ、少し冷やした小肌を出し、口の中をスッキリさせる。おまかせは干瓢巻きで終わりとなるが、店主が鮨種を読み上げ、客が追加を注文するという方式もこの店の楽しみの一つだ。既に名店の風格も漂うが、唐島氏が家族とともに醸し出す雰囲気も好ましく、今後も目が離せない。

☾：22,000 円〜

Tel: **092-707-3999**

福岡県福岡市中央区赤坂
3-1-2 大東ビルII 1F

定休日：不定休

☾：18:00- /20:30-

※価格は変動あり

※車いすのまま食事が可能

安春計

15/20

Asuke

シェフ 高崎正彦

寿司

銀座「きよ田」二代目新津武昭氏のもとで２年間修業を積んだ高崎氏の江戸前鮨店。酢飯は１年寝かせた古米を用い、赤酢と塩のみ、脂の旨みを引き立てる。客が来る１時間前に炊き上げげたという酢飯は人肌のぬくもりと独特の食感がある。鮨種は、豊洲や全国の産地、名店などに足を運び、常に探究を欠かさない。「鮨屋であって呑み屋ではない」という修業先のポリシーを守り、日本酒は岐阜の「三千盛 純米大吟醸」、ビールはヱビスの各１種に限る。酒は唐津の名工の手による趣のある酒器から選んで味わう。そんな一本筋の通った主人の元には全国から選り抜きの鮨種が集まってくる。１品目は旬の短い期間にしか出されない鯛の白子。ポン酢をのせた白子の乳白色が美しい。歯ごたえも、仄かな甘さも格別だ。皮を軽く炙った土佐鰹は、一切れは「醤油をつけないで召し上がってください」と言われ、口に運ぶと、モチッとした食感と口中で溶けていく脂の上品さに言葉を失った。エゾバフンウニともろみをのせていただく唐津市七山の朝掘りの無農薬大根は、大根の瑞々しく清らかな味わいに驚かされる。ここには、名店の系譜に連なる江戸前の仕事があり、この店ならではの旬の味を求め、全国から食通が駆けつけている。

☾：19,800 円

Tel: **092-716-6688**

福岡県福岡市中央区薬院
1-6-28

定休日：日曜、月曜、
祝日

☾：18:00-21:00
(L.O.19:30)

菊鮨

Kikuzushi

シェフ 瀬口祐介

15/20

寿司

Tel: **092-575-0718**

福岡県春日市春日公園3-51-3

定休日：日曜

☼：12:00- /14:00-
☾：18:00-22:00

博多駅から車で30分、春日市の閑静な住宅街にある一軒の鮨店は、連日多くの客で賑わいを見せる。「菊鮨」は、1980年創業、現在は二代目店主である瀬口祐介氏が切り盛りする。瀬口氏は高校卒業後、福岡の老舗「高玉」で10年間修業。モナコ公国のホテルで副料理長や指導者として活躍後、2012年に帰国、この店を継ぐことを決意した。「その日一番旨い鮨」を提供するため、九州産の新鮮で上質な魚を中心に、鮪や蛤などは空輸で仕入れている。酢飯は佐賀県の専属農家の米のみを用い、水分量まで徹底的に吟味し、客の予約時間に合わせて土鍋で炊き上げる。湯気の立つ米を目の前で瀬口氏自ら2種類の赤酢と混ぜ合わせる演出も心憎い。コースはつまみが7～8品、握りが12貫ほど。15kgの五島列島のクエの造りや有明海のシャコとコノワタの茶碗蒸し、揚げたマナガツオを海苔で巻いたものなど、九州らしい酒肴を目当てに訪れる客も多い。瀬口氏の繊細で美しい所作は、リズミカルで心地好い。丁寧な仕事が施された鮨種の確かな技術はもちろんのこと、その真摯な姿勢、人柄にも魅了される。樹齢100年を超える銀杏の一枚板のモダンなカウンターで、握りとつまみが織りなす至福のひと時を堪能したい。

☼：22,000円　☾：22,000円

寿司つばさ

Sushi Tsubasa

シェフ 黄丹 翼

14.5/20

寿司

Tel: **093-953-8282**

福岡県北九州市小倉北区魚町3-3-24 新米谷ビル2F

定休日：水曜、木曜ランチ

☼：12:00-15:00
☾：18:00-22:00

やや甘めの酢飯を使い、仕上げに柑橘や塩で調味する「小倉前」。北九州市に根付くこの流れは、名店として名高い「天寿し」や「もり田」が代名詞的存在である。黄丹氏はその「もり田」で8年に亘り研鑽を積み、真に正統をもって「小倉前」を受け継ぐ若き料理人だ。2012年に独立、2016年に現在の場所へ移転し、装いを一新している。アプローチにさりげなく飾られた季節の花々がゲストの心を和らげ、数寄屋造りの店内は美しく清潔感に溢れ、一枚板のカウンターなど随所に意匠を感じるものだ。この店は九州や近海の食材を中心に、多彩な酒肴と握りでゲストを魅了する。握りでは小倉前らしく柑橘や塩を用いながら、黄丹氏独自の創意と工夫を加えている。例えばノドグロは蕪の甘酢漬けをのせ、脂分をコントロールしながらサッパリと仕上げる。甘鯛は軽く昆布締めにし、さらに炙って旨みを閉じ込めている。伝統的な手法に加え、より美味しさを生み出し、昇華させるのが「寿司つばさ」の握りだ。黄丹氏の人懐こく飾らないキャラクターで会話も弾み、居心地の良い雰囲気を醸し出している。鮨職人として、その土地に根付いた握りを守り、未来に受け継ぐ黄丹氏の覚悟の眼差しに注目したい。

☼：18,000円　☾：18,000円

台所 ようは

pop

Daidocoro Yoha

シェフ 大塚 瞳

家庭料理

店名の「ようは」は、江戸時代にこの近辺に住んでいた福岡藩医の鷹取養巴の名前から。これまで特定の店舗を持たず、生産者を巡り、また窯元との付き合いを通して器と食材をつないできた大塚氏が提供するのは、おばんざいや台湾料理をはじめとした、国境を越えた懐かしい味。江戸期の豆皿や昭和初期のガラス皿など、温かみのある器も魅力的だ。落ち着いた店内には台湾の屋台を思わせる鶏の丸焼きが下がり、大皿にはおばんざいが並ぶ。爽やかな酸味の「薬膳とりなべ」は、佐賀の納所（のうさ）ごぼうの柔らかさや上品な風味が特徴だ。「つくりおきをすることで美味しくなる料理が中心です」と大塚氏は言う。空間も料理も、積み重なった時間を思い、愛でる店だ。

☾ コース ○

Tel: 092-739-9105

福岡県福岡市中央区大名1-4-28

定休日：月曜、他不定休あり

☾ : 17:00-23:00
(L.O.22:30)

※車いすのまま食事が可能

ピッツェリア・ダ・ガエターノ

pop

Pizzeria Da Gaetano

シェフ 舌間智英

イタリア料理

「真のナポリピッツァ」と本場ナポリの雰囲気を楽しめる店として 2011 年にオープン。オーナーシェフの舌間氏は、2004 年に渡伊。イスキア島で、ナポリピッツァ界の巨匠として知られるガエターノ・ファッツィオ氏に約 6 年、師事。世界で唯一、暖簾分けの許しを得て故郷に凱旋した。厨房の奥で存在感を放つピザ窯はもちろん、器や本など、装飾も全てイタリアから輸入。ナポリの料理やピッツァ、そしてサービスを純粋に楽しんで貰いたいという舌間氏の思いが店いっぱいに詰まっている。希少なイスキア島のリキュール「ルコリーノ」を片手に、活気溢れる店内で本場の味とサービスが体感できる。訪れる人の誰もが心地好く過ごせる店である。

Tel: 092-986-8822

福岡県福岡市中央区
渡辺通り2-7-14
パグーロ薬院 1F

定休日：月曜、第 1・3 火曜、定休日の翌日のランチ

☼ : 11:30-14:30 (L.O.)
☾ : 17:30-22:00 (L.O.)

焼鳥 森本

pop

Yakitori Morimoto

シェフ 森本敬太

焼き鳥

焼き鳥店の日本有数の激戦区である福岡市。鳥取生まれの森本氏は、夫婦二人、あえてこの地で店を開いた挑戦者である。森本氏は福岡で勝負をするに際し、平飼いで 150 ～ 180 日育てられる大分県の地鶏「豊のしゃも」を丸鳥で仕入れ、部位ごとの違いを際立たせることにした。特に、朝引きの刺身は新鮮で、ふんわりとした食感の心臓、首の皮の滋味深い旨みなど、ほかでは味わえないものだ。研究熱心な森本氏は素材を厳選し、最高級の日向備長炭で、微妙に串と炭を動かしながら火加減を調整し、細心の注意を払いつつ丁寧に焼き上げる。そこには焼き鳥として完成された美味しさがあり、特に、店主が誰にも負けないと自負する焼きの技には、他の追随を許さないものがある。

☾ コース ○

Tel: 090-9595-1129

福岡県福岡市中央区春吉3-11-19
パノラマスクエア博多 2F

定休日：日曜

☾ : 18:00-21:00
(最終入店)

Tel: **092-724-7880**

福岡県福岡市中央区赤坂
2-3-32

定休日：日曜

☼ : 12:00-
☾ : 18:00-24:00

万

pop

yorozu

茶司 徳淵 卓

茶酒房

茶司・徳淵氏が日本茶からアルコールまで、ゲストの好みに合わせて提供する茶酒房。日本茶をメインとした「バー」と表現するのが一番近いだろうか。和の設えを心の底から敬愛する店主の感性が隅々までいきわたる空間には、茶の芳しい香りが漂い、供されるもの一つ一つから茶菓子に至るまで、どれも華美ではないが機能美を備えた日本人らしい品のあるセレクトで心がふるえる。あまりアルコールを嗜まない人でも、ここであれば日本茶、抹茶、ほうじ茶、水出し緑茶など、「茶」のみで十分に愉しめるはずだ。目の前で一滴ずつしっかりと抽出する徳淵氏の所作を眺めているだけで、万物の運命に想いを馳せ、日本人が大切にしてきたものを思い出させてくれるだろう。

☼ コース ○　☾ コース ○

ゴ・エ・ミヨの歴史

ヌーヴェル・キュイジーヌの十の戒律

1. 火を入れすぎない
2. 新鮮で品質の良い食材を使う
3. メニューを軽くする
4. 必ずしもモダニストである必要はない
5. それでも、新しい技術で何ができるかを研究する
6. マリネ、熟成、発酵等は避ける
7. 重いソースは無くす
8. 食餌療法を無視しない
9. プレゼンテーションでごまかさない
10. 独創的であれ

カレーのアキンボ

14/20

Curry Akimbo

シェフ 川岸真人

カレー料理

Tel: 080-6426-4170

佐賀県佐賀市大和町川上
475

定休日：木曜、金曜

☼：12:30-
☾：19:00-

※完全予約制

佐賀大和インター近く、佐賀駅から車で 20 分ほどの古民家を改造した店は、東京・錦糸町で５年間、同名のカレー店を経営した川岸氏が、故郷である佐賀市に戻り、2015 年９月に開いたものだ。現在は完全予約制で、昼と夜、各４名までの営業のため、訪問できる機会は限られているものの、その狭き門をくぐり抜ければ、まず巷のカレー店との違いに驚かされるであろう。メニューは 6,000 円のコースのみ。一般的なカレーは２皿で、他には地元の野菜や肉、魚を用いた優しさ溢れる料理の数々。川岸氏の真摯な姿勢とも相まって、唯一無二の世界が広がっている。茹でてから揚げたシナモン風味の里芋にゴーダチーズを添えた前菜から始まり、ブラウンチーズをあしらった焼き無花果のデザートまで、スパイスを利かせた７品の創作料理は、生姜以外の野菜は佐賀県産を用いたピュアなもの。中でも、もずく、マコモダケ、大根を用いたスープカレーは、斬新な組み合わせで新たな麺類のような味わいを生み出している。また白石牛のキーマカレーは、ニッキ風味のご飯がアクセントとなり、定番の野菜カレーは、しみじみとした優しさ溢れるもので、佐賀の恵みを堪能させる。この美味しいイノベーションの店は、心のデトックスのためにも訪れてみたい。

☼：6,000 円　☾：6,000 円

飴源

15.5/20

Amegen

シェフ 田中三好

日本料理

Tel: 0955-56-6926

佐賀県唐津市浜玉町
五反田1058-2

定休日：火曜

11:00-21:00 (L.O.19:00)

※営業時間は変更になる場合あり

創業が天保９年（1838 年）という川魚と摘草料理の老舗である。初代・源吉が川魚料理と水飴を商っていたことから、「飴屋の源さん」と呼ばれ、「飴源」という屋号になったという。現在は四代目・田中三好氏が息子の豊司氏、孫の脩司氏とともに、店の前を流れる玉島川や唐津の自然の恵みを生かした料理を提供している。名物は川魚や蟹であり、白魚、山女魚、鮎、鰻、ツガニを調理し、楽しませてくれる。ツガニはモクズガニとも呼ばれる淡水域に生息する蟹であるが、玉島川の川底は砂地で水温が低いからか、他の地方よりも旨みが強いのが特徴だという。この店の川魚料理は、鰻の湯引き、山女魚の背越し、山女魚や鮎の塩焼き、飴焼き、そして、蟹の姿煮、蟹ご飯、蟹寄せ汁と多種多様だ。清々しい味わいの山女魚の背越しは自家製の酢味噌との相性も良く、春の白魚の天ぷらや玉子とじも特筆すべき美味しさである。だが、やはり、この店で味わうべきはツガニだろう。蟹の姿煮は、上海蟹以上に濃厚な味わいがあり、また、蟹ご飯は淡い味付けと蟹の香りが秀逸である。周辺の長閑な雰囲気と相まって、慌しい日々から逃れることのできる、都会からの訪問者も心和む老舗である。

☼：7,139 円～ 14,520 円　☾：7,139 円～ 14,520 円

あるところ

15/20

Arutokoro

シェフ 平河 直

日本料理

Tel: **0955-58-8898**

佐賀県唐津市鏡732

定休日：不定休

☼ : 11:00-15:00
☾ : 17:00-22:00

※予約は 2 名から、前日までに要予約

佐賀県唐津市、鏡山の麓にある和食店。主人の平河氏は福岡市の高校を卒業後、富山県の大学で金属工芸を学び、その後、留学したフィンランドで料理を作る楽しさに目覚めた。帰国後、都内の和食店で修業を始め、その後福岡市の割烹で経験を積むという異色の経歴を持つ。唐津市の中心部から離れ、東唐津駅から車で約 10 分。築 130 年を超える古民家を改築した店は、日本の原風景のような落ち着いた佇まいである。平河氏は日本昔話の世界観が好きで、「昔々あるところに」というフレーズから店名を拝借したという。料理は、日本人の原点のような懐かしい味を平河氏流に洗練させており、現代人にとって、ここは食のオアシスのようなところかもしれない。小鯛の酢の物や本鰹のタタキ、キジハタの潮汁、マナガツオの西京漬けといった唐津産の新鮮な旨みの乗った魚介類の料理から、ふっくらとした地元の里芋や銀杏まで、唐津の力強い素材を堪能することができる。そして、一番の愉しみが竈で炊き上げた白ご飯だ。塩おにぎりにしたその美味しさは、日本人として生まれた喜びをあらためて感じるほどの素晴らしさである。ここを訪れたなら、疲れた心と身体もきっとリセットできるに違いない。

☼ : 12,000 円　☾ : 12,000 円

日本料理 会席 かわしま

14.5/20

Kawashima

シェフ 川島広史

日本料理

Tel: **090-1083-8823**

佐賀県唐津市京町1775

定休日：日曜

☾ : 18:30-

唐津市で寛政年間に創業、200 年以上の歴史を持つ「川島豆腐店」は、ざる豆腐の元祖としても全国にその名を知られ、ここは、その十代目当主・川島広史氏が営む日本料理店だ。朝は出来立ての豆腐がいただける「豆腐料理かわしま」、昼は「かわしまのおまかせ会席」、夜は「日本料理 会席 かわしま」と、業態が変身を遂げる。川島氏は、東京・神宮前の「重よし」で 10 年間の修業を重ねたという経歴の持ち主。修業先でシンプルな中に味わいのある日本料理の技を会得した川島氏は、毎日、地元の厳選した食材と向き合いながら、料理を作り上げている。初冬には、アコヤ貝から最後の米に至るまで、唐津と周辺の食材を縦横無尽に駆使しており、中でも、唐津沖でとれた海鰻を炊いた一品は、適度に落とした脂の加減が見事だ。また、椀物の海老真丈も、地元の足赤海老と葛のみで作られ、プリプリとした食感が好ましい。「9 割以上は地元の食材」と話す川島氏は、唐津の料理店ならではの仕事を楽しんでいる様子で、唐津焼の地元である強みも生かして、ほとんどの料理に唐津焼の名工・中里隆氏の器を用いている。この店には徹頭徹尾、唐津への愛が込められている。

☾ : 8,800 円〜 22,000 円

鮨処 つく田

Sushidokoro Tsukuta

シェフ **松尾雄二**

15.5/20 🍳🍳🍳

寿司

唐津城下の商店街の一角に、静かに暖簾を掲げる鮨店がある。敷居をまたぐと、装飾を排した空間の中心に、白木の美しいカウンター7席が現れる。店主の松尾雄二氏と子息の文平氏は、この土地ならではの「唐津前」を供し、今や全国から鮨好きが足を運び賑わう。雄二氏は、大学卒業後、食品会社を経て、24歳で鮨の世界に飛び込んだ。実家の鮨店を手伝う中で訪れた銀座「きよ田」の穴子の握りに感動し、2年ほど東京に通いながら手ほどきを受け、1993年に自身の店「つく田」を開く。唐津で獲れた新鮮な魚介類を中心に、赤酢と塩のみの酢飯に合わせる江戸前を踏まえたスタイル。地のものを使い、鮨米と自然薯は唐津産の無農薬のものを生産者から取り寄せる。最初の酒肴は、唐津を代表する陶芸家・中里隆氏による唐津焼の器でいただく。唐津港で水揚げされる烏賊や思い入れのある穴子など、仕込みや素材はもちろんのこと、酢飯ともよく絡み合う手練れの技がつむぐ妙味がたまらない。親子二人三脚で作り上げる唐津前鮨。都会の喧騒を離れ、ゆったりと美味しい鮨を味わいながら、優しいもてなしに酔いしれる、この上ない時間が唐津で待っている。

☼：6,000円～9,000円　☾：23,000円～

Tel: **0955-74-6665**

佐賀県唐津市中町
1879-1

定休日：月曜

☼：12:00-14:00
（最終入店 13:30）
☾：18:00-22:00
（最終入店 19:30）

ゴ・エ・ミヨの歴史

1978年、『SPECIAL VINS（スペシャル・ヴァン）』初版

ワイン特別号の雑誌を思いついたのはクリスチャン・ミヨでした。葡萄の収穫時期に料理評論家を葡萄畑に集め、フランスのワインをアピールするというアイデアが浮かんだのです。

「SPECIAL（特別号）」と書かれた雑誌は1978年9月に発行され、価格は5フランでした。その見出しは、現在まで引き継がれている「パリ、様々な値段のレストラン」と「全80ページで紹介するワインの全てとワイン通が薦める500軒」です。

ヴィッラ デル ニード

villa del nido

シェフ 吉田貴文

15.5/20

イタリア料理

Tel: **0957-73-9713**

長崎県雲仙市国見町
多比良甲313-2

定休日：火曜、水曜

☼：12:00-
☾：19:00-

島原鉄道「多比良駅」から車で数分、連なるビニールハウスの角を曲がると、ブルーグレーの瀟洒な建物が見えてくる。主に島原半島の食材を使用し、独自の発酵調味料、発酵食材を駆使してオリジナリティー溢れる料理を生み出す吉田氏のレストランだ。「魚海老醬」と記された料理は、キジハタ、春キャベツを自家製の海老醬で和え、豚の網脂で包んだフリットである。熱々を頬張り、サクサクした食感、溢れ出る旨みに頬が緩む。その横には、雲仙のこぶ高菜。こぶの部分と種を発酵させた甘酸っぱい洒落た付け合わせだ。さらに、廃棄処分するしかないサニーレタスの外葉を乾燥させて粉状にし、皿の上に描いた円形も美しい。「多比良ガネ」と呼ばれる渡り蟹は、湧き水で新玉葱とともにスープにし、南島原の極細手延べそうめんといただく。地元の葱とミントの葉を添え、ここにしかない爽やかで美味しいイタリア料理に仕上がっている。島原の地で初めて味わう食材に新鮮な驚きを覚え、それが単なる郷土料理ではなく、完成度が高く洗練されていることに深い感銘を受ける。イタリア修業後、自身の店を構えて6年、シェフとマダムの柔らかな笑顔から生まれる島原ならではの味に出合うため、全国の食通が長崎まで足を延ばしている。

☼：13,000 円　☾：13,000 円

ペシコ

pesceco

シェフ 井上稔浩

15.5/20

ジオ・ガストロノミー

Tel: **0957-73-9014**

長崎県島原市新馬場町
223-1

定休日：日曜、月曜、
他不定休あり

☼：火 - 金 12:00-
☾：土 19:00-

「里浜ガストロノミー」という言葉の通り、皿の上からは浜辺、潮騒、波、畑の様子が五感を通して伝わってくる。里浜の自然とその恩恵に感謝し、人々が大切にしてきた文化をも継承していく料理。アミューズでは、島原の昔の子供のおやつが、塩辛バターの薫る洒落たさつまいものタルトレットとして登場する。かつてどこの家庭でも常備していた「エタリ」というカタクチイワシの塩辛、それをふかしたさつまいもにのせたおやつを、子供たちは楽しみに食べたという。鮮魚店を営む、目利きの父親から仕入れた筋肉質のフグを、藁焼きしてタタキにし、同じく藁で香りをつけた甘夏とともに盛り付ける。それをニンニクの葉のフレーバーオイル、煎り酒とともにいただくと、フグのモチッとした食感や甘夏の酸味、紫蘇の香りと旨みが折り重なり、見事なハーモニーを奏でる。毎朝、岩戸の湧き水を汲み、その水と塩だけで炊いた「スナップエンドウご飯」。素朴で透明感のある美味しさに、誰もが自然と笑顔になる。生命力溢れる食材を、次々と魔法のようにとびきり美味しい料理に変えていく井上氏は、「魚も肉も野菜も全てが主役。付け合わせはないのです」と誇らしげに語る。横長の窓に切り取られた青い空と海。島原の料理と風土を心ゆくまで楽しみたい。

☼：16,000 円～ 18,000 円　☾：16,000 円～ 18,000 円

ビアード

14.5/20

BEARD

シェフ 原川慎一郎

自然料理

東京・目黒「BEARD」のシェフであった原川氏は、カリフォルニアでオーガニック料理の真髄に触れ、2017年12月からは神田の「ザ・ブラインド・ドンキー」で腕をふるっていた。ある時出会った雲仙の種採り農家、岩崎政利氏の野菜に惚れ込み、移住を決め、2020年12月、新生「BEARD」が誕生した。驚くような潔さと行動力である。メニューは、ほぼ野菜のみ。「野菜の端っこと湧き水のみのスープです。味付けは塩だけ」という言葉とともに、「野菜のお出汁」が供される。体の隅々まで浄化されていくような澄み切った美味しさだ。野菜を手に取ると、瞬時にベストの調理法が浮かぶという原川氏は、近くの湯宿から源泉を分けてもらい、その蒸気で野菜を蒸し、湯が含む塩分や成分を取り込む。「Chard, Egg」は、スイスチャードの茎と葉を分けて時間差で蒸し、半熟卵とチリパウダーのマヨネーズをかける。シャキシャキとした歯ごたえ、噛みしめるごとに溢れる旨み、卵とピリッと辛いマヨネーズのコクがとてもよく合う。最高の食材を愛おしむように、客と談笑しながら一人で料理し、ワインを注ぐ原川氏の姿は、どこか誇らしげに輝いている。雲仙で40年、在来種を守り続けた農家、それを発信し繋ぐ人、その魅力に引き寄せられて移住する料理人。雲仙に今、新しい食文化が芽吹き始めている。

☼：9,000円　☾：9,000円

Tel: **0957-74-5557**

長崎県雲仙市小浜町
北本町2-1

定休日:日曜、月曜、火曜、他不定休あり

☼：水・木・土 12:00-
☾：金・土 18:00-

ゴ・エ・ミヨの歴史

1984年、ワインガイドブックの誕生

1984年9月、ゴ・エ・ミヨがワインガイドブック初版を発行しました。タイトルは『フランスワインのガイドブック 初の実用的なガイド ― 品質と価格のバランスが優秀な1500種類のワイン』。アンリ・ゴとクリスチャン・ミヨの責任のもと、試飲メンバーとしてフェルナン・ウーターズ、ジョゼフ・グラン、フィリップ・デ・ロワ・デュ・ルーヴルが選ばれました。

その評判は高まり、沢山のテイスターやジャーナリストがゴ・エ・ミヨへ、そのノウハウを学びに訪れました。

やがて、報道、経済、金融、政治を扱う雑誌でもページに彩りを添えるため、ワインの記事が掲載され始めました。それが、毎年、葡萄の収穫時期にワインの特集号がフランス中のキオスクに並ぶようになった理由です。

イル カジーノ
IL CASINO
シェフ 松本興治

14.5/20

イタリア料理

Tel: **096-355-8305**

熊本県熊本市中央区
手取本町3-7

定休日：日曜

☾：18:00-22:00
(L.O.20:00)

熊本市中心部の繁華街・下通の近く、Barを居抜きしてDIYで仕立てたような店は、まるで秘密基地的なサロンだ。無理やり詰め込んだような極小キッチン。ブビンガのカウンター越し、ゲストとシェフとの濃密なセッションが繰り広げられる。2021年、この店を創り上げた別城健太郎氏が福岡に「bekki」を出店、こちらは弟子の松本氏が厨房を預かる。松本氏は別城氏の「既存」を引き継ぐが、加えて自身の個性やクリエイティビティを既に発揮しつつあり、シチュエーションの違いも含めて、「bekki」とは異なる楽しみ方ができる。松本氏のオリジナルで特筆したいのは、最初に供されるモッツァレラチーズだ。イタリアから輸入した水牛のミルクを用い、ゲストが来店してからその場で作り、出来立てを出す。これぞ「おもてなし」と感じ入る。また、火入れには秀でたものがあり、アコウの仕上がりには感動すら覚えた。松本氏は狭い店内環境を長所に置き換え、背中に目があるのではないかと思えるほどゲストに気を配っている。師の後を引き継ぐという環境とプレッシャーが料理のクオリティーに好影響を与えているのかもしれないが、この店も松本氏ならではの進化が期待できそうだ。

☾：10,000円

アンティカ・ロカンダ・ミヤモト
antica locanda MIYAMOTO
シェフ 宮本けんしん

14/20

イタリア料理

Tel: **096-342-4469**

熊本県熊本市中央区
新屋敷1-9-15
濫觴ビル102

定休日：月曜

☾：18:00-22:00

熊本の食を発信し、農水省の「料理マスターズ」にも選ばれている宮本氏が2021年6月、自然に恵まれた新屋敷の地に移転オープンした。宮本氏は、熊本地震の被災経験を経てプリミティブなもの（アンティカ）への回帰を図り、郷里・山鹿での祖母の手料理や父のイタリア料理とステーキ、修業時代を過ごしたイタリア各地の味の記憶を掘り起こし、料理としてまとめあげている。また、一面ではこの店は赤ワインラヴァーの為のクラシコなイタリア料理店かもしれない。ペアリングを依頼すると、最初の1杯から赤ワインが供され、徹頭徹尾、トスカーナの赤とカルネを中心とした料理群を楽しませてくれた。メインディッシュの熊本あか牛は、「サカエヤ」新保吉伸氏と二人三脚で手当てされたもの。コースの最初に骨から切り出す前の肉を見せ、気分を盛り上げてくれる。薪でじっくりと焼き上げられるのを待ちながら、自然と共存しているかのような温かみのある空間で、ゆったりとした時間を過ごす。宮本氏は「お客様を選ぶ店かもしれません。でも、これが今、自分のやりたい事なのです」と言うが、この店に魅せられた客は、必ずまた「ただいま」と戻ってくるのだろう。ここは、心温まる、まさに旅籠（ロカンダ）のようなリストランテである。

☾：9,680円～14,300円

花小町

HanaKomachi

シェフ 本田広之

14.5/20

フュージョン

オーナーシェフの本田氏はフランス料理を中心に研鑽を重ね、26歳の時、熊本市北部に位置する植木町で開業。以来17年、一般的な洋食店から次第に、「ここでしか出来ないものを」と考えはじめ、2018年以降はジャンルの壁を取り払った「本田の熊本料理」を提案している。インプットを欠かさないために定休日を週3日設け、生産者訪問、旅、そして自らも農業に取り組みながらインスピレーションを育んでいる。特筆すべきは自家栽培の小麦を使った手打ちパスタだ。本田氏曰く「だご汁です」。母親が作ってくれた煮物を小麦麺にぶっかけたような、そんな懐かしさや郷愁を覚える味だ。魚介は鮨店や高級和食店が使わないような地元のものをあえて選択し、日本人の味覚に馴染む味わいに仕立てる。肉は、熊本特産のあか牛や、同じ町内の幼馴染みでもある前田牧場のプリンセスポークなど。塊でじっくり焼き上げるため、コース料理が始まるタイミングで火入れに取りかかる。野菜や果物、食器類に至るまで、全て熊本県内で顔を知った作り手のものを用いており、店内も木彫家の上妻利弘氏により全て熊本県産の木材で造られている。この店には本田氏の思いと熊本のテロワールがぎっしり詰まっている。

☼：4,400円～6,600円　☾：6,600円～16,500円

Tel: 096-272-3789

熊本県熊本市北区植木町岩野266-22

定休日：火曜、水曜、木曜

☼：11:30-13:30 (L.O.)

☾：18:00-20:30 (L.O.)

鮨 仙八

Sushi Senpachi

シェフ 中原貴志

14.5/20

寿司

熊本市の繁華街にある江戸前鮨の店である。中原氏は、四代続く鮨職人の家に生まれ、福岡市の割烹や東京・西麻布の鮨店での修業を経て、20代で独立を果たした。毎朝、地元の田崎市場で熊本を中心とした魚介を仕入れて丁寧な仕込みを行い、熊本の地ならではの江戸前鮨を生み出している。独立当初は、熊本米と赤酢を用いていたが、現在は、産地の異なる「ヒノヒカリ」をブレンドし、2種類の赤酢を使うなど、進化を続けている。熊本といえば、天草産の小肌や車海老が有名ではあるが、地元の魚介類を主にしながらも、気に入る鮨種が見つからない場合には、全国から素材を求めており、その柔軟な姿勢に好感が持たれている。訪問時には、塩鰤とカツオ菜と椎茸の椀や、酒蒸しにした牡蠣を春菊と椎茸とともに白和えにしたつまみが供され、名物のトコブシのリゾットは、地元の日本酒や米焼酎との相性も良い。握りに入っても、アオリイカのしっとりとした食感や連子鯛の旨みを味わわせ、鰆は玉葱醤油で漬けにし、香りも秀逸だ。中原氏は、今も日々試行錯誤を重ねており、目が離せない鮨店である。

☼：11,000円～　☾：20,000円～

Tel: 096-322-9955

熊本県熊本市中央区花畑町13-24
花畑ビルBF

定休日：日曜、祝日

☼：12:00-13:30

☾：月 - 木 18:00-22:00
金・土
18:00- /20:20-
一斉スタート

Tel: **096-288-5210**

熊本県熊本市中央区桜町
5-17
SAKURA TERRACE 2F

定休日：不定休

☼：12:00-
☾：19:00-

むら上

Murakami

シェフ 村上正臣・村上拓也

14.5/20

寿司

車海老や赤雲丹、コハダの名産地である熊本・天草。この地にある有名店「奴寿司」の大将・村上安一氏の子息２人が、2020 年１月、熊本市に開いた店舗である。兄の正臣氏は日本料理を学び、弟の拓也氏は父親のもとで修業、北九州市の「照寿司」や東京の中国料理「わさ」でも研鑽を積んだという。ビル２階の店内は、センスの良い落ち着いた内装で、食事に集中できる心地好い雰囲気を作り上げている。兄弟２人でカウンター 10 席を半分ずつ担当するという珍しいかたちで、昼夜とも、つまみから握りへおまかせ１本という構成となっている。盛夏には、天草産アオリイカの赤雲丹のせ、鹿児島のタカエビで始まり、天草名産のコハダはフリットに、桜煮が一般的な蛸は、蛸真丈として登場。柔らかいだけではない複雑な食感に見るべきものがある。握りに入ると、天草の赤雲丹、タカエビの昆布締めなど、新鮮な素材に一仕事を加え、「奴寿司」の DNA を有しながらも、新たな一面を感じることができる。酢飯も奈良県産のヒノヒカリを用い、米酢の鮨酢も「奴寿司」の進化系だという。地元・天草の魚介を活かそうという若き兄弟の本気を感じる、勢いのある一軒だ。

☼：12,000 円　☾：12,000 円

ゴ・エ・ミヨの歴史

ゴ・エ・ミヨのたゆまぬ努力

優れた才能の発見者であり、トレンドの創出者であるゴ・エ・ミヨのエキスパートたちは、約 50 年、常に強い信念で努力を重ね続けています。

調査チームは、１年を通してフランス中の道を歩き回り、既に紹介したレストランの追跡調査を行い、新たなレストランを探しています。地方のオーベルジュや街のビストロ、民宿、お洒落なホテル、創造性あふれる料理、気軽に飲めるワイン、感動する有名なワインや地ワイン…ゴ・エ・ミヨは、読者のために、最高の食材や最高の店、味と喜びをもたらす最高のものを常に探し求めているのです。

味 あら井

15.5/20

Aji Arai

シェフ 荒井寛義

日本料理

Tel: **0979-23-5550**

大分県中津市上博多町2001

定休日：日曜

☾：16:00-/19:00-23:00

中津に根を張り、県内各地の優れた食材を集め、それらを怒涛の勢いで披露する店である。料理構成は変則的ながら、圧倒的な品数をスピーディーかつパワフルに繰り出し、そのどれもが美味しく楽しい。目の前で次々に仕上がる料理が待ち遠しくてワクワクが止まらなくなるのだ。夏のおまかせコースには、県内産の天然鰻、天然鮎、鱧、鮑、雲丹やステーキと、これでもかと大分の魅力を詰め込んでいる。中でも天然鰻は、上質な脂と香り、それを生かす焼きが重なり、繊細かつ力強い旨さがある。荒井氏は積極的に地元の生産者と繋がり、その人脈と食材探しの努力によって抜きん出た仕入れを実現している。地の利を生かしたスタイルでコストパフォーマンスも非常に優れ、これほど満足度の高い店はそうそうないだろう。ゲストには存分に楽しんで、お腹いっぱいになって帰ってもらいたい、と笑顔で語る荒井氏。2020 年に大幅な改装を行い、より高級感のある店へと変わっても、その愉快なキャラクターとゲストをもてなしたいという強い想いは従前のまま。一度でもその雰囲気と料理を味わえば、きっとこの店を好きになるだろう。中津を訪れる機会があるならば、まず一番に押さえておきたい店だ。

☾：13,750 円～ 16,500 円

御料理 はた野

15.5/20

Oryori Hatano

シェフ 波多野 茂

日本料理

Tel: **0977-85-8859**

大分県別府市南立石二区1組

定休日：不定休

☼：12:00-15:00
(最終入店 13:00)

☾：18:00-22:00
(最終入店 19:00)

別府市の郊外、静かな住宅地に立つ、閑寂とした元別荘という趣のこの建物は、和洋の個室を備え、美しい庭園を眼前に臨む。重陽の節句の頃には菊の花を据え、匂い袋や月見の掛け軸も優美で、趣向を凝らしたおもてなしが心に染み込んでいくようだ。波多野氏は大分や京都で研鑽を積み、2014 年に独立。ススキに見立てた柚子の皮やさりげなく添えられた菊の花のおひたしに見られるように、室礼の精神は料理にも見事に表現されている。菊をあしらった器使いも巧みで、随所にちりばめられた季節の表現を摘み取るのも日本料理の醍醐味だ。味わいは非常に繊細で、力強い素材の使い方が光る。お椀では旨みの凝縮した島根産甘鯛と、風味と舌ざわりの良い自家製の落花生豆腐を、昆布が上品に引き立つ吸い地でまとめる。地元産に限らず良いと思った食材は積極的に取り寄せ、中には北海道産アブラボウズなど変化球も登場するが、決して奇を衒ったものとは感じさせない。確かな仕入れ力も波多野氏の実力といえよう。ホールを取り仕切る女将の温もりのある接客も特筆すべきものだ。目や舌とともに心も満たしてくれる、大分を代表する日本料理店である。

☼：11,000 円～ 19,800 円　☾：13,200 円～ 19,800 円

日本料理 別府 廣門

Nihonryori Beppu Hirokado

シェフ 廣門泰三

15/20

日本料理

Tel: **050-3647-3123**

大分県別府市堀田4組-2

定休日：不定休

☼：12:00-
☾：18:00-

突如現れた新星だ。廣門氏は大阪の「柏屋」や「銀座 しのはら」で研鑽を積んだほか、蕎麦名人・高橋邦弘氏にも師事し、蕎麦打ちも得意とする。幅広いキャリアを積み上げ、2021年6月、地元である別府で独立。開業以来、大分を中心に九州の質の高い食材を求め奔走している。初期の苦労は並大抵のものではないだろうが、優れた生産者との新たな出会いが楽しいと笑顔で語る。欅のカウンターに限定6席、料理の提供時には産地だけでなく生産者の名前まで紹介され、地域と人に寄り添いたいという廣門氏の思いが伝わってくる。熊本産の茄子「ひごむらさき」や昔ながらの方法で栽培された人参、宮崎県椎葉村に伝わる「ねむらせ豆腐」、古代日本の乳製品である「蘇（そ）」など数多の食材に着目し、九州の豊かさを積極的にアピールしている。大分の海の幸も実に魅力的だ。別府湾の天然車海老はサッと茹でて甘さと食感を生かし、城下かれいの気品あふれる旨みと香りもこの地で食してこそ。白甘鯛の菊花椀も出汁との調和が申し分ない。時を重ねるごとに、優れた食材がインスピレーションを与え、店主の更なる飛躍を後押しするだろう。大分や九州の魅力をいかに発見し、発信していくのか楽しみな一店である。

☼：22,000円　☾：22,000円

おおいた花山椒

Oita Hana-sansho

シェフ 川並孝昌

14.5/20

日本料理

Tel: **097-538-2085**

大分県大分市都町3-2-30
1F

定休日：水曜

☾：17:30-24:00

大分市の繁華街、都町のジャングル公園前のビル1階にある和食店。主人の川並氏は、「ゆふいん山椒郎」で修業を重ね、実家が生花店であること、さらには修業先への強い思いもあり、「おおいた花山椒」という屋号を選んだという。開店から5年、コースだけでなく、一品料理も多数あることから場面に応じた楽しみ方ができ、常連客を中心に賑わっている。訪問時は、まず、ごぼう豆腐が初秋の土の香りを運んでくれた。刺身の盛り合わせは、真鯛、シマアジ、笛吹鯛、石鯛、スマガツオ、石垣鯛と多彩で、そのいずれもが厳選されたもの。これらの魚介類は佐伯市の蒲江港から仕入れているという。その素材の良さを生かした献立はもちろんだが、川並氏がひと手間を加えた料理が素晴らしく、新じゃが饅頭にはアサリがアクセントとなり、とうもろこしと角煮のコロッケも、ふわりとした角煮ととうもろこしの食感の違いが面白い。締めは、山椒カレーで、実山椒とカレーのスパイシーさが合わさり、店の名物料理といわれるのも頷ける美味しさであった。厳選された素材に川並氏の技が加わり、地元の日本酒や麦焼酎とともにいただくとさらに味わいが増すようだ。大分の上質な食材を丁寧に調理する良店である。

☾：4,950円〜6,600円

チェルカ トローヴァ

15.5/20

CERCA TROVA

シェフ 横山恵春

イタリア料理

自然に恵まれた延岡の特性を活かした地産地消を旨とするレストラン。店名は「求めよ、されば与えられん」という新約聖書の言葉から取られているが、それは横山氏の、地元の美味や食材を見出すという決意表明なのか、ゲストに五感で料理を楽しんで欲しいという思いを込めたものか、様々な解釈が可能である。横山氏は延岡市に生まれ、調理師学校を卒業後、東京の「リストランテ山﨑」などで研鑽を重ね、1996年、28歳で延岡市に開店、2016年、店名を変え、新たなスタートを切っている。店内は温かみのある落ち着いた空間で、まるでイタリアの地方都市にあるリストランテのようだ。訪問時には、漁師であるマダムの父親による朝獲れの伊勢海老をはじめとして、延岡の海の幸、山の幸をふんだんに用いた、香り高く、シンプルで優しい料理の数々が供された。特に、脂の乗った土々呂産の活き締め穴子のグリルは清々しいエストラゴンソースとの相性が良く、椎葉放牧豚のロースのソテーは、シェリービネガーとフレッシュポルチーニのソースを合わせ、濃い旨みでありながらも脂の切れの良さが印象に残った。故郷に戻り25年以上、今でも、地元食材の魅力を追究し続けるシェフの姿勢とマダムの接客に心癒され、繰り返し訪れたくなるレストランだ。

☾：10,000円～15,000円

Tel: **0982-33-0169**

宮崎県延岡市博労町4-14

定休日：日曜

☾：19:00-

きたうら善漁。

15.5/20

KITAURA ZENRYOMARU

シェフ 吉田善兵衛

料理屋

延岡駅から車で5分程、店主の吉田氏は、27歳のときに漁師から料理人に転身、2008年、31歳で店を開いたという異色の経歴の持ち主である。「美味しいものは作りません。季節感や自分らしさも表現していません。驚きや面白さ、ここでしか味わえない特別な素材もありません」などと書かれた紙がカウンターに置かれていると、初めての人は一瞬身構えてしまうかも知れない。しかし、料理を最後までいただけば、きっと吉田氏の宣言の意味を理解し、延岡の自然の恵みに対する感謝を胸に、この店を後にすることになるだろう。そんな吉田氏の料理内容を詳らかにすることは野暮の極みではあるが、漁師から料理人に転向した経歴から見て取れるように、吉田氏の父親が獲ったアオリイカの官能的な甘み、密に漁法や締め方を話し合う漁師から仕入れたヨソイヨ（カワハギの仲間）の刺身の芳醇な旨み、脂が乗っていながらすっきりとした味わいの鰆の焼物と、すべてが絶品である。さらに、米が主役と考える吉田氏が信頼する延岡市の無農薬栽培農家の米を炊き、煮えばなからおこげに至るまで、刻々と表情を変える白米の美味しさを堪能させてくれる。人と土地に強く結び付いた吉田氏の料理に導かれ、虚心坦懐に延岡の自然の声を聴いてみたい。

☾：11,000円

Tel: **0982-31-0051**

宮崎県延岡市本町1-3-14

定休日：日曜

☾：18:00-21:00

※予約受付は13:00-17:00

Tel: **0985-60-5005**

宮崎県宮崎市昭和町21

定休日：水曜、第１火曜、木曜ランチ

☼：12:00-14:00
(L.O.13:00)
土・日・祝
11:30-14:00
(L.O.13:00)
☾：17:00-22:00
(L.O.20:00)

一心鮨 光洋

Isshinzushi Kouyou

シェフ 空久保晴義

14/20

寿司

宮崎駅から徒歩15分程の道沿いにある緑溢れる日本家屋。石畳のアプローチを進み、暖簾をくぐるとそこには心躍る鮨の世界が広がっている。店主は横浜でレストランサービスを経験し、実家に戻った木宮一光氏。元々は先代である父親から引き継いだ店を兄弟四人で切り盛りし、長男が握りを、四男である一光氏がソムリエを担当していたが、長男は福岡市、次男と三男は鹿児島市でそれぞれ開業したことから、現在は一光氏が古参の鮨職人とともに、チームワークで「一心鮨 光洋」の暖簾を守っている。ここで供されるのは、信頼する目利きから仕入れた近海の魚介類による「宮崎前」の鮨だ。鮨酢には3種類の酢に加え、独自の工夫として宮崎産の蜂蜜も隠し味に用いている。初めて訪れた際には、全長7m、13席の桜材のカウンターに加えて、テーブル席や大小の個室、テラス席まで構えたスケールの大きさに驚かされるだろう。初夏には、地物の甘みのある赤雲丹を堪能することができるし、地元のシブダイやアラを、岩塩と宮崎特産の柑橘「へべす」で味わうこともできる。宮崎牛や地鶏のイメージが強い宮崎だが、地場の魚介類もなかなかのものだ。リストランテならぬ「鮨torante（スシトランテ）」を謳い、鮨を中心に贅沢な時間が過ごせる稀有な空間。宮崎の訪れるべき一店である。

☼：5,500円〜23,000円　☾：18,000円〜23,000円

ゴ・エ・ミヨの歴史

ゴ・エ・ミヨと世界

『ゴ・エ・ミヨ』のガイドと雑誌の成功により、アンリ・ゴとクリスチャン・ミヨは、1980年、アメリカの『タイム』誌の表紙を飾りました。1923年の発刊から今日まで、『タイム』誌の表紙に登場したフランス人は数少なく、大変名誉なことです。

ゴ・エ・ミヨは、2012年にハンガリーでレストランガイドを出版。2013年にはオーストラリア、さらに2014年にはポーランド、2015年にはカナダで出版が始まりました。

そして2016年、日本でゴ・エ・ミヨの新しい歴史が幕を開けました。

ゴ・エ・ミヨ ジャポンは、先人たちが築き上げてきた豊かな食文化のもと、最高のレストランと新たな才能を探し続けています。

エ ヌゥ

14.5/20

et NOU

シェフ 大滝直人

フランス料理

天文館から徒歩数分、アーケードの先に現れるモダンで無機質なインテリアのフレンチレストラン。店名は、「縫う」と、「新しい」を意味するNouveauの「ヌゥ」をイメージした造語であり、都会と地方、生産者と消費者、人と人を繋いでいく場にしたいという大滝氏の想いが込められている。大滝氏は東京出身で五本木「ボンシュマン」などで修業、2016年に鹿児島市内で独立を果たした。本格的なフランス料理店が少ない地方都市においては異色の存在だが、開店から5年を経て、地元の信頼も厚く、県外からの顧客も増えているようである。近年のレストランでは発想の斬新さや、映える盛付で目を引こうという料理も散見されるが、大滝氏は、それらとは一線を画し、ひたすら美味の追究に注力している。「玉蜀黍」と記された前菜では、とうもろこしのムース、揚げとうもろこし、焼きとうもろこしのパウダー状アイスのバランスが見事であり、ハガツオの瞬間スモークでは15種類の野菜との取り合わせが、水イカは、フランとミンチ状の烏賊の異なる食感の美味しさが印象に残る。大滝氏は、さつま福永牛や喜界島の塩など、地元生産者との交流を深め、全国の信頼できる職人との繋がりも大切にしている。ソムリエの資格を有し、サービスも1人で担いながら鹿児島から食の発信に意欲を燃やしている。

☼：7,000円〜9,000円　☾：10,000円〜14,000円

Tel: 099-295-3937

鹿児島県鹿児島市千日町9-19

定休日：不定休

☼：12:00-13:00 (L.O.)
☾：18:30-21:00 (L.O.)

センティウ

15/20

Senti.U

シェフ 内田康彦

イタリア料理

鹿屋市は、鹿児島市からバスやフェリーで2時間近くかかる場所にある。「自然を切り取りながら、この土地を感じてもらいたい」という思いを胸に、素材を生かした自然な料理を追い求める内田氏は、佐賀県の出身。東京やイタリア・ピエモンテ州などで研鑽を重ね、滋賀の「リストランテ ロアジ」永松信一シェフに師事した後、マダムの実家がある鹿屋市で独立した。食材は、内之浦をはじめ県内の漁港から仕入れる赤アラや鮑、足赤海老、旭蟹、生雲丹などの海の幸、肝属（きもつき）産の和牛、四方竹や辺塚だいだいなど地元の産物を用い、苦みと甘みへの独自のアプローチで、今では関東など県外からのゲストも多い。自家栽培したレモングラスの葉で軽く燻したヤイト鰹に原木椎茸や桜島のヒジキが添えられた一皿は、海・山の幸に微かに漂うレモングラスの風味が印象に残る。足赤海老、四方竹、フェンネルの根を海老の出汁で纏めた一品も、秋の一時期にしか穫れない四方竹の軽い苦みがアクセントとなっている。内田氏は、この微かな苦みに甘みを重ねることにより、心地好い苦みのグラデーションが感じ取れるよう仕上げる。ここは、大隅半島の自然の恵みが堪能できる、辺境のリストランテである。

☼：4,400円〜11,000円　☾：7,700円〜11,000円

Tel: 0994-44-6820

鹿児島県鹿屋市新川町587

定休日：月曜

☼：12:00-13:30
（最終入店）
☾：18:00-21:00
（最終入店）

Tel: **0980-78-6000**

沖縄県宮古島市伊良部字池間添1195-1

定休日：なし

☾：18:00- /19:00-

レストラン エタデスプリ

Restaurant État d'esprit

シェフ 渡真利泰洋

15.5/20

琉球ガストロノミー

テーブルの上にはシェフからのメッセージ、「私たちは、未来に歩いていったら歓迎されるような人でありたい」。その志の高さに打たれる。宮古島生まれの渡真利氏は、宮古の風土や食材を料理に取り入れたオリジナリティー溢れる料理で、訪れる人の心を掴んでいる。まずは、宮古伝統の「オトーリ」という酒の回し飲みを模した乾杯から。酒ではなく、ウミヘビと豚足でとったスープで声を揃え乾杯する。続く「アパラギトゥイ（美しい鳥）」と書かれた一皿は、人間のエゴから害獣として駆除される孔雀の肉と骨からスープをとり、手打ちのそうめんとともにいただく。鶏肉とは異なる旨みの濃い、滋味深いスープが麺と絡み、記憶に残る。さらに、鮮やかな青色の南国の魚ゲンナーは、皮は美しく網目状にパリパリに、身はふっくらと優しい味にソテーし、皿の上で再構築している。付け合わせのルッコラとケールの鮮やかな緑のピュレ、昆布の泡とともにシェフの力作だ。宮古島ならではの「ノンアルコールモヒート」「ゴーヤと鰹出汁のドリンク」などノンアルコールのペアリングも料理によく合っている。宮古島への愛、自然保護、さらにはアジアの一地域としての宮古島のあるべき姿を考え、何をすべきなのか常に自問する渡真利氏。このレストラン体験は、祭りの後の余韻のように心に残る。

☾：15,000 円

Tel: **0980-74-2511**

沖縄県宮古島市平良荷川取1064-1

定休日：月曜ランチ

☼：12:00-14:00（L.O.13:30）

☾：17:30-22:00（L.O.21:00）

※ランチはアラカルトのみ

※季節により価格の変動あり

グランブルーギャマン

Grand Bleu Gamin

シェフ 木下威征

14/20

フランス料理

見渡す限りサトウキビ畑が広がる道を進んで行くと、突如白亜の建物が現れる。「Grand Bleu Gamin」の「ギャマン」は、いたずらっ子という意味だ。その名の通り、東京でのレストラン経営を成功させ、次なる挑戦の地に宮古島を選んだ木下氏の目は、実に楽しそうに輝いている。洒落た空間にはハワイ音楽が流れ、リゾート感が漂っている。宮古島をはじめ海外からも食材を取り寄せ構成された料理は、どれもワイワイと賑やかに食べるのに相応しい。「フォアグラのソテー」は、フォアグラを茶碗蒸しの上にのせて、みたらしソースと山葵でいただく。「黒毛和牛のローストビーフの手毬寿司」は、その迫力に客から歓声が上がる。赤ワインビネガーで味付けした酢飯にたっぷりのローストビーフ、その上には雲丹と山葵、ソースはバルサミコ酢を煮詰めている。見て、頬張って喜び、客の心を捉えて離さない。木下氏の技が光る「フランス産ブレス鶏～２種の調理法で～」は、胸肉に低温真空調理でじっくり火を入れ、モモ肉はコンフィにして、ハーブのソースと柑橘のガストリックソースで合わせる。フランスの高評価レストランでの修業経験を持ち、原宿「オーバカナル」など話題店で、店作りのポイントを体得している木下氏の新天地は、いつも人で溢れている。

☾：12,000 円～ 15,000 円

シス

6 SIX

シェフ 小杉浩之

14.5/20

イノベーティブ

今帰仁村の島を結ぶ古宇利大橋の絶景を愛でながら、待つこと40分。突然、大量のアミューズが目の前に並び始める。その数、十数種類。広いテーブルをたちまち埋め尽くす、色とりどりのフィンガーフードには、誰しも心躍らせることだろう。小杉氏が沖縄の伝統料理をモチーフに繰り出す20品以上の少量多皿料理は、アミューズから十種類近くの小菓子に至るまで、過剰なまでに突き抜けている。これは小杉氏の「ゲストにたくさん楽しんでもらいたい」というサービス精神の表れだ。沖縄の炊き込みご飯「ジューシー」をヒントにした一品や、ノドグロにシダ植物のオオタニワタリを合わせた魚料理など、すべてに南国らしい色の鮮やかさや開放感のようなものがある。名古屋のレストランをたたみ、2018年、妻・妙さんの故郷である沖縄に拠点を移した小杉氏は「沖縄の食材は難しい」と、その調達・調理に苦労しながらも、沖縄の食文化から色や味の重ね方のヒントを得て、自身の第6（シス）感をもとに料理の幅を広げている。小杉氏の目と手を通して沖縄の伝統料理がどのように解釈され、皿の上に展開されていくのか。海の青さと料理が呼応するイノベーティブレストランに期待が集まる。

☾：18,000円

Tel: 0980-56-3733

沖縄県国頭郡今帰仁村
古宇利499-1

定休日：不定休

☾：16:00- /19:00-

シルー

SHIROUX

シェフ 東 慎也

14.5/20

イノベーティブ

東京・外苑前「フロリレージュ」の川手寛康氏が、沖縄の風土と食材に挑んだ。場所はハワイの老舗ホテルが初めて国外に進出した「ハレクラニ沖縄」のメインダイニング。料理はどれも意外性のある食材の組み合わせによる捻りが入り、新鮮な驚きを感じさせる。特徴的なのがイラブー（ウミヘビの一種）を使った料理だ。琉球王国の宮廷料理の流れを汲むイラブー汁がモチーフの「イラブー 山東菜」は、山東菜で巻いた豚足に、燻製のイラブーで出汁をとった雑味のないクリアなコンソメが注がれる。店名は沖縄の言葉で「白」を意味し、純白・素直さ・自然というイメージが投影されているという。料理の味付けや色はどれも抑制的で、静謐な印象をたたえる。実際はどの皿も沖縄の伝統料理からかなり飛躍し、挑戦的であるにもかかわらず、すんなりと胃に入ってくるのは、その控えめな味付けと料理のコンセプトが明確であるからだろう。川手氏と現地を任されたシェフ・東氏、スーシェフ・森本雅之氏は開業の数年前から沖縄に入り、食材の探究と生産者との交流を続けてきた。食材の安定した調達や、食習慣の違いから苦労も多いというが、だからこそ沖縄料理の再解釈に挑む「SHIROUX」には、魅力的な切り口がまだたくさんあるのだろう。そんな期待感を抱かせるレストランである。

☾：17,500円

Tel: 098-953-9530

沖縄県国頭郡恩納村
名嘉真1967-1

定休日：なし

☾：17:00-23:00
(L.O.21:00)

※営業時間は季節により変動あり

※車いすのまま食事が可能

Tel: **098-863-5678**

沖縄県那覇市久茂地
3-16-15

定休日：火曜、水曜

☾：17:00-22:15
(L.O.20:30)

バカール

pop

BACAR

シェフ 仲村大輔

イタリア料理

長いカウンターと、その横に据え付けられたピザの薪窯から繰り出されるマルゲリータやマリナーラ。ふちの部分を高く仕上げた典型的なナポリピッツァは、「BACAR」で誰もがオーダーする一品だ。しかし、ここはピザだけの店ではない。鮑の風味にも似た夜光貝のジェノベーゼ、昆布で締めたアグー豚のプランチャなど、メニューには沖縄の魚介類や肉類が差し込まれた料理が載る。そのどれもがツボを外さない、目鼻立ちのくっきりした濃いめの味で、ワインやビールが進む。那覇にあったモダンスペイン料理の姉妹店「ARDOR」の腕の良いスタッフが、今は、この店を共に盛り上げる。開け放たれたテラス席から入る南国の風に当たりながら、飲んで食べて、気分はイタリアンといきたい。

ゴ・エ・ミヨの歴史

各国でのゴ・エ・ミヨの展開

現在ゴ・エ・ミヨは、スイス、ベルギー、オランダ、ルクセンブルク、オーストリア、ギリシャ、ポーランド、クロアチア、スロベニア、ルーマニア、ジョージア、オーストラリア等で展開されています。

毎年発行されるガイドブックに加え、フランスでは『109』（ソン・ヌフ、数字の109と「新しい血」を意味する）という新しい才能に注目したガイドブック、また、各国においてはシャンパーニュやワイン、ラム酒、チョコレートといった食文化全般にまつわるガイドブックも刊行されています。

ゴ氏が2000年に、ミヨ氏は2017年にこの世を去りましたが、本当に美味しいものとは何かを探求し、新しい価値を見出していく「ゴ・エ・ミヨ」の精神は変わることなく受け継がれています。